Landschaftsführer in der Reihe DuMont Dokumente

Zur schnellen Orientierung – die wichtigsten Orte und Sehenswürdigkeiten auf einen Blick:
(Auszug aus dem ausführlichen Ortsregister)

Abtsdorfer See (E 7)	294	Maria Gern (F 3)	97
Achthal (D 6)	237	Marktschellenberg (F 4)	138
Ainring (E 6)	260	Oberndorf (E 7)	304
Almbachklamm (F 4)	162	Obersalzberg (F 3)	104
Anger (D 5)	257	Piding (E 5)	282
Bad Dürrnberg (G 3)	324	Predigtstuhl (E 4)	225
Bad Reichenhall (D/E 4)	181	Ramsau (D 3)	165
Bayerisch Gmain (E 4)	222	Roßfeld-Straße (F 3)	107
Berchtesgaden (F 3)	86	Salzbergwerk Berchtesgaden	94
Bischofswiesen (E 3)	130	Salzburg (F 5/6)	327
Freilassing (F 6)	283	St. Bartholomä (E 2)	123
Hallein (G 4)	326	Schneizlreuth (D 4)	229
Hintersee (D 3)	170	Schellenberger Eishöhle (F 4)	163
Högl (E 5)	250	Schönau am Königssee (E 3)	114
Höglwörth (D 6)	255	Teisendorf (D 6)	240
Jenner (F 2)	115	Tittmoning (C 9)	308
Kehlstein (F 3)	110	Waging am See (C 7)	288
Königssee (E/F 2)	117	Watzmann (E 2)	49
Laufen (E 7)	298	Weißbachtal (C 4)	226
Maria Ettenberg (F 4)	142	Wimbachtal (E 2)	174

In der vorderen Umschlagklappe: Übersichtskarte Berchtesgadener Land

In der hinteren Umschlagklappe: Stift und Markt Berchtesgaden im 17. Jh.

Ursula und Wolfgang Eckert

Das Berchtesgadener Land

Vom Watzmann zum Rupertiwinkel

DuMont Buchverlag Köln

Umschlagvorderseite: Berchtesgaden gegen Watzmann
Umschlagklappe vorn: St. Bartholomä am Königssee
Umschlagrückseite: Böcklweiher bei Bischofswiesen
Frontispiz Seite 2: Kehlsteinhaus im Berchtesgadener Land

Die Deutsche Bibliothek – CIP-Einheitsaufnahme

Eckert, Ursula:
Das Berchtesgadener Land: vom Watzmann zum Rupertiwinkel /
Ursula und Wolfgang Eckert. – Köln: DuMont, 1992
    (DuMont-Dokumente: DuMont-Kunst-Reiseführer: DuMont-Landschaftsführer)
    ISBN 3-7701-2514-2
NE: Eckert, Wolfgang:

© 1992 DuMont Buchverlag, Köln
Alle Rechte vorbehalten
Satz und Druck: Rasch, Bramsche
Buchbinderische Verarbeitung: Bramscher Buchbinder Betriebe

Printed in Germany   ISBN 3-7701-2514-2

Inhalt

Danksagung 11
Vorwort 11
Welches Gebiet behandelt dieser Landschaftsführer? 13

Geschichte des Berchtesgadener Landes 14
Die Berchtesgadener Pröpste 15
Die Wittelsbacher Pröpste 19
Die Vertreibung der Protestanten 21
Die Säkularisation 23
Die ›braune Vergangenheit‹ am Obersalzberg 24
Die Nachkriegszeit bis zur Gegenwart 27

Salz, das ›weiße Gold‹ – Quelle des Wohlstands 30
Entstehung der Salzlagerstätten 30
Geschichte der Salzgewinnung 31
Wie wird das Salz gewonnen? 33
Soleleitungen 34
  Erste Soleleitung: Reichenhall–Traunstein 35
  Zweite Soleleitung: Reichenhall–Rosenheim 36
  Dritte Soleleitung: Berchtesgaden–Reichenhall (über Schwarzbachwacht) . . . 36
  Vierte Soleleitung: Berchtesgaden–Bad Reichenhall (über Paß Hallthurm) . . . 38
Salztransport und Salzhandel 39
Die Salzschiffahrt 39
Die Salzstraßen 40

›Berchtesgadener War‹ – Geschichte einer traditionellen Handwerkskunst . . . 42
  Kraxenträger Anton Adner 44
Die Spanschachteln 45
Hausrat und praktische Gebrauchsgegenstände 46
Spielzeug 46
›Religiöse‹ Holzwaren 46
Verschiedenes 46

Die Berchtesgadener Alpen 47

Vom Bauernland zum Touristenzentrum 53

INHALT

Berchtesgadener Land – Konfliktraum zwischen Naturschutz
und Landschaftsvermarktung 53
Alpen- und Nationalpark Berchtesgaden 55
Alpenflora und -fauna 57
Die Pflanzenwelt 57
Die Tierwelt 59
Naturschutzbestimmungen 61

Brauchtum und Traditionen, Kultur und Kitsch im Berchtesgadener Land . . . 62
Bräuche und Feste im kirchlichen Jahr 64
Das ›Fensterln‹ – eine urbayerische Tradition 85

Das ›innere‹ Berchtesgadener Land 86

Berchtesgaden 86
Ortsrundgang 86
Königliches Schloß 89
Salzbergwerk 94
Heimatmuseum/Schloß Adelsheim 95
Wallfahrtskirche Maria Gern 97
Spazier- und Wandervorschläge 98
Berchtesgaden als Sportzentrum 100
Ludwig Ganghofer – der ›Hausdichter‹ Berchtesgadens 100
Der Enzian – nicht nur Alpenblume, sondern auch würzige Gebirgsspezialität 102

Der Obersalzberg 104
Mauritia Mayer – die Begründerin des Tourismus am Obersalzberg 104
Touristische Ziele am Obersalzberg 105
Reste aus der ›braunen Vergangenheit‹ 105
Höhenstraßen 107
Der Kehlstein 110
Der Obersalzberg als Wanderrevier 113
Wintersport am Obersalzberg 114

Schönau am Königssee 114
Wintersport in Schönau am Königssee 116

Der Königssee 117
Der See als Touristenattraktion 117
Schiffahrt über den Königssee 121

St. Bartholomä 123
Der Obersee 126
   Almabtrieb 128

Rund um Bischofswiesen 129
Geschichtlicher Rückblick 129
Bischofswiesen 130
Ortsteil Winkl 132
Ortsteil Loipl 133
Ortsteil Stanggaß 133
Ortsteile Strub und Engedey 135
Wandervorschläge 136
Wintersport in Bischofswiesen 137

Marktschellenberg 138
Ortsrundgang 140
Wallfahrtskirche Maria Ettenberg 142
Die Kugelmühle 161
Die Almbachklamm 162
Die Schellenberger Eishöhle im Untersberg 163
Wandervorschläge 164
Wintersport in Marktschellenberg 165

Die Ramsau 165
Gemeinde Ramsau 166
Wallfahrtskirche Maria am Kunterweg 168
Zauberwald und Gletscherquellen 169
Hintersee 170
Wartstein 171
Durchs Klausbachtal über die Bindalm zum Hirschbichlpaß . . 172
Wildfütterung beim Hintersee 173
Wimbachtal 174
Taubensee 176
Schwarzbachwacht 177
Wandervorschläge 177
   Ramsauer Nagelfluh 178
Wintersport in der Ramsau 180

Bad Reichenhall und Umgebung 181
Salinen- und Kurstadt Bad Reichenhall 181

INHALT

Kurze Stadtgeschichte 181
Ein Gang durch die Stadt 183
Die Kurstadt Bad Reichenhall 187
Besondere Sehenswürdigkeiten 188
Ausflüge in der näheren Umgebung 218
St. Pankraz, Burgruine Karlstein und Thumsee 219
Nonn 220
Marzoll 221
Bayerisch Gmain/Großgmain 222
Wandervorschläge in der Umgebung 224
Wintersport um Bad Reichenhall 225

Durchs Weißbachtal ins Berchtesgadener Land 226
Wandervorschläge 227

Der Rupertiwinkel 232

Geschichte des Rupertiwinkels 234

Achthal 237
Achthaler Schlacke 239

Teisendorf und seine Umgebung 240
Ein Blick in die Geschichte 240
Rundgang durch den Ort 241
Weildorf 244
Totenbretter 245
Der Teisenberg 246
Der Maibaum 247

Rund um den Högl 250
Högler Sandstein 251
Steinhögl 254
Vachenlueg 254
Kloster Höglwörth am Höglwörther See 255
Anger 257
Ainring 260
Hammerau 264
Piding 282

Freilassing	283
Salzburghofen	285
Das Goaßlschnalzen (Aperschnalzen)	286
Der Waginger See	287
Markt Waging am See	288
Lohnende Ziele in der Umgebung	290
Der Abtsdorfer See und seine Umgebung	294
Abtsdorf	294
Thannberg	295
Steinbrünning	296
Surheim	296
Schönramer Filz	296
Laufen und Oberndorf an der Salzach	298
Geschichte	298
Stadtbesichtigung	301
Laufen	301
Oberndorf	304
Inn-Salzach-Bauweise	306
Tittmoning	308
Geschichte	308
Stadtbesichtigung	310
Kirchheim	317
Bundwerk-Bauweise	319

Ein Blick über die Grenze nach Österreich 322

Bad Dürrnberg und Hallein	322
Besiedlungsgeschichte und Salzbergbau am Dürrnberg	322
Bad Dürrnberg	324
Hallein	326
Salzburg	327
Rundgang durch Salzburgs Altstadt	329
Weitere lohnende Ziele in und um Salzburg	331
Öffnungs- und Führungszeiten	332

INHALT

Erläuterung der Fachbegriffe 334
Literatur (Auswahl) 337
Abbildungsnachweis 339

Praktische Reiseinformationen 345

Vor Reiseantritt 346
Auskunft 346
Anreise 348
Vorschläge für Kurzaufenthalte 349

Kurzinformationen von A–Z 352

Register 363

Kunstgeschichtliche und andere <u>Fachbegriffe</u>, die im Text erscheinen, werden auf den Seiten 334–336 erläutert.
Vorschläge für <u>Kurzaufenthalte</u> befinden sich auf den Seiten 349–351.

☐ Danksagung

An dieser Stelle möchten wir uns bei allen Personen und Institutionen bedanken, die mit Anregungen, Auskünften und Informationen, vor allem auch mit sachkundiger und kritischer Durchsicht unserer Texte zur Entstehung des Buches beigetragen haben. Dies sind insbesondere: Florian Aschauer und Ulrich Ziegeltrum (Schönau am Königssee), Bärbel Fabian (Kurdirektion Berchtesgaden), Hermann Gfrerer (Bad Dürrnberg), Hans Gramsammer (Teisendorf), Lorenz Mittermüller (Ramsau), Alois Niedermayr (Oberndorf), Dr. Herbert Pfisterer (Bad Reichenhall), Fritz Rasp (Ramsau), Salinenverwaltung Bad Reichenhall, Notburga Schiffl (Marktschellenberg), Heinz Schmidbauer (Laufen), Fritz Schmitt (Tittmoning), R. Tanner (Waging), Sepp Winkler (Achthal), Engelbert Wimmer (Anger). Ein besonderer Dank geht an Fam. Lohwieser (Steinhögl) für deren Gastfreundschaft.

☐ Vorwort

Der vorliegende Landschaftsführer ist für Neugierige gemacht, für all jene, die die reizvolle Bergwelt des Berchtesgadener Landes nicht nur als gefällige Kulisse für ihren Urlaubsaufenthalt betrachten, sondern die mehr über die Region wissen wollen. Denn: Man sieht nur, was man weiß!

Die alpine Region um Berchtesgaden und Bad Reichenhall, aber auch das ›Land vor den Bergen‹, der Rupertiwinkel, haben eine bewegte und interessante Vergangenheit; es lohnt sich und macht Spaß, dieser nachzuspüren. Auch manch sehenswertes Detail in Landschaft oder Architektur, manch Kurioses und manch Außergewöhnliches bleibt dem Besucher verborgen, wenn er nicht zuvor einen Hinweis darauf erhalten hat. Welch ein Jammer, ganz nah an einem Bauernhof vorbeizufahren, ohne zu wissen, daß dessen Rückseite eine ungewöhnlich aufwendige Bundwerkarchitektur aufweist. Der Unkundige wandert auch achtlos an einer Almhütte vorbei, in der noch auf althergebrachte Weise Enzianschnaps gebrannt wird (und kommt so garantiert um den Genuß einer Kostprobe). Auch das muß nicht sein!

Wer sich z. B. ein bißchen mit der Geschichte des Salzwesens befaßt hat, kann sich bei einer Schiffahrt über den Königssee vorstellen, wie früher das Brennholz von den Bergwäldern über die steilen Felswände in den See gestürzt und durch Bäche und enge Klammen zu den Sammelplätzen der Salinen getriftet wurde. In Laufen und Tittmoning sieht er im Geiste die alten Salzzillen flußabwärts schwimmen, und er hört das Rumpeln pferdegezogener Karren, die ihre Salzlast über holprige und aufgeweichte Saumpfade transportieren, die inzwischen zum großen Teil von asphaltierten Straßen ersetzt sind. Der informierte Wanderer erkennt bei seinen Touren noch Reste alter Soleleitungen und Brunnhäuser und weiß Bescheid, wenn beim Besuch des Berchtesgadener Salzbergwerks von der ›Reichenbachschen Wassersäulenmaschine‹ die Rede ist.

VORWORT

Dieses Buch möchte helfen, die Schönheiten und die Besonderheiten des Berchtesgadener Landes und des Rupertiwinkels zu entdecken und geschichtliche und kulturelle Zusammenhänge zu erkennen. Es wirbt aber auch um Verständnis für die durch den Tourismus stellenweise schon stark strapazierte Natur und will so mit zu deren Schutz beitragen.

Wir hoffen, daß sich unsere Begeisterung für das Berchtesgadener Land ein wenig auf den Leser überträgt und daß auch er angesteckt wird von dem Wissens- und Entdeckerdrang, den wir bei unseren vielen Streifzügen zwischen Watzmann und Rupertiwinkel verspürten.

Ursula und Wolfgang Eckert

☐ **Welches Gebiet behandelt dieser Landschaftsführer?**
Der Landkreis ›Berchtesgadener Land‹ liegt in der äußersten südöstlichen Ecke des Freistaats Bayern und grenzt im Osten, Süden und Südwesten an Österreich, im Westen und Norden an den Landkreis Traunstein. Bei der Landkreisreform von 1972 wurden die bis dahin kreisfreie Stadt Bad Reichenhall und auch der südliche Teil des Rupertiwinkels mit in den Berchtesgadener Landkreis aufgenommen. Wir unterscheiden somit innerhalb der heutigen Landkreisgrenzen drei sowohl landschaftlich wie kulturgeschichtlich recht unterschiedliche Regionen:

- Das ›eigentliche‹, hochalpine **Berchtesgadener Land**. Es entspricht in seinen Abgrenzungen in etwa dem bis Anfang des 19. Jh. bestehenden Klosterstaat Berchtesgaden. Der Markt Berchtesgaden, Schönau am Königssee, Ramsau, Bischofswiesen und Marktschellenberg sind die Hauptorte dieses ›inneren‹ Landkreises. Tief eingeschnitten in die Gebirgsstöcke der Berchtesgadener Alpen liegen das Raumsauer Tal mit Hintersee und das Königsseer Tal mit Königs- und Obersee. Ramsauer, Königsseer und Bischofswiesener Ache vereinigen sich bei Berchtesgaden, fließen gemeinsam als Berchtesgadener Ache über Marktschellenberg in Richtung Norden und münden knapp nach der Grenze zu Österreich in die Salzach.

- Die **Kurstadt Bad Reichenhall**. Sie liegt mit ihrem Einzugsgebiet in einem weiten Talkessel entlang der Saalach schon fast am Rand der Alpenregion. Dieser Kessel wird an drei Seiten eingerahmt von der eindrucksvollen Bergkulisse des Untersberg im Osten, Predigtstuhl, dem Hausberg der Stadt, und Lattengebirge im Süden und dem Hochstaufen im Westen. Nach Norden zu öffnet sich das Reichenhaller Becken hinaus zum Alpenvorland und dem Rupertiwinkel. Wenige Kilometer östlich der Stadt, zwischen Bayerisch Gmain und Großgmain, verläuft die Grenze zu Österreich.

- Der **Rupertiwinkel**. Dies ist das ›Land vor den Bergen‹. Die von den Gletschern der Eiszeit modellierte Region erstreckt sich von der Autobahn A 8 – zwischen Neukirchen und Piding – nach Norden bis über Tittmoning hinaus. Im Westen grenzt der Rupertiwinkel an den Chiemgau, im Osten reicht er bis zur Salzach, dem Grenzfluß zu Österreich. Waginger See, die Salzachstädte Laufen und Tittmoning gehören zu den bekanntesten Zielen. Laufen – einst Hauptort eines eigenen Landkreises – wurde 1972 zusammen mit dem südlichen Teil des Rupertiwinkels in das ›Berchtesgadener Land‹ integriert, während der nördliche Teil mit Waging und Tittmoning verwaltungsmäßig zum Landkreis Traunstein gehört.

Das dreigeteilte *Wappen* des Landkreises ›Berchtesgadener Land‹ vereinigt die jeweiligen Symbole der 1972 zusammengefaßten drei Gebietsteile: die gekreuzten Schlüssel (Attribute des hl. Petrus, Kirchenpatron der Berchtesgadener Stiftskirche) stammen aus dem Wappen des ›Kerngebiets‹, der ehemaligen Fürstpropstei; den Salzburger Löwen liefert der Ruperti-

Wappen Berchtesgadener Land

winkel, der jahrhundertelang zu Salzburg gehörte; Reichenhall dagegen stand unter bayerischer Herrschaft, was durch die bayerischen Rauten symbolisiert wird, die gleichzeitig auch die gemeinsame Zugehörigkeit aller drei Gebiete zu Bayern seit Beginn des 19. Jh. zum Ausdruck bringen.

Geschichte des Berchtesgadener Landes

Als ›Berchtesgadener Land‹ galt von jeher nur das hochalpine Gebiet mit dem Watzmannmassiv im Zentrum, das umschlossen wird von Hochkalter, Reiter Alpe und Lattengebirge, Untersberg, Göllstock, Hagengebirge und Steinernem Meer, also das ›Hoheitsgebiet‹ der ehemaligen Berchtesgadener Fürstpropstei. Im Zuge der allgemeinen bayerischen Landkreisreform erhielt auch die südöstlichste Ecke Bayerns im Jahr 1972 eine neue Verwaltungsgliederung. Zum neu gebildeten Landkreis ›Berchtesgadener Land‹ kam die bisher kreisfreie Stadt Bad Reichenhall hinzu. Ferner wurde der bis dahin bestehende Landkreis Laufen aufgelöst und die südliche Hälfte dieser als ›Rupertiwinkel‹ bekannten Region zusammen mit der Stadt Laufen dem neuen Landkreis einverleibt. So unterschiedlich diese zusammengekoppelten Landkreisteile in ihrer Landschaft sind, so unterschiedlich sind auch ihre Traditionen und ihre kulturgeschichtliche Vergangenheit.

Ein kurzer historischer Rückblick zum Rupertiwinkel findet sich auf Seite 234 ff. Reichenhall teilte über Jahrhunderte die Geschichte des Salzburger Erzstifts, bevor es zum Herzogtum Bayern kam (vgl. S. 181 f.). Nachstehend soll daher hauptsächlich auf die Vergangenheit der eigentlichen Berchtesgadener Region eingegangen werden.

Dort dauerte es bedeutend länger als im Vorfeld der Berge, bis sich mutige Siedler in dieses unwegsame Gebiet vorwagten. Wohl wurden vereinzelt römische, ja sogar keltische Gegenstände gefunden, die mit größter Wahrscheinlichkeit jedoch von durchziehenden Jägern oder Hirten stammten. Der Name ›Berchtesgaden‹ geht angeblich zurück auf einen ›Gaden‹ (lt. Duden ›veraltet für Stall, Hütte‹), der einem Mann namens ›Perther‹ gehörte. Die erste geschichtliche Überlieferung über den Berchtesgadener Raum stammt aus der Zeit um 700

n. Chr., als der damalige Bayernherzog Theodo II. den Salzburger Bischof Rupertus reich beschenkte, u. a. auch mit den beiden Almen ›Gauzo‹ und ›Ladusa‹ (heute: Götschen bzw. Larosbach nahe Marktschellenberg). Feste Siedlungen, wie es sie z. B. im benachbarten Dürrnberg oder in Reichenhall-Karlstein nachweisbar schon zur Bronze- und Hallstattzeit, also gut ein Jahrtausend vor der Zeitrechnung, gab, bildeten sich im Berchtesgadener Gebiet erst etwa ab dem 12. Jh. n. Chr. Die steilen Felslandschaften und die unerschlossenen Wälder wirkten lange Zeit wenig verlockend und einladend.

☐ Die Berchtesgadener Pröpste

Der Überlieferung nach waren es vier Rottenbucher Augustinermönche zusammen mit vier Laienbrüdern, die sich zu Beginn des 12. Jh. in die damalige Wildnis um Berchtesgaden vorwagten, um im Auftrag des bayerischen Grafen Berengar von Sulzbach, des Besitzers der dortigen Waldungen, ein Kloster zu gründen. Aufgrund des unwegsamen Geländes, der Transportprobleme, der strengen Winter und mangelnder Erfahrung, mit derart vielen Widrigkeiten fertigzuwerden, zog sich dieses Unternehmen viele Jahre hin. Die Errichtung des Klosters und damit wohl die ›Gründung‹ Berchtesgadens dürfte zwischen 1115 und 1120 liegen. In das Kloster zogen Augustiner-Chorherren ein, eine damals stark wachsende christliche Reformbewegung, deren Hauptmerkmale eine mönchische enthaltsame Lebensweise, Keuschheit und die Seelsorge für die Bevölkerung waren. Eberwin, einer der Gründermönche, wurde zum Propst ernannt. Er war der erste in einer Reihe von weiteren 46 Pröpsten, die ihm in den nächsten rund 700 Jahren folgen sollten.

Um der Gründung der Ordensgemeinschaft mehr Gewicht zu verleihen, übereignete man das Kloster Berchtesgaden dem Papst. In einer Zeit, in der die Macht der Kirche noch höher als jene des Kaisers zu bewerten war, brachte diese ›Unterwerfung‹ unter die päpstliche Herrschaft den unumstrittenen Vorteil, bei eventuellen weltlichen Angriffen den Schutz Roms zu genießen. In der Anfangszeit des Klosters schloß sich dieses eng an das Erzstift Salzburg an, dem es zunächst in geistlichen Angelegenheiten auch noch unterstellt war – eine Gemeinschaft, die später in erbitterte Rivalität überging.

In der Folgezeit entwickelte sich das Chorherrenstift Berchtesgaden zu einem bedeutenden Macht- und Besitzzentrum, zu dessen Einflußbereich in etwa die heutigen Gemeindegebiete Berchtesgaden, Ramsau, Schönau/Königssee, Bischofswiesen und Marktschellenberg gehörten. Der Stifter des Klosters, Graf Berengar, hatte diesem nicht nur den Grund, Weide-, Jagd-, Forst- und Fischereirechte etc. im Berchtesgadener Land vermacht, sondern auch noch weitere Güter und Besitzungen außerhalb Berchtesgadens mit allen Rechten und Nutzungen. Sonstige Schenkungen, Stiftungen und Käufe vergrößerten das Vermögen noch zusätzlich. Im Jahr 1141 erhielt das Kloster eine amtliche Urkunde aus Rom, in der die bis dahin angesammelten und weit übers Land verteilten Besitztümer und Nutzungsrechte als Stiftseigentum bestätigt wurden – ein äußerst wertvolles und beweiskräftiges Papier in den damaligen unruhigen Zeiten. Dem Kloster wurde auch die freie Propstwahl zugesichert, womit es unabhängig von weltlichen Machthabern und damit ein souveräner Kirchenstaat war.

Natürlich konnte der umfangreiche Stiftsbesitz von den Chorherren allein nicht bewirtschaftet werden. Eingewanderten Siedlern und Bauern wurde daher Land zugewiesen, sie bekamen Vieh, Geräte und Saatgut. Die Bauern wurden jedoch nicht Eigentümer, sondern eine Art Pächter auf Lebenszeit. Grund und Boden verblieb dem Stift; das Land war den Bauern nur ›geliehen‹. Ein festgesetzter Teil der landwirtschaftlichen Erträge, aber auch Geld mußte als Zins an das Kloster abgeführt werden. Ferner wurden die Bauern zu allgemeinen Fronarbeiten sowie für Wachdienste an den Grenzen des Stiftslandes herangezogen.

Die Chorherren selbst gingen keiner geregelten Arbeit nach. Sie verwalteten ihren Besitz und standen ansonsten vorwiegend ›im Dienste des Herrn‹, verbrachten den Tag mit Gebeten, Gesängen und seelsorgerischen Aufgaben und übten sich in freiwilliger Armut und spartanischer Lebensweise: bescheidenste Verpflegung, einfache, einheitliche Kleidung, Schlafen und Wohnen in meist nicht beheizbaren Gemeinschaftsräumen etc. Schon aus der Amtszeit des ersten Propstes Eberwin sind allerdings gewisse ›Aufmüpfigkeiten‹ der Chorherren gegen diese allzu strengen Ordensregeln überliefert, und auch spätere Ermahnungen von päpstlicher Seite, »Klosterzucht und Eintracht aufrechtzuerhalten« machen deutlich, daß im Innern der Klostermauern nicht immer alles den strengen Vorschriften entsprach.

Der dem Klostergründer Eberwin im Jahre 1142 nachfolgende Propst Hugo kam aus Salzburg, wurde aber schon sechs Jahre später durch die Wahl zum Dompropst nach Salzburg zurückgeholt. Sein Nachfolger, Propst Heinrich, stand dem Kloster bis 1174 vor und wurde dann zum Erzbischof von Salzburg gewählt. In seine Zeit fielen erbitterte Machtkämpfe zwischen Papst Alexander III. und Kaiser Friedrich Barbarossa. Offenbar konnte sich Propst Heinrich die Gunst des Kaisers sichern, denn im Jahr 1156 erhielt das Kloster eine Art Schutzbrief, mit dem ihm auch von kaiserlicher Seite die bisherigen Besitztümer bestätigt und nicht nur Schutz, sondern sogar weitere Vergünstigungen, wie z. B. Nutzung von Bodenschätzen (Salzrecht) gewährt wurden. Kaiser und Papst als Rückendeckung – was konnte nun noch passieren? Stimmen, wonach dieser kaiserliche ›Freiheitsbrief‹ von Propst Heinrich erschlichen, wenn nicht gar gefälscht worden sei, kamen erst später auf.

Trotz aller urkundlichen Sicherheiten mußten die Berchtesgadener Pröpste ihre zum Teil weit verstreuten Besitztümer immer wieder gegen fremde Machtansprüche verteidigen. Streitigkeiten über Grenzverläufe, über Jagd-, Forst- und Wegerechte gehörten zum Klosteralltag. Zu einem Zankapfel besonderer Art geriet über Jahrhunderte hinweg das Salz. Nicht nur über die Abbaurechte der verschiedenen Salzlager, sondern auch über den Salzhandel, den Salztransport kam es vor allem mit dem benachbarten Salzburg immer wieder zu Streitigkeiten und Konkurrenzkämpfen bis hin zu kriegerischen Auseinandersetzungen. Die Einnahmen aus den Salzquellen und Salzlagern stellten eine wesentliche Finanzgrundlage für das Kloster dar und sicherten dessen Bestand – die entsprechenden Rechte galt es zu verteidigen. Obwohl Berchtesgaden ›weit vom Schuß‹ war, bekam es dennoch die Auswirkungen der verschiedenen Feldzüge zu spüren, die im 14. Jh. zwischen bayerischen und österreichischen Herzögen stattfanden. Die weit verstreuten Besitztümer der Propstei, von denen man z. B. das Getreide bezog, wurden teilweise geplündert und angezündet, was anschließend zu jahrelangen Hungersnöten im Berchtesgadener Land führte.

Eine einschneidende Veränderung in der Klosterstruktur ergab sich im Jahr 1377. Inzwischen amtierte bereits der 27. Propst, Ulrich I. Die Bauern erhielten das Recht, die von ihnen bislang nur als Lehen bewirtschafteten Güter als Eigentum zu erwerben. Dieser ›Landbrief‹ sollte durch die eingehenden Kaufsummen nicht nur die leere Klosterkasse füllen, sondern auch die eigene Bauernschaft im Hinblick auf den bedrohlichen Nachbarn Salzburg bei der Stange halten. Die Bauern konnten nun ihre Betriebe eigenverantwortlich führen, diese auch verkaufen, vererben oder aufteilen. Zu Grundstücksteilungen waren viele der Bauern schon deshalb gezwungen, um die hohen Schulden für das gekaufte Land abzahlen zu können.

Ein Grund für die über Jahrhunderte anhaltende schlechte Finanzlage und hohe Verschuldung des Klosters war nicht zuletzt die Tatsache, daß sich die frommen Ordensbrüder immer weniger an die allzu spartanische Lebensweise halten wollten. Es war zur Tradition geworden, daß die aufzunehmenden Chorherren fast ausschließlich aus adligen Kreisen stammten, denen das enthaltsame Leben wohl doppelt schwerfallen mußte. Propst Ulrich I., der diesbezüglich wieder mehr Zucht und Ordnung schaffen wollte, fiel deshalb in Ungnade und verlor schließlich sein Amt. Sein Nachfolger, Propst Konrad, konnte den totalen Ruin des Klosterstaates nur dadurch verhindern, daß er seinen Erzfeind, den Salzburger Erzbischof, um Hilfe bat. Diese Hilfe wurde zwar gewährt, jedoch zu einem hohen Preis: Berchtesgaden verlor seine Selbständigkeit, es wurde komplett dem salzburgischen Erzbistum übereignet. Dieser Vertrag wurde ums Jahr 1400 von Rom und den deutschen Königen Ruprecht und Wenzel bestätigt.

Salzburg war nun mächtig und reich. Zu mächtig und reich aus der Sicht der bayerischen Herzöge, die mit Unterstützung Österreichs in Rom vorstellig wurden und tatsächlich erreichten, daß die Verträge rückgängig gemacht wurden. Dagegen wehrte sich nun Salzburg wieder, und die Sache endete mit einem Kompromiß, wonach Berchtesgaden seine Selbständigkeit zwar generell zurückerhielt, Salzburg sich jedoch beträchtliche Mitspracherechte sicherte. Auch blieb die sehr ergiebige Saline Schellenberg als Pfand bei Salzburg.

Unter dem neuen, tüchtigen Berchtesgadener Propst Pienzenauer (1404–32; Abb. 13) und auch unter seinen Nachfolgern ging es langsam wieder aufwärts mit dem Kloster. 1455 gelang es dem Stift, sich von der geistlichen Oberherrschaft Salzburgs zu lösen; es war nun Rom direkt unterstellt. Durch Besitzverkäufe konnte man auch die schlimmste Finanzmisere abwenden. Versuche, die Chorherren zu mehr Sparsamkeit anzuhalten, trafen nach wie vor auf wenig Gegenliebe, und dasselbe galt für Steuererhöhungen gegenüber den Bauern. Diese hatten sich inzwischen zu einer geschlossenen sog. ›Landschaft‹ formiert und erhoben schließlich vor dem kaiserlichen Hofgericht in Innsbruck Klage gegen die ihrer Ansicht nach zu hohen Belastungen. Dies führte im Jahr 1506 zu einem Schiedsspruch, dem sog. ›Fuchsbrief‹ (benannt nach dem kaiserlichen Kommissar Fuchs), einer Gesetzesgrundlage, in der u. a. auch Rechte und Pflichten der Bauern und Bürger detailliert festgelegt wurden. Große Erleichterungen hatten die Bauern durch diesen, sehr zugunsten des Stifts abgefaßten Urteilsspruch allerdings nicht erreichen können.

Watzmann, Königssee und Berchtesgaden. Ausschnitt aus der ›Bayrischen Landtafel‹ von Ph. Apian, 1568

Während der nachfolgenden Bauernkriege, die um 1525 im ganzen Land entbrannten, wurde auch das Kloster geplündert, doch hielten sich die Schäden im Vergleich zu Salzburg in Grenzen. Grund zum Feiern hatte die Propstei im Jahre 1556. Unter Propst Wolfgang II. Griesstätter hatte Berchtesgaden seinen letzten Schuldenrest an Salzburg zurückbezahlt. Die seit 1389 verpfändete Saline Schellenberg fiel zurück ans Kloster, das damit wieder voll über seinen Landbesitz verfügen konnte. Als einzige Einschränkung blieb das Recht der Salzburger erhalten, die Dürrnberger Salzvorkommen auch unter der Grenze hindurch auf Berchtesgadener Gebiet abzubauen – ein Vorrecht, das bis zur Einstellung des Salzabbaues im Sommer 1989 noch von Österreich genutzt wurde.

Chronischer Geldmangel bestimmte auch weiterhin das Schicksal der Propstei. Den zwar beachtlichen Erträgen aus Salz- und Holzgewinnung und aus zahlreichen Besitzungen standen hohe Ausgaben für die eigene Verwaltung, für Zölle und Mauten und für Staatssteuern gegenüber. Hinzu kamen wachsende Forderungen der Chorherren, die sich längst nicht mehr mit Wasser, Brot und Gebet zufriedengaben, sondern neben herrschaftlicher Verpflegung auch bessere Kleidung sowie ein unterhaltsames ›Freizeitprogramm‹ verlangten. Auch der Baueifer einiger Pröpste leerte die Kassen. So wurde allein in der ersten Hälfte des 16. Jh. in Berchtesgaden die Franziskanerkirche fertiggestellt, die Stiftskirche erfuhr einen beachtlichen Umbau, in Ramsau entstand die Kirche St. Fabian und Sebastian, und die Schellenberger Kirche bekam einen neuen Turm. Man errichtete aufwendige Grabdenkmäler für verstorbene Pröpste, und neben kirchlichen entstanden auch weltliche Bauwerke, so z. B. das Etzerschlößchen, das man noch bis 1960 an der Straße nach Maria Gern bewundern konnte.

☐ Die Wittelsbacher Pröpste

In der Zeit zwischen 1594 und 1723 standen dem Berchtesgadener Klosterstaat drei Pröpste aus dem Hause Wittelsbach vor. Die Wahl des bayerischen Herzogs Ferdinand, der bei Amtsantritt erst 16 Jahre alt und gleichzeitig (und hauptsächlich) Kurfürst und Erzbischof von Köln war, war sicher keine optimale Lösung. Man versprach sich jedoch durch diese enge Bindung an Bayern Unterstützung bei den erneut aufflammenden Streitigkeiten mit Salzburg. Das Erzbistum Salzburg mit dem recht kämpferischen Erzbischof Wolf Dietrich von Raitenau versuchte gegen Ende des 16. Jh. verstärkt, seine Macht auf Berchtesgadener Gebiet auszudehnen. Was er sich an Intrigen, an Erpressungen und Bestechungen einfallen ließ, um sich Berchtesgaden einzuverleiben, zeugt kaum von edler, religiöser Gesinnung, jedoch von viel Phantasie. So schlug er dem Bayernherzog Maximilian I. einen Tausch Mühldorf gegen Berchtesgaden vor, also eine Ausquartierung des Klosters nach Mühldorf. Dem Fürstpropst Ferdinand sollte diese Idee durch Übertragung spanischer Besitzungen noch schmackhafter gemacht werden. Dieser erhob jedoch Klage beim Reichsgericht gegen die diversen Gebiets- und Rechtsansprüche Salzburgs – ein Rechtsstreit, der sich rund zwei Jahrzehnte hinzog. Parallel dazu versuchte Wolf Dietrich durch kriegerische Einfälle in Berchtesgaden sein Ziel etwas schneller zu erreichen, stieß aber immer wieder auf massiven Widerstand der Bayern, die ihm zuletzt mit 10000 Mann entgegentraten. Wolf Dietrich

Wolf Dietrich von Raitenau, Erzbischof von Salzburg

wurde gefangengenommen, abgesetzt und eingekerkert. Das im Jahr 1627 endlich verkündete Urteil des Reichsgerichts bestätigte dann erneut die Souveränität Berchtesgadens, aber auch das weiterhin geltende Recht der Salzburger zur Salzgewinnung auf Berchtesgadener Gebiet unter dem Dürrnberg.

Diese erste Hälfte des 17. Jh. war eine harte Zeit für das Klosterländchen. Zu all den Querelen mit Salzburg kam noch der Dreißigjährige Krieg in den Jahren 1618 bis 1648. Zwar fanden im eigenen Land keine Kampfhandlungen statt, doch da der Berchtesgadener Fürstpropst Ferdinand gleichzeitig Kurfürst von Köln war, mußte die Klosterkasse auch für die dort entstandenen Schäden herhalten. Obwohl Propst Ferdinand sein Berchtesgadener Amt bis zum Jahr 1650 innehatte, wurde schon zwei Jahrzehnte zuvor sein Nachfolger bestimmt. 1631 wurde die Wahl seines Neffen, Maximilian Heinrich, Sohn des Herzogs Albert von Bayern, von Rom bestätigt. Wieder hatte man einen Wittelsbacher erkoren, der, ebenfalls Kurfürst und Erzbischof von Köln, seinen Hauptsitz ›außer Landes‹ hatte und so naturgemäß keine strenge Kontrolle über den Klosterstaat ausüben konnte. Die eingesetzten Verwalter und Vertreter – dies hatte sich schon unter Propst Ferdinand herausgestellt – besaßen weder die Autorität noch häufig das Interesse und Können, die vielseitigen Aufgaben des Stifts in dessen Sinne zu erfüllen. Andererseits sicherte man sich durch die Wahl eines Wittelsbacher Propstes natürlich wieder die Gunst und den politischen Beistand Bayerns, denn noch immer schaute das benachbarte Salzburg begierig auf den Kirchenstaat. Nicht zuletzt ging es auch um die weitere wirtschaftliche Zusammenarbeit mit Bayern, das einerseits als Abnehmer des Salzes, andererseits als Lieferant wichtiger Versorgungsgüter eine große Rolle spielte.

Fürstpropst Maximilian Heinrich

Die Chorherren selbst machten die Wahl ihres Kandidaten und künftigen Propstes zudem noch von bestimmten Bedingungen abhängig. Ohne großzügige Wahlversprechen hatte ein Bewerber von außerhalb kaum mehr Chancen. Hatte der erste Wittelsbacher Fürstpropst Ferdinand noch streng gegen die lockeren Sitten, gegen die zunehmende Aufweichung des mönchischen Klosterlebens gekämpft und gewettert, so mußten seine Nachfolger den gestiegenen Ansprüchen der Kapitularen Rechnung tragen. Das Wahlversprechen von Joseph Clemens z. B., dem dritten Wittelsbacher Fürstpropst, dessen Amtszeit von 1688 bis 1723 dauerte, schließt für jeden Chorherrn eine festgelegte Menge Bier und Wein ein, einen Geldbetrag und ferner Zugeständnisse zu besserer Kleidung und Verpflegung.

Unter dem Propst Joseph Clemens, der bereits als Sechzehnjähriger sein Amt antrat, bekam Berchtesgaden seine Abhängigkeit und Zugehörigkeit zu Bayern vor allem in negativem Sinne zu spüren. Kurfürst Max Emanuel, der Bruder von Joseph Clemens, hatte im Spanischen Erbfolgekrieg an der Seite Frankreichs gegen Österreich große Verluste erlitten, deren Folgen auch Berchtesgaden durch Unterdrückung und hohe Finanzforderungen von seiten Österreichs zu spüren bekam.

Da auch Propst Joseph Clemens gleichzeitig wieder Erzbischof von Köln war, wurde als sein Vertreter in Berchtesgaden der Domdekan von Regensburg, Freiherr von Neuhaus, eingesetzt. Von den Chorherren wurde Neuhaus jedoch nicht akzeptiert; vielmehr nahmen diese die Verwaltung ihrer Propstei zunächst in die eigenen Hände. Neuhaus beschwerte sich in Köln und erreichte, daß eine Kontrollkommission (mit ihm selbst an der Spitze) nach Berchtesgaden entsandt wurde. Sein anschließend nach Köln gelieferter Bericht muß verheerend ausgefallen sein, denn den Ordensbrüdern wurden daraufhin strenge Auflagen und zahlreiche Verbote erteilt. Sie, die inzwischen in private Wohnungen mit Dienerschaft und einer durchaus weltlichen und komfortablen Lebensweise umgesiedelt waren, wurden gezwungen, in den tristen, mönchischen Alltag zurückzukehren. Wen wundert es, daß die Chorherren, denen von jeher ja die freie Propstwahl zustand, ihr Oberhaupt künftig ausschließlich aus den eigenen Reihen wählten?

Nachfolger des letzten Wittelsbacher Fürstpropsts wurde 1723 Julius Heinrich Freiherr von Rehlingen. Schon bald bekam Berchtesgaden den Zorn Bayerns zu spüren, das wie eine schmollende, abgewiesene Braut mit wirtschaftlichen Sanktionen reagierte. Die Gegendrohung Berchtesgadens, den Salzhahn gegenüber Bayern zuzudrehen, bereinigte dann die Szene wieder.

☐ Die Vertreibung der Protestanten

In den Beginn der Regierungszeit des Propstes Cajetan Nothaft, also die Jahre ab 1732, fällt ein recht unrühmlicher Abschnitt der Geschichte. Über zwei Jahrhunderte waren vergangen, seit Martin Luther in Wittenberg seine Thesen angeschlagen hatte. Seine Reformbewegung war inzwischen auch in abgelegenere Gebiete vorgedrungen. Salzburg hatte schon Jahrzehnte zuvor durch Verfolgungen, Verbote und Ausweisungen den Protestantismus bekämpft. Inzwischen hatte die neue Religion auch in der Berchtesgadener Region viele Anhänger gefunden, vor allem unter der einfacheren Bevölkerung. Die Chorherren hatten ihre seelsorgerischen Aufgaben nie übermäßig ernst genommen; eine enge Bindung an die Kirche war so beim Volk auch nicht entstanden. Eine neue Religion konnte von den geistlichen Herren aber auf keinen Fall geduldet werden, und so brach für die Protestanten eine harte Zeit an. Ein Teil von ihnen war schon gegen Ende des 17. Jh. freiwillig ausgewandert; etwa 800 Berchtesgadener wurden im Jahr 1733 zwangsweise des Landes verwiesen; im benachbarten Erzbistum Salzburg hatten bereits in den beiden vorausgegangenen Jahren aufgrund eines erzbischöflichen Erlasses über 21 000 Protestanten ihre Heimat verlassen müssen. Zum Glück fanden die meisten Emigranten dank ihres Fleißes und ihrer handwerklichen Tüchtigkeit freundliche Aufnahme im ›Ausland‹. Ein Großteil der Berchtesgadener Flüchtlinge ließ sich in Nürnberg nieder, was sicher mit dazu führte, daß Nürnberg in der Holzwaren-, speziell der Spielzeugindustrie, später eine führende Rolle übernahm. Berchtesgaden jedoch tat sich nach dem Wegzug von über 10 % seiner Bevölkerung schwer, stoppte schließlich die Auswanderungswelle und war in den folgenden Jahren und Jahrzehnten bemüht, das Volk durch verstärkte Bekehrungsversuche an die katholische Kirche zu binden, was im Laufe der Zeit auch gelang. Die finanziellen Sorgen der Propstei nahmen jedoch immer mehr zu. Die Chorherren, nicht mehr von auswärtigen Pröpsten gegängelt und zur Enthaltsamkeit gezwungen, nutzten ihre Freiheit. Mit mönchischer Armut, wie es der Augustiner-Chorherrenorden ursprünglich vorschrieb, hatte ihr Lebensstil nicht mehr die geringste Ähnlichkeit. Der Kirchenstaat war hoch verschuldet, obwohl aus Schenkungen von privater und kirchlicher Seite sowie aus dem Salzhandel hohe Einnahmen erzielt wurden. Trotz der Finanzmisere wurden auch unter den Pröpsten Freiherr von Rehlingen, Cajetan Nothaft, Graf von Christalnigg und Freiherr von Hausen bis in die zweite Hälfte des 18. Jh. noch recht kostspielige Bauvorhaben ausgeführt, wie z. B. an der Kirche St. Bartholomä am Königssee und dem dortigen Jagdschlößchen; es entstanden die Kirchen Maria am Kunterweg in der Ramsau, Maria Gern und die Ettenberger Wallfahrtskirche bei Schellenberg.

Joseph Conrad Freiherr von Schroffenberg war ab 1780 der letzte Propst Berchtesgadens. Er, der während seiner Regierungszeit auch noch Bischof von Freising und Regensburg wurde, bemühte sich trotz dieser vielen Ämter redlich, die Wirtschaftslage des Landes wieder in den Griff zu bekommen. Er war beliebt und hochgeachtet. Mehrere Hochwasser-

Joseph Conrad Freiherr von Schroffenberg, der letzte Fürstpropst von Berchtesgaden

katastrophen, die vor allem die Salinen beschädigten, stürzten die Propstei jedoch erneut in tiefe Schulden. Man sah keinen anderen Ausweg mehr aus dieser Finanznot, als Bayern um Unterstützung zu bitten. Dieses half zwar mit hohen Subventionen, ließ sich dafür allerdings die Berchtesgadener Salinen und großen Waldbesitz übereignen. Wenngleich dieser Vertrag von höchster Instanz nie anerkannt und bestätigt wurde, behielt Bayern diese Rechte doch bis zum Jahr 1804. Vorher aber brachte das Jahr 1803 die einschneidendste Veränderung in der Geschichte des Landes, die Säkularisation. Mit ihr ging die rund 700jährige Geschichte der Berchtesgadener Pröpste zu Ende.

☐ Die Säkularisation

Mit dem Untergang des ›Heiligen Römischen Reichs Deutscher Nation‹ im Jahr 1803 schlug auch die letzte Stunde des Klosterstaats. Durch den Reichsdeputationshauptschluß wurde nicht nur die Berchtesgadener Propstei, sondern auch das Erzbistum Salzburg zunächst dem habsburgischen Herzog Ferdinand von Toskana unterstellt; beide fielen jedoch im Jahr 1805 durch den Preßburger Frieden an Österreich. Landesherr war nun, allerdings nur für kurze Zeit, Kaiser Franz I. von Österreich. 1809 mußte er nach dem erfolgreichen Vorstoß Napoleons nach Wien seinen neuen Besitz an Frankreich abtreten. Die folgenden eineinhalb Jahre französischer Herrschaft waren schwarze Zeiten für die Salzburger und die Berchtesgadener. Ihr Land war ausgeplündert, arm und heruntergewirtschaftet, als 1810 aufgrund des zwischen Bayern und Frankreich geschlossenen Vertrags die beiden ehemaligen Kirchenstaaten zu Bayern kamen. Für Salzburg blieb auch das nur ein kurzes geschichtliches Zwischenspiel, denn es wurde bereits sechs Jahre später wieder abgetrennt und – diesmal endgültig – Österreich zugeteilt, während Berchtesgaden sowie der Rupertiwinkel bis zum heutigen Tag bei Bayern verblieben. Zum ersten Mal wurde so im Jahr 1816 mit dem ›Münchner Vertrag‹ zwischen den beiden Nachbarstaaten eine wirklich markante Länder-Grenzlinie gezogen und damit auch der lang umstrittene Gebietsausgleich zwischen Bayern und Öster-

Maximilian II. (1811–1864), König von Bayern, aus dem Hause Wittelsbach

Berchtesgaden mit Watzmann, um 1850. Stahlstich von A. Marx

reich endgültig besiegelt. Verblüffenderweise kommen seither die über 700 Jahre lang bös miteinander verfeindeten Salzburger und Berchtesgadener bestens miteinander aus.

Berchtesgaden teilte nun die Geschichte des Königreichs Bayern. Die Wittelsbacher, die im 17. Jh. schon einmal für drei Amtszeiten den Fürstpropst des Klosterlandes stellen durften, hielten wieder Einzug in das schöne Bergland und erklärten es zu ihrer Sommerresidenz. Die königlichen Hirsch- und Gamsjagden, lange Zeit in großem Stil abgehalten, der allgemein einsetzende Fremdenverkehr brachten Leben und vor allem auch Geld in das stille Land. Daneben florierte nach wie vor der Salzhandel.

Mit dem Ersten Weltkrieg und der Gründung der Weimarer Republik endet die Geschichte der bayerischen Könige. Das Schloß Berchtesgaden, die alte Propstei, blieb jedoch im Besitz der Wittelsbacher, die es auch weiterhin als Standquartier für ihre Jagdausflüge benutzten. Der Zweite Weltkrieg schließlich traf das Berchtesgadener Land mit besonderer Härte.

☐ Die ›braune Vergangenheit‹ am Obersalzberg

Im Jahr 1925 quartierte sich in einem kleinen, gemütlichen Berghaus, dem Haus ›Wachenfeld‹ am Obersalzberg, ein Sommerfrischler zur Miete ein: Adolf Hitler. Er kannte das Berchtesgadener Land bereits von früheren Besuchen. Seine Kontakte zu Gleichgesinnten der nationalsozialistischen Idee hatten ihn schon häufiger in diese Region geführt. Die romantische Berglandschaft gefiel ihm; hier fand er auch nach seiner Entlassung aus der Landsberger Haft (in die er nach seinem mißglückten Putschversuch an der Münchner Feldherrnhalle geraten war) die Ruhe, an seinem Buch ›Mein Kampf‹ weiterzuarbeiten. Schon damals stand Hitler an der Spitze der ›Nationalsozialistischen Deutschen Arbeiterpartei‹. Sein Einfluß nahm in den folgenden Jahren stetig zu, sein Gefolge vergrößerte sich. Nachdem Hitler 1933 als Reichskanzler an die Macht kam, war es endgültig aus mit der idyllischen Ruhe am Obersalzberg. Hitler kaufte das bislang nur gepachtete Haus ›Wachenfeld‹, und schon bald erfolgten erste Um- und Anbauten an dem ›Berghof‹, wie der Besitz bald allgemein genannt wurde. Seine engsten Parteifreunde und Vertraute folgten ihm nach. Besucher, unter ihnen hohe Staatsgäste, logierten in der Nähe des Führers. Man benötigte auch Unterkünfte für die zu seiner Sicherheit abgestellte SS-Wache.

Nach und nach wurde das umliegende Gelände in großem Stile und mit teils radikalen Methoden als sog. ›Führergebiet‹ vereinnahmt. Bauernhöfe, Wohnhäuser, Handwerksbetriebe und Läden, ein Kindersanatorium, Gasthäuser und Pensionen, aber auch Wiesen und Wälder wurden aufgekauft; Eigentümer, die nicht verkaufen wollten, mußten mit Enteignung und Zwangsmaßnahmen bis zur KZ-Haft rechnen. Über 400 Bewohner mußten ihre Häuser verlassen. Eine alte, organisch gewachsene Streusiedlung mit dorfartigem Zentrum wurde systematisch zerstört, denn man brauchte Platz zur Verwirklichung der ehrgeizigen

Beim Bau der Kehlsteinstraße in den dreißiger Jahren

Baupläne. Martin Bormann, Hermann Göring, Joseph Goebbels u. a. bauten sich ihre eigenen pompösen Residenzen am Obersalzberg. Reichsleiter Bormann tat sich als Hitlers Baubeauftragter besonders hervor. Viele Grundstückskäufe erfolgten unter seinem Namen. Seine Vollmachten am Obersalzberg wurden immer weitreichender, je mehr sich Hitler seinen politischen Aufgaben widmen mußte. Die zur Verfügung stehenden finanziellen Mittel schienen unbegrenzt. Bormann wurde der ›Herrgott vom Obersalzberg‹ genannt. Unter seiner Aufsicht wurde das ehemals stille Erholungsgebiet zu einer riesigen, lärmenden Baustelle, die enorme Summen verschlang. Gebäude, die im Wege waren, wurden abgerissen. Durchschnittlich 3000 Arbeiter waren hier beschäftigt; für ihre Unterbringung wurden riesige Barackenlager erstellt. Anstelle des einfachen Berggasthofs ›Platterhof‹ (die einstige ›Pension Moritz‹ der Mauritia Mayer, s. S. 104) entstand ein gleichnamiges, mehrstöckiges und äußerst komfortables Gästehotel für die Naziprominenz mit einem 130 m langen Garagenhaus. Hitlers ursprünglich recht bescheidener ›Berghof‹ wurde ständig vergrößert und nach seinen eigenen Plänen mit allen baulichen und technischen Raffinessen ausgestattet. Für die SS baute man Kasernen mit den dazugehörigen Wirtschaftsgebäuden, Exerzierplatz, Schießständen und Bunkern. Es entstand ein Theatersaal mit 2000 Plätzen, und für die wachsende Zahl der Verwaltungsangestellten – zumindest für die besonders linientreuen – erstellte man nahebei die Wohnsiedlungen ›Klaushöhe‹ und ›Buchenhöhe‹. Bormann, ein ehemaliger Landwirt, ließ sich einen riesigen Gutshof bauen. Die ›Krönung‹ dieses Bauwahns wurde das Kehlsteinhaus hoch oben auf dem Kehlstein mit seiner durch wilde Berglandschaft führenden Zufahrtsstraße. Dieses ›D-Haus‹ (so benannt entweder nach der alphabetischen Ordnung der Baupläne oder abgekürzt für ›Diplomatenhaus‹ – fälschlicherweise häufig auch ›Teehaus‹ genannt) diente vorwiegend zu Repräsentationszwecken bei Besuchen ausländischer Diplomaten. Innerhalb weniger Jahre war es Hitler und seinen Gefolgsleuten gelungen, aus dem einstmals wegen seiner Ruhe und Naturschönheit beliebten Luftkurgebiet Obersalzberg ein zersiedeltes, von Asphaltstraßen zerschnittenes und zerstörtes Gelände zu machen. Parallel zu diesem Ausbau des Obersalzbergs zum zweiten Regierungssitz Hitlers entstand in der Stanggaß bei Berchtesgaden eine ›Außenstelle‹ der Reichskanzlei.

Besonders durch die zahlreichen Besuche ausländischer Politiker und Diplomaten wurde der Name Berchtesgadens und des Obersalzbergs weit in die Welt hinausgetragen, mehr als es je zuvor den Fremdenverkehrsmanagern durch Werbemaßnahmen gelungen war. Zahllose Besucher kamen jetzt, nur um die Wahlheimat des Führers kennenzulernen; an manchen Tagen pilgerten 5000 Besucher in regelrechten Wallfahrten zu Hitlers ›Berghof‹. Erst nach der weiträumigen Absperrung des ›Führergebiets‹ wurde es wieder etwas ruhiger am Obersalzberg. Nur noch Befugten und offiziellen Besuchern war der Zutritt zu dem durch kilometerlange Zäune und Mauern begrenzten und von Wachposten gesicherten über 10 qkm großen Sperrbezirk gestattet.

Zum militärischen Schutz des Obersalzbergs wurde auf den Höhen um Berchtesgaden eine Anzahl von Flakstellungen und Vernebelungsanlagen errichtet. Jede Flakstellung hatte etwa 50 Mann Besatzung, die größte auf dem Roßfeld gar 200. Die Soldaten waren in eigenen

Barackenlagern untergebracht und wurden vom Tal aus vorwiegend mit Hilfe von Transportliften mit dem nötigen Material versorgt.

Zu all den Bauten ›über Tag‹ kam am Obersalzberg – besonders ab 1943, als in Deutschland die ersten Bomben fielen – ein gigantisches System von unterirdischen Luftschutzanlagen. Ein verzweigtes, beinahe 3 km langes Netz von Stollen und Bunkern mit über 4000 m² Nutzfläche entstand tief unter der Erde. Die für die Naziprominenz vorgesehenen Bunker wurden nahezu mit dem gleichen Luxus wie deren Wohnhäuser ausgestattet. Pläne für einen weiteren Ausbau dieser unterirdischen Festungsanlage zu einer noch riesigeren Verteidigungsanlage konnten durch das schnelle Kriegsende zum Glück nicht mehr verwirklicht werden. Am Vormittag des 25. April 1945 heulten am Obersalzberg die Alarmsirenen. Es folgte der bereits erwartete Großangriff. Amerikanische Bomben wurden gezielt auf Hitlers Alpenfestung abgeworfen (während der Ort Berchtesgaden selbst nicht getroffen wurde). Rund eine Stunde dauerte der Angriff. Nahezu alle unter Hitler erstellten Gebäude – auch sein ›Berghof‹ – wurden stark beschädigt, viele total zerbombt. Das ganze Gelände war von Bombenkratern übersät. Unversehrt blieb das ›Diplomatenhaus‹ auf dem Kehlstein (Frontispiz S. 2). Auch die Bunker und Stollen, in denen die meisten der rund 3500 Bewohner des Sperrgebiets rechtzeitig Zuflucht gesucht hatten, überstanden den Angriff. Nur sechs Personen fanden hier den Tod, einige wurden verletzt. Schlimmer erging es allerdings der Bevölkerung in der unmittelbaren Umgebung außerhalb des Sperrgebiets. Die ersten Bomben gingen in den Wohnsiedlungen Klaus- und Buchenhöhe nieder, in denen viele Opfer zu beklagen waren. Göring überlebte in seinem Privatbunker. Hitler, der sich gegen Ende des Krieges kaum mehr in seinem ›Berghof‹ aufhielt, befand sich zur Zeit des Luftangriffs, ebenso wie Bormann, im Hauptquartier in Berlin. Am Tag des Einmarschs der Amerikaner am 4. 5. 1945 ließ die abziehende SS den beschädigten ›Berghof‹ in Flammen aufgehen.

Am selben Tag fuhr der damalige Landrat Karl Theodor Jacob den von Bad Reichenhall aus anrückenden Amerikanern entgegen, um diese rechtzeitig von der Bereitschaft Berchtesgadens zur bedingungslosen Kapitulation zu unterrichten. An den Berchtesgadener Häusern wehten beim Einmarsch der amerikanischen Truppen die weißen Fahnen. Dank dieser mutigen und verantwortungsvollen Aktion konnte die Stadt unverzüglich und ohne Blutvergießen durch Bürgermeister Sandrock offiziell dem amerikanischen Kommandanten übergeben werden.

☐ Die Nachkriegszeit bis zur Gegenwart

Nach der Kapitulation beschlagnahmten die Amerikaner das, was vom Obersalzberg noch übriggeblieben war und erklärten die Region zum Sperrbezirk für die deutsche Bevölkerung. Auch einige der besten Hotels, Gästehäuser, viele Privathäuser sowie die einstige Reichskanzlei in der Stanggaß blieben weiterhin von der Besatzungsmacht belegt.

Zu den vielen Heimatvertriebenen, die schon während des Krieges ins Land gekommen waren und die man nur mühsam untergebracht hatte, kamen weitere Flüchtlingsströme.

Landkreisgrenzen bis 1972
Landkreisgrenzen seit 1972

(Vom Obersalzberg abgesehen, war der südöstlichste Zipfel Bayerns vom Bombenhagel weitestgehend verschont geblieben.) 1946 waren 35 % der Landkreisbevölkerung Heimatvertriebene. An ein Wiederaufleben des Fremdenverkehrs war vor allem aus Platzmangel zunächst nicht zu denken. Wie im übrigen Deutschland waren die Nachkriegsjahre hart und entbehrungsreich. Nach der Währungsreform von 1948 setzte jedoch eine rege Bautätigkeit ein; bald konnten wieder erste Gästebetten angeboten werden. Die Bemühungen Berchtesgadens um Freigabe der Sperrgebiete führten in den frühen fünfziger Jahren zu ersten Erfolgen. Verschiedene Gebäude und Gebiete sowohl am Obersalzberg wie in Berchtesgaden werden allerdings bis heute noch von den Amerikanern genutzt (›Recreation Areas‹). Im Jahr 1953 hatten die Übernachtungsziffern bereits wieder die 1-Mill.-Grenze erreicht, und in der folgenden Zeit des ›Wirtschaftswunders‹ ging es steil aufwärts mit dem Tourismus. 1955 wurde der durch den Krieg unterbrochene Bau der Roßfeld-Höhenstraße fertiggestellt und damit ein neuer touristischer Anreiz geschaffen. 1962 waren die Übernachtungszahlen im Berchtesgadener Land bereits auf 2 Mill. angewachsen.

Die große Landkreisreform der bayerischen Staatsregierung im Jahr 1972 brachte auch für das südöstliche Bayern gravierende Veränderungen. Der Zusammenschluß der Berchtesgadener Region (bisheriger ›Landkreis Berchtesgaden‹) mit der bis dahin kreisfreien Kurstadt Bad Reichenhall sowie dem südlichen Teil des ehemaligen Landkreises Laufen (Teil des Rupertiwinkels) zu einem großen ›Landkreis Berchtesgadener Land‹ bedeutete eine gewagte und auch ziemlich umstrittene Vermischung unterschiedlicher topographischer, wirtschaftlicher und kultureller Strukturen. Während im Norden des neuen Landkreises Landwirtschaft, Industrie und Handwerk vorherrschend sind, ist dies im Reichenhaller Raum der Kur- und Bäderbetrieb und im Berchtesgadener Gebiet der Fremdenverkehr. Während der Rupertiwinkel jahrhundertelang zu Salzburg gehörte, unterstanden die Reichenhaller bayerischen Herrschern, die Berchtesgadener ihrer eigenen Fürstpropstei. Der Rupertiwinkel ist hügeliges Voralpengebiet, Berchtesgaden hochalpines Bergland. Solch verschiedenartige Regionen, Kulturen und vor allem Menschen unter einen Hut zu bringen, war und ist nicht einfach. Noch heute spürt man unterschwellig hier und da einen gewissen Groll bei den Ur-Berchtesgadenern, die ihre dominierende Position, vor allem den zentralen Verwaltungssitz des Landkreises, abtreten mußten. U. a. wurden das Landratsamt nach Bad Reichenhall verlegt, das Amtsgericht nach Laufen, auch diverse weitere Behörden wurden ausquartiert, und manch alten Berchtesgadener wurmt es, daß man seinem Landl ›fremde‹ Gebiete angekoppelt hat, die nun von dem werbewirksamen Namen ›Berchtesgaden‹ profitieren dürfen.

Im Rahmen der ebenfalls in den siebziger Jahren durchgeführten Gemeindegebietsreform ergaben sich weitere, einschneidende Veränderungen. Die Gemeinden Au, Maria Gern und Salzberg wurden der Marktgemeinde Berchtesgaden zugeordnet. Schon zuvor hatten sich Landschellenberg und Scheffau mit Marktschellenberg zum gemeinsamen ›Marktschellenberg‹ zusammengeschlossen. Schließlich wurden noch Schönau und Königssee zu ›Schönau am Königssee‹ vereinigt. Nur Ramsau und Bischofswiesen blieben selbständig.

Der Schwerpunkt des 1976 in Kraft getretenen Landesentwicklungsprogramms Bayern bedeutete für den Landkreis Berchtesgadener Land vor allem einen konzentrierten Ausbau überörtlicher Versorgungseinrichtungen (Krankenhäuser, Schulen, Sportanlagen, Behörden), wobei der Stadt Freilassung besondere wirtschaftliche Bedeutung zukam.

In der Berchtesgadener Region rangierte nach wie vor der Fremdenverkehr an vorderster Stelle. Zur besseren Auslastung der Fremdenverkehrseinrichtungen begann man, auch die Wintersportziele auszubauen. Skigebiete wurden erschlossen, Lifte und weitere Hotels gebaut. Berchtesgaden bewarb sich sogar – wenngleich erfolglos – um die Austragung der Olympischen Winterspiele 1992. Der Bauboom brachte die erhofften Erfolge – einen steten Anstieg der Gästezahlen sommers wie winters (1991: 3,1 Mill. Übernachtungen). Die Gefahren dieser Entwicklung – Raubbau an der Natur, Zersiedlung, Übermotorisierung – wurden lange Zeit wenig beachtet. Inzwischen hat man jedoch erkannt, daß die Hauptziele – zumindest in der engeren Region um Berchtesgaden – längst nicht mehr in einer Ausweitung des Tourismus liegen, sondern eher in seiner Eindämmung bzw. Lenkung in vertretbare Bahnen. Ein wichtiger Schritt in diese Richtung war bereits die im Jahr 1978 in Kraft getretene ›Verordnung über den Alpen- und Nationalpark Berchtesgaden‹, ferner der Anschluß an die ›Alpen-Charta‹ und neuerdings die Beteiligung des Marktorts Berchtesgaden an einem Pilotprojekt ›Autofreie Kurorte‹ (s. S. 55). Die Zukunft des Berchtesgadener Landes hängt weniger von wirtschaftlichen Faktoren ab, als vielmehr davon, inwieweit es gelingt, die Grundlage seines bedeutendsten Wirtschaftszweigs, des Fremdenverkehrs, nämlich die intakte Natur und ihre Schönheiten, zu erhalten und vor Vermarktung und Zerstörung zu bewahren.

Salz, das ›Weiße Gold‹ – Quelle des Wohlstands

Die Salzgewinnung im nordöstlichen Alpenraum kann auf eine bis in vorgeschichtliche Zeit zurückreichende Tradition zurückblicken. Berchtesgaden, Reichenhall, Schellenberg, Hallein/Dürrnberg, Salzburg verdanken ihren einstigen wirtschaftlichen Aufschwung großenteils den wertvollen Salzvorkommen in dieser Region. Salz war lebensnotwendig für Mensch und Tier, es war Speisewürze und diente lange – vor der Erfindung von Kühl- und Gefrierschränken – als wichtigstes Konservierungsmittel bei der Vorratshaltung von Lebensmitteln (Einpökeln). Welch hohen Stellenwert das Salz früher einnahm, ist auch daraus zu ersehen, daß das Salzwesen seinen eigenen ›Heiligen‹ bekam: den Schutzpatron St. Rupertus; er ist stets an seinem Attribut, dem Salzfaß, zu erkennen. Der begehrte und reichlich vorhandene Bodenschatz schuf Arbeitsplätze in Bergwerken und Salinen, beim Handel, beim Transport und in den Wäldern bei der Brennholzgewinnung.

An den Salzvorkommen und den Rechten zu ihrer Nutzung, die meist den jeweiligen Landesherren zustanden, entzündeten sich im Laufe der Geschichte immer wieder Streitigkeiten und Grenzkonflikte bis hin zu kriegerischen Auseinandersetzungen. Wer Salz hatte, war mächtig und reich; Macht und Reichtum galt es zu verteidigen – wenn möglich noch ein bißchen auszuweiten. So wurde nicht nur die Geschichte Berchtesgadens, Reichenhalls und des benachbarten Salzburgs, sondern auch das Leben und der Alltag vieler Bewohner über Jahrhunderte mitbestimmt und beeinflußt vom Salz. Auch heute noch ist es ein unentbehrliches Mineral für Menschen und Tiere, obgleich gegenwärtig nur noch ca. 10 % der Produktion zu Speisesalz verarbeitet werden. Ein Großteil der Erzeugung findet Anwendung in Gewerbe und Industrie, als Streusalz im Winter sowie als wichtiger Grundstoff in der Chemie.

Besondere Bedeutung kommt auch der Heilkraft des Salzes zu. Bad Reichenhall als ›Kurstadt‹ (s. S. 187 f.) hat dies erkannt und bestmöglich genutzt. Da die unterirdischen Salzvorkommen noch lange nicht ausgebeutet sind, wird diese vielseitig verwertbare ›Quelle des Wohlstands‹ in und um Berchtesgaden und Bad Reichenhall wohl auch weiterhin sprudeln.

☐ Entstehung der Salzlagerstätten

Begonnen hat es ›mit dem Salz‹ schon vor rund 250 Mill. Jahren, nachdem sich auf der Erde die Urozeane und Kontinente gebildet hatten. Durch Hebungen und Senkungen der Erdoberfläche wurden Teile der Meere abgetrennt; es entstanden isolierte Meeresbecken, in denen auf lange Sicht mehr Wasser verdunstete als zufloß. Die im Meerwasser enthaltenen Salze kristallisierten aus und lagerten sich, durchsetzt mit anderen Stoffen, vorwiegend Ton und Gips, in mächtigen Schichten ab. Durch wiederholte Meeresüberflutungen und nachfolgende Verdunstung nahm die Salzkonzentration im Laufe von Jahrmillionen kontinuierlich zu, und es bildeten sich weitere Salz- und Gipsschichten. Diese gelangten durch die spätere Auffaltung der Alpen, durch Verwerfungen und Überschiebungen des Gesteins ›untertage‹, und so formierten sich vor etwa 60 Mill. Jahren die alpinen Salzlagerstätten, das sogenannte *Haselgebirge,* bestehend aus einem Gemisch aus unlöslichem Gestein und Meersalz. Dieses Mischgestein enthält im Berchtesgadener und Reichenhaller Raum durchschnittlich 50 % unlösliche Bestandteile und 50 % Salz.

☐ Geschichte der Salzgewinnung

Ein mächtiger Stock dieses Haselgebirges lagert nahe Berchtesgaden in einem Ausläufer des Hohen Göll, der sich zwischen den Tälern von Salzach und Berchtesgadener Ache nach Norden erstreckt. Die ältesten Zeugnisse des Salzabbaues in diesem Bergzug sind aus *Dürrnberg* bekannt (s. S. 322 f.). Vermutlich nutzten schon die ersten jungsteinzeitlichen Siedler diese Salzvorkommen. Etwa tausend Jahre v. Chr. bauten dann die Illyrer und nach ihnen die Kelten, damals noch auf mühsame, bergmännische Art, das Salz ab. Das keltische Wort ›Hal‹ bedeutet Salz und begegnet uns noch heute in Ortsnamen wie Reichenhall und Hallein, aber auch in Hall (bei Innsbruck) oder Hallstatt (im Salzkammergut). Von einer längeren Unterbrechung im ersten Jahrtausend n. Chr. abgesehen, wurde der Salzbergbau in Dürrnberg bis in die neueste Zeit betrieben. Durch Auslaugen des salzführenden Gesteins wurde Sole gewonnen, die man in der Saline des nahen *Hallein* weiterverarbeitete. Erst im Sommer 1989 wurde der Bergwerksbetrieb in Dürrnberg eingestellt und die Saline in Hallein

Salztransport. Darstellung im Fürstenzimmer des ehem. Salinenamtsgebäudes (Keltenmuseum), Hallein

aufgelassen. Es fällt schwer, sich das Land Salzburg, dem das Salz seinen Namen gab, heute ganz ohne eigene Salzerzeugung vorzustellen.

Das Stift *Berchtesgaden* erhielt bald nach seiner Gründung im 12. Jh. durch Kaiser Friedrich I. Barbarossa das ›Salzregal‹ und nutzte dieses Recht zum Salzabbau in demselben Bergzug, der auch von Dürrnberg, also von der Salzburger Seite aus, ausgebeutet wurde. Zunächst grub man am Tuval (Gutratberg) in der Nähe Schellenbergs, später entdeckte man Salzvorkommen am Gollenbach (auch Goldenbach oder Golmbach genannt) am Fuße des Salzbergs im Norden Berchtesgadens. Die hier gewonnene Sole wurde in offenen Holzrinnen zum Versieden in die bereits Ende des 12. Jh. errichtete Saline von Schellenberg geleitet. Erst 1517 wurde von Fürstpropst Gregor Rainer mit dem ›Petersbergstollen‹ das heutige Berchtesgadener Salzbergwerk gegründet, was den Bau einer weiteren Saline nötig machte: 1555 entstand in Berchtesgaden die Saline Frauenreuth. Jahrhundertelang waren diese beiden Sudstätten in Betrieb, verbrauchten enorme Brennholzvorräte und verheizten ganze Wälder zum Eindicken der angelieferten Sole. Die Schellenberger Saline wurde 1805 wegen Brennholzmangels stillgelegt, die Berchtesgadener war bis 1927 in Betrieb. Heute wird die im Berchtesgadener Salzbergwerk gewonnene Sole über eine Rohrleitung zur Verarbeitung in die Saline von Bad Reichenhall geleitet.

Reichenhall hat auch in puncto Salz seine eigene Geschichte. Die im heutigen Quellenbau (Farbabb. 22) unterhalb der Burg Gruttenstein sprudelnden Quellen werden bereits seit der Keltenzeit, also einige Jahrhunderte vor der Zeitrechnung, bis zum heutigen Tag genutzt. Die Kelten sollen hier bereits einfache Verdunstungs- und Siedebecken für die aus dem Berg sickernde Sole betrieben und bei Nonn oberhalb des Reichenhaller Beckens ein Salzlager an einem alten Handelsweg unterhalten haben. Ab 14 v. Chr. waren es dann die Römer, die diese Salzquellen ausbeuteten. Im Gegensatz zur Salzgewinnung in Dürrnberg und Berchtesgaden muß hier die Sole nicht erst in einem langwierigen Prozeß durch Einleiten von Süßwasser und Auslaugen des salzhaltigen Gesteins gewonnen werden. Hier ist es das

Denkmal ›Kurfürstlicher Salzamtsschreiber‹ vor dem ehem. Salzmaieramt, Bad Reichenhall

natürliche Sickerwasser, welches das poröse Salzgestein durchdringt, sich dabei mit Salz anreichert und als Natursole in mehreren Quellen am Grund des Gruttensteins austritt. Von alters her wurde die Sole von dort in die stadteigenen Sudpfannen geleitet. Zunehmender Brennholzmangel im Reichenhaller Raum zwang jedoch zur Suche nach anderen, energiesparenden Lösungen. Im Jahr 1615 wurden erstmals Versuche mit einem Gradierwerk (s. S. 188) angestellt, um durch Verdunstung eine stärkere Konzentration der Salzlake zu erzielen (später fügte man gar Steinsalz aus Berchtesgaden zur Anreicherung der Sole hinzu). Doch aufgrund der immer stärker werdenden Holzverknappung entschloß man sich schließlich, wenigstens einen Teil der Reichenhaller Sole über eine Rohrleitung zu einer 1619 erbauten Saline im (damals noch) waldreichen Trauntal zu leiten (s. S. 35); 1810 wurde diese Soleleitung bis nach Rosenheim verlängert (s. S. 36). Gelegentliche Unterbrechungen der Salzgewinnung in Reichenhall ergaben sich durch Kriegswirren und vor allem durch den großen Brand von 1834, der fast ganz Reichenhall einäscherte. Mit dem Wiederaufbau begann auch eine neue Epoche für Reichenhall. Man hatte den Wert des Salzes für die Gesundheit entdeckt, und Reichenhall entwickelte sich zur bekannten Kur- und Bäderstadt.

☐ **Wie wird das Salz gewonnen?**
Das im Berchtesgadener und Reichenhaller Alpenraum vorkommende Salz wird von jeher – abgesehen von der frühen Epoche bergmännischen, also ›trockenen‹ Abbaus in Dürrnberg während der Keltenzeit und den ersten Aktivitäten der Berchtesgadener Propstei am Tuval – auf dem Umweg über die Sole gewonnen. Im Reichenhaller Becken werden die tief im Berg liegenden Natursolelagerstätten durch mehrere Bohrungen erschlossen und die Sole mittels Unterwasserkreiselpumpen über Leitungen direkt zur Reichenhaller Saline gepumpt. Die im Quellenbau der alten Saline zutage tretenden Solequellen werden aufgrund ihres geringen und schwankenden Salzgehalts überwiegend zu Kurzwecken verwendet. Im Berchtesgadener Salzbergwerk, wo keine Natursole, sondern nur salzhaltiges Gestein vorhanden ist, praktiziert man den ›nassen‹ Abbau, d. h. das Herauslösen des im Haselgebirge enthaltenen Salzanteils mittels Süßwasser, eine Methode, die auch im Dürrnberger Bergwerk angewandt wurde.

Das Berchtesgadener Salzbergwerk ist für diese Art der Solegewinnung durch eine kombinierte Bohr- und Spültechnik in mehrere durch Schächte verbundene Abbauhorizonte aufgeteilt, die wiederum durch Haupt- und Querstollen in einzelne Abbaufelder unterteilt sind. Kernbohrungen, die von den einzelnen Feldern 100 bis 125 m senkrecht hinab ins Haselgebirge führen, geben Aufschluß darüber, an welchen Stellen sich der Abbau lohnt (erforderlicher Mindestsalzgehalt des Gesteins 35 %). Bei zufriedenstellendem Ergebnis wird durch das erweiterte Bohrloch Süßwasser in die Tiefe geleitet und das Salz aus dem Mischgestein herausgelöst. Die unlöslichen Bestandteile werden herausgefördert, bis schließlich ein trichterförmiger Hohlraum von ca. 3 500 bis 5 000 cbm entstanden ist. Erst nach Abschluß dieser Arbeiten können die für die eigentliche Soleförderung erforderlichen Rohrleitungen, Pumpen und Meßeinrichtungen installiert werden. Nun wird der gesamte Hohlraum bis zur

Decke mit Süßwasser aufgefüllt. Während sich das Wasser allmählich mit Salz anreichert, sinkt das taube Gestein zu Boden. Wenn das Wasser den erforderlichen Sättigungsgrad von 26 % erreicht hat – je nach dem Salzgehalt des Gesteins nach 25 bis 30 Tagen –, wird die Sole abgepumpt und der Hohlraum anschließend erneut vollständig mit Wasser aufgefüllt. Dieser Vorgang wird so oft wiederholt, bis sich der Durchmesser des Anfangshohlraums von etwa 30 m verdoppelt hat. Nun erst wird in diesem ›Bohrspül-Sinkwerk‹ mit der betriebsmäßigen Solegewinnung begonnen.

Durch ständiges Einleiten von Süßwasser in den bis zur Decke gefüllten Hohlraum bei gleichzeitigem Abpumpen der gesättigten Sole etwa 2 m unterhalb der Sinkwerkdecke wird das Salz aus dem Gestein herausgewaschen. Pro Tag wird so eine Schicht von ca. 1 cm Stärke an der Abbaudecke aufgelöst, wodurch sich diese permanent nach oben frißt, während sich die Sinkstoffe am Boden sammeln und den Hohlraum teilweise wieder auffüllen (Sinkwerkverfahren). Bei einer nutzbaren Abbauhöhe von ca. 100 m ist solch ein Bohrspülwerk etwa 30 Jahre lang in Betrieb.

Seit alten Zeiten wird das Salz aus der Sole durch einen Siedevorgang gewonnen, wobei der Wasseranteil der Sole verdampft und das Salz infolge der Lösungsübersättigung auskristallisiert. Was früher in großen, blechernen und holzbeheizten Sudpfannen geschah, wird heute in der Saline Bad Reichenhall auf umweltschonende und energiesparende Weise in modernsten Verdampferanlagen erreicht. Zentrifugen dicken den Salzbrei ein, der dann mit Heißluft in sogenannten Fließbetttrocknern vollständig getrocknet wird. Das Siedesalz wird anschließend je nach gewünschtem Verwendungszweck weiterverarbeitet. Die Aufbereitung, Verpackung, Lagerung und Versand von derzeit über 100 verschiedenen Salzprodukten ist hochtechnisiert. (Näheres über die Salzbergwerke in Dürrnberg und Berchtesgaden s. S. 324f. bzw. S. 94f. Für weitere Informationen über die Reichenhaller Solequellen s. S. 189ff.)

☐ Soleleitungen

Das Versieden der Sole in den holzbeheizten Sudpfannen verschlang im Laufe der Jahrhunderte gewaltige Mengen an Brennholz, denn Kohle, Öl oder Gas kannte man noch nicht. Die ursprünglich dichten Wälder um die Salinen herum lichteten sich mehr und mehr, und durch Holztriften transportierte man Brennholz bereits aus weit abgelegenen Wäldern über Seen, Bäche und Flüsse heran. Holz als Brennstoff wurde immer teurer und immer rarer in der Berchtesgadener Bergregion. Draußen im Voralpenland dagegen gab es noch reichlich ungenutzte Wälder und Torfmoore, und es erschien bei den damaligen Transportmöglichkeiten einfacher, die Sole hinauszubefördern anstatt den Brennstoff anzuliefern, zumal sich der anschließende Salzhandel und -transport ohnehin überwiegend in Richtung Bayern und darüber hinaus bewegte.

Der Gedanke, die Sole von den Quellen durch hölzerne Rinnen oder Rohre in die Sudstätten zu leiten, war schon alt. Bereits seit Beginn der Salzgewinnung in Berchtesgaden gegen Ende des 12. Jh. leitete man die Sole von den dortigen Quellen am *Gollenbach* in einer

›Sultzrin‹ (offene Holzrinne) entlang der Berchtesgadener Ache zur rund 8 km entfernten Saline von *Schellenberg*. Das Gelände warf bei der Verlegung der Leitung keine größeren Probleme auf und erforderte deshalb auch keine geschlossenen Rohre wie für die späteren Projekte. Dies dürfte der Grund sein, warum über diese eigentlich älteste Soleleitung im Berchtesgadener Land kaum ein Wort verloren und sie in der Reihe der ›echten‹ Soleleitungen auch nirgendwo mitgezählt wird.

Erste Soleleitung: Reichenhall – Traunstein

Akuter Holzmangel im Reichenhaller Raum, wo man 1613 erneut reiche Salzquellen entdeckt hatte, führte in den Jahren 1617–19 zum Bau einer Soleleitung von Reichenhall über Weißbach, Inzell und Siegsdorf nach Traunstein mit seiner waldreichen Umgebung. Wegen des schwierigen Geländes und der großen Höhenunterschiede, die zu überwinden waren, konnten keine offenen Holzrinnen mehr verwendet werden. 9000 Holzrohre, sog. Deicheln, von je etwa 4 m Länge mußten aus den Stämmen von Fichten und Tannen gebohrt und

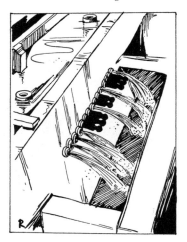

›Röhrlkasten‹

aneinandergefügt werden. Diese »erste Pipeline der Welt«, wie man sie stolz nennt, hatte immerhin eine Gesamtlänge von 31 km und überwand zwischen der Solequelle in Reichenhall und dem höchsten Punkt oberhalb des heutigen Gletschergartens nahe Weißbach einen Höhenunterschied von beinahe 250 m. Sieben Hebewerke am Wege sorgten durch große, von Bergbächen angetriebene Wasserräder für den nötigen Druck. Ausgleichsbecken in den ›Solestuben‹ verhalfen zu gleichmäßigem Fluß, und kontrollieren ließ sich die jeweilige Durchflußmenge mit Hilfe von ›Röhrlkästen‹, Meßkästen, bei denen eine Anzahl von Durchlaßröhren nach Bedarf geöffnet bzw. geschlossen werden konnten (wobei 1 ›Röhrl‹ einem Volumen von 20 cbm in 24 Stunden entsprach). 1619, zwei Jahre nach Baubeginn, konnte der für den Bau verantwortliche Hofbaumeister Hans Simon Reifenstuel seinem Auftraggeber, Herzog Maximilian I. von Bayern, aus Traunstein berichten: »Das zu Reichenhall vom Hauptbrunnen herausgeleitete Wasser ist anheute in die hiezu erbauten Wasserstuben eingerunnen und nach gehabtem Gottesdienst mit Sieden der Anfang gemacht.« Diese Soleleitung war bis zur Schließung der Traunsteiner Saline im Jahr 1912 in Betrieb.

Zweite Soleleitung: Reichenhall – Rosenheim
Zu Beginn des 19. Jh., also rund zwei Jahrhunderte nach Inbetriebnahme der ersten Soleleitung, wurde auch um Traunstein herum der Brennstoff knapp. Rosenheim bot sich an. Die dortigen Wälder und Torfmoore versprachen ausreichendes Heizmaterial. Man entschloß sich daher, dort eine Saline zu bauen und von der Traunsteiner Soleleitung etwa ab Höhe Siegsdorf einen Zweig nach Rosenheim zu führen. Mit diesem schwierigen Projekt beauftragte König Max I. Joseph von Bayern den vielseitigen Ingenieur und Konstrukteur Georg von Reichenbach. Ihm gelang es, mit Hilfe der von ihm zum Heben der Sole konstruierten ›Wassersäulenmaschinen‹ – eine geniale Erfindung im Vergleich zu den bisher benutzten

Georg von Reichenbach (1771–1826), Erbauer der Soleleitungen Reichenhall–Rosenheim und Berchtesgaden–Reichenhall

Wasserrädern – zunächst die bestehende Leitung zu modernisieren, ihren Verlauf geringfügig zu korrigieren und so umzugestalten, daß sich das Dreifache an Sole wie bisher befördern ließ. Der neu hinzugekommene Leitungszweig brachte dann von Siegsdorf aus über weitere Brunnhäuser und Reservoire einen Teil der Reichenhaller Sole in die 79 km von den Quellen entfernte Rosenheimer Saline. Rund 150 Jahre lang, von 1810 bis 1958, war diese in Betrieb.

Dritte Soleleitung: Berchtesgaden – Reichenhall (über Schwarzbachwacht)
Auch um Berchtesgaden herum war es bald nicht mehr möglich, genügend Brennholz für die Salinen von Schellenberg und Frauenreuth herbeizuschaffen, weshalb im Jahre 1805 der Betrieb in Schellenberg eingestellt werden mußte. Nachdem dann mit dem Münchner Vertrag im Jahre 1816 Berchtesgaden und damit das dortige Salzbergwerk samt Saline endgültig zu Bayern gekommen waren, beschloß König Max I. Joseph von Bayern sogleich den Bau

einer Soleleitung von Berchtesgaden zur Reichenhaller Saline, die ausschließlich durch bayerisches Territorium verlaufen sollte. Mit der Planung und Durchführung beauftragte er erneut Georg von Reichenbach, der sich bereits beim Bau der von Reichenhall nach Rosenheim führenden Soleleitung bewährt hatte. Als kürzeste und technisch günstigste Trasse bot sich die Strecke über Bischofswiesen und den Paß Hallthurm an; politisch gesehen waren jedoch die dortigen Grenzverhältnisse zwischen Bayern und Österreich nach wie vor unsicher und umstritten, weshalb man sich schließlich dazu durchrang, die Leitung auf einem Umweg über Ilsank im Ramsauer Tal und die Schwarzbachwacht zu führen. Diese Strecke mit einer Gesamtlänge von 29 km warf aufgrund des verkehrsmäßig noch kaum erschlossenen Geländes und der gewaltigen Höhenunterschiede, die zu überwinden waren, fast unlösbar erscheinende technische Probleme auf. An mehreren Stellen mußte die Sole hinauf zu Hochbehältern gepumpt werden, damit sie auf den folgenden Etappen mit eigener Kraft bergab fließen konnte. Allein auf der Höhe von Ilsank galt es, 356 Höhenmeter vom Tal der Ramsauer Ache bis zum Söldenköpfl zu bewältigen. Zu jener Zeit gab es noch keine Elektromotoren und auch keine Verbrennungsmaschinen zum Antrieb von Pumpen. Als Energiequelle standen nur die Bergbäche zur Verfügung. Der geniale Ingenieur Georg von Reichenbach vollbrachte hier eine technische Meisterleistung. Er konstruierte eine neue ›Wassersäulenmaschine‹, die wesentlich leistungsfähiger war als jene acht, die er bereits für die Rosenheimer Soleleitung gebaut hatte. Diesem technischen Wunderwerk (es galt lange Zeit als die größte Maschine der Welt) gelang es, nur angetrieben vom Aufschlagwasser eines Bergbachs, die Sole ohne Zwischenstation zum Brunnhaus auf dem Söldenköpfl hinaufzupumpen. Die aufsteigenden, enormem Druck ausgesetzten Leitungsrohre wurden aus Gußeisen gefertigt, während für die ebenen und abfallenden Abschnitte weiterhin ausgehöhlte Baumstämme (›Deicheln‹) verwendet wurden. Brunnwärterhäuser sowie Reservoire für Sole und Aufschlagwasser mußten errichtet werden. Viele Bewohner der Berchtesgadener Region fanden beim Bau der Leitung Arbeit. Bereits im Dezember 1817, nach knapp eineinhalbjähriger Bauzeit, konnte die Soleleitung in Anwesenheit des bayerischen Königs mit einem großen Festakt eingeweiht werden.

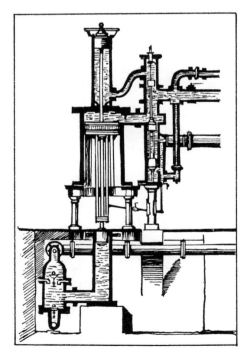

Reichenbachsche ›Wassersäulenmaschine‹ zu Ilsank

SALZ, DAS ›WEISSE GOLD‹ – QUELLE DES WOHLSTANDS

Nachdem nun alle vier bayerischen Salinen durch Leitungen miteinander verbunden waren, war man in Berchtesgaden zur Salzgewinnung nicht mehr allein auf die Sudstätte Frauenreuth angewiesen. Ein Teil der Berchtesgadener Sole konnte nun nach Reichenhall und von dort weiter zu den Salinen in Traunstein und Rosenheim befördert werden.

Bis weit ins 20. Jh. hinein erfüllte die Reichenbachsche Soleleitung ihren Dienst, wenngleich sie im Laufe der Zeit Stück für Stück modernisiert wurde. So wurde auch im Jahr 1927 die berühmte Wassersäulenmaschine in Ilsank, die hier 110 Jahre lang nahezu klaglos ihren Dienst versehen hatte, abgelöst durch eine turbinengetriebene Zentrifugalpumpe. Auch die Streckenführung wurde geändert; sie verlief fortan nicht mehr über das Söldenköpfl, sondern folgte in etwa dem Lauf der damaligen Straße hinauf zur Schwarzbachwacht. Das endgültige Aus für diese historische Leitung war jedoch wegen mangelnder Wirtschaftlichkeit nicht abzuwenden – es kam 1960.

Vierte Soleleitung: Berchtesgaden – Bad Reichenhall (über Paß Hallthurm)
Nachdem im Laufe der Zeit die Salinen von Schellenberg (1805), Traunstein (1912), Berchtesgaden-Frauenreuth (1928) und Rosenheim (1958) ihren Betrieb eingestellt hatten, konnte sich durch die Einführung neuer Energiequellen und Umstellung auf modernste Techniken die Verarbeitung der Sole schließlich voll auf die neue Reichenhaller Saline – der nunmehr einzigen Saline in Bayern – konzentrieren. 1960 begann man daher mit dem Bau einer modernen Soleleitung, die nun endlich in nahezu direkter ›Ideallinie‹ von Berchtesgaden nach Bad Reichenhall über den Paß Hallthurm führt und Ende 1961 in Betrieb genommen wurde. Die zu überbrückende Strecke ist mit nur 19 km rund 10 km kürzer als jene über Ilsank und Schwarzbachwacht. Die maximale Förderleistung dieser einzigen heute noch betriebenen Soleleitung beträgt mit etwa 2400 m^3 pro Tag rund das Dreifache der stillgeleg-

Hallthurm, um 1850

ten Leitung über die Schwarzbachwacht und das Zehnfache der ursprünglichen Reichenbachschen Leitung. Natürlich fließt die Sole längst nicht mehr durch hölzerne Deicheln, sondern durch eine moderne, technisch ausgereifte, doppelsträngige, unterirdische Rohrleitung.

Die alten, historischen Soleleitungen haben damit ausgedient. Die parallel zu ihnen angelegten einstigen Wartungswege jedoch sind z. T. heute noch vorhanden und zählen, gut ausgebaut, zu den schönsten und aussichtsreichsten Wanderwegen der Region. Speziell der ›Ramsauer Soleleitungsweg‹ (s. S. 177f.) ist nicht nur eine lohnende Höhenpromenade, sondern erinnert gelegentlich mit Resten alter Holzdeicheln, mit Schau- und Gedenktafeln zur Geschichte der Soleleitung an seine frühere Funktion. Auch einige der alten Brunnhäuser sind teilweise noch nahezu unverändert erhalten, z. B. bei Weißbach die Brunnhäuser Nagling und Grub oder das Brunnhaus von Ilsank (Abb. 2) im Ramsauer Tal. Reichenbachs berühmte Solehebemaschine aus Ilsank ist heute im Berchtesgadener Salzbergwerk ausgestellt. Historisch und technisch bedeutsame Stätten des Salzwesens können auch auf einer Rundwanderung bei Weißbach a. d. Alpenstraße (s. Wandervorschlag S. 227f.) besucht werden (Interessenten für weitere ›salzbezogene‹ Wanderungen finden gute Anregungen auf der Fritsch Wanderkarte ›Historische Salinenwege‹).

☐ Salztransport und Salzhandel

Das ›weiße Gold‹ aus dem Berchtesgadener, Reichenhaller und Salzburger Raum ging auf seinem Weg vom Bergwerk bis zur Suppenschüssel von jeher durch zahlreiche Hände, versorgte große Teile der Bevölkerung mit Arbeit und füllte viele Kassen.

Die Salzschiffahrt

In alten Zeiten erfolgte der Salztransport zu einem Großteil übers Wasser. Zwischen Frühjahr und Herbst befuhren Flöße und kleinere Boote mit ihrer Fracht (vorwiegend aus den Salinen in Hallein und Berchtesgaden) die Salzach flußab; auf größeren Schiffen gelangte das Salz dann über den Inn nach Passau und auf der Donau über Wien bis weit nach Osteuropa, aber auch flußauf, z. B. nach Regensburg und Donauwörth. Wichtige Orte und Handelszentren bildeten sich überall dort, wo Grenzen passiert werden mußten, wo das Salz gelagert, verschifft, umgeschifft oder für den Weitertransport auf dem Landweg umgeladen wurde. An den Flußufern entstanden Schifferstädte und Stapelplätze. Die Salzachstadt Laufen z. B. verdankt ihren Ursprung und Aufschwung vor allem der Tatsache, daß dort aufgrund gefährlicher Stromschnellen das Salz an Land geholt und ein Stück weiter flußabwärts, jenseits der Gefahrenstelle, wieder auf Schiffe verladen werden mußte (s. auch S. 298f.). Es waren abenteuerliche Fahrten damals auf den reißenden Gebirgsflüssen mit Untiefen, Strudeln und Klippen, die große Anforderungen an die Tüchtigkeit und den Mut der ›Schöffleute‹ stellten. Aus Rentabilitäts-, aber auch aus Sicherheitsgründen schloß sich stets eine organisierte Bootsflotte aus mehreren ›Hallaschen‹, ›Zillen‹ und ›Plätten‹ zusammen, die vom Kommandeur, dem ›Sesstaler‹, angeführt wurde und die neben Salz auch

SALZ, DAS ›WEISSE GOLD‹ – QUELLE DES WOHLSTANDS

Salzschiffer

andere Güter, Holz und Marmor, Häute, Pelze und ›Berchtesgadener War‹ an ferne Handelsorte transportierte.

Auf der Rückfahrt waren die Schiffe dann beladen mit Waren, die man am Zielort eingehandelt hatte. Für die kleineren Plätten und Zillen lohnte sich die Rückfahrt auf dem Fluß nicht; sie verkaufte man am Ziel. Die größeren Schiffe jedoch mußten nun ›im Gegentrieb‹ stromaufwärts gezogen (›getreidelt‹) werden. Jahrhundertelang geschah dies durch Menschenhand; 1497 setzte man dafür erstmals Pferdekolonnen ein, die die Boote vom Ufer aus mit langen Seilen gegen den Strom ziehen mußten – ein aufwendiges und für Mensch und Tier enorm mühsames Unternehmen.

Die Salzstraßen

Neben dem Transport auf Schiffen wurde das Salz schon zu Zeiten der Kelten und der Römer auch auf dem Landwege zu fernen Handelsplätzen befördert. Wenn man heute von Salz›straßen‹ spricht, muß bedacht werden, daß es sich früher ausschließlich um unbefestigte Wege handelte, die durch Regen und Schnee, durch Pferdehufe und die andauernde Benutzung mit schweren Salzkarren oft in unvorstellbar schlechtem Zustand waren. ›Saumtiere‹ nennt man Tragtiere in gebirgigem Gelände, und nach ihnen sind die ›Salzsäumer‹ benannt, die ihre hoch mit Salzstöcken oder Salzscheiben beladenen Pferde über unwegsames Gelände aus dem Bergland hinausführten. Später, mit zunehmendem Bau und Benutzungsrecht von Heer- und Poststraßen, wurden die Salzfrachten auch auf pferdegezogenen Wagen oder Schlitten transportiert. Wie schon die Schiffsleute, so waren auch die Salzsäumer und Fuhrleute organisiert und zu Gruppen zusammengeschlossen. Schützen begleiteten den Troß zur Verteidigung bei Überfällen oder gegen Angriffe wilder Tiere.

Berchtesgaden hatte ursprünglich für den Salztransport und -handel eine denkbar ungünstige Ausgangslage, da zunächst alle Transportwege nach außen (über Schellenberg oder den Hirschbichlpaß am Ende des Ramsauer Tales) jahrhundertelang durch salzburgisches Terri-

Salzsäumer

torium führten, wodurch Zölle und Mautgebühren anfielen. Durch Verträge zwischen den Salzburger Bischöfen, die im Berchtesgadener Salz eine sehr unwillkommene Konkurrenz sahen, und der Berchtesgadener Propstei mußten die Transportrechte immer wieder bestätigt, oft aber auch erkämpft werden. Nach dem Bau der Saline Frauenreuth (1555) erfolgte ein Teil der Salztransporte auch über den Paß Hallthurm nach Bayern.

Etwas günstiger waren die Transportmöglichkeiten für Reichenhall. Abgesehen vom nur wenig genutzten Wasserweg über die einst schiffbare Saalach entstanden drei bedeutende Salzstraßen von Reichenhall hinaus ins Alpenvorland, wo sich die Handelswege dann verzweigten. Es gab eine ›Untere Salzstraße‹ über das heutige Freilassing und Waging nach Altenmarkt. Die ›Mittlere Salzstraße‹ führte über Teisendorf nach Traunstein. Da diese beiden Straßen jedoch ebenfalls durch salzburgisches Gebiet führten und zwischen den Salzburger Erzbischöfen und den bayerischen Herrschern permanente Uneinigkeit wegen der Salzrechte in Reichenhall bestand, ließ Kaiser Ludwig der Bayer in der Mitte des 14. Jh. eine dritte Straße, die ›Güldene Salzstraße‹, anlegen. Diese verlief auf zwar gefahrvoller, aber das Salzburger Hoheitsgebiet meidenden Route von Reichenhall über Karlstein und den 900 m hohen Jochbergsattel (ab 1595 durch die inzwischen begehbar gemachte Weißbachschlucht mit dem Mauthäusl) nach Inzell und weiter über Siegsdorf bis Traunstein. Im Alpenvorland führten dann wichtige Handelswege (z. T. den alten Römerstraßen folgend) weiter über Wasserburg, München, Landsberg bzw. über Seebruck, Rosenheim, Tölz und Schongau in den schwäbischen Raum oder über Neuötting, Mühldorf nach Regensburg. Zahlreiche größere und kleinere Orte verdanken ihren Aufschwung hauptsächlich ihrer Lage an diesen alten Salzstraßen. Manche der Städte unterhielten große Salzstadel, in denen das Salz trocken zwischengelagert werden konnte. Wirtsleute am Wege machten gute Geschäfte. Auf dem Rückweg waren die Pferde bzw. Wagen der Salzsäumer beladen mit kostbarem Handelsgut, das man am Zielort eingetauscht oder eingehandelt hatte und das zu Hause mit Profit wieder verkauft werden konnte. Ein besonders wichtiges Handelsgut war

Getreide, welches im Alpenraum nicht gedieh. Mit dem Anschluß der Salinenorte an das bayerische Eisenbahnnetz in der zweiten Hälfte des 19. Jh. fand das Salzfuhrwesen sein Ende.

Und wie sieht der Salzhandel und -transport heute aus? Täglich verlassen etwa 50 vollbeladene Fernlastzüge das Reichenhaller Salinengelände und bringen ihre Fracht zu den Kunden und verschiedenen Werksniederlassungen in ganz Deutschland. Ausgeklügelte Logistik sorgt für schnelle und termingerechte Auslieferung. Früher wurde das Salz entweder zerstoßen in hölzernen Kufen transportiert oder gepreßt in Form von Scheiben oder Stöcken und mußte sorgfältig und bruchsicher verpackt werden. Heutzutage sorgen vollautomatische Maschinen für die Abfüllung in handliche Pakete, in Dosen, Eimer und Säcke. Leichter, schneller, rationeller und technisch beeindruckend läuft heute der Vertrieb und Versand des Salzes ab – immerhin sind es über 200 000 Tonnen pro Jahr und über 100 verschiedene Salzprodukte. Die Faszination, das Abenteuer und die Romantik des einstigen Salzhandels zu Wasser und zu Lande sind endgültig vorbei.

›Berchtesgadener War‹ – Geschichte einer traditionellen Handwerkskunst

Der Beginn des ›Berchtesgadener Landls‹ fällt bekanntlich in jene Zeit des frühen 12. Jh., als in der abgeschiedenen, waldreichen Alpenregion von den Augustinermönchen ein Kloster gegründet wurde. Bauern und Siedler, die sich in der Folgezeit in der Umgebung niederließen, bekamen von den Klosterherren Lehen, d. h. Pachtland zugewiesen und mußten dafür einen Großteil ihrer Erträge an die Propstei abliefern. Doch der Boden war karg, die Viehwirtschaft brachte kaum Erträge, so daß von der Landwirtschaft allein eine Familie kaum leben konnte. Aus dieser Notwendigkeit heraus, nicht etwa aus Langeweile und der Suche nach einem Feierabendhobby, entwickelte sich das berühmte Berchtesgadener Holzhandwerk.

Das Grundmaterial war in den dichten Wäldern, die bislang ja von niemandem ausgebeutet waren, im Überfluß vorhanden. Für die handwerklichen Arbeiten konnte man sich die besten Stücke aus den hochwertigsten Holzarten aussuchen. Die Pröpste stellten den Handwerkern zu günstigen Bedingungen Holz aus ihren Stiftswäldern zur Verfügung. Erste Unterweisungen in der Schnitzkunst erhielten die Bewohner vermutlich ebenfalls über die Augustiner-Chorherren, die bereits entsprechende Kenntnisse aus anderen Klöstern mitbrachten. Geschnitzt und geschreinert wurde zunächst für den Eigenbedarf: Gefäße, Löffel, Kleinmöbel, Dachschindeln, Gebrauchsgegenstände, für deren Kauf das Geld fehlte. Bald jedoch produzierte man über den eigenen Bedarf hinaus, und es entwickelte sich ein reger Tausch und Handel mit Holzgegenständen. Manche Familien lebten ausschließlich von der Schnitzkunst, vielen brachte das Holzhandwerk einen wenn auch bescheidenen Nebenverdienst. Jahrhundertelang waren vor allem die Berchtesgadener Bauern auf dieses Zubrot angewiesen, doch auch wer im Salzbergbau, als Holzarbeiter oder in anderen Berufen arbeitete, erhielt meist zu wenig Lohn, um allein davon leben und womöglich noch eine Familie ernähren zu können.

Neben praktischen und funktionellen Gegenständen entstanden mit der Zeit auch Zier- und Schmuckgegenstände, Krippenfiguren und andere Schnitzereien mit religiösen Motiven, Spanschachteln und alle Arten von Holzspielzeug. Wer größere Fertigkeiten entwickelt hatte, wagte sich an diffizilere, feinere Arbeiten heran oder fertigte kunstvolle Figuren; der weniger geübte Handwerker schnitzte Gebrauchsgegenstände oder produzierte Spanschachteln; für einfaches Bemalen oder Verzieren der Gegenstände wurden die Kinder herangezogen. Die ›Berchtesgadener War‹ wurde in der Folgezeit weit über die Landesgrenzen hinaus bekannt und beliebt; die Produkte gingen in alle Welt. Im Laufe des 16. Jh. schlossen sich die verschiedenen Berufsgruppen (Schnitzer, Drechsler, Schachtelmacher usw.) in Zünften zusammen. Zunftzwang wurde eingeführt und Vorschriften erlassen, wonach bestimmte Handwerkszweige auf bestimmte Familien festgeschrieben wurden. Man erreichte dadurch, daß die Vielfalt der Erzeugnisse erhalten blieb und verhinderte zugleich den Zuzug fremder Handwerker und das Überhandnehmen bestimmter Berufsgruppen. Zollbestimmungen für den Handel wurden eingeführt. Holz und Holzwaren waren z. B. frei von Zoll und Maut, solange die Last von einer Person auf dem Rücken getragen werden konnte.

Den Vertrieb in größerem Rahmen besorgten die sog. ›Verleger‹, Berchtesgadener Kaufleute und Großhändler, die aufgrund ihrer Machtstellung den größten Verdienst einsteckten. Hochbepackte Pferdewagen brachten die Waren über die Salzstraßen Richtung Mühldorf oder München zu den ausländischen Absatzmärkten, z. B. in Holland oder Italien, oder aber zu den Schiffsverladeplätzen in Laufen und Rosenheim, von wo aus die Fracht übers Wasser bis nach Wien, ja weit in den Orient hinein ging.

Die Blütezeit des Berchtesgadener Holzhandwerks dürfte etwa in der Zeit vom 16. bis zum Beginn des 19. Jh. gelegen haben. Im Jahr 1733 geriet das Berchtesgadener Holzhandwerk vorübergehend in eine schwere Krise, als mehr als 1100 Berchtesgadener Protestanten – darunter viele Handwerker – ihre Heimat verlassen mußten (s. S. 22). Einige von ihnen ließen sich im protestantischen Nürnberg nieder, was sicher mit zum Aufschwung der dortigen Spielwarenindustrie beigetragen hat. Inzwischen hatte aber auch in Thüringen, im Erzgebirge, in Tirol und anderen Regionen die Holzwarenherstellung an Bedeutung gewonnen, so daß die Berchtesgadener Handwerker gegen eine immer stärker werdende Konkurrenz ankämpfen mußten.

Im Laufe des 19. Jh. ging es dann rapide abwärts mit der Berchtesgadener War. Schuld daran waren auch die aufkommenden modernen Techniken der Holzverarbeitung und der sich wandelnde Geschmack der Kundschaft; auf beides hatten sich die traditionellen Berchtesgadener Handwerker zu zögernd eingestellt. Im Zuge der Säkularisation war der strenge Zunftzwang aufgehoben worden, was einerseits Vorteile, andererseits aber den Nachteil hatte, daß mancher Pfuscher sich als Handwerker niederlassen und minderwertige Ware produzieren konnte. Der enorme Holzbedarf in den Salinen hatte zur Knappheit und Ver-

Kraxenträger Anton Adner

Grab von Anton Adner auf dem Alten Friedhof von Berchtesgaden

Händler zogen mit der Berchtesgadener War auf dem Rücken von Hof zu Hof, von Markt zu Markt. Die ›Kraxen‹, rucksackähnliche hohe Rückengestelle, waren gefüllt mit einem möglichst vielseitigen Sortiment. Im Heimatmuseum von Berchtesgaden ist einer dieser Kraxenträger – sehr wirklichkeitsgetreu aus Holz geschnitzt – zu bewundern: Anton Adner, der 1822 im gesegneten Alter von 117 Jahren in Berchtesgaden verstarb. Ein rüstiger, wohl durch die ständige Rückenlast etwas geduckter und gedrungener ›Hausierer‹, der nicht nur Holzwaren, sondern auch Neuigkeiten von Hof zu Hof trug, die meist genauso sehnsüchtig erwartet wurden wie die Handelsware selbst. Auf seinen Überlandmärschen pflegte Adner nebenher noch zu stricken – die Schnitzfigur zeigt ihn mit einem halbfertigen Strumpf. Adner war im Landl eine berühmte Figur; in seinen letzten Lebensjahren kümmerte sich sogar der bayerische König Max I. Joseph um ihn und sorgte so dafür, daß er nach einem arbeitsamen und harten Leben zu guter Letzt noch ein paar sorgenfreie Jahre verbringen konnte. Sein Grab finden wir auf dem alten Berchtesgadener Friedhof neben der Franziskanerkirche, und in Schönau hat man dem Kraxenträger ein schönes, hölzernes Denkmal gesetzt (Abb. 3).

teuerung des Werkstoffs geführt, und hinzu kam der wachsende Fremdenverkehr, mit dem sich schneller und einfacher Geld verdienen ließ als mit mühsamer Handarbeit.

Die bayerische Regierung handelte rechtzeitig, um die jahrhundertealte Tradition der Holzhandwerkskunst nicht aussterben zu lassen. So gründete man schon 1840 in Berchtesgaden eine ›Zeichenschule‹, erweiterte diese durch eine Schnitz- und Drechselschule, aus der schließlich die heutige ›Berufsfachschule für Holzschnitzerei und Schreinerei‹ hervorging. Der Zustrom zu dieser Fachschule ist groß, durch zunehmenden Tourismus steigt auch die Nachfrage nach Gegenständen traditioneller Handwerkskunst. Schnitzer und Bildhauer schlossen sich zusammen und fertigen Kunstwerke, die man längst nicht mehr in einem Atemzug mit den ursprünglich doch recht zweckgebundenen und teilweise derben Massenprodukten der Berchtesgadener War nennen kann.

Einen umfassenden Überblick über die sowohl einst gefertigten wie auch heute noch hergestellten Gegenstände Berchtesgadener Handwerkskunst gibt das Berchtesgadener Heimatmuseum im Schloß Adelsheim (s. S. 95 f.) bzw. der dem Museum angeschlossene Ausstellungs- und Verkaufsraum.

☐ Die Spanschachteln

Sie stehen ganz hoch im Range der Berchtesgadener Holzwaren. Diese mit leuchtenden Farben bemalten empfindlichen Behältnisse gelten heute überwiegend als Ziergegenstände (Farbabb. 14). In früheren Zeiten, als Plastiktüten und Pappkartons noch unbekannt waren, waren Holzschachteln praktisches, leichtes und billig herzustellendes Verpackungsmaterial für alles, was transportiert werden mußte oder nicht offen herumstehen sollte. Krämer bewahrten ihre Ware darin auf, man brauchte Schachteln für Lebensmittel, für Kleidungsstücke, für Perücken, für Schmuck. Hüte benötigten für ihre Aufbewahrung die größten Nummern; für Pillen und Pülverchen taten es ganz kleine Schächtelchen. Und dazwischen gab es alle erdenklichen Größen und Formen, runde, eckige, ovale, flache und hohe Schachteln, die man zum Verkauf auch satzweise ineinanderstecken konnte. Verwendet wurde einfaches Tannen- oder Fichtenholz. Die billigen Schachteln bekamen nach der Farbgrundierung Motive per Farbstempel aufgedruckt – diese Arbeit übertrug man oft den Kindern. Teurer kamen die handbemalten Schachteln, wobei der Phantasie und Farbenfreude keine Grenzen gesetzt waren. Viele der Muster kennen wir von bemalten Bauernschränken. Orna-

›Berchtesgadener War‹: Spanschachtel, Hoheitskutsche und Holzspielzeug

mente, geometrische Formen und Blumen herrschen vor, doch finden sich auf den Schachteldeckeln auch kunstvolle Trachtenfiguren, Jagdszenen, Tiere (Hühner, Hähne und Hirsche kommen häufig vor), religiöse Motive, ja ganze Landschaftsbilder.

☐ Hausrat und praktische Gebrauchsgegenstände

Kein Mensch käme auf die Idee, noch heute Teigschüsseln, Eimer, Kannen oder Eßbesteck aus Holz zu benutzen. Vor Jahrhunderten war Holz jedoch der billigste und am einfachsten erhältliche Werkstoff. Was irgendwie ging, buchstäblich von der Wiege bis zur Bahre, wurde aus Holz gefertigt. Eine eigene Zunft bildeten die Holzschuh-, die Rechen- und die Trogmacher. Fässer, spezielle Gefäße zum Transport und Aufbewahren von Fischen und selbstverständlich Möbel, bemalte Truhen und Bauernschränke wurden in jedem Haushalt gebraucht und fanden viele Abnehmer.

☐ Spielzeug

Zum Großteil aus Lärchen-, bei kleineren Gegenständen auch aus Zirbenholz, fertigte man Steckenpferde, Kutschen, Rösser und Reiter, Trachtenpuppen, Puppenmöbel und -geschirr, Leiterwägelchen, Schubkarren und Schlitten, Bauernhöfe samt Getier, die komplette Arche Noah mit Inhalt – alles wieder fein lackiert, bunt bemalt und verziert. Die schlichten, im allgemeinen etwas ›hölzern‹ und starr wirkenden Holzspielsachen erreichten eine erstaunliche Beliebtheit auch außer Landes. Geradezu berühmt wurde die sog. ›Hoheitskutsche‹, gezogen von stolzen, federgeschmückten Rössern. Daneben gibt es noch Ratschen und Pfeiferl, mit denen sich herrlich Krach machen läßt.

☐ ›Religiöse‹ Holzwaren

Ganz vorne stehen dabei die Weihnachtskrippen. Am besten eignete sich Lindenholz, um Figuren wie Maria und Joseph, die Krippe selbst, die Hirten, Ochs und Esel zu schnitzen. Auch Christbaumschmuck aus Holz wird noch heute aus alter Tradition im Berchtesgadener Land verwendet. Spielzeugfiguren, Tiere, Häuschen, Schächtelchen hängt man in den Baum, auf die Spitze kommt ein Engel mit goldenen Flügeln, und selbst die Kerzenhalter sind aus Holz gedrechselt. Kreuze, Christus- und Heiligenfiguren für Kirchen, Klöster und Kapellen oder den Herrgottswinkel, Kruzifixe und Rosenkränze erfreuen sich nach wie vor großer Nachfrage.

☐ Verschiedenes

Unter ›Klingender War‹ versteht man Spieluhren, Pfeifen und vor allem Holzblasinstrumente, Flöten verschiedenster Ausführung. Für die ›Ausgehöhlte War‹, eine Filigranarbeit, die ganz besondere Geduld und Feingefühl erfordert, benötigte man besonders hartes, astfreies Ahornholz. Körbchen, Dosen, Zierkugeln wurden in dieser Durchbruchtechnik hergestellt. Aus dem Holz wird zunächst die gewünschte Grundform gedrechselt. In das noch massive Werkstück wird dann mit verschiedenen Schlageisen vorsichtig das gewünschte ›Lochmuster‹ eingestanzt oder eingeschlagen. Erst danach wird es ausgehöhlt, bis nur noch die durchbrochenen Wände übrigbleiben – je dünner, desto besser.

Strohintarsien wurden verwendet, um Schachteln, gelegentlich auch Möbel zu schmükken. Höchstes Ansehen unter den Kunsthandwerkern genoß die kleine Gilde der Elfenbeinschnitzer, die aus dem kostbaren, zerbrechlichen Grundmaterial in diffiziler Arbeit wahre Miniaturkunstwerke schufen. Neben filigranen Döschen und Figürchen war Elfenbein auch ein beliebter Werkstoff für sakrale Gegenstände, wie z. B. Krippen, Hausaltärchen und Heiligenfiguren.

Fremdkörper zwischen der üblichen hölzernen Berchtesgadener War waren auch verschiedene Produkte aus Marmor, der aus den Steinbrüchen am Untersberg stammte. Mehrere Berchtesgadener Handwerksbetriebe spezialisierten sich darauf, Gefäße, vor allem auch die bei Kindern beliebten ›Murmeln‹ oder ›Schusser‹ herzustellen. Noch heute kann man beim Gasthaus ›Kugelmühle‹ am Almbach die letzte der einstmals in dieser Region zahlreichen Kugelmühlen besichtigen (s. S. 161 f.).

Zunehmender Tourismus hat wesentlich zum Überleben oder besser Wiederaufleben der Berchtesgadener War und damit des Kunsthandwerks beigetragen. Manches bunt bemalte Butterfaß dient heute einem norddeutschen Urlauber zu Hause als Schirmständer und liebe Erinnerung an seinen Berchtesgadener Urlaub. Manche Spanschachtel wurde zum Behälter für Kontoauszüge, Kleingeld oder Lockenwickler. In den Schaufenstern der Holzhandwerker, in Souvenirgeschäften und an Kiosken findet man u. a. ein reiches Sortiment an Holzwaren, wobei sich das Angebot in einigen Fällen stärker am Publikumsgeschmack als an alten Traditionen zu orientieren scheint. In diesem Zusammenhang sei darauf hingewiesen, daß röhrende Hirsche in Birkenrinde gebrannt, Teddybären in Lederhosen und geschnitzte Spruchtafeln für Opa, Oma und die liebe Schwiegermutter noch nie zur echten ›Berchtesgadener War‹ gehörten.

Die Berchtesgadener Alpen

Diese zu den Nördlichen Kalkalpen zählende rund 1 000 qkm große Hochgebirgsregion erstreckt sich weit über das eigentliche Berchtesgadener Land und die Landesgrenze hinaus noch ein gutes Stück bis ins Salzburger Land. Die Berchtesgadener Alpen umfassen jene Berggruppen, die im Westen von der Saalach, im Süden und Osten von der Salzach umflossen werden und die im Norden fast bis zur Stadt Salzburg reichen. Die Hauptgebirgsstöcke bilden das Watzmannmassiv im Zentrum, welches kranzförmig umgeben ist von Untersberg, Lattengebirge, Reiter Alpe (Reiteralm), Hochkalter, Steinernem Meer, Hochkönig, Hagengebirge und Göllstock, wobei nachstehend nur auf die unserem Berchtesgadener

DIE BERCHTESGADENER ALPEN

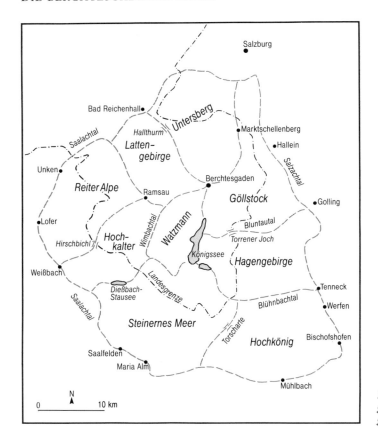

Die neun Gebirgsgruppen der Berchtesgadener Alpen

Gebiet zugewandten deutschen Bergregionen eingegangen wird. Es handelt sich um gewaltige Felsmassive, selbständige Gebirgsstöcke mit verkarsteten Hochflächen und steil abstürzenden Wänden im Wechsel mit langgezogenen, reich gegliederten Bergrücken, die jeweils durch tief eingeschnittene Täler voneinander getrennt sind. Wichtigste Gesteine dieses Hochgebirges sind Ramsaudolomit, ein brüchiges, leicht verwitterndes Material, das weithin den Sockel der Massive bildet; Wände und Gipfel sind aus festerem, unterschiedlich ausgebildetem Dachsteinkalk, jenem Sedimentgestein, das sich vor Millionen Jahren durch Meeresablagerungen bildete und das später durch Überschiebung, Verwerfung, Hebung und Auffaltung der Alpen durcheinander, ineinander und übereinander geriet, hier zusammengepreßt, dort auseinandergerissen wurde. An vielen Gebirgsflanken mit ihren schrägen, gekippten und unterbrochenen Schichtungen sind diese gewaltigen, sich über Millionen Jahre hinziehenden Erdbewegungen noch heute abzulesen.

Der Watzmann (Umschlagvorderseite, Farbabb. 2, 5; Abb. 15, 25, 53)
Dieser mächtige, sagenumwobene Gebirgsstock besteht aus den drei Gipfeln im Hauptkamm, nämlich *Hocheck* (2651 m), *Mittelspitze* (2713 m) und *Süd-* (früher *Schönfeld-*) *Spitze* (2712 m), ferner dem Gipfel des *Kleinen Watzmanns* (Watzmannfrau) mit 2307 m. Dazwischen liegen die fünf Zacken der sog. Watzmann-›Kinder‹ in Höhen zwischen 2165 und 2270 m. Der Sage nach handelt es sich bei dem gesamten Felsmassiv um eine versteinerte Königsfamilie, die dieses schreckliche Los dem Familienvater, einem hartherzigen, grausamen König, zu verdanken hat. Als dieser eines Tages während der Jagd wieder einmal seine Bosheit an einer wehrlosen Hirtenfamilie ausließ, hatten höhere Mächte ein Einsehen: Sie ließen die Erde erbeben und den Herrscher samt Frau und Kindern zu Stein erstarren.

Der Watzmann, volkstümlichster Berg des Berchtesgadener Landes, besitzt den zweithöchsten Gipfel Deutschlands (nur die Zugspitze liegt noch rund 250 m höher). Seine kühn gezackte Nordflanke, die ›Watzmannfamilie‹, liefert dem Ortsbild Berchtesgadens die berühmte Hintergrundkulisse. Mit der gewaltigen, etwa 1900 m hohen Ostwand – der höchsten Felswand der Ostalpen – fällt das Massiv zum Königssee ab, und die westliche Bergflanke fußt im Wimbachtal. Verwunderlich ist es nicht, daß ein derart grandioser Berg von jeher besondere Anziehungskraft besaß. Wo könnte man z. B. seinem Herrgott näher sein als oben auf Bergeshöh? Schon seit Jahrhunderten sind Wall- und Pilgerfahrten aufs Hocheck überliefert. Bereits 1782 stand dort ein Marienbild mit Opferstock – das älteste christliche Gipfelmal in den Berchtesgadener Bergen. Vor allem aber waren die steilen Felswände und Gipfel von jeher eine Verlockung für Bergsteiger. 1799 wurde erstmals der höchste Gipfel, die Mittelspitze, bestiegen. Als ›unbezwingbar‹ galt lange Zeit die hinter St. Bartholomä am Königssee aufragende Watzmann-Ostwand. 1881 gelang dem Ramsauer Johann Grill (er wurde nach seinem Hof allgemein ›Der Kederbacher‹ genannt) die Erstdurchsteigung. Dem ›Kederbacherweg‹ folgten andere Anstiegswege, und heute zählt die Wand zu jenen, die ein Bergsteiger, der auf sich hält, ›gemacht‹ haben muß. Das erste Todesopfer, das die Ostwand forderte, war 1890 der Münchner Bergsteiger Christian Schöllhorn. Seither haben sich fast 100 tödliche Unfälle ereignet.

Aber auch für den Bergwanderer ohne Kletterausrüstung ist der Watzmann ein lohnendes Ziel. Das auf 1928 m Höhe liegende Watzmannhaus (Münchner Haus; bewirtschaftet) ist vom Ramsauer Tal (Wimbachbrücke) oder Königsseer Tal aus in etwa 4 Stunden zu erreichen. Der Gipfelweg, d. h. der weitere Aufstieg zum Hocheck, besonders aber der Übergang zur Mittel- und Südspitze mit eventuellem Abstieg ins Wimbachtal, wird allerdings nur geübten und ausdauernden Bergwanderern empfohlen. Am Fuß der Ostwand befindet sich das tiefstgelegene Firnfeld der Alpen, die ›Eiskapelle‹ (s. S. 125 f.), für jedermann problemlos von St. Bartholomä aus zu erreichen. Der in den siebziger Jahren geplante Bau einer Seilbahn auf den Watzmann konnte gottlob verhindert werden.

Der Göllstock
Hoher Göll (2522 m; Farbabb. 20, Abb. 22) und *Hohes Brett* (2340 m) bilden einen massigen Felsstock, der das Berchtesgadener Land im Osten abschließt. Auf dem Grat verläuft die

Grenze zu Österreich. Besonders eindrucksvoll wirkt das Gebirge von der Roßfeldstraße aus, wo die mächtigen Nordwände zum Greifen nahe aufragen. Zum Göllmassiv zählen auch der nordwestlich herausragende Bergsporn des *Kehlsteins* mit dem obenauf thronenden **Kehlsteinhaus** (Frontispiz S. 2, Abb. 18) sowie der in Richtung Königssee vorgeschobene *Jenner* (1 874 m). Letzterer ist durch seine Nähe zu Berchtesgaden und die Erschließung mit Seilbahnen sowohl für Bergsteiger und -wanderer wie für Skifahrer und Drachenflieger ein beliebtes Ziel geworden. Die starke touristische Erschließung dieses Geländes führte allerdings auch dazu, daß die Regionen um Jenner und Kehlstein nicht ins Gebiet des Nationalparks Berchtesgaden aufgenommen werden konnten. Bedeutende Salzvorkommen im nördlichen Ausläufer des Göllstocks (Dürrnberg, Salzberg) sind schon seit der Jungsteinzeit bekannt und werden noch heute im Berchtesgadener Salzbergwerk ausgebeutet.

Getrennt durch den Gebirgssattel des *Torrener Jochs* (1 728 m) schließt sich im Süden des Göllstocks das **Hagengebirge** an, dessen überwiegender Teil ebenfalls schon zu Österreich gehört. Die Grenze zu Österreich verläuft auch hier auf dem Kamm des Gebirges, geht über ins **Steinerne Meer** und führt in einem großen Bogen südlich um den Königssee herum. Nur die dem See zugewandten Gebirgsflanken liegen noch auf deutschem Boden. *Schneibstein* (2 276 m), *Großes Teufelshorn* (2 363 m), *Funtenseetauern* (2 579 m), *Großer Hundstod* (2 593 m) markieren mit ihren Gipfelkreuzen gleichzeitig die Landesgrenze.

Das *Große Palfelhorn* (2 222 m), am Ende des Wimbachtals, und die *Hocheisspitze* (2 523 m) leiten über ins Massiv des **Hochkalter** (höchster Gipfel 2 607 m; Abb. 42). Er beherrscht die Gebirgskulisse im Ramsauer und im Wimbachtal und beherbergt außerdem die nördlichsten Gletscher der Alpen – das Blaueis unterhalb der 2 481 m hohen *Blaueisspitze*. Immer wieder machte das Hochkaltermassiv durch spektakuläre Felsstürze von sich reden. 1908 stürzte ein großer Teil des Hauptgipfels mit Getöse zusammen, 1954 brachen die letzten 30 m des zweiten Turmes am Blaueis-Nordgrat ab, 1959 stürzte zwischen *Großem* und *Kleinem Palfelhorn* eine Felswand von etwa 150 m Höhe und 70–80 m Breite in die Tiefe; Gesteinsmassen von mehreren hunderttausend Kubikmetern rutschten auf einer Altschneeunterlage weit hinaus ins Wimbachtal, und 1963 brach an der *Schärtenspitze* ein 40 m hoher Pfeiler zusammen. Zum Glück kamen bei all diesen Naturereignissen keine Menschen zu Schaden.

Den westlichsten, noch weit nach Österreich hineinragenden Gebirgsstock der Berchtesgadener Alpen bildet die **Reiter Alpe** (im Volksmund ›**Reiteralm**‹) mit ihrer unverkennbaren Kulisse (Farbabb. 3, 18). Vom Ramsauer Hintersee aus führt der Böslsteig hinauf auf die karstige Hochfläche. Als zerklüftete, dolomitenähnliche Felsgipfel präsentieren sich vom Klausbachtal aus die *Mühlsturz-* und die *Grundübelhörner*. Der am leichtesten zugängliche Aussichtspunkt des Hauptkamms (von der Traunsteiner Hütte aus) ist das *Wagendrischlhorn* (2 251 m), im Winter auch ein gernbesuchter Skigipfel.

◁ *Hoher Göll, Ostwand*

DIE BERCHTESGADENER ALPEN

Der nördliche, von Oberjettenberg her zugängliche Teil der Reiter Alpe, eine hügelige Hochfläche mit Almwiesen, Latschenfeldern und Bergwäldern, ist Übungsgebiet der Bundeswehr und unterliegt an Wochentagen zeitweisen Sperrungen; die von Oberjettenberg aus zum Plateaurand führende Seilbahn wurde nur für Bundeswehrzwecke gebaut.

Schon recht ›zahm‹ und nur noch mit einer Höhe von rund 1700 m präsentiert sich das **Lattengebirge**, stark bewaldet und in den Hochregionen mit Latschenbeständen bewachsen. Es begrenzt den Berchtesgadener Talkessel zum Saalachtal und zum Reichenhaller Becken hin. Von Bad Reichenhall (Ortsteil Kirchberg) führt eine Seilschwebebahn hinauf auf den *Predigtstuhl* (1640 m; Abb. 44). Im Winter bringen Skilifte die Wintersportler von dort zu verschiedenen Startpunkten für Skiabfahrten; im Sommer bieten sich ab der Bergstation aussichtsreiche Rundwanderwege an. Eine lohnende Bergtour führt vom Predigtstuhl zum *Hochschlegel* (1688 m) und weiter zum höchsten Berg des Lattengebirges, dem *Karkopf* (1739 m). Von dort aus kann man – vielleicht noch mit einem kurzen Abstecher zum Gipfel des *Dreisessel* (1680 m) – über die ›Steinerne Agnes‹ (ein kurioses Felsgebilde) absteigen ins Bischofswiesener Tal. Die in Bad Reichenhall zutage tretenden Solequellen stammen aus den großen unterirdischen Salzvorkommen dieses Bergmassivs.

Der Untersberg (1975 m; Farbabb. 1)
Er ist im Norden die letzte große Felsbarriere des Berchtesgadener Landes, bevor sich die Landschaft hinabsenkt in die Flußauen der Salzach und hinaus ins Voralpenland. Der Untersberg wirkt durch seine isolierte und ins Flachland hinausgeschobene Lage mächtiger und höher, als er in Wirklichkeit ist. Seine Hauptgipfel, *Salzburger* und *Berchtesgadener* (Bayerischer) *Hochthron,* liegen unter 2000 m. Aufgrund der Wasserlöslichkeit seines Kalkgesteins ist der wie ein Käselaib durchlöcherte Berg der höhlenreichste der Berchtesgadener Region. Weit über 100 Höhlen sind erforscht; auf deutscher Seite ist die *Schellenberger Eishöhle* (s. S. 163f.) für Besichtigungen zugänglich. Ein begehrter Bodenschatz ist der Untersberger Marmor; dieser wird bei Fürstenbrunn (Österreich) am Nordfuß des Untersbergs schon seit alten Zeiten abgebaut. Von österreichischer Seite (St. Leonhard) aus führt eine Seilbahn hinauf aufs 1805 m hohe *Geiereck,* aber auch zahlreiche Aufstiegswege erschließen die zerklüftete, teilweise mit dichten Latschenfeldern bewachsene Hochfläche dieses lohnenden Aussichtsberges.

Mehr als um alle anderen Erhebungen ranken sich um den Untersberg Sagen und unheimliche Geschichten. Die ›Untersbergmanndl‹, runzlige, alte Zwerge hausen in den Höhlen, treiben Schabernack mit den Leuten und halten nachts heimlich Messen in den großen Kirchen des Landes und im Salzburger Dom. Tief im Berginnern in einem Palast sitzt Kaiser Karl der Große samt Hofstaat und wartet darauf, daß sein Bart dreimal um den Tisch gewachsen ist und die Raben nicht mehr ums Geiereck fliegen – erst dann kann er sein steinernes Gefängnis verlassen. Ganz alte Geschichten erzählen auch von wilden, nackten Frauen, die im Untersberg Unheil treiben, Kinder entführen und den Bauern das Essen vom Herd stehlen. Und außer Zwergen gibt es auch noch Riesen, dumme und faule Ungetüme, die Kirchtürme zum Wanken bringen, aus Langeweile Felsen ins Tal werfen und sich mit Baumstämmen prügeln. Irgendeinem dieser Bergbewohner begegnet der Besucher bestimmt – und wenn es nur die Raben vom Geiereck sind.

Vom Bauernland zum Touristenzentrum

Als ›Geheimtip‹ für Naturliebhaber läßt sich das Berchtesgadener Alpenland heute nicht mehr verkaufen. Dichter und Maler rühmten schon in vergangenen Jahrhunderten die Schönheit dieses malerischen Winkels. Kirchenfürsten und Staatsoberhäupter hatten ihre Sommer- und Jagdsitze am Königssee und in den Schlössern des ›Landls‹. Was für die Geistlichkeit, für Könige und Adlige gut war, lockte bald auch wohlhabende Bürger an, und in ihrem Gefolge kam – vor allem mit dem Anschluß Berchtesgadens ans bayerische Eisenbahnnetz im Jahre 1888 – schließlich auch das einfache, erholungsuchende Volk zur Sommerfrische ins Berchtesgadener Land. Das Salz – ›weißes Gold‹ und über viele Jahrhunderte zusammen mit der Landwirtschaft und dem Holzhandwerk wirtschaftlicher Grundstock der Bevölkerung in diesem Raum – bekam Konkurrenz, wurde eingeholt und schließlich überholt vom Tourismus. ›Verschönerungs‹-Vereine, die Vorgänger der heutigen Fremdenverkehrsvereine, wurden gegründet, und immer mehr Familien rückten enger zusammen, um Zimmer und Betten für die Fremden zur Verfügung stellen zu können. Mancher Bauer und auch mancher Handwerker erkannte, daß sich mit Gastquartieren schneller und bequemer Geld verdienen ließ als mit mühevoller Handarbeit. Gästehäuser, Pensionen, Hotels und Restaurants wuchsen aus dem Boden. Neue Straßen, Parkplätze, Skilifte, Erweiterung der Versorgungseinrichtungen und großflächige Freizeitprojekte waren eine weitere Folge der ständig expandierenden Besucherzahlen. Blieben heutzutage – aus welchen Gründen auch immer – plötzlich die Gäste der Berchtesgadener Region fern, würde dies bei einer Zahl von jährlich rund 3,1 Mill. Übernachtungen (1991) einer wirtschaftlichen Katastrophe gleichkommen. Wer allerdings mit Sicherheit davon profitieren würde, wäre die Natur.

Berchtesgadener Land – Konfliktraum zwischen Naturschutz und Landschaftsvermarktung

Auch hier muß der nördliche Teil des Verwaltungsbezirks, der Rupertiwinkel, wieder separat gesehen werden. In diesem ›Land vor den Bergen‹ hält sich der Tourismus noch in erträglichen (für Geschäftsleute, vor allem Gastwirte und Vermieter vielleicht sogar zu engen) Grenzen. Kritisch wird es erst dort, wo die Berge immer dichter und höher hinter den

KONFLIKTRAUM ZWISCHEN NATURSCHUTZ UND LANDSCHAFTSVERMARKTUNG

Obersalzberg, Touristenandrang an der Busabfahrtsstelle zum Kehlstein

besiedelten Gebieten hochwachsen, die Landschaft dadurch immer spektakulärer und eindrucksvoller wird und demzufolge auch besonders viele Urlauber und Erholungsuchende anzieht. Berchtesgaden selbst, die Ramsau, der Königssee, die Kurstadt Bad Reichenhall sowie die zahlreichen in dieser Region gelegenen populären Ausflugsziele erleben zu Hauptreisezeiten (sommers wie winters) einen gewaltigen Besucheransturm. Die Attraktivität einer Landschaft kann aber gleichzeitig zu ihrem Niedergang führen. Immer mehr Touristen bedeutet immer mehr Erschließung mit den unvermeidlichen Folgen: mehr Verkehr, mehr Trubel und Lärm, mehr Schadstoffe. Jene ›unberührte Natur‹ derentwegen der Besucher eigentlich hierherkommt, wird seinetwegen immer mehr zubetoniert und versiegelt, die Berghänge und Bergwälder werden zerschunden durch Schneisen für weitere Straßen und Skipisten. Die Bäume, ohnehin schon geschädigt durch vielfältige Umwelteinflüsse, leiden verstärkt unter den Auspuffabgasen. Wo der Wald lichter wird oder gar stirbt, verliert der Boden seinen natürlichen Schutz, die dann eintretende Erosion vergrößert die Gefahren von Erdrutschen, Lawinen und Hochwasser. Ein Teufelskreis! Befürworter eines ›sanften Tourismus‹, Stimmen aus dem Kreis der Naturschützer und Grünen, die für energische Korrekturen in der Fremdenverkehrspolitik plädieren, gab und gibt es zur Genüge. So konnte z. B. der Bau einer Watzmann-Seilbahn abgewehrt werden. Gefordert werden ferner: Verzicht auf den Neubau von Straßen, Parkplätzen und Luxushotels, Einschränkung des Individualverkehrs, dafür Ausbau von Radwegen und öffentlichen Verkehrsmitteln. Der Markt

Berchtesgaden beteiligt sich neuerdings an einem vom bayerischen Umweltministerium unterstützten Pilotprojekt ›Autofreie Kurorte‹, das sich zum Ziel setzt, das Ortszentrum u. a. durch Schaffung großer Park-&-Ride-Plätze am Ortsrand und Einsatz umweltfreundlicher Zubringerfahrzeuge möglichst vom Individualverkehr freizuhalten.

Der Schutz der Alpenlandschaft vor Übererschließung und Umweltschäden ist allerdings ein überregionales Problem. Eine grenzüberschreitende, völkerrechtlich verbindliche Konvention (›Alpen-Charta‹), die von sechs Alpen-Anliegerstaaten und der EG unterzeichnet wurde, gilt als Rahmenvereinbarung für konkrete Schutzmaßnahmen. Die Mitglieder treffen sich jeweils in zweijährigem Turnus zu einem ›Alpen-Umweltgipfel‹ (1989 in Berchtesgaden, 1991 in Salzburg). In Zusatzprotokollen zu dieser Konvention sollen die erforderlichen Maßnahmen in den verschiedenen Bereichen Naturschutz, Tourismus, Verkehr, Berglandschaft und Raumordnung erarbeitet, festgelegt und sodann ratifiziert werden. Es gilt, einen Kompromiß, einen goldenen Mittelweg zu finden zwischen dem Schutz der Alpenlandschaft einerseits und den Interessen der Besucher und all jener, die nun einmal vom Tourismus leben, andererseits. Eine bis zum Überdruß erschlossene Landschaft ist auf Dauer genausowenig anziehend wie eine Natur ›hinter Glas‹. Die Bayerische Verfassung garantiert u. a.: »Der Genuß der Naturschönheiten und die Erholung in der freien Natur, insbesondere das Betreten von Wald und Bergweide... ist jedermann gestattet.« Sie fügt aber hinzu: »Dabei ist jedermann verpflichtet, mit Natur und Landschaft pfleglich umzugehen.« Im Berchtesgadener Land ist man bemüht, Kompromisse zu finden, um den Anforderungen bestmöglich gerecht zu werden. Ein wirkungsvoller Schritt in diese Richtung war die Eröffnung des Alpen- und Nationalparks Berchtesgaden.

☐ Alpen- und Nationalpark Berchtesgaden

1978 trat die ›Verordnung über den Alpen- und Nationalpark Berchtesgaden‹ in Kraft. Als *Alpen*-Park bezeichnet man das gesamte Gebiet der einstigen Berchtesgadener Fürstpropstei, also den etwa 460 qkm großen, südöstlichen Zipfel des bayerischen Alpenraums, der sich südlich der Saalach und der Orte Bad Reichenhall und Melleck erstreckt und nahezu vollständig vom österreichischen Bundesland Salzburg eingeschlossen ist. Der eigentliche *National*-Park mit besonders strengen Schutzbestimmungen ist jedoch nur ein Teil dieses Alpenparks, und zwar die an das sog. *Vorfeld* anschließende südliche Keilspitze, beginnend etwa auf Höhe von Ramsau und dem Königssee. Diese Fläche von ca. 210 qkm entspricht ungefähr dem bereits seit 1922 existierenden *Naturschutzgebiet Königssee*. Das Jennergebiet und der Hintersee wurden ausgeklammert – beide Regionen waren bereits zu stark erschlossen.

Der *Nationalpark Berchtesgaden* hat weder etwas mit ›Parkanlagen‹ zu tun, geschweige denn ist er eine Art Botanischer Garten. Nach dem Vorbild der amerikanischen Nationalparks handelt es sich vielmehr um ein großes Schutzgebiet ohne wirtschaftliche Nutzung (Ausnahme: einige Almweiden), in dem die Natur ohne menschliche Eingriffe sich selbst

KONFLIKTRAUM ZWISCHEN NATURSCHUTZ UND LANDSCHAFTSVERMARKTUNG

Alpen- und Nationalpark Berchtesgaden

überlassen bleibt und in dem Pflanzen und Tiere sich ungestört in ihrem natürlichen Lebensraum entwickeln können. 1991 erhielt der Nationalpark durch die UNESCO die internationale Anerkennung als Biosphärenreservat. Diese naturbelassene Landschaft ermöglicht ein breites Spektrum wissenschaftlicher Beobachtungen und Forschungen. Trotz strenger Schutzbestimmungen ist der Mensch aus diesem Gebiet nicht ausgeschlossen. Im Gegenteil. Eines der Hauptanliegen der Nationalparkverwaltung ist es, dem Besucher innerhalb des

Nationalpark-Haus Berchtesgaden

Parks neben Erholung und Freizeiterlebnis vielseitige Informationen und vor allem Verständnis und Liebe zur Natur zu vermitteln. So werden von der Nationalparkverwaltung Berchtesgaden Vorträge zu den unterschiedlichsten naturkundlichen Themen angeboten; ferner sind geführte Wandertouren im Programm mit Schwerpunktthemen wie z. B. ›Vogelstimmen‹, ›Kräuterkunde‹, ›Waldsterben‹, ›Bäuerliche Kulturlandschaft‹, ›Almen‹ etc.

Im Nationalpark-Haus Berchtesgaden werden in großen Ausstellungsräumen durch Schautafeln, Exponate, Modelle, Bilder, Diashows und Videofilme Themen wie die erdgeschichtliche Entstehung der Alpenlandschaft, ihre Tier- und Pflanzenwelt, Klima, Fragen des Umweltschutzes, Probleme des Massentourismus etc. behandelt und verständlich gemacht. Eine Bibliothek und Sonderausstellungen ergänzen das interessante und vielseitige Informationsangebot.

Nähere Informationen zum Thema ›Nationalpark und Naturschutz‹:
Nationalpark-Haus Berchtesgaden, Franziskanerplatz 7, 8240 Berchtesgaden, ⌀ 0 86 52/6 43 43; tägl. von 9 bis 17 Uhr, und
Nationalpark-Informationsstelle Königssee, ehem. Bahnhof Königssee, Seestraße 17, 8240 Schönau am Königssee, ⌀ 0 86 52/6 22 22; Mitte Mai bis Mitte Oktober tägl. von 10 bis 12 Uhr und von 13 bis 17.30 Uhr.

☐ Alpenflora und -fauna

Es ist auffallend, wie häufig in den alpenländischen Heimatbüchern, Heimatkalendern oder in Beiträgen lokaler Zeitungen Hinweise enthalten sind, was *früher* – das liegt oft nur wenige Jahre oder maximal eine Generation zurück – in Wald und Flur noch alles anzutreffen war. Der Artenreichtum der Flora und Fauna wird immer weiter reduziert; Pflanzen und Tieren fällt es immer schwerer, sich bei den vielfältigen Bedrohungen, Umweltbelastungen und Einschränkungen ihrer Lebensräume zu behaupten. Der ›Ausverkauf der Natur‹ ist erschreckend. Dabei sind es doch gerade jene besonderen Naturerlebnisse, z. B. das unvermittelte Auftauchen eines Rudels Gemsen, die Beobachtung eines Murmeltiers oder der Anblick einer enzianübersäten Bergwiese im Frühling, die eine Wanderung bereichern und sie als besonders gelungen in die Erinnerung eingehen lassen.

Die Pflanzenwelt

Aufgrund des Höhenunterschiedes von über 2000 m (Watzmann 2713 m; Berchtesgaden 571 m) und der Vielfalt der Standorte findet sich im Berchtesgadener Alpenraum eine breite Palette der verschiedensten Vegetationstypen. In Höhen von ca. 500 bis 800 m dominiert Laubmischwald mit Buchen, Eschen, Ahorn, Linden und Eichen, darüber bis etwa 1400 m der vorwiegend aus Buchen, Fichten und Tannen bestehende Bergmischwald. In größerer Höhe bis zur Waldgrenze von ca. 1 800 m finden sich Fichten-, Lärchen- und teilweise auch Zirbenwälder. Darüber im überwiegend felsigen Gelände breiten sich dann noch die Latschenfelder aus.

KONFLIKTRAUM ZWISCHEN NATURSCHUTZ UND LANDSCHAFTSVERMARKTUNG

Lärchen- und Zirbenwald

An alpenspezifischen Blütenpflanzen fallen vor allem die *Enziane* auf, die in zahlreichen verschiedenen Arten auf Bergmatten und im felsigen Gelände vorkommen. Da sind zunächst die kleinen, kurzstieligen Arten, z. B. der sehr verbreitete ›Frühlingsenzian‹ (Farbabb. 37) – im Volksmund auch ›Schusternagerl‹ genannt – und der Bayerische Enzian, der erst im Sommer und auch nur in größeren Höhen blüht. Der klassische ›Stengellose Enzian‹ hat eine wesentlich größere, glockenförmige Blüte und ist von tieferem, kräftigerem Blau. Völlig abweichend in Größe, Wuchs und Farbe ist der ›Gelbe Enzian‹ (Farbabb. 41), der über einen Meter hoch werden kann, kräftige Blätter und quirlige, runde Blüten aufweist und aus dessen Wurzeln der bekannte Enzianschnaps gewonnen wird (s. S. 102f.).

Oft schon zur Weihnachtszeit treibt ein bemerkenswertes Gewächs seine Blüten durch die Schneedecke: die ›Christrose‹, auch ›Schneerose‹, ›Schwarzer Nieswurz‹ und – im Berchtesgadener Raum – ›Schneekada‹ genannt. Hauptblütezeit dieses giftigen Hahnenfußgewächses mit seinen weißen oder rosafarbenen fünfblättrigen Blüten ist Februar/März, doch findet man die generell recht seltene Winterblume in der Berchtesgadener Region häufig bis in die Sommermonate hinein.

Im Frühsommer ist Blütezeit für die *Alpenrosen* (im Volksmund: ›Almrausch‹). Dann stehen oft ganze Berghänge dieser immergrünen Büsche in Blüte. Man unterscheidet (nach der Unterseite der Blätter) die ›Rostrote‹ und die ›Behaarte‹ Alpenrose (Farbabb. 40). Besonderes Glück und ein wachsames Auge sind erforderlich, um bei Hochgebirgswanderungen noch auf *Edelweiß* (Farbabb. 34) zu stoßen. Auch verschiedene *Orchideenarten* sind im Berchtesgadener Land heimisch, wenngleich auch ihr Bestand teilweise bereits sehr gefährdet ist. Das *Rote Waldvögelein* (Farbabb. 35) gehört dazu, verschiedene Arten von *Knabenkraut* und der sehr seltene *Frauenschuh* (Farbabb. 36). Der *Türkenbund*, eine Lilienart, liebt den Halbschatten. Verstärktes Vorkommen von *Alpenveilchen* (Farbabb. 38), die man sonst im deutschen Alpenraum sehr selten findet, läßt sich in der Umgebung Reichenhalls beobachten, z. B. in den lichten Wäldern am Karlstein oder bei Jettenberg. Es sind Miniaturausgaben jener Alpenveilchen, die wir als Topfpflanzen kennen. Die kurzstieligen Silberdisteln (Farbabb. 39) bevorzugen sonnige Berghänge. Vor allem zwischen Schneeschmelze und Hochsommer bieten die Berchtesgadener Alpen eine reiche Auswahl an Bergblumen, an Moosen und Polstern, an Steinpflanzen und blühenden Büschen.

Die Tierwelt

Noch im 17. Jh. gab es im Berchtesgadener Land Bären. Auch Wölfe und Luchse waren in den unberührten Gebirgswäldern früher heimisch. Das wildreiche Wimbachtal, über dem einst die inzwischen ebenfalls ausgerotteten Gams- und Bartgeier kreisten, wurde sogar als ›Thiergarten‹ bezeichnet. Neben dem Wimbachschloß war das Schloß Bartholomä am Königssee Basis für ausgedehnte und – wie alte Bilder und Erzählungen belegen – auch erfolgreiche Jagden vor allem der jeweiligen Landesherren.

An größeren Wildarten findet man heute im deutschen Alpenraum nur noch *Rotwild*, *Rehe*, *Gemsen* und *Steinböcke*, letztere nur deshalb, weil sie gegen Ende des Zweiten Weltkriegs – lange nach ihrem Aussterben in dieser Gegend – gezielt im Gebiet des Steinernen Meeres wieder ausgesetzt wurden (s. auch S. 127f.). Im Gespräch zwischen ›Bund Naturschutz‹ und Umweltministerium ist auch, den in unseren Breiten ebenfalls seit mehr als 100 Jahren ausgerotteten Luchs im Berchtesgadener Nationalpark wieder einzubürgern. Widerstand hiergegen kommt vor allem von Bergbauern, die um die Sicherheit ihrer Herdentiere fürchten.

Mit etwas Glück kann der Wanderer Wildtiere unterwegs zu Gesicht bekommen. Mit Sicherheit finden sich Hirsche und Rehe bei den winterlichen Fütterungen im Tal ein (s. hierzu auch S. 173f. – ›Wildfütterung beim Hintersee‹; Abb. 41). Die Wintergatter, d. h. große, eingezäunte Gebiete, und die darin installierten Futterplätze sichern das Überleben der Wildtiere und bewahren gleichzeitig auch die außerhalb des Gatters liegenden Waldregionen vor zu starkem Wildverbiß.

Gemsen

Rehe und Hirsch

Offene, sonnige Hänge in den Bergen sind der bevorzugte Lebensraum des *Murmeltiers* (im Volksmund ›Mankei‹ genannt). Sie halten sechs Monate lang Winterschlaf. Nach dem Erwachen müssen sie sich mit der Paarung beeilen, damit die Jungen in den wenigen nach ihrer Geburt verbleibenden Monaten sich noch genügend Reserven für den langen Winterschlaf anfressen können. Aufmerksam wird man auf Murmeltiere oft erst durch deren schrillen Pfiff. Dann entdeckt man die putzigen Nager – sie sind ungefähr so groß wie Hasen, aber plumper und molliger – meist aufgerichtet auf einem Steinblock, wie wichtigtuerische Feldherren, die ihr Revier überwachen. Scheu und selten ist der *Schneehase*, der seinen Bau wie die Murmeltiere ebenfalls unterirdisch und meist unter Felsblöcken anlegt. Natürliche Feinde sowohl der Murmeltiere wie der Schneehasen sind *Fuchs* und *Marder*, aber auch – besonders für Jungtiere – größere Raubvögel. Der *Steinadler*, ein ansonsten fast ausgestorbener Greifvogel, ist in geringer Zahl im Gebiet des Königssees noch anzutreffen. Aus der Nähe betrachten kann man diesen und andere Raubvögel im Adlergehege am Obersalzberg (s. S. 113). Ein häufiger Vogel ist die Alpendohle; sie findet sich mit Vorliebe auf Berggipfeln und sonstigen frequentierten ›Brotzeitplätzen‹ zum Betteln ein.

Murmeltiere

Naturschutzbestimmungen

Ein Motto der Naturschützer lautet: Nur was man kennen und lieben gelernt hat, kann man ernsthaft schützen. Interesse an der und Verständnis für die Natur sind deshalb die besten Voraussetzungen, bedachtsam mit ihr umzugehen. Zusätzliche Kenntnis und Befolgung der detaillierten Schutzbestimmungen garantieren, daß nicht durch Gedankenlosigkeit und zu sorgloses Verhalten weitere Schäden angerichtet werden.

Die Natur reagiert oftmals sehr empfindlich auf Störungen. Je mehr Besucher sich in die freie Landschaft ergießen, um so größer wird die Gefahr. Unser Verhalten sollte nicht dazu beitragen, daß der Lebensraum für Tiere und Pflanzen noch weiter eingeschränkt wird.

Besonders strenge **Schutzbestimmungen** gelten innerhalb des **Nationalparks Berchtesgaden:** Auszug aus der Verordnung über den Alpen- und den Nationalpark Berchtesgaden vom 18. 7. 1978 (Diese Vorschriften sollten übrigens nicht eng begrenzt nur auf das ›Park‹-Gebiet angewandt werden; es sind allgemeine Verhaltensregeln, die ein umwelt- und naturbewußter Besucher sich beim Aufenthalt in freier Natur stets zu eigen machen sollte.)

☐ **Verbote** (§ 9)
Im Nationalpark ist jede Zerstörung, Beschädigung oder Veränderung der Landschaft oder ihrer Bestandteile verboten.
Insbesondere ist es verboten,

- Lebensbereiche der Pflanzen und Tiere zu zerstören oder zu verändern
- Pflanzen jeglicher Art zu entnehmen
- Freilebenden Tieren nachzustellen
- Gewässer mit Booten zu befahren
- durch Maschinenkraft betriebene Fahrzeuge zu benutzen
- zu zelten, Feuer zu machen oder außerhalb von Schutzhütten zu nächtigen
- zu schießen, zu lärmen, außerhalb von Gebäuden Tonübertragungsgeräte oder Tonwiedergabegeräte zu benutzen
- das Gelände einschließlich der Gewässer zu verunreinigen
- Hunde frei laufen zu lassen.

Zum Umweltschutz gehört auch:
Bleiben Sie auf den markierten Wegen! Selbstgewählte Abkürzungen sind nicht nur gefährlich (plötzliche Steilabbrüche, Orientierungsprobleme); durch wilde Trampelpfade werden Pflanzen geschädigt, das Wild gestört, und es werden Ansätze für Erosionsrinnen geschaffen.

Das Befahren der Nationalparkwege mit **Fahrrädern/Mountain-Bikes** ist grundsätzlich verboten; doch sind einige Forststräßchen freigegeben. Nähere Information und Kartenskizze sind bei der Nationalparkverwaltung erhältlich.

Ein ganz großes Umweltproblem bei der Vielzahl der Besucher ist der **Müll.** Hinterlassen Sie keine Abfälle in freier Natur. Wenn keine (oder nur überfüllte) Abfallkörbe vorhanden sind, nehmen Sie Ihre Dosen, Tüten und Plastikbeutel mit zurück; leer wiegen sie ja bedeutend weniger als zuvor. Übrigens: auch Zigarettenkippen zählen zum Müll und sind keinerlei Zierde eines Naturbodens, ganz abgesehen davon, daß Rauchen *im Wald* generell verboten ist.

Ein Wort auch noch zum **Lärm:** Gipfelglück und Wanderlust müssen nicht durch Lautstärke zum Ausdruck gebracht werden. Laute Unterhaltungen und Zurufe (ein weitverbreitetes Übel vor allem bei Gruppenwanderungen) oder gar Jodeleinlagen auf steiler

> Bergeshöh' stören jene Wanderer, die die Natur auch ihrer Stille wegen aufsuchen, ganz zu schweigen von scheuen Wildtieren, die solche geräuschvollen Zonen mit der Zeit völlig meiden.
>
> Allgemein, d. h. auch außerhalb des Nationalparks, gilt folgendes:
>
> ☐ **Pflanzenschutz**
> Das Naturschutzgebiet unterscheidet:
> *vollkommen* geschützte Arten, die weder gepflückt noch von ihrem Standort entfernt oder beschädigt werden dürfen; hierunter fällt ein Großteil der Alpenblumen, von denen viele bereits gefährdet, teilweise sogar stark gefährdet sind;
> *teilweise* geschützte Arten, die zwar gepflückt werden dürfen, bei denen aber die Wurzeln, Wurzelstöcke, Zwiebeln oder Rosetten nicht beschädigt oder von ihrem Standort entfernt werden dürfen.
>
> Von den übrigen wildwachsenden Pflanzenarten darf im allgemeinen nicht mehr als ein Handstrauß entnommen werden. Einmal abgesehen von dem sowieso meist bestehenden Verbot des Pflückens sollte man bedenken, daß Wildblumen in der Vase schnell verwelken (falls sie nicht schon welk dort ankommen) und daß ausgegrabene Pflanzen sich nur selten an einen neuen Standort gewöhnen. Blumen sind dort am schönsten, wo sie wachsen, und sollten deshalb auch dort belassen werden.
>
> ☐ **Tierschutz**
> Es ist grundsätzlich verboten, wildlebende Tiere zu fangen oder zu töten. Verboten sind Herstellung, Besitz oder Anwendung bestimmter Fangvorrichtungen oder -methoden. Darüber hinaus ist es verboten, Tiere mutwillig zu beunruhigen, ihnen nachzustellen, sie zu fangen, zu verletzen oder zu töten, für die Fortpflanzung dieser Tiere wichtige Stätten (z. B. Nester) zu beschädigen oder wegzunehmen. Eier, Larven und Puppen sind genauso geschützt wie die ausgewachsenen Tiere. Die dem Jagdrecht und dem Fischereirecht unterstellten Arten dürfen nur von besonders befugten Personen gefangen oder getötet werden.
>
> **Zuwiderhandlungen gegen diese Schutzbestimmungen können mit hohen Strafen belegt werden!**
>
> Das Bayerische Staatsministerium für Landesentwicklung und Umweltfragen hat zwei kleine Büchlein herausgegeben mit den Titeln ›Schützen und blühen lassen – Geschützte Pflanzen‹ und ›Schützen und leben lassen – Geschützte Tiere‹. Beide Büchlein sind auf den bayerischen Raum beschränkt und informieren durch gute Farbphotos, detaillierte Pflanzen- bzw. Tierbeschreibungen und Abdruck der jeweiligen Schutzbestimmungen umfassend über alles, was in der uns interessierenden Region blüht, kreucht und fleucht und was man dort auch blühen, kreuchen und fleuchen lassen sollte.

Brauchtum und Traditionen, Kultur und Kitsch im Berchtesgadener Land

Der echte Bayer trägt eine Krachlederne, auch ›Sepplhose‹ genannt, gestrickte Wadlstrümpfe, und seinen Hut schmückt ein überdimensionaler Gamsbart. Mit der Rechten klammert er sich an einen Maßkrug, den er nur losläßt, um in regelmäßigen Abständen einen Jodler auszustoßen und sich dazu geräuschvoll auf Schenkel, Hintern oder Schuhsohlen zu klatschen, was man ›Schuhplattln‹ nennt. Am Abend schleicht er sich mit der Leiter ans

Kammerlfenster seiner Liebsten. Selbige, eine dralle Maid mit viel ›Holz vor der Hütten‹, empfängt ihn willig nach dem Motto: »Auf der Alm, do gibts koa Sünd.«

Solche Klischeevorstellungen (und einige andere mehr) von bayerischer Lebensart sind wohl nie totzubekommen. Nebenbei bemerkt: es wird auch kaum versucht. Auch im Berchtesgadener Land entdeckt man gelegentlich zwischen Ansichtskarten vom Ramsauer Kirchlein, von Königssee und Hitlers ›Teehaus‹ die Karikaturen dieser urbayerischen Volksvertreter, und die an den örtlichen Volksbühnen aufgeführten Theaterstücke ähneln sich, ganz gleich, ob ›Das rotseidene Höserl‹, ›Die lustige Brautnacht‹, ›S' Glöckerl unterm Himmelbett‹ oder sonst ein bäuerlicher Schwank auf dem Programm steht.

Was stimmt nun an diesem weitverbreiteten Klischee, das vor allem der ländlichen Bevölkerung und verstärkt den Bergbauern anhaftet? *Manches* stimmt daran, wenngleich oft nur in Ansätzen und natürlich nicht in der überzogenen Form der Scherzpostkarten und derben Theaterstücke. Wenn hier von der Kultur, von Sitten und Bräuchen, der Bevölkerung die Rede ist, ist schon etwas anderes gemeint.

Besonders der ›Kern‹ des Berchtesgadener Landes, die Region der ehemaligen Fürstpropstei, hat mehr als andere Gebiete traditionelle Lebensformen, Volksbräuche und lokale Besonderheiten erhalten können. Die Berchtesgadener lebten über Jahrhunderte nicht nur geographisch, sondern auch politisch relativ isoliert. Es gab weniger Verbindung nach und Einflüsse von außen und daher mehr Motivation zur Bewahrung von Althergebrachtem. Im ehemaligen Klosterstaat hatten selbstverständlich Kirche und katholischer Glaube großen Einfluß auf alle Bereiche des Alltags, und auch heute noch ist die Volksfrömmigkeit in der Berchtesgadener Region spürbar stärker ausgeprägt als z. B. im Voralpenland oder gar in den bayerischen Städten.

Wesentlichen Anteil am heutigen kulturellen Leben haben u. a. die Volkstanz- und Volksmusikgruppen. Zither und Hackbrett gehören zu den typischen Instrumenten für die ›Stubenmusi‹ oder den ›Hoagascht‹, Gesangs- und Bläsergruppen umrahmen nicht nur lokale Veranstaltungen, sondern sind auch aus den Volksmusiksendungen des Bayerischen Rundfunks nicht mehr wegzudenken. Trachten-, Weihnachtsschützen- und zahlreiche andere brauchtumspflegende Vereine sorgen dafür, daß alte Traditionen und Bräuche erhalten bleiben, ja teilweise wiederaufleben. Dazu gehört auch das Tragen der Tracht. Früher ließ sich an der Art der Kleidung sowohl der Familienstand als auch die genaue Herkunft des Trägers oder der Trägerin ablesen. Die strengen Vorschriften, wonach die Schürzenbänder bei unverheirateten, verheirateten oder verwitweten Frauen jeweils unterschiedlich zu binden sind und auch die Kordeln am Hut je nach Familienstand andersfarbig sein müssen, haben sich längst verwischt, ebenso viele lokale Eigenheiten. Seit die Trachtenmode als originelles ›Outfit‹ Einzug in die gesamtdeutsche Modebranche gehalten hat, muß damit gerechnet werden, daß in der ›Krachledernen‹ auch ein Tourist aus Wanne-Eickel stecken kann und daß das fesche ›Dirndl‹ (bayerischer Ausdruck für ›Mädchen‹) in Wirklichkeit eine Berliner Göre im Souvenir-Dreß ist. Für alteingesessene Bewohner des Berchtesgadener Landes jedoch bedeutet das Tragen der Tracht keinen modischen Gag, sondern – zumindest an Sonn-, Fest- und Feiertagen – eine Selbstverständlichkeit.

BRAUCHTUM UND TRADITIONEN, KULTUR UND KITSCH

☐ Bräuche und Feste im kirchlichen Jahr

Den wichtigsten Rang nimmt dabei die **Weihnachtszeit** ein. Schon in der Adventszeit hat das Berchtesgadener Land einige Besonderheiten aufzuweisen: Während der christliche Einkehrbrauch des Nikolaus am Nikolaustag in ganz Bayern bekannt ist, hat sich in den Ortschaften um Berchtesgaden ein spezieller Brauch erhalten: das *Buttnmanndl-Laufen*, das an unterschiedlichen Tagen während der Adventszeit stattfindet. (Im Bischofswiesener Ortsteil Loipl z. B. laufen die Buttnmanndl am ersten, im Ortsteil Winkl am zweiten Adventssonntag, in Maria Gern am Heiligen Abend, in Berchtesgaden und allen anderen Gemeinden am 5. und 6. Dez., jeweils bei einsetzender Dunkelheit.) Zum Fürchten sind die Buttnmanndl schon aufgrund ihres Äußeren. Sie sind komplett umhüllt mit Strohgarben; die oben herausschauenden Köpfe tragen unheimliche Tiermasken aus Fell oder Holz, teilweise mit aufgesetzten Hörnern, Ohren und langen, roten Zungen. Mächtige Kuhglocken am Rücken machen bei jeder Bewegung einen Heidenlärm. Angeführt wird die Truppe vom Nikolaus im Bischofsgewand, den ein oder zwei in Felle gekleidete ›Kramperl‹ mit Teufelshörnern am Kopf begleiten. In Loipl wird St. Nikolaus zudem noch begleitet vom sog. ›Nikoloweibl‹, einem in Mädchenkleidung gesteckten Buben, der auch die Geschenke für die Kinder bei sich trägt. In Winkl hat diese Funktion ein Engel übernommen. Nach einer kurzen Andacht der Gruppe abseits der meist recht zahlreich vorhandenen Schaulustigen ziehen die Buttnmanndl von Haus zu Haus und gebärden sich dabei recht wild. Immer wieder schnappen sie sich einen Zuschauer, bevorzugt auch junge Mädchen, die dann recht unsanft umgerempelt, aufs Kreuz gelegt und (falls vorhanden) in den Schnee gedrückt werden. Auch im Anschluß an die Einkehr in die Häuser, Bescherung und Belehrung der Kinder und Abzug des Nikolaus, ›räumen‹ sich die Buttnmanndl lärmend und wild mit ihren ›Lebensruten‹ fuchtelnd den Weg frei. Der bekannte Einkehrbrauch hat sich hier auf seltsame Art vermischt mit alten Formen von Fruchtbarkeitsriten und Dämonenverbannung, und selbst alteingesessene Bewohner können Sinn und Hintergrund der einzelnen Figuren und ihrer Attribute nicht mehr detailliert deuten und meinen: »Es ist halt von alters her so der Brauch.«

Auch sog. *Bettel-* oder *Heischebräuche* werden in der Weihnachtszeit je nach Region in unterschiedlicher Form noch heute praktiziert. Dazu gehört u. a. das *Klöcklsingen* in Berchtesgaden. Dabei ziehen hirtenmäßig gekleidete Gruppen von Jugendlichen (Initiatoren sind häufig Kirche, Schule oder Singkreise) an den Adventsdonnerstagen bei Einbruch der Dämmerung von Haus zu Haus, tragen Sprüche und Gesänge vor und erhalten dafür Geld und Naturalien. In der Gegend um Tittmoning im nördlichen Rupertiwinkel sind es die *Anroller*, die durch die Straßen ziehen, in Laufen/Oberndorf die *Anglöckler*. Die *Sternsinger* sind zwischen Neujahr und dem Dreikönigstag (6. Jan.) unterwegs. Als die Heiligen Drei Könige Caspar, Melchior und Balthasar verkleidet ziehen sie mit Gefolge singend von Haus zu Haus und sammeln für wohltätige Zwecke.

1 Ganghofer-Denkmal im Kurpark Berchtesgaden ▷

LUDWIG
GANGHOFER
1855 – 1920

HERR, WEN DU LIEB HAST,
DEN LÄSSEST DU FALLEN
IN DIESES LAND

2 Brunnhaus in Ilsank
3 Holzfigur in Schönau zur Erinnerung an Anton Adner
4 ›Kederbacher‹-Denkmal neben dem Haus des Gastes in Ramsau

5 Alphornbläser in Bischofswiesen
6 Beim Bergknappenfest in Berchtesgaden
7 BERCHTESGADEN Marktbrunnen vor dem ›Hirschenhaus‹ ▷

8   BERCHTESGADEN   Marktplatz mit Türmen der Stiftskirche
9   Grab von Mauritia (Moritz) Mayer auf dem
    Alten Friedhof in Berchtesgaden
10   Luitpold-Denkmal im Luitpoldpark
     Berchtesgaden

11 BERCHTESGADEN   Königliches Schloß, Waffensaal
14   Umzug beim Bergknappenfest vor der Stiftskirche in Berchtesgaden ▷
12, 13   BERCHTESGADEN   Stiftskirche, Kreuzgang und Grabmal des Fürstpropstes Pienzenauer

16 ›Fluchthäusl‹ in Vordergern bei Berchtesgaden
◁ 15 Wallfahrtskirche Maria Gern mit Watzmann
17 Enzian-Brennhütte ›Priesberg‹ am Jenner

18, 19 OBERSALZBERG Garagenruinen des ehem. ›Platterhofs‹ (jetzt Hotel General Walker) unterhalb des Kehlsteins und Bus auf der Kehlsteinstraße
20 Hotel ›Zum Türken‹ am Obersalzberg

21 SCHÖNAU AM KÖNIGSSEE   Rathaus und Haus des Gastes

22 Schlittenpartie in der Schönau vor Göllmassiv

23 Bob- und Rodelbahn Königssee

24 Seelände am Königssee

26, 27   BISCHOFSWIESEN   Rathaus und Bischofsbrunnen

◁ 25   St. Bartholomä am Königssee gegen Watzmann-Ostwand

BRAUCHTUM UND TRADITIONEN, KULTUR UND KITSCH

Christkindlanschießen, *Weihnachtsschießen* und das *Neujahrsschießen* sind jahrhundertealte Bräuche, die im Berchtesgadener Land nach festen Richtlinien weitergepflegt werden. 1925 wurde die ›Vereinigung der Weihnachtsschützen des Berchtesgadener Landes‹ gegründet, in der die lokalen Schützenvereine der einzelnen Gemeinden zusammengefaßt sind. Gegenwärtig sind fast 3 000 Weihnachtsschützen – davon etwa 1 100 aktive Mitglieder – in 17 Vereinen organisiert.

Zeitpunkt, Dauer und Programmfolge des Schießens variieren bei den einzelnen Schützenvereinen. Es beginnt mit dem *Christkindlanschießen*, das z. B. in Berchtesgaden ab 17. Dezember jeden Nachmittag um 15 Uhr stattfindet. Am Heiligen Abend, wenn die Kirchenglocken die Gläubigen zur Mitternachtsmette rufen, stellen sich die Schützen, alle natürlich in Festtracht, an ihren festen Standplätzen in den einzelnen Gemeinden auf und

Handbölller

bilden eine lange Kette. Eine halbe Stunde vor Mitternacht beginnt dann die Schießerei: Einzelfeuer, Schnellfeuer und dröhnende Salven wechseln sich ab. Dazwischen hört man das hölzerne Klopfen, wenn die pistolenähnlichen Hand- und die schweren Standböller neu mit Schwarzpulver geladen werden. Es ist ein ohrenbetäubendes Spektakel, bei dem sich Katzen und Hunde in die hintersten Winkel der Häuser zurückziehen. Die Luft ist erfüllt vom Knall und dem dumpfen Echo der Böllerschüsse, das von den umliegenden Bergen zurückgeworfen wird. Die Schützen sind kaum mehr zu sehen in dem dichten Pulverqualm. Punkt 24 Uhr tritt Ruhe ein; nur während der ›Wandlung‹ sind nochmals sechs einzelne Schüsse zu hören. Ähnlich geräuschvoll wird in der Silvesternacht von 23.45 bis 0.15 Uhr das alte Jahr hinausgeschossen bzw. das neue begrüßt.

Während der Adventszeit wird in Berchtesgaden auf dem Schloßplatz ein kleiner Christkindlmarkt abgehalten; Adventsbläser blasen vom Turm der Stiftskirche, und häufig wird

◁ *Die gefürchteten* ›Buttnmanndl‹

die vorweihnachtliche Stimmung noch durch ein musikalisches Rahmenprogramm, z. B. Alphornbläser, Singgruppen oder Saitenmusik verstärkt.

An Weihnachten, Silvester und am Vorabend von **Heiligdreikönig** wird ›geräuchert‹, d. h. nach einem Gebet zieht der Familienvater mit Weihrauch und Weihwasser durchs Haus und segnet die einzelnen Räume; der Bauer schließt auch Stall und Scheune ein, und zum Schluß wird mit geweihter Kreide über der Türe das ›C + M + B‹ und die jeweilige Jahreszahl angebracht. ›Dreikönigszeichen‹ (nach Caspar, Melchior und Balthasar) nennt es der Volksmund; seine eigentliche Bedeutung geht jedoch zurück auf das lateinische ›Christus mansionem benedicat‹ = ›Christus segne dieses Haus‹.

Schützenvereine und ihre Mitglieder kommen übrigens nicht nur an Weihnachten und Neujahr zum Einsatz. Geschossen wird auch bei Bitt-, Flur- und Fronleichnamsprozessionen, an Pfingsten, zur Kirchweih und zum Erntedankfest, als Salut beim Empfang besonderer Honoratioren, zu Jubiläen und sonstigen örtlichen oder kommunalen Festlichkeiten. Wenn früh schon vor Sonnenaufgang ohrenbetäubende Böllerschüsse die Bürger aus dem Schlaf schrecken, so bedeutet dies meist, daß irgendwo eine Hochzeit gefeiert wird.

Alljährlich am zweiten Julisonntag wird in Berchtesgaden der ›Jahrtag der Vereinigten Trachten- und Weihnachtsschützenvereine‹ abgehalten. Dies ist eines der größten Heimatfeste im Berchtesgadener Land, bei dem nach einer Messe in der Stiftskirche der Festzug über den geschmückten Markt marschiert und das mit Musik und Tanz im Hofbräuhaus Berchtesgaden beschlossen wird.

Am **Palmsonntag** werden zur Erinnerung an den Einzug in Jerusalem von den Kindern *Palmbuschen* in die Kirche getragen. Die Palmkätzchenzweige sind u. a. mit bunten ›Gschabertbandln‹ (gefärbten Hobelspänen) geschmückt und werden, nachdem sie in der Kirche geweiht wurden, in der Stube im Herrgottswinkel oder am Dachfirst des Hofes oder Stalles befestigt, teils auch auf die Gräber oder die Wiese hinterm Haus gesteckt.

Schon seit 1517 feiern alljährlich an **Pfingsten** die Bergknappen des Salzbergwerks Berchtesgaden ein großes Bergfest (Abb. 6, 14). Am Abend des Pfingstsonntags erfolgt bereits die ›Festankündigung‹ mit Zug durch den Markt und anschließendem kleinen Standkonzert am Schloßplatz. Montags früh nach dem Wecken durch die Knappschaftskapelle findet dann – untertage – ein Festakt für die Knappen statt. Danach (gegen 10 Uhr) bewegt sich der Festzug vom Salzbergwerk zur Stiftskirche und nach dem Dankgottesdienst (ca. 11.30 Uhr) in einer großen Schleife über den Markt bis zum Franziskanerplatz und wieder zurück zum Rathausplatz.

Einer der wichtigsten kirchlichen Festtage und ein Höhepunkt des Kirchenjahres ist **Fronleichnam.** Der *Fronleichnamsprozession* schließen sich neben den Geistlichen, den Ministranten und der Bevölkerung Fahnenabordnungen und die örtlichen Vereine an, jedes Mitglied selbstverständlich in feinster Sonntagstracht. Musikvereine, Schützenkapellen sorgen für den musikalischen Rahmen. Betend bewegt sich der Zug durch die Straßen. Kinder streuen Blumen; Kirche und Altar sind festlich geschmückt. Oft wird der Gottesdienst auch im Freien, also in Form einer Feldmesse, abgehalten.

BRAUCHTUM UND TRADITIONEN, KULTUR UND KITSCH

Fronleichnamsprozession in Oberteisendorf

Georgi-/Leonhardiritt

Pferde- und *Reiterprozessionen* sind noch in vielen bayerischen Orten üblich. Auch dieser Brauch hat religiösen Hintergrund. Im Rahmen einer Feldmesse werden Rösser und Reiter gesegnet. Am bekanntesten ist der Tittmoninger/Kirchheimer *Georgiritt* (Farbabb. 9; Abb. 76, 77; s. S. 317); er wird regelmäßig, gutes Wetter vorausgesetzt, am Sonntag nach dem St. Georgstag (23. 4.) abgehalten. Auf eine besonders lange Tradition blickt der *Leonhardiritt* in Holzhausen (Farbabb. 7; Abb. 63) bei Teisendorf zurück (s. S. 243f.), der alljährlich am Pfingstmontag stattfindet. Die Waginger reiten jeweils am Sonntag nach dem Tag des hl. Leonhard (6. 11.) von Waging zur Wallfahrtskirche St. Leonhard am Wonneberg.

Die Heiligen Georg und Leonhard, Schutzpatrone der Pferde, werden also heute noch bemüht. Galt die erbetene Fürbitte früher der Gesundheit und Unversehrtheit der Arbeitspferde (an deren Stelle inzwischen verstärkt Traktoren und Landmaschinen gerückt sind), so sind es heute überwiegend Reit- und ›Freizeit‹-Pferde, die sich dem Umritt anschließen und kirchlichen Segen erhalten.

Bittgänge, Wallfahrten oder **Prozessionen** finden übers Jahr verteilt zu verschiedenen Anlässen oder Gedenktagen statt. So ziehen z. B. Wallfahrer aus dem österreichischen Maria Alm am Sonntag nach dem Tag des Heiligen Bartholomäus (24. 8.) übers Steinerne Meer zur Kirche St. Bartholomä am Königssee; am Högl pilgern die Kriegsveteranen gemäß einem alten Gelöbnis alljährlich am 1. Mai von Anger nach Vachenlueg, und am Mittwoch vor Himmelfahrt findet jedes Jahr ein Bittgang der Ainringer und Thundorfer nach Ulrichshögl statt, bei dem um reichen Erntesegen gebeten wird. Kriegsteilnehmer und Reservisten aus dem Rupertiwinkel beteiligen sich an der großen Kriegerwallfahrt, die alljährlich Ende Juli zur Pfarrkirche Weildorf (bei Teisendorf) durchgeführt wird. Lange Tradition hat auch das Annafest am Wochenende nach dem Tag der hl. Anna (26. 7.) in Ettenberg (Farbabb. 6, 8; Abb. 33, 34) bei Marktschellenberg (s. S. 144)

Kirchweih- und **Erntedankfest** werden in vielen Gemeinden mit Dankgottesdiensten begangen, wobei die Altäre mit Obst, Gemüse, Feldfrüchten und aus Korn geflochtenen, bänderverzierten Erntekronen geschmückt werden. Zu den bekanntesten Kirchweihfesten gehört jenes in Anger am vierten Sonntag und Montag nach Ostern (s. S. 259) und die viertägige ›Schellenberger Dult‹ in Marktschellenberg am Sonntag nach dem 4. Juli (Tag des hl. Ulrich).

Das ›Fensterln‹ – eine urbayerische Tradition

Man stelle sich vor, ein Bursch' schliche sich nächtens mit geschulterter Leiter zum Haus der Angebeteten, um dann bei näherer Kontrolle der Adresse festzustellen, daß sie im 6. Stock eines Hochhauses wohnt. Das ›Fensterln‹, ein alter bäuerlicher Brauch, ist von unserer modernen Zeit überholt worden. Früher achtete man noch streng auf Sitte und Anstand. Tagsüber wurde hart gearbeitet, unbewachten Ausgang bekam eine wohlbehütete Tochter am Abend nicht. Die verriegelte Haustür und spätestens die knarrenden Holzbohlen bäuerlicher Wohnhäuser verhinderten jegliche heimliche Annäherung an die Schlafkammer der Auserwählten auf normalem Wege – also blieb nur der Weg von außen durchs Fenster. Heutzutage sind die Umgangsformen lockerer, und es gibt fast überall eine Dorf-Disco, in der sich viel leichter anbandeln und ein Rendezvous vereinbaren läßt als auf kippliger Leiter über dampfendem Misthaufen.

Das ›innere‹ Berchtesgadener Land

Berchtesgaden

Wappen Markt Berchtesgaden

Der Marktort Berchtesgaden (540–1100 m; Umschlagvorderseite, Farbabb. 2) sitzt heute – geographisch gesehen – im untersten Zipfel des Verwaltungsbezirks Berchtesgadener Land. Doch ändert dies nichts daran, daß sich hier der eigentliche geschichtliche und kulturelle Mittelpunkt des ›Landl's‹ befindet. Hier, mitten im damals noch wilden und unbesiedelten Bergland, gründeten die Augustiner-Chorherren im 12. Jh. ihr Kloster, hier waren das religiöse Zentrum und der Verwaltungssitz des Klosterstaates über nahezu sieben Jahrhunderte. Und nach den geistlichen Herren bezogen die bayerischen Könige ihre Sommerresidenz in den Herrschaftshäusern. Die wechselhafte Geschichte des Landes (s. Kapitel Geschichte) hat deshalb in Berchtesgaden auch ihre deutlichsten und vielfältigsten Spuren hinterlassen. Ein Gang durch den Ort ist gleichzeitig ein Streifzug in die Vergangenheit des alten Stiftslandes.

☐ Ortsrundgang

Fast alles, was es im Marktort Berchtesgaden an Interessantem zu sehen gibt, liegt so nahe beieinander, daß eine Besichtigung zu Fuß auch für konditionsschwächere Fußgänger möglich ist. Autofahrer tun gut daran, ihr Fahrzeug auf einem der größeren Parkplätze außerhalb des Zentrums abzustellen; zur Ortsmitte hin werden die Straßen eng und kurvig, der Parkraum knapp, und der Marktplatz nebst seinen Nebengassen und der parallel laufenden Metzgerstraße ist als Fußgängerzone für den Fahrzeugverkehr ohnehin gesperrt. Langfristig ist übrigens geplant, den gesamten Ortskern für den individuellen Autoverkehr zu sperren und dafür umweltfreundliche Zubringerbusse einzusetzen.

Bevor wir Berchtesgaden erkunden, empfiehlt sich ein Besuch der **Kurdirektion** (gegenüber dem Bahnhof: Öffnungszeiten Juli bis Okt.: mo-fr 8–18 Uhr, sa 8–17 Uhr; so- u. feiertags 9–15 Uhr; Nov. bis Juni: mo-fr 8–17 Uhr, sa 9–12 Uhr). Hier werden Unterkünfte vermittelt, man erhält Informationsmaterial, Broschüren, Hinweise auf Feste und Veranstaltungen und sonstige Informationen von touristischem Interesse.

Dann aber zum ›Markt Berchtesgaden‹ selbst. In der Ortsmitte finden wir den **Marktplatz** (Farbabb. 25; Abb. 8), der bereits 1978 zur Fußgängerzone bestimmt wurde. Der Platz ist genaugenommen ein gepflasterter Straßenzug, beidseitig gesäumt von dicht aneinandergebauten, stattlichen Bürgerhäusern, von denen eines das andere in bezug auf Fassadenschmuck zu übertrumpfen versucht. Die Fronten der Gebäude sind in verschiedenen Pastellfarben gehalten; man entdeckt schöne, alte Natursteinportale, phantasievolle Fenstereinfassungen, aufwendige Stuckverzierungen, Wandmalereien mit alpenländischen Motiven und kleine, verspielte Balkone. Allen Häusern gemeinsam ist das weit vorgezogene Satteldach.

Den unteren Abschluß des Marktplatzes bildet der **Marktbrunnen** (Abb. 7), an dessen Stelle sich schon seit dem 16. Jh. eine von mehreren Wasserstellen für die Versorgung der Berchtesgadener Bevölkerung befand. Der bayerische Löwe, der hoch oben auf der Brunnensäule thront, hält in seinen Pranken das Wappen von Herzog Ferdinand von Bayern, der als erster Fürstpropst aus dem Hause Wittelsbach die Berchtesgadener Fürstpropstei regierte. In den folgenden Jahrhunderten erfuhr der Brunnen zahlreiche Restaurierungen und wurde im Jahr 1860 schließlich (mit Ausnahme des Löwen) aus Untersberger Marmor neu gefertigt.

Auf der Höhe des Brunnens, als erstes Gebäude des leicht ansteigenden Marktplatzes, steht eines der imposantesten Häuser Berchtesgadens, das 1594 erbaute ehemalige **Gasthaus zum Hirschen** (Haus-Nr. 3, heute Sparkasse; Farbabb. 25). Ein Hirsch – als Wetterfahne – dreht sich noch heute auf dem angebauten Rundturm. Die Hausfassade zum Marktplatz hin ist reich bemalt und ein genaueres Hinsehen wert. Wir entdecken den Kurfürsten Maximilian Heinrich (von 1650–88 Fürstpropst Berchtesgadens); abgebildet sind auch die Stifterin der Berchtesgadener Propstei, Gräfin Irmengard, ihr Vater, Graf Kuno von Rott, und ihr Sohn Berengar, der das Gelübde seiner Mutter, die Klostergründung, im 12. Jh. erfüllte. Eine weitere Figur stellt den Erbauer des Hauses, Georg Labermair, dar. Unterm Dachfirst erkennen wir eine Watzmannlandschaft, die Fenster sind von kunstvollen Ornamenten umrahmt, und flankiert wird das Gebäude von (ebenfalls aufgemalten) Säulen. Noch eindrucksvoller ist allerdings die Rückseite des Hauses, also die Fassade zur Metzgerstraße hin.

Fresken mit Affenszenen am ›Hirschenhaus‹ in Berchtesgaden

DAS ›INNERE‹ BERCHTESGADENER LAND

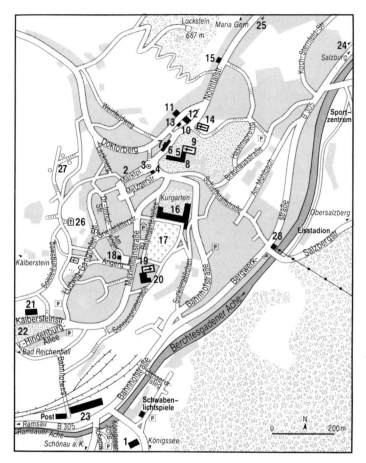

Berchtesgaden
1. Kurdirektion
2. Marktplatz
3. Marktbrunnen
4. Ehem. ›Gasthaus zum Hirschen‹
5. Schloßplatz
6. Arkadenbau
7. Ehem. Getreidekasten
8. Königl. Schloß
9. Stiftskirche
10. Rathausplatz
11. Mundkochhaus
12. Rathaus
13. Brunnen
14. St. Andreaskirche
15. Kanzlerhaus
16. Kur- und Kongreßhaus
17. Alter Friedhof
18. Berchtesgadener Bauerntheater
19. Franziskanerkirche
20. Nationalpark-Haus
21. Ehem. Königliche Villa (Max-Villa)
22. Luitpoldpark mit Luitpolddenkmal
23. Bahnhof
24. Salzbergwerk Berchtesgaden
25. Heimatmuseum (Schloß Adelsheim)
26. Kalvarienbergkapelle
27. Gletschermühlen
28. Obersalzberg-Seilbahn

Die dortigen witzigen Freskenbilder sind bedeutend älter als die Malereien auf der Brunnenseite; sie entstanden bereits zu Beginn des 17. Jh. und gelten als die ältesten profanen Wandbilder Süddeutschlands. Abgebildet sind Affen (parodiert werden jedoch Menschen) in verschiedenen, sehr detailreichen Alltagsszenen. Die Restaurierung dieser originellen ›Lüftlmalerei‹ wurde 1991 beendet.

Am Marktplatz wohnten einst auch die ›Verleger‹, jene Kaufleute, die sich um den Vertrieb der ›Berchtesgadener War‹ kümmerten. Die Kerschbaumers z. B., deren Haus (Nr. 11/13) die Jahreszahl 1660 trägt, handelten mit Holz- und Marmorwaren. Am oberen Ende des Marktplatzes steht das Haus der ehemaligen Holzwarenverleger Kaserer; seit 1607 bis heute ist das Gebäude im Besitz dieser Familie, die damit wohl zu den ältesten Handelsfamilien

Berchtesgadens gehören dürfte. Natürlich fällt der Blick beim beschaulichen Bummel durch die autofreien Geschäftsstraßen auch in die Schaufenster. Holzschnitzwaren, Webwaren, Trachtenkleidung, Lederhosen und Gamsbärte, alpin-lukullische Köstlichkeiten vom Gebirgsenzian bis zum Brotzeitbrettl mit Weißwurst, Radi und Brezen (alles aus Marzipan) bieten sich als mehr oder weniger originelle Reiseandenken an.

Wenden wir uns nun den Sehenswürdigkeiten im nördlichen Teil des Ortszentrums zu. Durch zwei Torbögen gelangen wir vom Marktplatz zum **Schloßplatz**. Bevor wir das Schloß und die dicht daneben stehende Stiftskirche besuchen, lohnt sich ein Blick auf die Außenfront des gegenüberliegenden **Arkadenbaus**. Die dort angebrachten überlebensgroßen Wandbilder von Kämpfern und Soldaten verschiedener Epochen stellen ein etwas ungewöhnliches *Kriegerdenkmal* der Berchtesgadener für ihre Gefallenen beider Weltkriege dar. »Sie gaben ihr Leben, ihr Opfer ist uns Mahnung.« Die im Jahr 1929 von dem Maler Josef Hengge geschaffenen Fresken wurden von den amerikanischen Militärs nach Ende des Zweiten Weltkriegs übertüncht, 1952 jedoch wieder freigelegt und vom selben Maler restauriert. Das Gebäude hinter dem Arkadenbau ist der ehemalige **Getreidekasten** von 1458.

☐ **Königliches Schloß (ehem. Augustiner-Chorherrenstift)**
Das heutige ›Schloß‹ hat seinen Ursprung in den Gebäuden des im frühen 12. Jh. gegründeten Augustiner-Chorherrenstifts, Klosteranlagen also, die gleichzeitig aber auch Regierungssitz waren, denn bis zur Säkularisation im Jahr 1803 war Berchtesgaden ein selbständiger Kirchenstaat. Der jeweilige Fürstpropst war Klostervorsteher und Reichsfürst in einem, als letzterer nur dem Kaiser unterstellt. Aus der mittelalterlichen Klosteranlage und den zunächst recht spartanischen Räumlichkeiten entwickelte sich im Laufe der Jahrhunderte eine stattliche Residenz. Pröpste und die Chorherren stammten stets aus adligem Hause und führten ein entsprechend herrschaftliches Leben. 1810 kam Berchtesgaden zu Bayern und die einstige fürstpröpstliche Residenz in den Besitz des Hauses Wittelsbach. Sämtliches Inventar aus der Klosterzeit wurde verkauft. Das Schloß wurde als Sommer- und Jagdsitz von der bayerischen Königsfamilie genutzt und blieb auch nach dem Ende des bayerischen Königreichs bis heute im Besitz der Wittelsbacher.

■ *Romanischer Kreuzgang* (Zugang vom Schloßplatz; Abb. 12))
Dieser um 1180 entstandene Innenhof mit seinem schönen Arkadengang und den an Größe und Formenreichtum auffallend vielgestaltigen Säulen und Kapitellen ist das Herzstück und ältester Bauteil der Klosteranlage der einstigen Fürstpropstei Berchtesgaden. An den Wänden und auch als Bodenplatten finden sich wertvolle Steinmetzarbeiten, Grabplatten in dichter Folge, deren Betreten für den Besucher fast unvermeidbar ist. Es lohnt sich, die Inschriften der Epitaphien, die Details der einzelnen Pfeiler, die Figuren von Tieren und Fabelwesen und die Vielfalt der Bandornamentik zu studieren. Ein Fenster im Ostflügel erlaubt einen Blick in die kleine Martinskapelle.

■ *Schloßmuseum* (Zugang vom Kreuzgang)
(Besichtigung nur mit Führung; Dauer ca. 50 Min., Fotografierverbot. Ostern bis 30. 9. tägl. außer sa; Okt. bis Ostern tägl. außer sa, so und feiertags von 10–13 und 14–17 Uhr;

DAS ›INNERE‹ BERCHTESGADENER LAND

Kreuzgang im ehem. Augustiner-Chorherrenstift, Berchtesgaden

Führungen stündlich bzw. nach Bedarf; letzte Führung jeweils 1 Stunde vor Schließung.) Kronprinz Ruprecht von Bayern, der von 1913 bis 1933 selbst mit seiner Familie im Schloß wohnte, hat in zahlreichen Räumen ein Museum geschaffen, in dem bedeutende Kunstwerke, z. B. Skulpturen von Erasmus Grasser, Tilman Riemenschneider, Veit Stoß, aber auch kostbare Möbel, Kassettendecken und Türen mit aufwendigen Intarsien, Waffensammlungen (Abb. 11), Bilder bedeutender Maler und Wandteppiche, Stammbäume, Jagdtrophäen, Porzellan etc. zu sehen sind. Die heutige Ausstattung hat also keinerlei Bezug mehr zum einstigen Klosterleben; eine Führung durch die verschiedenen Trakte des ›Wittelsbacher Hausmuseums‹ gleicht vielmehr einem Gang durch verschiedene Jahrhunderte mit ihren jeweiligen Stilrichtungen. Für jede Epoche finden sich die zugehörigen Möbel und Accessoires, die passenden Gemälde. Der Besucher kann einen Blick in die alte Hofküche werfen und tritt zum Schluß hinaus in den kleinen, idyllischen Garten, der auf Höhe des dritten Stocks des Schlosses angelegt ist. Von hier aus überblickten schon die einstigen Klosterherren einen Großteil ihres ›Landl's‹, über das sie 700 Jahre lang regierten, und dessen Grenze auch heute noch oben auf dem Kamm der ringsum aufragenden Bergmassive verläuft.

☐ **Stiftskirche St. Peter und Johannes** (Abb. 14)
Als die Augustiner-Chorherren zu Beginn des 12. Jh. in die abgelegene Wald- und Felslandschaft der Berchtesgadener Berge vordrangen, wählten sie diese Stelle für den Bau ihres Klosters und ihrer Klosterkirche. Hier war das eigentliche Zentrum für das sich in den folgenden Jahrhunderten entwickelnde ›Berchtesgadener Land‹. Nur Teile der Grundmauern und der Langhausseitenwände sind heute noch vom Gründerbau erhalten. Im Laufe der langen Geschichte der Propstei erfuhr die Kirche viele Umgestaltungen. So mußten die durch Blitzschlag zerstörten Türme in der zweiten Hälfte des 19. Jh. erneuert werden; aus dieser Zeit stammen auch die neugestaltete Fassade sowie die Eingangsportale, von denen besonders das Innenportal mit seinen prächtigen Marmorsäulen Beachtung verdient. Insge-

samt 47 Pröpste regierten den Berchtesgadener Kirchenstaat in seiner rund 700jährigen Geschichte. Ihre Epitaphien, Meisterwerke der Steinmetzkunst, zählen heute zu den größten Sehenswürdigkeiten des Gotteshauses. Besonders aufwendig gestaltet ist das marmorne Grabmal des Propstes Peter II. Pienzenauer, gest. 1432 (Abb. 13; gleich links nach Durchschreiten des Langhausportals). Beim Chorgestühl lohnt sich ein Blick auf die Details. Die Wangen sind mit kunstvollem Schnitzwerk verziert, mit phantasievollen Pflanzenornamenten, verschiedensten Tierdarstellungen (Wildtiere, Vögel und Fabelwesen). Daß es sich hierbei um Nachbildungen der bereits Mitte des 14. Jh. entstandenen Originale handelt (diese stehen im Bayerischen Nationalmuseum in München), tut ihrer Schönheit keinen Abbruch.

Ein kleines Stück vom Schloßplatz weiter stadtauswärts kommt man durch ein weiteres Tor zum **Rathausplatz**. Etwas oberhalb des Platzes steht das **Mundkochhaus**, dessen Giebelfeld ein Fresko des rebenumrankten hl. Rupertus trägt. Alte Karten und Kupferstiche aus dem 17. Jh. zeigen an dieser Stelle noch das ›Kanzlerhaus‹, in dem der Stiftskanzler, der erste weltliche Beamte des Klosterstaates, wohnte; nach dessen Umzug ins Nonntal zog dann der Mundkoch der Fürstpropstei ins alte Kanzlerhaus ein. Am heutigen Rathausplatz wurden früher (damals stand anstelle des Rathauses noch die 1842 abgebrannte Schrannenhalle (Markthalle) öffentliche Gerichtsverhandlungen abgehalten, und hier stand auch der Pranger, an dem so mancher Missetäter für seine Schandtaten büßen mußte.

Der aus Muschelkalk gefertigte **Brunnen** auf dem Rathausplatz wurde 1913 als Erinnerung an die hundertjährige Zugehörigkeit Berchtesgadens zu Bayern (1810–1910) errichtet und in Anwesenheit des Prinzregenten Ludwig feierlich enthüllt. An der **Hofbäckerei** gegenüber entdecken wir ein sehr aufwendiges und originelles Ladenschild: neben einer vergoldeten Brezel zeigt es die Bäckerburschen beim Transport von Krapfen und einem großen Baumkuchen.

☐ St. Andreaskirche

Gegenüber vom Rathaus, am Beginn der Nonntalstraße, steht die ehemalige Stiftspfarrkirche. Der ursprüngliche Bau stammt aus dem 13. Jh., wurde aber im ausgehenden 17. Jh. grundlegend umgebaut und barockisiert. Turm und Untergeschoß sind in spätgotischem Stil gehalten. Zahlreiche kunstvolle Epitaphien – teilweise stammen sie aus dem früher zwischen Andreas- und Stiftskirche befindlichen Friedhof – sind als Bodenplatten im Gang zum rechten Seitenaltar und in die Außenwände der Kirche eingelassen.

Es lohnt sich, vom Rathausplatz der **Nonntalstraße** ortsauswärts noch bis zum Beginn der Locksteinstraße zu folgen. In der dicht aneinandergebauten Häuserzeile mit ihren pastellfarbenen Fassaden und den weit vorgezogenen Dächern entdeckt man einige recht interessante architektonische Besonderheiten. Haus Nr. 3 z. B. fällt auf durch seine ›gestaffelte‹, d. h. zweifach zurückgesetzte Fassade. Das **Kanzlerhaus** daneben stammt aus dem Jahr 1560, besitzt eine Sonnenuhr über dem Eingang und reich verzierte Fenstereinfassungen. Die schöne und aufwendige Stuckfassade des ehemaligen Gasthauses ›Nonntal‹ (Haus Nr. 7) ist durch den Einzug eines chinesischen Lokals leider recht verfremdet worden, und fast erdrückt wird das winzige Haus Nr. 19 zwischen seinen höhergewachsenen Nachbarn. Beim Abzweig zur Locksteinstraße fällt eine alte, überlebensgroße Kreuzigungsgruppe ins Auge, die in eine Einwölbung des Gebäudes hineingebaut ist. Von der den Hang hinaufführenden *Locksteinstraße* aus bietet sich schon bald ein großartiger Blick über Berchtesgaden mit dem mächtigen Watzmann im Hintergrund.

Nun zurück zum Marktplatz und von dort schräg hinüber zum **Kurgarten** und zum **Kur- und Kongreßhaus**. Hier finden vielfältige kulturelle Veranstaltungen, Theater- und Brauchtumsabende, Seminare und internationale Kongresse statt; Diavorträge und Filmvorführungen vermitteln Wissenswertes über das Berchtesgadener Land. Informationsmaterial liegt aus, ein Lesesaal sowie ein Fernsehraum stehen zur Verfügung, und im Kurgarten (mit Ganghoferdenkmal; Abb. 1) bzw. Kur-Café werden regelmäßig Konzerte abgehalten.

Auf unserem weiteren Weg zum Franziskanerplatz sollten wir auf dem **Alten Friedhof** eine kurze Gedenkminute am *Grab Anton Adners* einlegen (s. Kap. ›Berchtesgadener War‹, S. 44). Man hat dem einfachen Kraxenträger nach seinem Tod (er erreichte das stolze Alter von 117 Jahren) einen würdigen Platz zugeteilt; sein Grab liegt gleich beim Eingangstor neben der Franziskanerkirche. Im selben Grab wie ihr Großvater ruht ein Stück weiter Richtung Kirchenende *Mauritia Mayer* (Abb. 9; nach dem Großvater auch ›Moritz‹ genannt), die Begründerin des Tourismus am Obersalzberg (Kap. ›Obersalzberg‹, S. 104 f.). Auf der anderen Seite des Franziskanerplatzes steht das **Berchtesgadener Bauerntheater**, in dem sommers täglich, winters jeweils donnerstags, freitags und samstags bayerisch-bäuerliche Volksstücke aufgeführt werden.

☐ **Franziskanerkloster und Franziskanerkirche**
Ums Jahr 1400 entstand an dieser Stelle das ›Kloster am Anger‹ für die Chorfrauen des Augustinerordens, die ihr altes Stift im Nonntal durch Kriegswirren und Brand verloren hatten. Etwa hundert Jahre später folgte der Bau der Kirche. Das noch heute vorhandene Gnadenbild – um 1500 als Kopie der Madonna des Mailänder Doms für die Klosterkirche gefertigt – gab dieser auch den Namen ›Unsere liebe Frau am Anger‹. 1695 – das Frauenkloster war längst aufgelöst – erhielten die Franziskanermönche die Gebäude als Niederlassung zugewiesen. Schon zuvor und auch in der Folgezeit wurden große Teile des Gebäudekomplexes erneuert und erweitert. Seit Anfang des 19. Jh. ist nur noch ein kleiner Trakt von Franziskanermönchen belegt. Das Hauptsalinenamt und später verschiedene Gerichte waren hier untergebracht, bis 1988, nach grundlegender Sanierung und Umbau, das **Nationalpark-Haus** Einzug hielt, ein Informationszentrum der Nationalparkverwaltung Berchtesgadens mit dem Ziel, den Besuchern Sinn und Zweck dieser Art von Naturschutz näherzubringen (geöffnet ganzjährig und tägl. von 9–17 Uhr; Näheres s. S. 57).

Bei der **Franziskanerkirche** handelt es sich um eine seltene zweischiffige Hallenkirche, erbaut im spätgotischen Stil von 1488 bis 1519. Im Kirchenschiff ist beachtenswert die Emporenbrüstung aus der Mitte des 16. Jh. mit u. a. vorzüglichen Reliefs Christi und der

Zwölf Apostel. Von besonderem kunsthistorischen Interesse sind die Grabdenkmäler und Epitaphien, welche die Kirche als Begräbnisstätte ausweisen. Beeindruckend ist die sehr realistische Statue von Christus an der Geißelsäule (1689) am Durchgang zur Marienkapelle. 1668 wurden die inneren Schrägseiten der beiden Schiffe durchbrochen und die mit reichen Stukkaturen ausgeschmückte Kapelle für das oben erwähnte Gnadenbild angebaut. Die lebensgroße Marienstatue – die Kornährenmadonna – war früher Ziel vieler frommer Wallfahrer.

Nicht weit ist es vom Franziskanerplatz über die Maximilianstraße zur ehemaligen Königlichen Villa am Luitpoldpark. Die **Königliche Villa** (auch Max-Villa genannt) ließ der bayerische König Maximilian II. Mitte des 19. Jh. als königliche Residenz bauen. Die Kopfbildnisse an der Straßenfassade zeigen ihn und seine Gemahlin Marie, die häufig mit ihren Söhnen Ludwig und Otto (später König Ludwig II. und Otto I.) in Berchtesgaden weilten. Heute dienen die hochherrschaftlichen Räume mit Stukkaturen und Deckengemälden, mit marmorgefliesten Bädern und stilvollen Kachelöfen, mit antikem Prunk, aber modernem Komfort, anspruchsvollen (und zahlungskräftigen) Hotelgästen als Residenz. Das Gebäude des Supermarkts unterhalb der Villa beherbergte einst die Hofstallung.

Im **Luitpoldpark** auf der anderen Straßenseite zeigt ein 1893 gegossenes *Bronzedenkmal* den seinerzeit sehr beliebten und volksnahen bayerischen *Prinzregenten Luitpold* als Jäger (Abb. 10), sehr realistisch dargestellt in Lederhose und Wadlstrümpfen, mit Jägerhut und Flinte. Luitpold war ein großer Gönner und Wohltäter Berchtesgadens, der häufig im Schloß wohnte und sich mit Begeisterung der Jagd widmete.

Der Berchtesgadener **Bahnhof** steht auf historischem Grund. An seiner Stelle befand sich die Berchtesgadener **Saline Frauenreuth**, die von 1555 bis zu ihrer Stillegung und dem Verkauf der Gebäude an die Reichsbahn im Jahre 1927 in Betrieb war. Hier vereinigen sich

Königsseer Ache

die Flüsse, auf denen einst das Brennholz für die Saline herangetriftet wurde: die Ramsauer Ache, in die knapp einen Kilometer zuvor bereits die Bischofswieser Ache eingemündet ist, und die Königsseer Ache. Als Berchtesgadener Ache strömt der Fluß von hier zur Salzach. Unmittelbar bei der Saline befanden sich die Triftrechen zum Auffangen des Holzes und die großen Holzsammelplätze. Der große Platz gegenüber dem Bahnhof (dort befinden sich jetzt u. a. Bushaltestelle und Informationszentrum für die amerikanische ›Recreation Area‹) wird noch heute *Triftplatz* genannt.

☐ **Salzbergwerk Berchtesgaden**
(Bergwerkstraße am nordöstlichen Ortsende) Öffnungszeiten: 1. Mai bis 15. Okt. und Ostern: tägl. von 8.30 bis 17 Uhr (Pfingstmontag geschl.); 16. Okt. bis 30. April: mo–sa von 12.30 bis 15.30 Uhr (Faschingsdienstag, Karfreitag, Pfingstmontag, Allerheiligen, Heiligabend und Silvester geschl.). Die Führung unter Tage dauert eine Stunde; einschließlich Kartenkauf und Umkleidung sind 1½ bis 2 Stunden einzuplanen (bei großem Andrang evtl. zusätzliche Wartezeit).

»Erleben Sie das historische Salzbergwerk Berchtesgaden und seine über 450jährige Geschichte!« Dieser Werbung folgten im Jahr 1991 567000 Besucher. Der Andrang zu Hauptreise- und Ferienzeiten ist deshalb entsprechend. Die Besichtigung des Salzbergwerks ist nicht nur ein interessantes und informatives, sondern auch recht unterhaltsames Programm, bei dem speziell Kinder voll auf ihre Kosten kommen.

Die Gaudi beginnt schon bei der Einkleidung, denn nur in schwarzweißer Bergmannskleidung (weite Hose, Jacke und Ledergürtel) darf in die Grube eingefahren werden. Ritt-

Einfahrt in das Salzbergwerk, 19. Jh.

lings geht es dann auf der Grubenbahn ca. 600 m hinein in den Berg bis zu einer riesigen Halle, dem aufgelassenen Kaiser-Franz-Sinkwerk. Über eine glattpolierte, hölzerne Rutsche (wahlweise Treppe) gelangt man danach in eine große Salzgrotte. Eine zweite Rutsche befördert uns noch eine Etage tiefer (150 m unter der Erde) zu einem aufgelassenen Bohrspülwerk, in dem einst die Rohsole gewonnen wurde. Ein Floß bringt uns über diesen 100 m langen, beleuchteten Salzsee.

Ein kleines *Salzmuseum* zeigt den Besuchern schließlich noch verschiedene Salzsteine und Mineralien, eine Chronik des Bergwerks, historische Dokumente, Maschinen und Geräte für den Salzabbau etc. Auch die berühmte im Jahr 1817 gebaute Solehebemaschine Georg von Reichenbachs aus Ilsank (s. S. 37) hat hier ihren würdigen Ruheplatz gefunden. Mit einem Schrägaufzug geht es dann wieder nach oben, und auf der Grubenbahn ›reiten‹ wir zurück ans Tageslicht. Begleitet wird die Tour von einem (mehrsprachigen) Führer; zusätzlich informiert ein Lehrfilm über Entstehung der Salzlagerstätten, die Geschichte des Salzes, Abbaumethoden etc. (Näheres s. S. 30ff.).

Eine neue Attraktion hat das Bergwerk 1990 mit der Eröffnung eines *Heilstollens* erhalten. In der Nähe des alten Kaiser-Franz-Sinkwerks wurde aus dem Gebirgsstock eine große, hallenförmige Grotte herausgehauen, in der auf terrassenförmig angeordneten Liegeflächen 130 Patienten Platz finden. In der Mitte der Grotte sprudelt ein solehaltiger Springbrunnen, der den Therapieeffekt der salzhaltigen Luft für Lunge und Bronchien noch verstärkt. Die Temperatur in der absolut pollen- und staubfreien Grotte liegt konstant bei ca. 10–11°C, die Luftfeuchtigkeit beträgt zwischen 65 und 75%. Mit dieser Untertageheilstätte hat Berchtesgaden zusätzlich zu dem in der Region bereits bestehenden Kurmittelangebot eine weitere Therapiemöglichkeit für Patienten mit verschiedenen Atemwegerkrankungen geschaffen.

☐ **Heimatmuseum Berchtesgaden/Schloß Adelsheim**
Schroffenbergallee 6; nur mit Führung zu besichtigen: mo–fr 10 und 15 Uhr sowie nach Vereinbarung (∅ 08652/4410); bei Regenwetter auch Führungen ›nach Bedarf‹. Handwerkskunstladen: mo–fr 9–12 und 14–17 Uhr.

Schloß Adelsheim wurde 1614 vom Stiftsdekan Degenhardt Neuchinger im Stile der Spätrenaissance erbaut. Es erlebte im Laufe der Jahrhunderte zahlreiche Besitzerwechsel, bis 1963 der Landkreis Berchtesgaden das ziemlich verwahrloste Schloß aufkaufte und fünf Jahre später nach umfangreichen Renovierungen das Heimatmuseum in den repräsentativen Räumen eröffnete. Während des Wartens auf den Führungsbeginn kann man sich entweder in dem prächtigen alten Chorgestühl im gewölbten und von Marmorsäulen gestützten Vorraum ausruhen oder man wirft einen Blick in den dem Museum angeschlossenen *Handwerkskunstladen*. Dort finden wir zunächst vieles wieder, was im Kapitel ›Berchtesgadener War‹ (s. S. 42 ff.) ausführlich behandelt wird: Spanschachteln, Kinderspielzeug, Krippenfiguren, Schaukelpferde, Holztruhen und sonstige Bauernmöbel, jene traditionellen Handwerksprodukte also, mit deren Anfertigung im Nebenerwerb sich schon vor Hunderten von Jahren die damals recht armen Bauern finanziell über Wasser hielten. Die hier im Verkaufsladen angebotene Ware ist allerdings neueren Datums, erweitert auch um weniger traditionsbehaftete Artikel und Souvenirs; sie stellt einen repräsentativen Querschnitt dar durch die heutige Handwerkskunst und Produktepalette im Berchtesgadener Land.

Auch im *Heimatmuseum* selbst besteht ein Großteil der Exponate aus ›Berchtesgadener War‹, dort natürlich aus vergangenen Zeiten und weder zum Anfassen, geschweige denn zum Mitnehmen gedacht. Da entdeckt man z. B. eine Depeschenrolle, reich mit Strohintarsien verziert, oder ein hölzernes Tintenfaß mit Sandstreuer und Federbox, Dinge, die im Zeitalter von Aktenkoffer und Kugelschreiber ihre Funktion längst eingebüßt haben. Unter sachkundiger Führung erfährt der Besucher neben interessanten Details über Sinn und Zweck dieser alten Gegenstände auch vieles über ihre Herstellung und ihren Vertrieb, über den Alltag der früheren Bewohner und ihre Lebensweise, über geschichtliche Ereignisse und

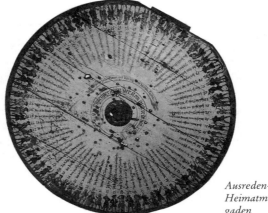

Ausreden-Schießscheibe im Heimatmuseum Berchtesgaden

Entwicklungen, über Sitten und Bräuche in alter und neuer Zeit. Wer weiß schon, daß das gestrickte Trachtenjackerl, das an kühlen Tagen über dem bayerischen Dirndl getragen wird, zu Hitlers Zeiten als Teil der Uniform des BDM (Bund Deutscher Mädchen) herhalten mußte? Nach dem Krieg wurde es dann eine Zeitlang gar nicht mehr gern getragen, ist inzwischen aber rehabilitiert und gehört wieder zur bayerischen Tracht.

Neben antiquierten Hellebarden und Böllerkanonen, Vorderladern und Wildererstutzen entdecken wir in der Waffenkammer eine sog. ›Ausreden‹-Schützenscheibe, beschriftet mit 77 verschiedenen Ausreden, warum man nicht ins Schwarze getroffen habe. Die Schloßkapelle besitzt eine wunderschöne Stuckdecke; hier war derselbe Salzburger Stukkateur Joseph Schmidt am Werk wie im St. Bartholomä-Kirchlein am Königssee und in der Kirche von Maria Gern. Höfische Salzburger Kachelöfen sind zu bewundern, eine alte Berchtesgadener Bauernstube, sehr klein, niedrig und mit winzigen Fenstern, um die Wärme zu halten; Herrgottswinkel und Spinnrad dürfen darin natürlich nicht fehlen. Irgendwo begegnet uns auch – als Schnitzfigur – der alte Anton Adner mit Strickzeug, jener ›Hausierer‹, der bis ins hohe Alter mit der Kraxe auf dem Buckel über Land zog und Berchtesgadener War verkaufte.

Ein Besuch des Heimatmuseums mit seiner überaus reichhaltigen Sammlung Berchtesgadener Volkskunst aus den vergangenen Jahrhunderten vermittelt auf sehr anschauliche Art vielseitige und interessante Informationen über Land und Leute, Geschichte und Kultur des Berchtesgadener Landls und ist auch für Kinder (schon aufgrund des vielen ausgestellten Spielzeugs) ein einprägsamer und lohnender Programmpunkt – nicht nur an einem Regentag!

☐ Wallfahrtskirche Maria Gern

Nur wenige Kilometer nördlich von Berchtesgaden, im malerischen Gerner Hochtal, liegt diese berühmte Wallfahrtsstätte. Zusammen mit St. Bartholomä und der Ramsauer Kirche zählt sie sicher zu den fotogensten Kirchenmotiven im Berchtesgadener Land. Seit im Jahr 1990 auch die Außenrenovierung beendet wurde, präsentiert sich das barocke Wallfahrtskirchlein wieder in strahlender Schönheit (Farbabb. 1; Abb. 15). Natürlich hat auch die anmutige Landschaft ringsherum Anteil an der Popularität der Kirche. Im Süden baut sich das trutzige Massiv des Watzmanns auf, im Norden begrenzt die langgezogene Steinbarriere des Untersbergs den Blick. Das schindelgedeckte Kirchlein mit seinem eingeschnürten Zwiebelturm thront inmitten der buckligen Bergmatten und bewaldeten Hänge auf einer Anhöhe oberhalb der Straße.

Ähnlich wie im nahe gelegenen Ettenberg hat diese Wallfahrtskirche ihren Ursprung in der Existenz eines alten Gnadenbildes und der im Zuge der Gegenreformation stärker werdenden Marienverehrung. Erste Wallfahrten ins Gerner Tal fanden schon zu Beginn des 17. Jh. statt. Kleinere Kirchen bzw. Kapellen gingen der heutigen Kirche Maria Gern voraus, mit deren Bau aufgrund des ständigen Anwachsens des Pilgerstroms zu Beginn des 18. Jh. begonnen wurde. Bis zur endgültigen Fertigstellung vor allem des Innenausbaus der Kirche vergingen dann jedoch noch einige Jahrzehnte.

Ein kunstvoll geschmiedetes Eisengitter trennt den Kirchenraum von der Vorhalle ab. Im Hochaltar erkennen wir das von dem in Gern geborenen Schnitzer Wolfgang Huber im Jahr 1666 nachgeschnitzte, von zwei Engeln getragene Gnadenbild, je nach der Zeit des Kirchen-

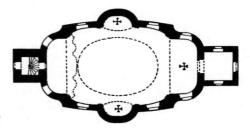

Wallfahrtskirche Maria Gern, Grundriß

jahres in verschiedenem Prunkgewand. Zahlreiche Votivbilder sind an den Seitenwänden des Altarraums aufgehängt. Die ältesten gehen bis in die Jahre 1618 und 1626 zurück (damals wurde noch das alte ›Original‹-Gnadenbild verehrt). Das Gewölbe ist mit kunstvollem Stuck und farbenfrohen Medaillonbildern ausgestattet. Die Deckengemälde stellen einen ausführlichen Zyklus des Marienlebens dar und stammen von dem Höglwörther Meister Christoph Lehrl, der u. a. auch an der Ausgestaltung der Berchtesgadener Stiftskirche mitgewirkt hat. – Zu Füßen der Kirche, unterhalb der Treppe, steht die *Ölbergkapelle,* die heute den Opfern der beiden Weltkriege als Gedenkstätte gewidmet ist.

Spazier- und Wandervorschläge

☐ **Soleleitungsweg**
Wer von oben einen Blick über die Dächer Berchtesgadens werfen möchte, dem sei ein kurzer Spaziergang über den *Soleleitungsweg* (Gehzeit ca. 20 Min.) empfohlen.

Wir steigen direkt unterhalb der ehem. *Königlichen Villa* auf einem schmalen Pfad zwischen Villa und Supermarkt den Hang hinauf und erreichen nach wenigen Minuten den *Soleleitungsweg.* Diesem folgen wir nach rechts am Osthang des Kälbersteins entlang, stets mit Blick über die Häuser der Stadt mit ihren vielen Blechdächern und den Türmen der zahlreichen Kirchen. Den Hintergrund der Kulisse bietet der Obersalzberg auf der anderen Talseite. Wir passieren die große, 1760 unter Fürstpropst Michael Balthasar errichtete *Kalvarienbergkapelle* mit einer eindrucksvollen Kreuzigungsgruppe und vier Kreuzwegstationen nahebei. Der helle Bau oberhalb des Kalvarienbergs – *Schloß Fürstenstein* – wurde vom selben Propst als fürstpröpstliches Lustschloß erbaut.

Wie einst die Soleleitung, so quert auch unser Weg bald darauf, stegartig ausgebaut, eine senkrechte Felswand. Hier erinnert ein Kopfrelief an Georg von Reichenbach, den ›Königlichen Salinenrat‹ und genialen Erbauer der Soleleitung, die einst vom Berchtesgadener Salzbergwerk zur Reichenhaller Saline führte (s. auch S. 36 f.). Gleich nach der Felswand finden wir, knapp oberhalb des Soleleitungswegs, interessante Relikte aus der letzten Eiszeit: sogenannte *Gletschertöpfe* oder *Gletschermühlen.* Es handelt sich um mehrere brunnenschachtähnliche Vertiefungen im Fels, die dadurch entstanden, daß Schmelzwasser und Schmelzbäche durch Spalten und Ritzen des einstigen Gletschereises auf den Felsgrund auftrafen, dort liegende Steine wie Mühlsteine in kreisförmige Bewegung versetzten und so durch ständige Schmirgelarbeit langsam, aber beständig diese ›Butterfässer des Teufels‹, wie man sie in nordischen Ländern auch nennt, aus dem Fels höhlten. – Vom Ende des Soleleitungswegs sind es nur wenige Schritte hinab zum Berchtesgadener *Marktplatz.*

☐ **Sonnenpromenade**
Dieser bequeme Spazierweg beginnt beim *Kurhaus,* verläuft unterhalb des *Alten Friedhofs* und der *Franziskanerkirche* und führt dann über Treppen hinunter zum *Bahnof* (Gehzeit ca. 20 Min.).

☐ **Lockstein** (687 m)
Neben dem Haus Nr. 3 in der Nonntalstraße beginnt ein steiler Fußweg, der in etwa 20

Min. hinauf zum Café/Restaurant *Lockstein* führt. Von dessen Aussichtsterrasse genießt man einen phantastischen Ausblick auf Berchtesgaden und die umliegenden Berge, vor allem auf das grandiose Watzmannmassiv (Zufahrt zum Lockstein über den Doktorberg).

☐ Königsseer Fußweg

Am ehemaligen Triftplatz, gegenüber dem Berchtesgadener Bahnhof, beginnt der *Achenweg* – ein gut beschilderter Fußweg, der in etwa 1¼ Std. zum Königssee führt. Er folgt über große Abschnitte direkt dem romantischen Lauf der Königsseer Ache flußaufwärts, verläuft abseits vom Verkehrslärm abwechselnd durch Wald und über offene Wiesen, streckenweise aber auch durch das besiedelte Gebiet von Schönau. Ein unstrapaziöser und ausgesprochen ›lauschiger‹ Spaziergang mit ausreichend Einkehrmöglichkeiten am Wege und vor allem dem lohnenden Ziel des Königssees (s. S. 117 ff.).

☐ Kneifelspitze (1189 m)

Einfache Halbtageswanderung auf einen der großartigsten Aussichtsberge bei Berchtesgaden. Besonders lohnend in Verbindung mit einem Besuch der Wallfahrtskirche Maria Gern (s. S. 97). Gesamtgehzeit 2½–3 Std.

Aufstieg: Ab *Maria Gern* (Parkmöglichkeit; Busverbindung von Berchtesgaden) auf Teersträßchen zwischen Kirche und Gasthaus steil bergauf. Beim Lauchlehen am

Blick von der Marxenhöhe auf Watzmann und Hochkalter

Straßenende rechts hinauf auf Weg G 6 bis zu geschottertem Fahrweg. Auf diesem links bis zum Gipfel, der fast ausschließlich vom Restaurant (ganzjährig bewirtschaftet) mit seiner prächtigen Aussichtsterrasse beansprucht wird (Gehzeit 1–1¼ Std.). Ein kurzer Stichweg führt ein Stück seitwärts zum Aussichtspunkt *Salzburgblick*.

Abstieg: Zunächst auf Fahrweg abwärts (dieser führt über Anzenbach in etwa 1¼–1½ Std. nach Berchtesgaden). Um zurück nach Maria Gern zu kommen, verlassen wir den Fahrweg bereits nach etwa einer halben Stunde und folgen dem Schild ›Maria Gern‹ im spitzen Winkel ein Stück rechts bergauf bis zu einer Weggabelung (+ 5 Min.). Hier links halten (Richtung ›Maria Gern über Marxenhöhe‹). Nun teils durch Wald, teils über die Wiesen des Marxenlehens mit großartigem Ausblick vor allem auf das dominierende Watzmannmassiv ca. 10 Min. abwärts bis zur Abzweigung zur *Marxenhöhe* (lohnender Abstecher zum Aussichtspunkt 5 Min. abseits). Von Abzweigung auf Waldweg zurück nach Maria Gern (+ 20 Min.; Gesamtabstiegszeit ca. 1¼ Std.).

Berchtesgaden als Sportzentrum

Natürlich steht das Wandern und Bergsteigen in einer solch phantastischen Gebirgslandschaft an erster Stelle aller Freizeitaktivitäten. Seilbahnen und Lifte erleichtern manche Aufstiege. Sommers wie winters hält Berchtesgaden jedoch zusätzlich eine reiche Palette an Einrichtungen für viele weitere Sportarten bereit. Das Sportzentrum Berchtesgaden bietet Hallenbad, Kunsteishalle und Tennisplätze an. Freibäder, Golf- und Minigolfplätze, Fischgewässer, Trimm-Dich-Pfade und Klein-Kneipp-Anlagen stehen zur Verfügung.

Für nähere Informationen über die vielfältigen *Wintersportmöglichkeiten* in der Berchtesgadener Region s. S. 116 (Schönau am Königssee), 180 (Ramsau), 137 (Bischofswiesen), 165 (Marktschellenberg) und 114 (Obersalzberg). Nützliche Karten: ›Ski Aktiv im Landkreis Berchtesgadener Land‹ (Pisten, Loipen, Lifte) und ›Skilanglauf im Berchtesgadener Land‹ (Übersichtsplan); Vertrieb: Kurdirektion Berchtesgaden.

Ludwig Ganghofer – der ›Hausdichter‹ Berchtesgadens
(1855 Kaufbeuren – 1920 Rottach-Egern am Tegernsee)

Es besteht kein Zweifel, daß dieser Dichter viel zur Popularität des Berchtesgadener Landes beigetragen hat. Ganghofer hinterließ an die 100 Romane und andere literarische Werke, darunter auch die Reihe seiner ›Berchtesgaden‹-Romane. Er selbst hatte nie seinen Wohnsitz im Berchtesgadener Land. Mehrere Sommeraufenthalte am Königssee in den Jahren 1883 bis 1885 hatten ihn jedoch dazu inspiriert, die malerische Berchtesgadener Gebirgskulisse als Hintergrund für seine phantasievollen Schicksals- und Landschaftsschilderungen zu wählen. Außerdem faszinierte ihn die rund 800jährige Geschichte der Propstei, die er auszugsweise und in schriftstellerischer Freiheit abgewandelt in sieben seiner Romane einfließen ließ: ›Die Martinsklause‹, ›Das Gotteslehen‹, ›Der Klosterjäger‹, ›Der Ochsenkrieg‹, ›Das neue Wesen‹, ›Der Mann im Salz‹, ›Das große Jagen‹ – diese Romane, ›die Watzmannkinder‹ genannt, spielen alle im Berchtesgadener Raum, und zwar jeweils in einem anderen Jahrhundert, beginnend mit der Gründungszeit der Propstei im 12. Jh. Dazu kommt noch als achter Berchtesgaden-Roman das ›Schloß Hubertus‹.

In Ganghofers Werken werden die ehrlichen, guten Menschen belohnt; Schurken ziehen stets den kürzeren. Seine Phantasie läßt das Schicksal von Fürsten, Edelleuten, Künstlern sich vermischen mit jenem der einfachen Leute, arm liebt reich und umgekehrt – ein Romanrezept, das auch heute noch bei einer breiten Leserschaft beliebt ist. In Ganghofers Schilderungen hat der Leser jedoch stets auch die Natur, die Landschaft vor Augen, in der sich die spannenden und zu Herzen gehenden Geschichten abspielen, z. B. »am Ufer eines blitzenden Baches, der froh und übermütig das Lied seiner gleißenden Wellen rauscht« oder »auf dem hügeligen Almfeld, das sich mit dunklen Wellen gegen die Steinwände des Berges emporhebt, dessen Haupt von flimmernden Glutlinien umzogen wird«.

Die Sprache, die Ganghofer seinen Romanfiguren in den Mund legt, ist ein Gemisch aus Bayerisch, Schwäbisch, Österreichisch und Hochdeutsch, das in dieser Form nirgendwo gesprochen wird, von dem dialektunkundigen Leser jedoch als leicht verständliches ›Alpenländisch‹ abgenommen wird. »Geh halt, Kindl, und laß den deinigen net warten. So ebbes mögen s'net, d'Mannsbilder!«

Während Ganghofers Werke von den Dichterkollegen seiner Zeit – dazu gehörten u. a. Ludwig Thoma, Thomas Mann, Hugo von Hofmannsthal, Richard Voß – und auch von späteren Literaturkritikern oft eher belächelt wurden, erlangten seine Bücher ›im Volk‹ enorme Popularität und Rekorde an Auflagenzahlen. Die spannenden Romanstoffe eigneten sich außerdem hervorragend zur Verfilmung – natürlich in authentischer Berchtesgaden-Kulisse –, wodurch die Landschaft noch mehr als durch das geschriebene Wort einem breiten Publikum bekannt wurde. In seinem Roman ›Die Martinsklause‹ läßt Ganghofer den Berchtesgadener Propst Eberwin verkünden: »Wen Gott liebt, den lässet er fallen in dieses Land.« Keiner von Ganghofers Sätzen ist so gerne und so häufig zitiert und strapaziert worden wie dieser prächtige Werbeslogan. Zum Dank hat Berchtesgaden seinen ›Hausdichter‹ im Jahr 1913 zum Ehrenbürger ernannt, ihm später eine Straße gewidmet und ihm im Kurgarten ein *Denkmal* gesetzt (Abb. 1). ›Runde‹ Geburtstage, z. B. sein 70. (1925) und 100. (1955) wurden mit Festzügen und einem großen Rahmenprogramm gefeiert, und seit 1990 werden während der Berchtesgadener Kulturwochen sogar ›Ganghofer-Tage‹ abgehalten mit Ganghoferfilmen und Aufführungen seiner Werke im Bauerntheater von Berchtesgaden.

Ludwig Ganghofer

DAS ›INNERE‹ BERCHTESGADENER LAND

Der Enzian – nicht nur Alpenblume, sondern auch würzige Gebirgsspezialität

4 km von Berchtesgaden an der Bundesstraße B 305 in Richtung Salzburg liegt im Ortsteil *Unterau* die **Enzianbrennerei Grassl**. Sie ist montags bis freitags von 8–12 Uhr und von 13–16 Uhr (zwischen Mai und Okt. auch sa von 8–12 Uhr) zu besichtigen. Eine ausführliche Erläuterung des Brennvorgangs durch den Brennmeister persönlich, ein Informationsfilm, eine Ausstellung historischer Brenngeräte sowie Kostproben runden die Betriebsbesichtigung ab.

Das Brennen von Enzianschnaps – eine urbayerische Spezialität – hat auch im Berchtesgadener Land eine jahrhundertelange Tradition. Urheber dieser Tradition ist genaugenommen das Rindvieh auf den Almwiesen. Es weigerte sich von jeher und auch heute noch, die bitteren Enzianpflanzen zu fressen, so daß sich diese im Vergleich zu saftigem Gras und schmackhafteren Futterpflanzen stellenweise unverhältnismäßig stark vermehren konnten. Vor allem die langen und dicken Wurzeln entzogen dem Boden viel Kraft. Aus alten Urkunden der Fürstpropstei Berchtesgaden geht hervor, daß die Gastwirtsfamilie Grassl schon zu Beginn des 17. Jh. das Recht erhielt, durch maßvolles und regelmäßiges Enzianwurzelgraben die Almen nicht nur ›milchviehgerecht‹ zu halten, sondern auch aus dem Wurzelsaft einen Schnaps zu brennen und zu verkaufen. Die geheime Kunst des Schnapsbrennens hatte die Familie Grassl vermutlich in der Berchtesgadener Klosterapotheke gelernt und praktizierte sie nun in verschiedenen Brennhütten auf den Hochalmen. Eine mühsame Plakkerei war nicht nur das Wurzelgraben im Spätsommer, sondern vor allem der Transport des im Herbst gebrannten Enzians in Holzfässern auf einer Kraxe über steile und oft bereits verschneite Wege ins Tal. Absatzschwierigkeiten gab es jedoch nicht, denn der Gebirgsenzian wurde nicht nur von Einheimischen, sondern auch von den Klosterherren und ihren Gästen gern getrunken, sei es als Magenelixier oder zur Anregung der Lebensgeister.

Fast ohne Unterbrechungen konnten die Grassls sich diese Rechte bis in unsere Zeit bewahren, und das, obwohl die Almwiesen inzwischen teilweise mitten im Nationalpark Berchtesgaden liegen und obwohl Enziane grundsätzlich zu den vollkommen geschützten Alpenpflanzen zählen.

Es ist entgegen verbreiteter Ansicht übrigens nicht die bekannte blaublütige und kurzstielige Enzianpflanze, deren Wurzeln herhalten müssen. Der Schnaps wird vielmehr vorwiegend aus den Wurzeln des hochwüchsigen Gelben Enzians (Gentiana lutea; Farbabb. 41) sowie aus den Wurzeln von Gentiana pannonica und den Sorten Gentiana purpuraea und Gentiana punctata gewonnen, die – als Wildpflanzen – erst in höheren Gebirgsregionen, also auf den Hochalmen zwischen etwa 1200 und 1700 m, wachsen. Ein großer Teil der heutzutage verarbeiteten Wurzeln stammt jedoch aus kultiviertem Anbau. Im Institut für Gemüseanbau in Weihenstephan waren langwierige und schwierige Versuchspflanzungen und Forschungen vorausgegangen, um Enziane zu ziehen, die sich erfolgreich außerhalb des Hochgebirges auf dem Acker anbauen lassen. Inzwischen ernten Bauern (z. B. im Bayrischen Wald und in der Gegend um Augsburg und Weilheim) mit Spezialmaschinen die Enzianwurzeln von ihren Feldern. 4–5 Jahre brauchen die Wurzeln bis zur Reife; dann jedoch läßt sich auf einem 1 ha großen Feld eine Ernte von rund 25 bis 30 t Enzianwurzeln erzielen. Parallel dazu wird aber noch immer nach altem Recht ›wild‹ gegraben. Im Herbst, wenn das Vieh wieder ins Tal getrieben ist, steigen die Wurzelgraber hinauf auf die Almwiesen. Die Enzianblüten sind längst verwelkt, der wertvolle Saft steckt jetzt in den Wurzeln. Der Bestand dieser

Enzianarten wird durch das Wurzelgraben nicht gefährdet. Die Samen sind bereits ausgeflogen; ferner bleiben beim Heraushacken kleine Wurzelteile im Boden zurück, die im neuen Jahr wieder austreiben, und zudem wird frühestens nach einer Regenerationszeit von 6–7 Jahren wieder an derselben Stelle gegraben. Ein Teil der Enzianwurzeln wandert in den großen Brennereibetrieb im Tal, der Rest wird jedoch gleich ›am Berg‹ destilliert. Dies hat den Vorteil, daß nicht riesige, sperrige Säcke oder Körbe mit Wurzeln ins Tal geschafft werden müssen, sondern nur das bedeutend handlichere, konzentrierte Enziandestillat. In den Berchtesgadener Bergen sind noch mehrere Brennhütten (im Wechsel jeweils für einen bestimmten Zeitraum) in Betrieb, so z.B. die Enzianhütte an der Roßfeldstraße und die Priesberg-Hütte am Jenner (Abb. 17); gebrannt wird ferner noch auf der Wasseralm in der Röth (oberhalb des Obersees) und in einer Brennhütte am Funtensee.

In der Brennhütte auf dem Priesberg

Nach dem Ausgraben und Reinigen der Wurzeln müssen diese zunächst kleingehackt werden. Auf der Alm macht man dies von Hand mit großen Breithacken, in der Brennerei Unterau erledigt das ein Reißwolf. Mit Wasser und Hefe vermischt müssen die Wurzelteile dann mehrere Wochen lang vergären. Beim Gärvorgang wird der Fruchtzucker in Alkohol umgewandelt, während die sich bildende Kohlensäure ins Freie entweicht. Aus der vergorenen Maische wird dann in einem geschlossenen Brennkessel der Alkohol herausdestilliert und in ein Kühlsystem geleitet, wo er sich niederschlägt. Dieser ›Rohbrand‹ wird anschließend in einer kleineren Feinbrennblase nochmals destilliert. Der so gewonnene hochprozentige ›Feinbrand‹ kommt zur ›Ausreifung‹ und ›Beruhigung‹ für mehrere Jahre in große Eschenholzfässer, die in gleichmäßig temperierten Kellergewölben unterhalb Berchtesgadens lagern – sorgfältig überwacht von den Zollbehörden. Dann wandert das Destillat wieder zurück nach Unterau in die Brennerei, wo es nach streng geheimgehaltenen Hausrezepten mit verschiedenen Jahrgängen gemischt und endlich in Flaschen abgefüllt wird.

Der etwas herbwürzige, ›erdige‹ Geschmack des Enzian ist vielleicht nicht jedermanns Sache. Der Werbespruch der Fam. Grassl jedoch ist nicht anzuzweifeln: »*Ein eiskaltes Stamperl oder zwei wird jedermann von der Kraft überzeugen, die aus der Wurzel kommt.*«

Der Obersalzberg

Der Obersalzberg ist jener von ausgedehnten Wäldern und Wiesen bedeckte Höhenrücken, der sich oberhalb des Berchtesgadener Salzbergwerks am Nordfuß des Hohen Göll erstreckt. Über Jahrhunderte lebte die Bevölkerung dort vorwiegend von den kargen Erträgen, die sie aus Vieh- und Almwirtschaft erringen konnte. Das steile, teils felsige und unzugängliche Gelände ließ Ackerbau in größerem Rahmen nicht zu. Zur Aufbesserung der bescheidenen Lebensbedingungen war man auf Zusatzeinkommen angewiesen. Viele Familien verdienten sich ein Zubrot z. B. durch Holzarbeiten (s. Kap. ›Berchtesgadener War‹, S. 42ff.). Ein Großteil der Männer arbeitete in den umliegenden Salzbergwerken oder Salinen von Berchtesgaden, Dürrnberg und Schellenberg. Ab dem Jahre 1877, mit dem Zuzug einer gewissen Frau Mauritia Mayer, deutete sich eine allmähliche Wende an.

☐ Mauritia Mayer – die Begründerin des Tourismus am Obersalzberg

Mauritia Mayer wurde 1833 in Unterwössen als Tochter eines Försters geboren. Da die Eltern ursprünglich auf einen Sohn gehofft hatten, wurde Mauritia in der Familie auch ›Moritz‹ (nach dem Großvater) genannt. Am 10. 9. 1877 kaufte Mauritia/Moritz Mayer am Obersalzberg bei Berchtesgaden den alten, ziemlich heruntergewirtschafteten Bauernhof ›Steinhauslehen‹ mit den zugehörigen Almen und führte mit viel Fleiß und Geschick den landwirtschaftlichen Betrieb weiter. Parallel dazu errichtete sie gegen viele Widerstände aus der Nachbarschaft ein Fremdenheim. 1878 nahm die ›Pension Moritz‹ – das erste Gästehaus am Obersalzberg – den Betrieb auf. 1882 erhielt Mauritia Mayer zudem noch die Konzession zur Führung einer Gastwirtschaft. Mauritia Mayer hatte mit der Standortwahl für ihr Gästehaus in der ruhigen, etwas abseits, aber aussichtsreich am Obersalzberg liegenden Bergbauerngemeinde eine glückliche Hand gehabt. Ihr Name sprach sich herum; viele bekannte Künstlerpersönlichkeiten (darunter Musiker wie Clara Schumann, Johannes Brahms und Josef Joachim, die Maler Franz von Lenbach, Ludwig Knaus, Gustav Spangenberg, Georg Waltenberger, Karl Breitbach und vor allem die Dichter Peter Rosegger, Ludwig Ganghofer und Richard Voß), aber auch Wissenschaftler und Gelehrte sowie Mitglieder des österreichischen Kaiserhauses und der bayerischen und preußischen Königshäuser wählten die ›Pension Moritz‹ in der Folgezeit gerne für ihre Sommeraufenthalte und machten den Obersalzberg dadurch weithin bekannt.

Verständlich ist, daß bald auch andere Bewohner des Obersalzbergs dem Beispiel folgten und Pensionen und Gasthäuser errichteten. Mauritia Mayer, weithin beliebt aufgrund ihrer Güte und ihres Charmes, bewundert wegen ihrer Tatkraft und umschwärmt wegen ihrer Schönheit, blieb unverheiratet.

Am 1. 3. 1897 starb Mauritia Mayer im 64. Lebensjahr unerwartet an einem Herzschlag. Die Trauer um die ›Bergkönigin‹, wie sie zuletzt genannt wurde, war groß im Berchtesgadener Land. Ihr langjähriger Freund, der Schriftsteller Richard Voß, setzte ihr nach ihrem Tod mit seinem Roman ›Zwei Menschen‹ ein bleibendes Denkmal. In seinem Buch erhob er

Moritz Mayer – seine Jugendliebe – als ›Judith Platter‹ zur Hauptfigur und verewigte die ›Pension Moritz‹ unter dem Namen ›Platterhof‹. Auf dem Alten Friedhof neben der Franziskanerkirche in Berchtesgaden fand die Verstorbene ihre letzte Ruhestätte im Grab ihres Großvaters Dr. Moritz Mayer, dessen Namen sie ihr Leben lang getragen hatte (Abb. 9).

Nach dem Tod von Mauritia Mayer führte deren jüngere Schwester, Antonie Mayer, den Gastbetrieb noch viele Jahre erfolgreich weiter. Die touristische Bedeutung des Obersalzbergs wuchs stetig durch den Zuzug weiterer namhafter Persönlichkeiten aus Industrie, Kunst und Wissenschaft. Es entwickelte sich allmählich ein beliebter Luftkurort mit zahlreichen Gästehäusern, Gaststätten, Hotels und Sanatorien. Trotzdem hielt sich auf dem Obersalzberg der Fremdenverkehr noch in gemäßigten Grenzen, während unten in Berchtesgaden schon ein gewisser Massentourismus einsetzte. Doch dann kamen die Jahre des Dritten Reiches, in denen der Obersalzberg bald seinen guten Ruf als Erholungsparadies verlor.

☐ Touristische Ziele am Obersalzberg

Obwohl (oder gerade weil) es an die finsterste Epoche der deutschen Geschichte erinnert (s. ›Die braune Vergangenheit‹, s. S. 24 ff.), steht das ehemalige Hitlergelände am Obersalzberg bei den Gästen Berchtesgadens nach wie vor weit oben in der Besuchsrangfolge.

Reste aus der ›braunen Vergangenheit‹

Ein Modell beim Souvenirgeschäft am Großparkplatz Hintereck/Obersalzberg (Busabfahrtsstelle zum Kehlstein) zeigt die Bebauung des Berges vor 1945. Die Amerikaner haben am 25. April 1945 bei ihrem Bombenangriff ganze Arbeit geleistet. Nur wenige Relikte aus der Hitlerära sind noch vorhanden. Die Rückgabe großer Teile des amerikanischen Sperrgebiets an die deutschen Behörden im Jahre 1952 war u. a. an die Bedingung geknüpft, daß die Ruinen von Hitlers ›Berghof‹ und der Landhäuser Görings und Bormanns beseitigt und die gewaltigen Bunkeranlagen zugemauert würden. Man wollte damit zukünftigen politischen Demonstrationen den Boden entziehen und sicherstellen, daß der Obersalzberg sich nicht zu einem ›Wallfahrtsort‹ für Unverbesserliche entwickelt.

Über den meisten Bauresten aus dem Dritten Reich wachsen heute Bäume, Buschwerk und Gras. Abgesehen von dem vom Luftangriff verschont gebliebenen Kehlsteinhaus sind noch einige im Bombenhagel zwar stark beschädigte, aber inzwischen wieder aufgebaute Gebäude zu sehen. Der einstige, riesige *Gutshof Bormanns* an der Zufahrtsstraße von Berchtesgaden zum Obersalzberg gehört heute als ›Skytop Lodge‹ (Hotel) zum weiträumigen Erholungs- und Sportgelände der Amerikaner mit Golfplatz und mehreren Skiliften.

Das *Hotel ›Zum Türken‹* (Abb. 20) unterhalb des Großparkplatzes in Hintereck, welches einst dem Reichssicherheitsdienst (RSD) als Unterkunftshaus diente und direkt neben Hitlers ›Berghof‹ gelegen war, ist wieder für ›normale‹ Hotelgäste zugänglich. Ein kleiner Teil der gewaltigen, 1943 erbauten unterirdischen *Bunkeranlagen* kann beim Hotel ›Zum Türken‹ besichtigt werden. Eine Wendeltreppe führt hier hinab in ein verwirrendes Netz von Stollen und Kammern. Nicht nur die Kälte und feuchte Luft in der Tiefe lassen den Besucher

Obersalzberg, Ruine des ehem. NSDAP-Gästehauses ›Hoher Göll‹

schaudern (warme Kleidung und feste Schuhe empfohlen!). Man passiert neben verschiedenen ›Technik‹- und Wachräumen einen Hundezwinger sowie mehrere an den Stollenbiegungen strategisch optimal plazierte MG-Stellungen, von denen aus man Eindringlinge bereits in den Zugangsstollen und -treppen hätte unter Beschuß nehmen können.

Das unter Hitler aus der einstigen Pension ›Moritz‹ der Mauritia Mayer zur Luxusherberge umgebaute Hotel ›Platterhof‹ wird heute als *Hotel General Walker* von den Amerikanern genutzt. (Der Besuch des vom Hotel aus erreichbaren Bunkersystems unter Hitlers ›Berghof‹ ist nur amerikanischen Staatsbürgern gestattet.) Die einzige Häuserruine, die noch nicht abgetragen wurde, steht nahe den Tennisplätzen links unterhalb der Hotelanlage und gehörte zum früheren Partei-Gästehaus ›Hoher Göll‹. Rechts hinter dem Hotelgelände sehen wir außerdem die Reste des einstigen großen Garagengebäudes (Abb. 18). Weit verstreut im Gelände liegen noch andere Ruinen- und Baureste aus der NS-Zeit (z. B. der ehemalige Koksbunker, Ställe, mit Mauern oder Stahltüren verschlossene Zugänge zum Bunkersystem). Vorsicht! Betreten des durch Sperrschilder gekennzeichneten Geländes ist verboten. An vielen Stellen herrscht Einsturzgefahr!

Den wohl besten Überblick über das Gelände des Obersalzbergs gewinnt man von einer Wiesenkuppe aus, die gleich neben dem Parkplatz Hintereck aufsteigt. Auf diesem Hügel – er wurde einst *Göringhügel* genannt, da Görings Haus nur wenige Schritte unterhalb stand – erinnern noch heute mehrere in der Wiese sichtbare Bombentrichter an den amerikanischen Luftangriff vom April 1945. Hier oben hißten die Amerikaner nach der Kapitulation auch ihre Siegesfahne.

Sehr viel ist also heute nicht mehr zu sehen von der einstigen imposanten Bergfestung Hitlers. Dem touristischen Interesse scheint dies allerdings keinen Abbruch zu tun. Wahre Pilgerscharen strömen auch heute noch während der Hauptreisezeiten auf den Obersalzberg und zum Kehlsteinhaus, und dies sicher nicht nur des schönen Fernblicks wegen. Der Berg hat nun einmal seinen ›braunen Klang‹. Für das Berchtesgadener Land ist die heutige Popularität des Berges eine recht ergiebige Einnahmequelle – gewissermaßen ein Beitrag zur Wiedergutmachung für die Vernichtung des einstigen Urlaubsparadieses durch die NS-Herrscher und für den schlechten Ruf, in den der Obersalzberg dadurch unverschuldet geraten ist.

☐ Höhenstraßen

Zwei Höhepunkte – im wahrsten Sinne des Wortes – im reichhaltigen touristischen Angebot Berchtesgadens sind die beiden Hochalpenstraßen am Obersalzberg: die Roßfeld- und die Kehlsteinstraße. Beide Straßen wurden von den Nationalsozialisten konzipiert und gebaut, nachdem Hitler 1933 nicht nur seinen Sommersitz, sondern später auch zunehmend seine Regierungsgeschäfte auf den Obersalzberg verlegt hatte. Das ›Führergebiet‹ erforderte u. a. auch ein dichtes Netz von Bergstraßen. So sah die Planung neben diversen Zufahrts- und Verbindungsstraßen auch den Bau einer Straße auf den Kehlstein vor. Außerdem sollte die vom Bodensee kommende Deutsche Alpenstraße hier in einer weiten, den Berchtesgadener Talkessel umschließenden Schleife enden, deren Verlauf über Oberau, das Roßfeld und weiter zum Obersalzberg geplant war und dann über Hinterbrand in Serpentinen hinunter zum Königssee führen sollte. Während der Bau der Kehlsteinstraße planmäßig abgeschlossen wurde, konnte das Alpenstraßenprojekt aufgrund der Kriegsereignisse nicht völlig zu Ende geführt werden: Auf dem Roßfeld blieb eine größere Baulücke, und auch das etwa 5 km lange Teilstück zwischen Hinterbrand und Königssee schaffte man nicht mehr. Nach der weitgehenden Wiederfreigabe des Obersalzbergs durch die amerikanische Besatzungsmacht im Jahr 1952 konzentrierten sich die Bemühungen der deutschen Behörden auf die touristische Erschließung dieser Region.

☐ **Roßfeld-(Höhenring-)Straße** (mautpflichtig; auch erreichbar mit Linienbus ab Berchtesgaden).

Dem beharrlichen Drängen des damaligen Berchtesgadener Landrats Karl Theodor Jacob war es zu verdanken, daß Bundesverkehrsminister Seebohm nach langem Zögern schließlich seine Zustimmung zur Fertigstellung der Straße über das Roßfeld gab. Seine Zurückhaltung war verständlich, da diese Straße keine besondere verkehrstechnische Bedeutung hat (es handelt sich weder um einen Paßübergang noch um eine Verbindungsstraße zwischen zwei Ortschaften) und der Bund somit keine Mittel hätte bereitstellen dürfen. Man erklärte deshalb die Straße zur ›Bundes-Privatstraße‹ und erhob ab 1954 für deren Benutzung eine Maut. 1955 wurde mit dem Ausbau der über österreichisches Staatsgebiet verlaufenden Scheitelstrecke die letzte Baulücke geschlossen. Seither ist die Roßfeldstraße durchgehend als Ringstraße befahrbar, und die Fahrzeuge bewegen sich in ständig steigenden Zahlen über diese prächtige Panoramastrecke. Während sie im Jahr der Freigabe (1954) nur von gut 10 000 Personen benutzt wurde, stieg die Zahl im Jahr 1990 auf fast 570 000 Besucher an. Zur Hauptsaison rollen heute monatlich bis zu 20 000 Personenwagen sowie zahlreiche Aus-

DAS ›INNERE‹ BERCHTESGADENER LAND

flugsbusse über diese Panoramastraße. Den Argumenten der Umweltschützer, die für die Sperrung der Straße für Pkw plädieren, stehen jene der Fremdenverkehrsbehörden entgegen, wonach eine der Hauptattraktionen des Berchtesgadener Landes beeinträchtigt würde, wenn nur noch (ähnlich wie zum Kehlsteinhaus) Busverkehr zulässig wäre. Zudem müßten dann große Busbahnhöfe und Parkplätze im Zufahrtsbereich angelegt werden, was wiederum einen Eingriff in die Landschaft und vor allem enorme Kosten bedeuten würde.

Bis zum Jahr 1977 fanden auf der Roßfeldstraße (auf dem etwa 6 km langen Abschnitt zwischen Obersalzberg und Ahornkaser) sogar noch Autorennen statt. Man hatte 1958 mit den ›Roßfeldrennen‹ die alte Tradition der ›Salzbergrennen‹ aus den zwanziger Jahren wiederaufleben lassen. Fahrtechnische Schwierigkeiten auf dieser Bergstrecke und extreme Wetterbedingungen führten jedoch zu mehreren schweren Unfällen, bei denen gar zwei Rennfahrer und ein Zuschauer ums Leben kamen. Das aufgrund häufigen Schlechtwetters stark schwankende Zuschauerinteresse (in einem Jahr zählte man 20 000 Besucher, ein anderes Mal nur 5 000) machten diese Rennen für den Veranstalter außerdem zu einem schwer kalkulierbaren Unternehmen. Finanzierungsprobleme sowie verschärfte Sicherheits- und Umweltschutzbestimmungen führten schließlich zur endgültigen Einstellung der Rennen.

Einen klaren Tag mit guter Fernsicht sollte man sich aussuchen für eine Lustfahrt über diese herrliche Panoramastraße. Sie führt durch das hochalpine ›Landschaftsschutzgebiet

Roßfeldstraße am Obersalzberg

Roßfeldstraße‹ und mißt – zwischen Mautstelle Nord und Mautstelle Süd – rund 12 km. Von Berchtesgaden aus erreicht man die Roßfeldstraße über Obersalzberg, von Norden (aus Richtung Salzburg) kommend über Unterau und Oberau.

Trotz ihrer Höhe – die Straße schraubt sich kurvenreich mit bis zu 13 % Steigung auf 1540 m ü. M. – ist sie das ganze Jahr über befahrbar. Wintersportler finden auf dem Roßfeld ein relativ schneesicheres, nur mäßig schwieriges Skigelände vor. Mehrere Gaststätten entlang der Route sorgen fürs leibliche Wohl. Die (nicht bewirtschaftete) ›Enzianhütte‹, gut 3 km ab Mautstelle Süd direkt an der Roßfeldstraße gelegen, ist eine jener Almhütten, in denen noch heute aus den Wurzeln des hochstieligen, gelben Bergenzians Schnaps gebrannt wird (s. auch S. 102).

Die hervorragend ausgebaute Straße sollte auf keinen Fall dazu verleiten, diese Ringstrecke einfach nur abzufahren, obwohl sich schon während der Fahrt immer wieder prächtige und – aufgrund der vielen Kurven und Kehren – ständig wechselnde Ausblicke bieten. An den schönsten Aussichtspunkten sind ausreichend Parkmöglichkeiten vorhanden. Wer vom jeweiligen Parkplatz aus noch ein bißchen höher oder weiter hinaus auf die Wiesenkuppen steigt, hat das Berchtesgadener und Salzburger Alpenland in all seiner Schönheit um sich herum liegen. Ganz oben, am ›Hennenköpfl‹ oder am ›Ahornbüchsenkopf‹ z. B. lohnt sich ein Stopp besonders. Im Süden, fast ›an der Straße‹, erhebt sich das eindrucksvolle Massiv des Hohen Göll mit dem Kehlsteinhaus auf dem weit ausladenden Bergsporn (Frontispiz S. 2). Etwa im Westen erkennen wir die charakteristische Felsform der Reiter Alpe; weiter im Nordwesten zieht sich dann der langgezogene Felsrücken des Untersbergs hin. Im Norden schaut man hinein in das Salzburger Becken, und dahinter reicht der Blick weit hinaus in die flachere Landschaft des Rupertiwinkels. In Blickrichtung Österreich kann man gut 1000 m tiefer den Flußlauf der Salzach verfolgen, und schon weit auf österreichischem Gebiet ragen das vergletscherte Dachsteinmassiv und das Tennengebirge auf.

Ein ›Geheimtip‹ ist die Roßfeldstraße leider nicht mehr. Es hat sich herumgesprochen, daß man hier auf bequeme Art, ganz ohne Steigen und Klettern und für nur wenige Mark Mautgebühr phantastische Fern- und Rundblicke genießen kann, für die andernorts lange Bergtouren oder zumindest teure Seilbahnfahrten erforderlich sind. Allein wird man hier also selten sein, schon gar nicht an einem klaren, sonnigen Tag während der Hauptreisesaison. Aber selbst bei Hochbetrieb findet sich etwas abseits der Aussichtsparkplätze garantiert für jeden Besucher noch ein Stückchen Grünfläche, von der aus er ungestört den Ausblick genießen und seine Geographiestudien aus der Vogelperspektive betreiben kann.

☐ **Kehlsteinstraße** (für Privatverkehr gesperrt; Zufahrt nur mit Spezialbussen)
Hauptsächlich auf Betreiben von Martin Bormann wurden in den Jahren 1936–38 diese Straße sowie das ›D-Haus‹ (Diplomatenhaus) hoch oben auf dem Kehlstein mit großem finanziellen, materiellen und personellen Aufwand gebaut. Viele Arbeiter verloren dabei ihr Leben. Bei einer Bauzeit von reichlich zwei Jahren unter oft widrigsten Wetterbedingungen ist den Straßenbauingenieuren und -arbeitern ein wahres Meisterwerk gelungen. Mit fünf Tunnels, die aus dem harten Fels gesprengt werden mußten, und einer Haarnadelkurve

DAS ›INNERE‹ BERCHTESGADENER LAND

überwindet die 6,5 km lange Straße vom Obersalzberg aus einen Höhenunterschied von reichlich 700 m entlang der felsigen Steilhänge des Kehlsteins. Sie endet an einem Parkplatz knapp 150 m unterhalb des Kehlsteingipfels.

☐ Der Kehlstein

Es gibt wenige Berge in den Berchtesgadener Alpen, die einen ähnlich grandiosen Ausblick bieten wie der Kehlstein (1837 m). An einem klaren Tag erstreckt sich der Rundblick vom nahen Hohen Göll im Südosten, weiter nach rechts über Hohes Brett, Jenner, Königssee, Watzmannmassiv, Hochkalter, Reiter Alpe, Lattengebirge, Untersberg bis nach Salzburg im Norden und schließlich über das Roßfeld weit hinein nach Österreich.

Das Kehlsteinhaus – eines der beliebtesten und aussichtsreichsten Ausflugsziele

☐ Das Kehlsteinhaus (1820 m)

Dieses Haus in besonders aussichtsreicher Lage (Frontispiz S. 2) knapp unterhalb des Kehlsteingipfels war als Repräsentationsbau für die Besuche ausländischer Diplomaten gedacht (nicht jedoch als Hitlers ›Teehaus‹, wie fälschlicherweise oft angenommen wird; ein solches besaß er bereits in der Nähe des ›Berghofs‹ am Obersalzberg). Hitler besuchte das Kehlsteinhaus nur wenige Male. Der häufigste Gast war wohl der Erbauer, Martin Bormann, selbst.

Im Gegensatz zu den vielen NS-Bauten am Obersalzberg blieb das Kehlsteinhaus – von den Amerikanern ›Eagle's Nest‹ (Adlerhorst) genannt – vom amerikanischen Bombenhagel Ende April 1945 verschont. Nach dem Krieg gehörte es zusammen mit der Zufahrtsstraße zum amerikanischen Sperrgebiet. 1951 schließlich erhielt der Landkreis Berchtesgaden das Nutzungsrecht an der Straße, und 1952 wurde das Kehlsteinhaus an die Alpenvereinssektion Berchtesgaden verpachtet. Eine Omnibuslinie (Abb. 19) verkehrt seither zwischen Hintereck und dem Kehlsteinhaus. Aus Anlaß der 150jährigen Zugehörigkeit des Berchtesgadener Landes zu Bayern wurde im Jahr 1960 das Berggasthaus (keine Übernachtungsmöglichkeit) der kreiskommunalen Berchtesgadener Landesstiftung zum Nießbrauch überlassen. Pächter ist seit 1970 der Fremdenverkehrsverband Berchtesgadener Land. Die Einnahmen werden gemeinnützigen und wohltätigen Zwecken zugeführt. Das Kehlsteinhaus ist zu einem der attraktivsten touristischen Ziele in der Berchtesgadener Region geworden, das seit Einrichtung der Buslinie von über 7 Mill. Fahrgästen besucht wurde. Allein im Jahr 1991 kamen fast 340 000 Personen. Von ›Bergeinsamkeit‹ kann hier oben beim besten Willen keine Rede mehr sein.

Fast so schön wie vom Kehlsteingipfel selbst ist der Panoramablick, der sich vom Kehlsteinhaus aus bietet, entweder von dessen luftiger Terrasse oder durch die Fenster des großen, von mächtigen Holzbalken getragenen, halbrunden Saales. Den riesigen, offenen Kamin aus Carrara-Marmor in diesem Raum soll Hitler im Jahre 1938 als Geschenk von Mussolini erhalten haben. Viel edles Holz hat Bormann zur Verkleidung der Wände und Decken in den anderen Räumen verwendet. Dies verleiht den heutigen Gaststuben des Kehlsteinhauses eine dezent-vornehme Atmosphäre. Die Preise entsprechen der Höhenlage des Hauses.

Da die Benutzung der Straße vom Obersalzberg hinauf zum Kehlstein für Privatfahrzeuge und Fußgänger gesperrt ist, bleibt entweder ein Fußmarsch auf diversen Wanderrouten (s. unten) oder aber die verhältnismäßig kostspielige kombinierte Fahrt mit Bus und Aufzug. Die Busabfahrtsstelle befindet sich am großen Parkplatz in *Hintereck* (von Berchtesgaden aus auch mit RVO-Linienbus zu erreichen). Die Spezialbusse (wegen der enormen Steigung bzw. des starken Gefälles sind sie mit besonders hoher Getriebeuntersetzung und – 1989 erstmals in Deutschland in einem Überlandbus – mit einem hochwirksamen Rußfiltersystem ausgestattet) verkehren von Mitte Mai bis Mitte Oktober (genaues Datum wetterabhängig) in ca. halbstündigen Abständen (erste Fahrt gegen 7.30, letzte Fahrt 16.30 Uhr; Fahrzeit ca. 20 Min.). Wichtig an betriebsamen Tagen: Bei Ankunft oben am Buswendeplatz gleich die Rückfahrzeit auf der Fahrkarte eintragen lassen!

Vom Buswendeplatz am Straßenende führt ein Zickzackweg zum Kehlsteinhaus. Bequemer gehts mit dem Lift. Man erreicht den noch aus dem Jahre 1938 stammenden Originalaufzug durch einen langen Felstunnel. In nur 45 Sekunden schwebt man in der mit goldglänzendem Messing verkleideten Kabine die restlichen 124 m hinauf direkt in die Vorhalle des Kehlsteinhauses.

DAS ›INNERE‹ BERCHTESGADENER LAND

☐ **Zu Fuß auf den Kehlstein**

■ *Vom Parkplatz/Bushaltestelle Hintereck*
Aufstiegszeit: 2–2½ Std.

Man folgt zunächst der Kehlsteinstraße ein Stück bergauf. (Lassen Sie sich von den Verbotsschildern am Straßenbeginn bei der Schranke nicht abschrecken; das Benutzungsverbot für Fußgänger beginnt erst nach 2 km.) Gelegentlich lassen sich die Straßenwindungen auf unmarkierten Abkürzungspfaden abschneiden. Nach etwa halbstündiger Gehzeit (ab hier das Benutzungsverbot) weist uns die Beschilderung nach links von der Kehlsteinstraße weg. Im folgenden wundern wir uns nicht nur über die gelegentlich etwas verwirrende Beschilderung, sondern auch über das verhältnismäßig dichte Netz von kleinen Teersträßchen, welches den Wald durchzieht. Diese Straßen stammen noch aus der Zeit des Kehlstein-Straßenbaus in den späten dreißiger Jahren und dienten den Baufahrzeugen als Versorgungswege. Etwa eine halbe Stunde nach Verlassen der Bus-Fahrstraße münden wir in ein vom Ofner Boden heraufkommendes Sträßchen (s. u.). In weitgezogenem Zickzack geht es nun, durchgehend asphaltiert und mit meist mäßiger Steigung, gut ¾ bis 1 Stunde stetig bergauf bis zum Buswendeplatz unterhalb des Kehlsteinhauses – an sonnigen Tagen oberhalb der Baumgrenze eine etwas schweißtreibende Angelegenheit.

Die fehlenden reichlich hundert Höhenmeter zum Kehlsteinhaus bewältigen wir in etwa 20 Minuten auf einem aussichtsreichen, geteerten Zickzackweg (oder mit dem bereits erwähnten Aufzug).

■ *Vom Ofner Boden an der Roßfeldstraße*
Aufstiegszeit: 1½–2 Std.

Beim Ofner Boden (ca. 2,5 km ab Mautstelle Süd) beschränkte Parkmöglichkeit sowie Haltestelle der von Berchtesgaden über Obersalzberg-Hintereck zum Roßfeld führenden RVO-Buslinie (nur von ca. Ende Mai bis Ende September).

Der Wanderweg zum Kehlsteinhaus beginnt direkt neben der dortigen Hütte. Bereits nach wenigen Minuten mündet er in ein kleines, für den öffentlichen Verkehr gesperrtes Teersträßchen ein. Nach gut halbstündiger Gehzeit stößt von rechts der vom Parkplatz Hintereck heraufführende asphaltierte Weg zu uns (Fortsetzung s. o.)

Weitere Aufstiegswege zum Kehlsteinhaus beginnen nahe der Bergstation der Obersalzbergbahn und bei der Scharitzkehl-Alm.

☐ **Rundwanderung ab Kehlsteinhaus**
Gehzeit: ca. 1 Std.; Trittsicherheit und festes Schuhwerk erforderlich

Vorbei am edelweißgeschmückten Gipfelkreuz des Kehlsteins gelangen wir in eine wilde Felsszenerie mit vielfältiger alpiner Vegetation (besonders schön im Juli zur Zeit der Alpenrosenblüte). Der mit Leitern, Treppen und Stahlseilen gesicherte Bergpfad führt in stetigem Auf und Ab in einer Schleife zwischen Felstürmen, durch Schluchten und Felstore hindurch. (Vorsicht: Die Felstreppen sind durch häufiges Betreten sehr glattgeschliffen.) Bänke an besonders aussichtsreichen Punkten laden immer wieder zur Rast ein. Neben grandiosen Fernblicken sehen wir auch hinein in die zerklüftete, 1 200 m hohe Westflanke des Hohen Göll.

Auf unserem Rundweg gelangen wir schließlich bis zu den Mauerresten der alten Absperrung, die während der NS-Zeit das gesamte ›Sperrgebiet Kehlstein‹ umgab. Erfahrene Bergsteiger können von hier aus über den Mannlgrat den Hohen Göll (2522 m) besteigen.

☐ **Adler- und Murmeltiergehege**
Nur wenige Schritte vom Parkplatz Hintereck entfernt befindet sich ein kleines, privates ›Adler- und Murmeltiergehege‹ (geöffnet von 10–12 Uhr und 13–18 Uhr nur im Sommer, wenn auch das Kehlsteinhaus geöffnet ist; s. o.). Eintritt frei; freiwillige Spenden werden dankend entgegengenommen.

Wenn man Pech hat, bleiben die Murmeltiere in ihrem Bau und lassen sich auch mit noch so leckeren Angeboten nicht herauslocken. Raubvögel dagegen gibt es in reicher Auswahl zu sehen, u. a. Steinadler, Bussard, Jagdfalke, Hühnerhabicht und Uhu. Besonders interessant ist es, wenn der Besitzer des Geheges selbst zugegen ist und Erläuterungen gibt. Man erfährt dann viel Wissenswertes z. B. über die Aufzucht von Raubvögeln, ihre Lebensweise in freier Natur, aber auch, daß der Jagdfalke beim Ganghoferfilm ›Schloß Hubertus‹ mitgewirkt hat oder daß der Geier gern Besucher beißt und auch gelegentlich ausreißt, um dann oben auf dem Kehlstein über die Restauranttische zu hüpfen und Gäste zu erschrecken. In einem kleinen Terrarium schlängelt sich ein Kreuzotterpärchen in Gesellschaft einiger recht furchtloser Eidechsen. Und selbst hier holt uns die Hitler-Ära nochmals ein: Der kleine Teich entstand in einem ehemaligen Bombentrichter, Splitter des Bombenabwurfs vom April 1945 stecken teilweise noch in den Bäumen, und als wertvolles Relikt hütet

Murmeltier im Adler- und Murmeltiergehege Obersalzberg

man hier ›ein Stück von Görings Kachelofen‹.

Der Obersalzberg als Wanderrevier

Ein dichtes Netz lohnender Wander- und Spazierwege mit prächtigen Fernblicken überzieht die Hänge des Obersalzbergs. Wer sich den Aufstieg ersparen und von Anfang an in ›luftiger Höhe‹ wandeln will, hat die Wahl zwischen der Anfahrt im eigenen PKW, im Linienbus der RVO, oder er benutzt die **Obersalzbergbahn**. Die Talstation dieser Seilschwebebahn (s. Ortsplan Berchtesgaden) liegt ca. 10 Gehminuten vom Berchtesgadener Bahnhof entfernt. Der Fahrgast schwebt in 12 Min. zur rund 1000 m hoch gelegenen Bergstation bei der Gaststätte Sonneck an der ›Dürreckstraße‹ (Verbindungsstraße zwischen Obersalzberg und Scharitzkehl/Hinterbrand). Wer will, kann sich auch bereits an der Mittelstation (bei der ›Salzbergalm‹) absetzen lassen. Die Bahn verkehrt halbstündlich bzw. nach Bedarf das ganze Jahr über, sommers zwischen 9 und 17.30 Uhr, winters zwischen 9.30 und 16.30 Uhr.

Ein günstiger Ausgangspunkt für viele lohnende Bergwanderungen ist auch der Großparkplatz von *Hinterbrand* am Ende der vom Obersalzberg kommenden ›Dürreckstraße‹. Von hier aus sind z. B. folgende Ziele erreichbar (Zeitangaben betreffen einfache Strecke): *Jenner* (1874 m; 2½ Std.), *Schneibstein* (2276 m; 4½ Std.) und *Hohes Brett* (2338 m; 4½ Std.). Hier beginnt auch ein schöner Höhenweg über die nahe gelegene Mittelstation der Jenner-Seilbahn in die Bergregion oberhalb des Königssees. Er verläuft in etwa 3½ Std. über Königsbachalm, Enzian-Brennhütte am Priesberg (Abb. 17) und Priesbergalm zur Gotzenalm (1685 m; bewirtschaftet etwa von Pfingsten bis Anfang Oktober; Übernachtungsmöglichkeit) und zum 15 Min. abseits liegenden, großartigen Aussichtspunkt *Feuerpalfen* (1741 m). Winzig klein und mehr als 1100 m tiefer am Ufer des Königssees sieht man das Kirchlein von St. Bartholomä, und dahinter ragt steil die mächtige, fast 2000 m hohe Ostwand des Watzmann auf.

Wintersport am Obersalzberg

☐ **Alpiner Skilauf**

Das wichtigste Skizentrum am Obersalzberg befindet sich in ca. 1500 m Höhe am *Roßfeld*. Mehrere Skilifte erschließen hier ein ausgedehntes Skigelände mit verschiedenen Abfahrten, u. a. eine etwa 6 km lange Abfahrt nach Oberau.

Weitere Liftanlagen finden wir in Obersalzberg-Buchenhöhe (mo, mi, fr, sa mit Flutlicht), in Oberau und innerhalb der US-Recreation Area in der Nähe des Hotels General Walker.

☐ **Langlauf**

5 km lange Loipe bei der Scharitzkehlalm sowie Loipen bei Oberau (Wildmoos, 3 km; Auerdörfl, 2 km).

☐ **Rodeln**

Obersalzberg-Rodelbahn – reichlich 3 km lange Naturrodelbahn mit fast 500 m Höhenunterschied. Start: nahe der Bergstation der Obersalzbergbahn (ca. 800 m auf Dürreckstraße talwärts); Ziel: nahe Talstation an Schießstättbrücke. *Rodelbahn Oberau* – von Gmerk (Roßfeldstraße) nach Oberau (1,5 km).

Schönau am Königssee

Seit der Gemeindegebietsreform von 1978 sind unter dieser Ortsbezeichnung die einst selbständigen Gemeinden Schönau und Königssee zu einer Einheitsgemeinde zusammengefaßt. Diese stellt mit ca. 8000 Gästebetten (bei einer Einwohnerzahl von nur ca. 5500!) und über 1 Mill. Übernachtungen (1990) die größte Fremdenverkehrsgemeinde des ganzen Berchtesgadener Landes dar. Über 80% des Gemeindegebiets liegen innerhalb des Nationalparks

Wappen Schönau am Königssee

Berchtesgaden, sind also vor weiterer Verbauung und Erschließung weitestgehend geschützt. Der anerkannte heilklimatische Kurort Schönau am Königssee (600–1 800 m) ist auch die südöstlichste Gemeinde Deutschlands. Dahinter, im Osten und Süden, ragen die steilen Felsmassive von Hohem Göll, Hagengebirge und Steinernem Meer auf – wuchtige Grenzwälle zum benachbarten Salzburger Land. Den Wanderer erwartet ein gut ausgebautes Wegenetz von rund 60 km in verschiedenen Höhenlagen.

Der Ortsteil **Schönau** erstreckt sich nördlich des Königssees über eine weite, freie Wiesenhochfläche zwischen Ramsauer und Königsseer Ache bis nach Berchtesgaden – die ›schöne Au‹ –, ein ideales Wanderrevier im Vorfeld des Nationalparks Berchtesgaden, über dem als konkurrenzloser Blickfang das markante Profil des Watzmannmassivs aufragt.

Im Ortsteil **Unterstein** steht das *Haus des Gastes* (Abb. 21) mit Musikpavillon, Verkehrsamt, Gästekindergarten, Veranstaltungssaal und Leihbücherei. Im Lesesaal (1. Stock) ist eine interessante *Mineralien- und Fossilienausstellung* zu bewundern, überwiegend Funde aus der Umgebung, die die erdgeschichtliche Entwicklung der Alpenregion veranschaulichen. Neben dem Haus des Gastes soll 1992 ein Kleingradierwerk in Betrieb genommen werden. Außerdem gibt es ein beheiztes Freibad sowie Kneippanlagen hier und in *Oberschönau*.

Der Ortsteil **Königssee**, flächenmäßig wesentlich kleiner als jener von Schönau, ist am Nordufer des Königssees und auf den bewaldeten Bergwiesenhängen des Faselsbergs angesiedelt. Von der *Seelände* (Abb. 24) aus starten die Rundfahrtboote über den Königssee nach St. Bartholomä und Salet (s. S. 121), und neben dem riesigen See-Parkplatz liegt die Talstation der *Jenner-Seilbahn*, die Wanderer und Skifahrer gleichermaßen mühelos hinauftransportiert zum Startpunkt von Bergtouren in der Gebirgsregion des Göllmassivs, des Hagengebirges und des Nationalparks Berchtesgaden bzw. von Skiliften und Skiabfahrten aller Schwierigkeitsgrade. Hier oben befindet sich auch das alpine Landesleistungszentrum des Deutschen Skiverbandes. Für Drachen- und Gleitschirmflieger ist der Jenner eine ideale ›Abflugbasis‹. Etwa 300 000 Personen nehmen alljährlich diese bequeme Aufstiegshilfe in Anspruch.

Die Jenner-Seilbahn ist eine Gondelbahn (ab Mittelstation Doppelsesselbahn) mit ganzjährigem Betrieb. Talstation (630 m) mit Großparkplatz im Ortsteil Königssee, Mittelstation (1 185 m; Gaststätte), Bergstation (1802 m; Gaststätte) unterhalb des Jennergipfels

DAS ›INNERE‹ BERCHTESGADENER LAND

(1874 m). Betriebszeiten: sommers 8–17.30 Uhr; winters 9–16.30 Uhr (Dez./Jan. nur bis 16 Uhr). Kombiniertes ›See-Gipfel-Ticket‹ für Bootsfahrt auf Königssee bis St. Bartholomä und zurück sowie Berg- und Talfahrt mit Jennerbahn zu ermäßigtem Preis (nur von Juni bis Oktober).
Von der Aussichtsplattform knapp unter dem Jennergipfel (¼ Std. Gehzeit ab Bergstation) bietet sich ein großartiger Ausblick auf den Berchtesgadener Talkessel, den Königssee, die umliegenden Berggruppen und vor allem auf den Watzmann.
Der Ortsteil Königssee wurde international bekannt vor allem durch seine *Kunsteis-Bob- und Rodelbahn* (Abb. 23). 1968 weltweit als erste Bahn dieser Art erbaut, wurden auf ihr bereits mehrere Europa- und Weltmeisterschaften im Rennrodeln bzw. Zweier- und Vierer-Bob ausgetragen. Auch die Europameisterschaft 1992 im Zweier- und Vierer-Bob fand dort statt. Die 1350 m lange Bahn mit einem Höhenunterschied von 117 m sowie 18 Kurven wurde am schattigen Nordhang des Grünsteins, einem Ausläufer des Watzmanns, errichtet. Für ihren Bau wurden insgesamt 70 km Rohre verlegt, in denen eine Kühlflüssigkeit zirkuliert. Hier befindet sich das Bundesleistungszentrum für Bob, Skeleton und Rennrodel. Zur Unterscheidung: Beim Rennrodel liegt der Fahrer auf dem Rücken (Kopf nach hinten), beim Skeleton auf dem Bauch (Kopf nach vorn). Die Bahn dient aber nicht nur als Trainingszentrum für die aktiven Rennsportler; auch mutigen Gästen wird zwischen Weihnachten und Ende Februar (jeweils Mittwoch nachmittags) die Möglichkeit geboten, den Nervenkitzel einer solch rasanten Rodelpartie auf einem 450 m langen Teilstück des Eiskanals zu erleben. Die Ausrüstung – Rodel und Sturzhelm – erhält man an der Bahn (Anmeldung im Zielhaus der Rodelbahn, ✆ 0 86 52/45 56).

Wintersport in Schönau am Königssee

☐ **Alpiner Skilauf**
Jenner-Skigebiet – das größte in den Berchtesgadener Alpen – mit drei Seilbahnen, vier Liften und 11 km präparierten Abfahrtspisten aller Schwierigkeitsgrade von 0,6 bis 5,6 km Länge und mit bis zu 1200 m Höhenunterschied. Ferner Übungslifte: Königssee/Brandnerhof, Grünsteinlift (zwischen Ober- und Unterschönau) und Kohlhiasllift (Oberschönau).

☐ **Langlauf**
Insgesamt 15 km Langlaufloipen in den Ortsteilen Oberschönau und Königssee.

☐ **Rodeln**
Kunsteis-Bob- und Rodelbahn am Königssee (s. oben); Naturrodelbahn im Schapbachtal (Ortsteil Hinterschönau; Länge 2,5 km) und auf der Vorderbrandstraße (Länge 2–5 km mit bis zu 400 m Höhenunterschied – je nach Schneelage).

☐ **Eisstockschießen**
Auf dem Eisplatz Königssee sowie beim Grafenlehen.

Der Königssee

Gegen Ende der letzten Eiszeit, als die Eismassen im Alpenvorland längst abgeschmolzen waren, schob sich noch immer ein Gletscher durch das Königseer Tal, einem tiefen, von Süd nach Nord verlaufenden Einbruchbecken. Der Gletscher erhielt Nachschub aus dem Watzmannkar und von den Hochflächen des Steinernen Meeres und bedeckte das Gebiet des heutigen Obersees und Königssees (603 m). Auf seinem Weg Richtung Alpenvorland fräste er sich durch den Fels, verbreiterte und vertiefte das Talbecken und lagerte Schutt und Steine am Talausgang, dem heutigen Ortsteil Königssee, ab. Nach dem Rückzug bzw. Abschmelzen des Gletschers vor ca. 10 000–12 000 Jahren blieb der heutige Königssee als ein tief ausgeschmirgeltes, wassergefülltes, fjordähnliches Trogtal zurück.

Der weitere Rückzug des Gletschers kam südlich des Königssees im Gebiet der heutigen Saletalm vorübergehend zum Stillstand, so daß sich dort allmählich ein Damm aus Moränenschutt aufbaute, der durch Felsstürze noch vergrößert wurde und das Tal abtrennte. Das nach dem endgültigen Abschmelzen des Gletschers in dem Becken hinter dem Geröllwall zurückbleibende Wasser bildete schließlich den Obersee.

Den klangvollen Namen ›Königssee‹ hat das Gewässer (das früher auch Bartholomäsee genannt wurde) eigentlich einem Irrtum zu verdanken. Zur Gründungszeit der Berchtesgadener Propstei und damit der beginnenden Besiedlung der Region im 12. Jh. nannte man den See nach dem damaligen Landesherrn und Mitbegründer des Stifts, Chuno von Horburg, Chuni-See. Das Kirchlein auf der Halbinsel Bartholomä wird in der Weiheurkunde von 1134 als ›Basilica Chunigessee‹ bezeichnet. Aus ›Kuno‹ bzw. ›Kunigessee‹ entstand dann ›Königssee‹ – ein wenngleich ungewollter, so doch zweifellos passender Name für diesen ›König‹ unter den bayerischen Seen.

☐ Der See als Touristenattraktion

Der heutige Besucher des Königssees mag sich mit einem Stoßseufzer in jene Zeiten zurücksehnen, als dieses Kleinod der Natur noch unberührt, still und einsam zwischen den hoch aufragenden, nahezu lotrechten Felswänden lag. Zwar war der Königssee schon in alten Zeiten ein beliebtes Ausflugsziel und das auf einer Landzunge gelegene St. Bartholomä Stützpunkt und Basis für die Jagd und Fischerei. Doch waren solche Freuden damals vorwiegend den Oberen des Landes und ihren Gästen vorbehalten. Zur Zeit der Berchtesgadener Fürstpropstei waren es die Pröpste und Chorherren, die recht fröhliche und weltliche Vergnügungspartien unternahmen. Bei ihren Jagdausflügen wurden bis ins 18. Jh. hinein neben Rotwild und Gemsen auch Bären, Wölfe, Luchse, Steinadler und andere Raubvögel gejagt. Für das Befahren des Sees standen der Propstei eigene Schiffe zur Verfügung. Weltliche Besucher, z. B. die Wallfahrer, die regelmäßig zum Bartholomätag nach St. Bartholomä pilgerten, mußten sich mit einfacheren Booten begnügen. Nachdem 1810 Berchtesgaden zu Bayern gekommen war, wurde St. Bartholomä zu einem Lieblingsort der bayerischen Regenten. Die von hier aus veranstalteten Treibjagden auf Hirsche und Gemsen waren

berühmt. Zusammen mit der umliegenden Berchtesgadener Alpenregion entwickelte sich der Königssee nach und nach zu einem beliebten Ferien- und Ausflugsziel, wobei es u. a. auch viele Künstler, unter ihnen bekannte Maler und Schriftstellern in die idyllische Gebirgskulisse lockte. Karl Friedrich Schinkel, Ferdinand Olivier, Ludwig Richter, Carl Rottmann und Adalbert Stifter weilten hier – um nur einige zu nennen. Sie trugen durch ihre Bilder und Landschaftsschilderungen zum Ruhme der Region bei und hatten nicht unwesentlich Anteil an der steigenden Popularität des Berchtesgadener Landls.

Ein altes Gästebuch von St. Bartholomä verzeichnet für das Jahr 1826 320 Besucher; im Jahr 1910 zählte man bereits ca. 100 000 Gäste, und 1991 wurden 864 000 Personen über den See gefahren.

Die ruhigen Zeiten sind für den See seit langem vorbei. Ein Werbeslogan Schönaus »Urlaub an stillen Wassern...« sollte vielleicht nicht zu wörtlich genommen werden. Der Königssee ist heute *die* Touristenattraktion im äußersten Winkel Bayerns. Das Nordufer stellt den einzigen, leicht erreichbaren Zugang zum See dar. Die Größe des dortigen (gebührenpflichtigen) Parkplatzes trägt diesem Umstand Rechnung. Bei der *Seelände* (Abb. 24), der Bootsanlegestelle, bewundern wir die ungewöhnliche Architektur der hölzernen Boothäuser mit ihren schindelgedeckten Dächern. Sie wurden, nachdem ein Brand im Jahr 1918 die alten Schiffshütten zerstört hatte, nach gleichen Plänen wieder neu und – dem Bedarf entsprechend – in größerer Anzahl aufgebaut. Rings um die Seelände und bis hin zum Parkplatz finden sich Geschäfte und Gasthäuser, Cafés und Hotels, Eisbuden, Souvenirläden und Souvenirautomaten mit Angeboten für wirklich jeden Geschmack. Im ehemaligen Königsseer Bahnhofsgebäude (die Bahnlinie Berchtesgaden – Königssee war von 1909 bis 1971 in Betrieb) ist eine *Informationsstelle des Nationalparks Königssee* eingerichtet (das Haupthaus befindet sich in Berchtesgaden am Franziskanerplatz, s. auch S. 57). Der bemerkenswerteste Bau am Seeufer ist das 1912 erbaute Hotel ›Schiffmeister‹ mit seinem kunstvoll bemalten Holzbalkon. Ludwig Ganghofer stieg gerne hier ab und ließ sich durch den Anblick des Königssees zu seinen stimmungsvollen Landschaftsbeschreibungen inspirieren.

Sehr eindrucksvoll wirkt der See hier vom Ufer aus zunächst nicht; zu sehen ist nämlich nur ein kleiner Vorsee. Einen bedeutend größeren Teil des Sees überschaut man vom berühmten *Malerwinkel* aus, der in etwa 10 Minuten Fußweg am See entlang von der Bootsanlegestelle aus zu erreichen ist. Zusammen mit vielen anderen Naturgenießern und Fotografen kann man von dort erstmals einen Blick auf das St. Bartholomä-Kirchlein erhaschen. Während die Bergwälder in dieser Höhenlage normalerweise reine Fichtenmonokulturen sind, umgibt uns hier ein gesunder, natürlicher Bergmischwald mit vielfältigem Pflanzenwuchs.

Wer einen ›erhabeneren‹ Blick über den See sucht, kann diesen von der höherliegenden *Rabenwand* aus finden. Von dem am Malerwinkel vorbeiführenden ›Rundweg Parkplatz Königssee‹ zweigt (ca. 1 km vor Erreichen des Parkplatzes) der ›Rabenwandsteig‹ rechts ab

◁ *Königssee und Steinernes Meer*

DAS ›INNERE‹ BERCHTESGADENER LAND

Die Schiffslände am Königssee im frühen 19. Jh., Federzeichnung

und endet nach rund 10 Minuten bei einer Aussichtskanzel. Zwischen den Bäumen hindurch sieht man von hoher Warte aus fast den ganzen See unter sich liegen, meist sogar ungestört von anderen Besuchern. Der Touristenrummel tut der Schönheit des Sees letztendlich aber keinen Abbruch. Die Ufer des knapp 8 km langen und an der breitesten Stelle 1,2 km breiten Gewässers sind dank der steilen, felsigen Uferwände unverbaubar. Es gelangen keine Abwässer in den See, so daß sich die umliegenden Berge wie eh und je in der klaren, grünen Wasseroberfläche spiegeln. Bei einer größten Tiefe von 190 m reicht der Blick zwar nicht bis auf den Grund, doch lassen sich bei ruhigem Wasser Fische noch bis in einige Meter Tiefe erkennen. Der See ist noch heute reich an Hechten, Renken, Barschen, Saiblingen und Lachsforellen. Er gilt nicht nur als der kälteste, sondern auch als der sauberste deutsche Alpensee, dem sogar Trinkwasserqualität zugesprochen wird. Während der Hauptreisezeit ist der Bootsverkehr zwar relativ dicht, doch handelt es sich bei den Ausflugsschiffen bereits seit 1909 um umweltfreundliche Elektro-Motorboote, die ohne Lärm, Abgase und Gestank dahingleiten. Segeln, Surfen, Tauchen oder andere Wassersportarten sind auf bzw. im Königssee verboten, nur gemietete Ruderboote sind gestattet (Verleih an der Bootslände). Es existiert nicht einmal ein offizielles Schwimmbad am See, worauf man bei einer maximalen Wassertemperatur von 17 °C im allgemeinen auch verzichten kann.

Unumgänglich, ja ein absolutes Muß, ist dagegen eine Bootsfahrt auf dem Königssee, denn nur so erschließt sich dieser dem Besucher in seiner ganzen Größe und Schönheit und kommt die grandiose Bergkulisse, die ihn umgibt, zur vollen Wirkung.

☐ Schiffahrt über den Königssee

Die Ausflugsschiffe der ›Staatlichen Schiffahrt Königssee‹ verkehren grundsätzlich ganzjährig. Nur in sehr kalten Wintern, wenn der See zufriert, kommt der Verkehr zum Erliegen oder spielt sich eventuell ›zu Fuß‹ ab. Auch bei starkem Nebel oder Sturm muß mit kurzfristigen Unterbrechungen gerechnet werden.

Abfahrtszeiten: Während der Hauptreisezeiten fahren die Elektroboote zwischen 7.15 und 17.30 Uhr, zur Vor- und Nachsaison zwischen 8.15 und 16.45 jeweils nach Bedarf bzw. im Abstand von max. 30 Min. Von Mitte Oktober bis Ende April verkehren sie zwischen 9.45 und 15.30 Uhr etwa alle 45 Min. bzw. nach Bedarf. Die Schiffe sind überdacht und fassen jeweils etwa 100 Personen; während der Fahrt werden Erläuterungen gegeben.

Anlegestellen: Königssee, Kessel (Bedarfshaltestelle), St. Bartholomä und (nur sommers, ca. Mai bis Okt.) Salet/Obersee.

Fahrzeit: Bis St. Bartholomä und zurück ca. 1¼ Std.; für komplette Seerundfahrt über Salet 1 Std. 50 Min. Unterbrechungsmöglichkeit in St. Bartholomä und Salet.

Fahrpreis (Hin- u. Rückfahrt): St. Bartholomä 13,50 DM, Salet 16,50 DM. Kombiniertes ›See-Gipfel-Ticket‹ für Bootsfahrt bis St. Bartholomä und zurück sowie Berg- und Talfahrt mit Jenner-Seilbahn zu ermäßigtem Preis (nur von Juni bis Okt.).

Auskünfte und Anmeldung für Reisegruppen: ✆ 0 86 52/40 26.

Fast geräuschlos sticht unser Boot von der Seelände aus ›in See‹ und führt zunächst an der kleinen *Insel Christlieger* vorbei. Zwischen den Bäumen erkennen wir eine Johannes-Nepomuk-Statue. Sie wurde aufgestellt als Dank und zur Erinnerung an vier Schiffbrüchige, die sich 1711 bei einem Sturm auf die Insel retten konnten. Später baute man an derselben Stelle eine Kapelle, die 1810 aber wieder abgetragen wurde. Die Pröpste und Chorherren des Berchtesgadener Stifts pflegten bei ihren Jagdausflügen gelegentlich an der Insel anzulegen, um von hier aus Wildenten zu schießen.

Wenn das Boot um die Felsecke der Falkensteinerwand gebogen ist, sieht man endlich mehr vom See. In der kleinen Bucht zur Linken liegt der *Malerwinkel*. Malerisch, aber fast ein wenig unheimlich sind die Berge, die sich rings um uns auftürmen. Am Südende des Sees ragt über dem Massiv des Steinernen Meeres (Grünsee- und Funtenseetauern) die markante Pyramide der Schönfeldspitze (Österreich) auf. Auch die vorstehende Landzunge von Bartholomä mit dem hellen Kirchlein ist bereits erkennbar. An der *Falkensteinerwand* am rechten Seeufer erinnert eine Gedenktafel an ein Unglück im Jahr 1688, bei dem während eines Gewittersturms Wallfahrer von Maria Alm (Österreich) mit ihrem Boot kenterten und 70 Personen ertranken. Auf der linken Seite stürzt aus etwa 200 m hoher Wand in Kaskaden der *Königsbach* herunter – zur Zeit der Schneeschmelze oder nach vorausgegangenen Regenfällen ein eindrucksvolles Naturschauspiel. Hier fanden früher sog. ›nasse‹ Holzstürze zur Brennstoffversorgung der Berchtesgadener Saline statt.

Auf Höhe der *Brentenwand* (rechts) kommt dann der Schiffsmusiker zum Einsatz. Klar und deutlich wirft die *Echowand* die Trompetenmelodie zurück, falls nicht, wie die Verfasser dies einmal erlebten, die grimmigen Wintertemperaturen das Blasen unmöglich machen; trotz größter Kraftanstrengung und hochrotem Kopf des Bläsers waren der Trompete nur einige krächzende Laute zu entlocken. Früher verwendete man statt der Trompete laut krachende Böller. Zitat aus einem Reiseführer aus dem Jahre 1911: »Hier allein (an der Echowand) darf geschossen werden (2 Schüsse); das Echo ist bei reiner und ruhiger Luft wohl zehnfach.« Das heutige Trompetensolo (mit kaum mehr als einmaligem Echo) ist übrigens im Fahrpreis inbegriffen, auch wenn den Fahrgästen zu suggerieren versucht wird, man blase ›nur auf speziellen Wunsch und nur ausnahmsweise‹, wenn darum gebeten (und entsprechend Trinkgeld gegeben) wird.

Wer eine Wanderung zur Gotzenthalalm oder weiter hinauf zur Gotzenalm und zum Aussichtspunkt ›Feuerpalfen‹ in 1 741 m Höhe plant (ca. 3 Std. Aufstieg), kann sich an der Bedarfshaltestelle *Kessel* (linkes Ufer) absetzen lassen. Hier fließt der Kesselbach durch eine steile Schlucht herunter in den See, noch heute ein romantisches Plätzchen, das sich im

Königssee mit Kessel-Alm. J. J. Strüdt, Anfang 19. Jh.

19. Jh. allerdings noch weit größerer Beliebtheit erfreute. Der Berchtesgadener Holzwarenverleger Wallner hatte – wohl zu Ende des 18. Jh. – einen kleinen Garten anlegen lassen, sein geistlicher Bruder erstellte am Ausgang der Schlucht, der sog. Wallner-Klause, eine Kapelle. Schlucht und Wasserfall waren durch einen Felssteig erschlossen. Eine alte Beschreibung der damaligen Anlage erwähnt außerdem Treppen, Kieswege, Brücken, Tische und Bänke, sogar einen freistehenden, gemauerten Kochherd. Kessel scheint ein idealer ›Grill- und Party‹-Platz gewesen zu sein. Von alledem ist heute nichts mehr zu sehen. Verschwunden sind auch die romantischen Inschriften, die seinerzeit an Felsen, Kapelle und auf Tafeln an Ruheplätzen angebracht waren: »Ewiger, Dich spricht das Gestein, Dich das Brausen des Gewässers! Wann wird meine Seele Dich schauen?« Oder: »Ein Blümchen blühe jeder der erloschenen Freuden – jedem der getrennten Lieben!«

Dann rückt *er* langsam ins Bild, der *Watzmann* mit der breiten, massiven Flanke seiner Ostwand, der höchsten Felswand der Ostalpen. Die Kameras gehen in Stellung, denn mehr und mehr nähern wir uns nun jenem Motiv, das zahllose Postkarten und Kalender, Bildbände und Werbeprospekte ziert und das jeder Besucher des Berchtesgadener Landes selbstverständlich auch optisch festhalten muß: *St. Bartholomä* vor der Kulisse der Watzmann-Ostwand (Farbabb. 5; Abb. 25). Man sollte den Auslöser allerdings erst drücken, wenn sich die Wand wirklich hinter die Kirche geschoben hat und beide Kirchtürme *nebeneinander* im Bild sind.

☐ St. Bartholomä

Die Landzunge (Farbabb. 5), auf der das idyllische Barockkirchlein sitzt, besteht aus Geröll und Schutt, die der Eisbach auf seinem Weg von den Schnee- und Firnmassen im Felskessel zwischen Watzmann-Ostwand und den Hachelköpfen zu Tale gespült hat. Durch eine aufwendige Regulierung und Verbauung des Eisbachs sind heute zumindest die Gebäude von St. Bartholomä vor künftigen Schottermassen des Baches sicher. Während er sich noch im vergangenen Jahrhundert nahe der Kirche in den See ergoß, finden wir seine Mündung heute ca. 700 m weiter südlich. Nach wie vor jedoch schwemmt der Bach seine steinerne Fracht herab in den See und setzt so dessen Verlandung fort.

☐ Wallfahrtskirche St. Bartholomä (Umschlagklappe vorn; Abb. 25)

Eine kleine romanische Kapelle – in einer alten Urkunde ›Basilica Chunigessee‹ genannt – bestand in diesem Seewinkel schon im Jahr 1134. Bartholomäus, dem Schutzpatron der Almbauern, Senner und Hirten, wurde die Kirche erst ums Jahr 1500 gewidmet. Die ursprüngliche Kirche war, wie alte Votivbilder ausweisen, ein rechteckiger, einschiffiger Bau mit *einem* Turm. Gegen Ende des 17. Jh. wurde das Gebäude erweitert und barockisiert. In der Folge entstand dann das heutige Bauwerk mit den originellen, ähnlich der Form eines Kleeblatts aneinandergeschmiegten drei Konchen mit ihren schindelgedeckten Kuppeldächern und den beiden ebenfalls schindelgedeckten Türmchen. Im Innern der Kirche fallen besonders die kunstvollen, rosaroten Stukkaturen an der Decke ins Auge, zumal die Wände, von Kreuzwegbildern abgesehen, sonst schmucklos sind. Der barocke Hochaltar enthält ›Das Martyrium des hl. Bartholomäus‹, ein Bild des Münchner Hofmalers Johann Degler aus dem Jahr 1698. Beachtenswerte geschnitzte Standfiguren von Heiligen und Stifterwappen von Berchtesgadener Bürgern schmücken die Seitenaltäre. Bis 1902 unterstand das Kirchlein der Berchtesgadener Kirchenverwaltung, war dann königliche Privatkapelle, bis es nach Ende des Ersten Weltkriegs an den bayerischen Staat überging.

Noch heute findet zur Feier des Kirchweihfestes am Wochenende nach dem Tag des hl. Bartholomäus (24. Aug.) eine Wallfahrt nach St. Bartholomä statt, an der sich nicht nur die Almbauern der Umgebung, sondern auch – jahrhundertelanger Tradition folgend – Pilger aus dem österreichischen Maria Alm bei Saalfelden beteiligen, die den beschwerlichen Weg über das Steinerne Meer (Riemann-Haus, Funtensee, Saugasse) auf sich nehmen. Am Tag der hl. Katharina (25. Nov.) wird in St. Bartholomä alljährlich ein Dankgottesdienst der Gotzenalm-Bauern abgehalten.

Unmittelbar angebaut an die Kirche ist das ehemalige *Jagdschloß*. Dieses Gebäude erhielt erst in der ersten Hälfte des 18. Jh. seine heutige, äußere Form, wobei vermutlich ältere Bauteile mit einbezogen wurden. Waren es früher die Berchtesgadener Pröpste und Chorherren, die sich hier zur Jagd aufhielten, kamen ab 1811 die bayerischen Könige mit Gefolge, die den ruhigen und malerischen Winkel als ideales Jagdrevier entdeckt hatten. Der zunehmende Fremdenverkehr machte dann im 20. Jh. grundlegende Umbauten erforderlich. 1919 wurde das ehemalige Jagdschloß in eine Gaststätte umfunktioniert. Die Wirtschaftsräume sowie kleine, gemütliche Gaststuben befinden sich im Erdgeschoß. Der Garten und die Säle im Obergeschoß ›schlucken‹ auch größere Besuchergruppen. Das Wirtshaus ist trotz des gewaltigen Zustroms gemütlich geblieben. Schöne Kachelöfen und eine dezente bayerischrustikale Ausstattung finden sich in allen Räumen; in den unteren Gaststuben sitzt man wahlweise unter einer dunklen Holzdecke oder in der Stube mit hellem Deckengewölbe, die Lampen hängen an Hirschgeweihen. Das Obergeschoß erinnert an frühere Jagderfolge und Anglerfreuden. Im Vorraum schaut eine ganze Galerie mächtiger Hirschköpfe (Jagdtrophäen der bayerischen Könige) auf den Gast herunter, und die Säle mit ihren schönen, hölzernen Kassettendecken hängen voll mit Gemälden – dunklen, alten Bildern. Neben mächtigen Fischen ist in schnörkeliger, schwer zu entziffernder Schrift und teilweise sogar in Versform vermerkt, wer, wann und wo dieses oder jenes Prachtexemplar aus dem Wasser gezogen hat. Ein besonders auffallendes Bild an der Stirnwand zeigt zwei der einst in der Region sehr häufigen Gams- oder Lämmergeier, riesige Raubvögel, von denen der eine tatsächlich eine junge Gams in den Krallen hält. Laut Inschrift wurden die Geier im Jahr 1650 unterhalb der Hächlwand geschossen.

Nahe der St. Bartholomä-Kirche mit dem Jagdschloß stehen noch das aus dem 18. Jh. stammende Fischerhaus, die Schiffshütte am See sowie der ehemalige Meierhof und das Jagdhaus. Obwohl die Halbinsel St. Bartholomä zu den populärsten und meistbesuchten bayerischen Ausflugszielen zählt, ist sie eine Idylle geblieben. Man hat die kleine Landzunge nicht vollgepflastert mit Hotels und Imbißständen, Kiosken und Eisbuden. Es herrscht kein so gnadenloser Kommerz wie z. B. am nördlichen Königsseeufer. *Ein Gasthaus, ein Kiosk*

St. Bartholomä am Königssee

und die bisher schon vorhandenen Gebäude müssen eben reichen, und sie reichen offensichtlich auch. Nicht einmal alle Bediensteten des Gasthausbetriebs können in Bartholomä wohnen; ein Teil fährt allabendlich über den See nach Hause. Es gibt keinen Hotelbetrieb; Übernachtungsmöglichkeit in einer am Waldrand stehenden DAV-Unterkunftshütte besteht nur für Ostwand-Bergsteiger, die anderntags früh aufbrechen müssen und deshalb nicht das erste Boot abwarten können. In St. Bartholomä empfiehlt sich nicht nur ein Spaziergang am Seeufer entlang, sondern auch die kleine Wanderung zur Eiskapelle.

☐ **Wanderung zur Eiskapelle**
Entfernung ca. 3½ km; Höhenunterschied reichlich 200 m; einfache Gehzeit ca. 1 Std.

Von der Kirche aus führt nach Passieren der letzten Häuser ein breiter Weg (Nr. 446) in westlicher Richtung durch den Wald auf die gigantische Felswand des Watzmann zu. Nach etwa einer Viertelstunde überqueren wir den *Eisbach* und kommen an einer schlichten, spätgotischen *Waldkapelle* vorbei. Sie ist den beiden römischen Märtyrern Johannes und Paulus geweiht und stammt aus dem Jahr 1617. In ihrer Nähe entsprang eine Quelle, die als heilkräftig galt und jahrhundertelang als ›Fieberbrunnen‹ aufgesucht wurde. Der nun etwas steiler werdende Weg führt nach etwa halbstündiger Gehzeit aus dem Wald heraus. Zu Füßen der mächtigen Watzmann-Ostwand sehen wir ein Schneefeld, an dessen unterem Ende sich die *Eiskapelle* befindet. Nur noch schmale, sich immer wieder verfächernde Pfade führen über Bach und Geröll hinüber zu dem schneegefüllten Kar. Mit ›Eiskapelle‹ ist nicht etwa ein Gebäude gemeint, in dem womöglich Bergsteiger vor ihrem Einstieg in die Ostwand ein Gebet verrichten, sondern das naturgeformte, torähnliche Eisgewölbe beim Austritt des Eisbaches.

Die Bezeichnung ›Eiskapelle‹ wirkt heute reichlich übertrieben und hat ihre Berechtigung genaugenommen längst verloren. Bis zum Jahr 1862 bestand am unteren Ende des Firnfelds eine große, domartige Halle, die der Eisbach herausgefressen hatte. Früheren Berichten zufolge hatte diese Halle eine Höhe von rund 20 m, war etwa 30 m breit, und man konnte im Sommer bis zu 200 m weit in die ›Eishöhle‹ vordringen. Dann brach unter einem Felssturz die Halle zusammen. Die gepreßten Schneemassen, die sich auch heute noch hier in der Rinne sammeln, stammen von Lawinen aus der Watzmann-Ostwand (und haben deshalb nichts mit einem Gletscher zu tun). Schmelzwasser sickert durch diese Schneeschicht hindurch, und der Eisbach, der am unteren Ende des Firnfelds austritt, hat inzwischen wieder ein kleines ›Gewölbe‹ in den Schneeberg modelliert.

Vorsicht: Das Betreten der Eiskapelle ist äußerst gefährlich. Begehbar ist sie ohnehin nicht, da der Eisbach sie in voller Breite ausfüllt.

Im Sommer (ca. Mai bis Okt.) laufen die Boote der Königsseeschiffahrt auch die Anlegestelle *Salet* am Südende des Sees an. Auf der Fahrt dorthin von St. Bartholomä aus passieren wir die *Burgstallwand* (rechts); hier fanden früher spektakuläre Holzstürze statt, d. h. die oberhalb des Sees in den Wäldern geschlagenen Baumstämme wurden über dem Abgrund gestapelt und donnerten beim Lösen eines Sperrbalkens in die Tiefe und in den See. Man verband dann die äußeren Stämme miteinander, um das schwimmende Holz beisammenzuhalten, und zog es mit Booten bis zur 1796 erbauten Königsseeklause am Abfluß des Sees bei der Bootslände, von wo aus es über den Triftkanal und die Königseer Ache bis zu den Holzsammelplätzen der Berchtesgadener Saline Frauenreuth (beim heutigen Bahnhof Berchtesgaden) weitergetriftet wurde.

Über eine 70 m hohe Felswand ergießt sich der *Schrainbach* in den See; er ist ein großenteils unterirdisch verlaufender Abfluß des Funtensees. Auch an dieser Wand fanden früher große Holzstürze statt.

Am Talende ragen steil die 2361 m hohen *Teufelshörner* auf, vor denen der *Röthbach-Wasserfall* (Farbabb. 19) herunterstürzt. Kurz bevor das Boot in Salet anlegt, nähern wir uns der *Kaunerwand* (links) mit einer – vom Boot aus allerdings schwer erkennbaren – angeblich sieben Zentner schweren Bronzetafel. Sie zeigt ein Porträtrelief des beim Volk seinerzeit sehr beliebten Prinzregenten Luitpold von Bayern und wurde 1911, anläßlich seines 90. Geburtstags, angebracht.

☐ Der Obersee

Salet ist Ausgangspunkt für einen Spaziergang zum *Obersee*. Vom Bootssteg aus sind es zunächst rund fünf Minuten bis zur bewirtschafteten *Saletalm* (keine Übernachtungsmöglichkeit) mit ihrer einladenden Freiluftterrasse. Der Obersee liegt ca. 11 m höher als der Königssee. Beide Seen sind durch einen Wasserlauf miteinander verbunden. Auch über diesen ehemaligen Triftkanal gelangte früher Brennholz für die Berchtesgadener Saline vom Obersee zum Königssee. Der Verbindungsweg zwischen den beiden Seen führt sanft bergauf über die einstige Gletschermoräne, die – zusammen mit den Gesteinsmassen großer Felsstürze von der Kaunerwand und dem Sagereck – einen natürlichen Damm bildet, der die Entstehung des Obersees ermöglicht hat. Bei den großen Steinblöcken, mit denen die Wiesen allenthalben übersät sind, handelt es sich neueren Forschungen zufolge überwiegend um eiszeitliche Relikte. Etwa auf halber Strecke sieht man links des Wegs auch noch den schilfgrasbewachsenen und ziemlich verlandeten kleinen *Mittersee*.

Es sind etwa 10 Gehminuten von der Saletalm zum *Obersee*. (Auf dem etwa 1,5 km langen See gibt es keinerlei Bootsverkehr.) Am rechten Ufer (das gegenüberliegende Steilufer ist nicht begehbar) führt ein Pfad weiter zur *Fischunkelalm* (Gehzeit ½ Std.). Diese gemütliche, schindelgedeckte Hütte mit einfachen Holztischen und Bänken im Freien verlockt zur Rast (typische Almspeisen wie Milch, Speck und Käse werden angeboten). Das Weidevieh, das im Frühjahr normalerweise ja auf die Alm *getrieben* wird, wird hier zunächst *mit Booten* über den Königssee und dann über den Uferstieg am Obersee entlang zur Alm gebracht. Im Herbst (Ende Sept./Anfang Okt.) gibt es dann auch keinen Alm*abtrieb* im üblichen Sinne, sondern die Kühe kehren auf dem Wasserwege wieder in die heimischen Ställe zurück. Diese ungewöhnliche Art des Almabtriebs von der Fischunkelalm ist inzwischen zu einer vielbeachteten Touristenattraktion geworden.

Von der Fischunkelalm sieht man nun viel deutlicher als vom Boot aus den *Röthbachfall* (Farbabb. 19), der am Talende 470 m tief über die *Röthwand* herunterstürzt und eigentlich als Bach hier unten bei der Alm irgendwo auftauchen müßte. Weit und breit ist jedoch kein Wasserlauf zu sehen. Man kommt der Sache näher, wenn man etwa 20 Minuten auf den Wasserfall zuwandert. Dort, am Fuß der Röthwand, finden wir einen von hohen Felsen umgebenen Kessel. Hier kommt der Röthbach als rauschendes Wildwasser den bewaldeten Abhang herunter und mündet in eine flache Mulde. Auch von den anderen Felswänden ergießen sich kleine Wasserfälle und Bachläufe. Man muß verblüfft feststellen, daß das Wasser bereits nach wenigen Windungen einfach verschwindet, buchstäblich vom Erdboden verschluckt wird (nur zur Zeit der Schneeschmelze oder nach längeren ausgiebigen Regenfällen kann sich hier ein kleiner temporärer See bilden). Die Wassermassen durchdringen den aus lockerem Geröll bestehenden Taluntergrund und fließen dann als unsichtbarer Grundwasserstrom in den Obersee.

In dem Gelände oberhalb der Röthwand (nahe der Wasseralm) gelang zur Zeit der Nationalsozialisten erstmals auf deutschem Boden die Wiederansiedlung der bereits seit Jahrhunderten in freier Wildbahn ausgestorbenen Steinböcke. Auf Hermann Görings Initiative – als ›Reichsjägermeister‹ besaß er in der Röth zu Füßen der Teufelshörner eine Jagdhütte – wurden im Jahre 1936 aus der Schweiz, später aus dem Berliner Zoo sowie aus dem italienischen Nationalpark Gran Paradiso mehrere Zuchttiere in einem ca. 15 ha großen Wildgehege untergebracht. Die Zucht war erfolgreich, und gegen Ende des Krieges wurden die

Almabtrieb

Wenn im Frühjahr das Vieh auf die Almen getrieben wird, wird nicht viel Aufhebens um diesen Vorgang gemacht. Wohl mag mancher Bauer, manche Bäuerin, der Senner oder die Sennerin ein frommes Gebet zum Himmel richten, daß die Saison gut laufen möge, daß man selbst und das Vieh gesund bleibe und auch der Wettergott keine bösen Überraschungen liefere. Aber festlich begangen wird der Almauftrieb nicht. Im Gegensatz zum Almabtrieb. Wenn im Herbst das Vieh wieder ins Tal zurückkehrt, so ist das Anlaß zum Danken und Feiern, vorausgesetzt natürlich, daß der Sommer auf der Alm glücklich verlaufen ist, daß kein Tier zu Schaden kam etc. Gab es ein Unglück im Laufe der Saison, wandert das Vieh ohne Schmuck zurück. Ansonsten jedoch wird es für den Rückmarsch zum heimischen Stall ›aufkranzt‹, d. h. geputzt, gestriegelt und festlich geschmückt, wobei man sich nicht etwa darauf beschränkt, einen freundlichen Blütenbusch zwischen die Hörner zu stecken. Als Kopfschmuck des Hornviehs werden vielmehr regelrechte Kunstwerke angefertigt (Farbabb. 12). Die ›Fuikln‹ sind aufwendige, phantasievolle Bastelarbeiten, mit deren Fertigung schon Wochen vor dem Almabtrieb begonnen wird. Das Grundmaterial, das Gerüst, bildet ein Fichten- oder Lärchenwipfel, dessen Zweigenden bogenförmig an den Stamm gebunden werden. An diesem ›Kranzzeug‹, einer Art Krone, werden nun Sterne, Schleifen, Blüten und Rosetten festgesteckt, die aus buntgefärbten Hobelspänen gefertigt sind, wobei man sich an Einfallsreichtum und Vielfalt dieser Schmuckelemente gegenseitig zu überbieten versucht.

Die ›Fuikln‹ werden übrigens nur *einmal* verwendet. Da sie zum Wegwerfen nach dem Almabtrieb aber zu schade sind, kann man in manchem Herrgottswinkel, in mancher bäuerlichen Stube, Küche oder einem Vorraum des Hauses diesen Schmuck noch eine Zeitlang bewundern.

Wann genau in den einzelnen Regionen der Almabtrieb stattfindet, richtet sich nach dem Wetter (meist Ende September oder Anfang Oktober). Näheres erfährt man bei den Bauern oder in den Verkehrsämtern. Besonders populär ist der Almabtrieb von der Fischunkelalm am Königssee (s. S. 127). Der Anblick einer solchen festlich geschmückten Viehprozession, womöglich noch an einem freundlich-sonnigen Herbsttag, ist eine Augenweide. Auch als unbeteiligter Zuschauer freut man sich darüber, daß auf der Alm den Sommer über offensichtlich alles gut gelaufen ist, wenngleich das Vieh vermutlich nicht besonders glücklich darüber ist, seine luftige Sommerfrische jetzt wieder gegen den Stall eintauschen zu müssen. Recht wehmütig klingt auch das alte Sennerlied:

»Der Summa is umma, i muaß obi ins Tal.
Pfiat di Gott, mei liabe Oima, pfiat di Gott tausendmal.
Die Sunn, die geht unta, der Schneewind waht scho,
pfiat di Gott schöna Alma, da Winta geht o.

So hart wia ma heit is, is ma a no nia gscheg'n,
ois soit i mei Oima heint as letzte moi sehn.
Und miaßt i gar bald schon zur Erd' und zur Ruah,
ja so deckts mi mit Feldstoa und Oimbleamerl zua.«

Tiere freigelassen. Inzwischen soll es im Gebiet des Hagengebirges und des Steinernen Meeres bereits eine 60–70 Tiere umfassende Steinwildkolonie geben.

Bei all diesen Exkursionen und ›Landgängen‹ darf nicht vergessen werden, daß irgendwann das letzte Boot ablegt. Man sieht: Es wäre ein Jammer, die Fahrt über den Königssee nur als Bootsrundtour zu unternehmen. Wer die Möglichkeit der zweimaligen Fahrtunterbrechung nutzt – in St. Bartholomä und Salet – und sich jeweils zu Fuß aufmacht, um die dortigen Sehenswürdigkeiten und romantischen Plätzchen zu erkunden, der hat ein prall gefülltes Tagesprogramm vor sich. Wenn zudem noch das Wetter mitmacht, dann wird der Besuch des Königssees – auch für den verwöhntesten Gast – garantiert zu einem interessanten und unvergeßlichen Erlebnis.

Rund um Bischofswiesen

Wappen Bischofswiesen

☐ **Geschichtlicher Rückblick**

Wie eine Enklave lag einst im ›Hoheitsgebiet‹ der Berchtesgadener Propstei eine große Wiese, die dem Salzburger Erzbischof Eberhard I. gehörte – die ›Bischofswiese‹. In einer Art ›Flurbereinigung‹, die beide Seiten zufriedenstellte, kam im Jahr 1155 ein Tauschhandel zustande, bei dem Salzburg die erwähnte Wiese an Berchtesgaden abtrat und als Ausgleich von Propst Heinrich I. ein großes Bauerngut in Niederösterreich erhielt. Zur Erinnerung an dieses bedeutsame Ereignis errichtete die Gemeinde Bischofswiesen 1990 im Zentrum des Ortes an der Hauptstraße einen *Brunnen* (Abb. 27). Auf Steinsockeln, mitten im Wasser stehend, sehen wir die etwa lebensgroßen Bronzefiguren der beiden Würdenträger mit der Tauschurkunde. Auch das Bischofswiesener Ortswappen dokumentiert diesen Tauschhandel; es zeigt einen Getreide- bzw. Heukasten auf grüner Wiese mit zwei dahinter gekreuzten Bischofsstäben.

Die Grenze zum benachbarten Kirchenstaat Salzburg verlief seinerzeit nur wenige Kilometer nördlich des heutigen Ortes, beim *Paß Hallthurm*. Durch diese Grenznähe waren die ›Bischofswiesen‹ im Laufe der Geschichte öfter Schauplatz kriegerischer Auseinandersetzungen, zumindest aber Truppendurchzugsgebiet zwischen Salzburg und Berchtesgaden, wobei es im Mittelalter hauptsächlich um die jeweiligen Salzvorkommen ging. So weiß man z. B. auch vom Überfall einer Schar bewaffneter Reichenhaller Bürger auf die Propstei im Jahr 1193, deren Ziel es war, den unliebsamen Konkurrenten in der Salzerzeugung auszuschalten. Dabei wurden die gerade erst gebauten Anlagen des Berchtesgadener Salzbergwerks am Gollenbach zerstört. Dies veranlaßte die Berchtesgadener, auf der Paßhöhe zwischen Untersberg und Lattengebirge mächtige Wehranlagen und Grenzbefestigungen zu

DAS ›INNERE‹ BERCHTESGADENER LAND

errichten. Auch 1805, während des napoleonischen Krieges, klirrten auf der Paßhöhe wieder einmal die Waffen, als die Berchtesgadener zusammen mit den Tirolern den Hallthurm gegen die mit Napoleon verbündeten Bayern verteidigten. Der letzte große Truppendurchzug fand am 4. 5. 1945 statt, als die amerikanische 101. Airborne Division von Bad Reichenhall kommend Berchtesgaden und dem Obersalzberg entgegenzog. Im Bischofswiesener Ortsteil Winkl erfolgte am gleichen Tag die kampf- und bedingungslose Übergabe des Berchtesgadener Landes an die Amerikaner.

Während das einstige Torhaus 1876 abgetragen wurde, steht am Paß, direkt neben der Straße, noch immer der Unterbau des alten ›Hallthurms‹. Auch auf der gegenüberliegenden Straßenseite sind noch Reste der einstigen Festungsanlage zu erkennen.

☐ **Bischofswiesen** (580–900 m)

Mit seinen sechs Ortsteilen Bischofswiesen, Engedey, Loipl, Stanggaß, Strub und Winkl bietet dieser heilklimatische Kurort Urlaubern und Erholungsuchenden ideale Bedingungen. Gesunde Luft und viel Grün in einer intakten Natur sind das wertvollste Kapital. Man hat die Berge in Reich- und Sichtweite, genießt phantastische Panoramablicke, ohne sich aber von den Bergmassiven eingeengt fühlen zu müssen. Das Lattengebirge mit dem markanten Bergzug der ›Schlafenden Hexe‹ sowie der Untersberg grenzen das Bischofswiesener Hochtal gegen das Saalachtal und den Reichenhaller Kessel nach Norden ab. In Gegenrichtung aber öffnet sich das Tal weit und gibt den Blick frei auf das Göllmassiv im Südosten, den Hochkalter im Südwesten und – zwischen beiden – den Watzmann mit seiner unvergleichlichen Silhouette. Die Bebauung, das Straßennetz und damit auch der Verkehr sind in Bischofswiesen längst nicht so dicht wie rings um Berchtesgaden. Wiesen und Wälder dominieren. Zwischen den einzelnen Ortsteilen, früher hier wie im ganzen Berchtesgadener Land ›Gnotschaften‹ genannt, liegen, wie hingetupft und oft mit großen Abständen einzelne Bauernhöfe, viele mit dem Anhang ›Lehen‹ in der Hofbezeichnung. Das erinnert an die Zeit vor 1377, als der gesamte Grund und Boden ringsherum der Berchtesgadener Propstei gehörte und die landwirtschaftlichen Anwesen an die Bauern nur auf Lebenszeit ›verliehen‹ waren.

Wandermöglichkeiten bieten sich an von gemütlichen Panoramaspaziergängen bis zu Hochgebirgstouren. Kureinrichtungen, ein beheiztes Alpenfreibad beim Aschauerweiher (einem einst von den Fürstpröpsten zur Fischzucht künstlich angelegten kleinen Moorsee), Tennis-, Squash- und Minigolfplätze, Kneippanlage und öffentliche Sauna, Reit- aber auch alle denkbaren Wintersportmöglichkeiten sind vorhanden, und zudem steht dem Besucher noch die ganze Palette an Freizeit-, Sport- und Unterhaltungsmöglichkeiten zur Verfügung, die die nahe gelegenen Orte Berchtesgaden, Ramsau, Schönau und Marktschellenberg (die Kurkarte schließt entsprechende Vergünstigungen in diesen Orten ein), aber auch Bad Reichenhall zu bieten haben.

Ein schmuckes Ensemble in einem kleinen, hübsch angelegten *Kurpark* in der Ortsmitte von Bischofswiesen bilden das **Rathaus** (Abb. 26) und die **Pfarrkirche**. Lohnend ist auf

Hof in Loipl, im Hintergrund ›Schlafende Hexe‹, Lattengebirge

jeden Fall auch ein Blick in den Vorraum, d. h. den langen Korridor des Schulhauses neben der Kirche. Dort hängt an der Decke ein riesiges Alphorn. Mit einem Gewicht von 77 kg, einem Durchmesser des ›Bechers‹, also des vorderen Endes, von 43 cm und einer Länge von knapp 21 m schießt dieses Exemplar weit über die üblichen Maße hinaus, obwohl der Weltrekord laut ›Guinessbuch der Rekorde‹ inzwischen bei einer Länge von fast 36 m liegt. Normalerweise sind Alphörner etwa 3 bis 4,5 m lang. Der Erbauer dieses Prachtstücks, ein Bischofswiesener Schreinermeister, versteht sich nicht nur auf die seltene Kunst des Alphornschnitzens, sondern auch aufs Blasen selbst. Die hauptsächlich in der Schweiz beheimatete Tradition des Alphornblasens lebt seit einigen Jahrzehnten auch in Bayern langsam wieder auf. Bei Bergmessen, kirchlichen oder anderen festlichen Anlässen, aber auch bei folkloristischen Veranstaltungen kann man heutzutage durchaus in den Genuß eines Alphornsolos oder gar Konzerts mehrerer Alphornbläser kommen (Abb. 5).

Ein anderer, sehr alter Handwerksberuf allerdings ist mit Zunahme moderner landwirtschaftlicher Maschinen fast ausgestorben: der Rechenmacher. Bei der Abzweigung der Straße nach Loipl (an der Böschung unterhalb der Straßenüberführung) steht ein von dem Berchtesgadener Bildhauer Alfred Essler geschaffener etwa 3 m hoher und 9 t schwerer, weißer Monolith mit der schönen Skulptur eines *Rechenmachers,* womit man dieser einstmals selbständigen Zunft ein würdiges Denkmal gesetzt hat.

DAS ›INNERE‹ BERCHTESGADENER LAND

Rechenmacher-Denkmal, Bischofswiesen

Auf eine weitere traditionsreiche und für die Bayern lebenswichtige ›Kunst‹ stoßen wir in Bischofswiesen: das Bierbrauen. Wo heute im Ortszentrum der Gasthof Brenner Bräu steht, gab es schon im Jahr 1620 ein Gasthaus an der Königlich-Bayerischen Poststation. Gut 200 Jahre später übernahm der aus Tirol zugewanderte Bartholomäus (›Bascht‹) Mittner dieses Wirtshaus und errichtete daneben eine Schnapsbrennerei. Fortan nannte sich das Wirtshaus ›Brennerbascht‹. Das Brennen bezog sich auf den in Bayern auch heute noch so beliebten Enzianschnaps. Der jetzige Besitzer des Brenner Bräu, ein Nachfahre des Gründers, hat sich inzwischen aufs Bierbrauen verlegt und betreibt neben Hotel und Gaststätte eine Kleinbrauerei, in der es nach eigener Aussage »Verpflichtung und Ehrensache« ist, sich an das über 500 Jahre alte Bayerische Reinheitsgebot zu halten – eine Verpflichtung, die jedoch für alle bayerischen Brauereien gleichermaßen gilt. Wer es ganz genau wissen will: Als Gast hat man die Möglichkeit, beim Brauen zuzuschauen. Gebraut wird winters einmal, sonst zwei- bis dreimal wöchentlich. Näheres erfährt man im Braugasthof.

☐ Ortsteil Winkl

Man sieht dem schmucken Ortsteil heute nicht mehr an, daß er eigentlich aus einer Ansammlung von Wehrmachtsbaracken hervorging. Das Oberkommando der deutschen Wehrmacht ließ hier ab 1944 in einem Kiefernwäldchen terrassenartig übereinander angeordnete Baracken aufstellen. Nach dem Krieg quartierten zeitweise die Besatzungstruppen ihre deutschen Kriegsgefangenen in dem Lager ein. Als später dann eine Flut von Heimatvertriebenen ins Land kam und untergebracht werden mußte, war man froh über dieses Auffanglager, das in der Folgezeit teilweise weit über tausend Flüchtlinge aufnahm und mit einer Schule, Kindergarten und Jugendräumen ausgestattet wurde. Bis zum Jahr 1952 hatten sich bereits 24 Handwerksbetriebe in Winkl niedergelassen. Vor allem die ARWA-Strumpffabrik, die 1953 ihren Betrieb eröffnete, bot viele Arbeitsplätze. Mehr und mehr wurden die Baracken mit der Zeit ersetzt durch feste Gebäude. Endgültig aufgelöst wurde das Lager schließlich durch den Abriß der letzten Großbaracken Ende der fünfziger Jahre.

Man erkennt noch immer die seinerzeit angelegten Terrassen; ansonsten aber verrät nichts mehr die ursprüngliche Funktion der Siedlung. Vielmehr präsentiert sich Winkl bzw. die ›Bischofswiesener Siedlung‹, wie sie auch genannt wird, als harmonisch um die Kirche gruppierter Ortsteil. An dem modernen, im Jahr 1963 geweihten **Kirchenbau** fallen vor allem die schönen Glasfenster auf, ein Werk des Reichenhaller Kunstmalers Ludwig Demeter. In einer kleinen Seitenkapelle, rechts vom Altarraum, finden wir eine alte Figur des aus Böhmen stammenden Heiligen Johannes von Nepomuk. Seine Wahl zum Kirchenpatron von Winkl war sicher mitbestimmt durch die vielen aus östlichen Ländern hier angesiedelten Vertriebenen.

Ein paar hundert Meter vom Zentrum Winkls entfernt, direkt neben der Hauptstraße auf dem ehemaligen Gelände der Strumpffabrik, macht mit unübersehbarer Beschriftung der ›Panoramapark‹ auf sich aufmerksam. Es handelt sich nicht etwa um ausgedehnte Grünflächen für Ruhesuchende, sondern um das wohl größte Einkaufszentrum im Berchtesgadener Land, dem auch ein Hotel, Restaurant sowie verschiedene Sporteinrichtungen angeschlossen sind. – Berühmt ist das ›Buttnmanndllaufen‹, das in Winkl alljährlich am zweiten Adventssonntag stattfindet (s. Kapitel ›Brauchtum‹).

☐ Ortsteil Loipl

Im Gegensatz zum recht geschlossenen Ortsteil Winkl besteht die auf einem offenen Hochplateau etwa 200 bis 300 m über dem Tal der Bischofswieser Ache gelegene Siedlung von Loipl aus weit übers Gelände verstreuten bäuerlichen Anwesen und Privathäusern. Zwischendrin breiten sich Wiesen und Weiden aus, Baumgruppen, da und dort ein Waldstück – kurzum, eine idyllische Region und wie geschaffen dafür, sich eine der schmucken, abgelegenen und vom Verkehrslärm verschonten Pensionen als Urlaubsresidenz auszusuchen.

Als Zufahrt nach Loipl bietet sich zum einen die Straße vom Ortsteil Winkl an, die das Gelände der ›Rehabilitationsklinik Loipl‹ passiert und im weiteren Verlauf, dem Schwarzeckbach folgend, hinauf zum Wander- und Skigebiet ›Hochschwarzeck‹ und weiter in die Ramsau führt. Eine zweite Zufahrt nach Loipl beginnt im Ort Bischofswiesen und führt vorbei an der Berggaststätte ›Götschenalm‹ am Fuße des Götschenkopfes (1307 m). Im Sommer finden wir hier ein beliebtes Wandergebiet, im Winter das alpine Skizentrum Bischofswiesens. Gegenüber der Abzweigung zur Götschenalm, direkt neben der Straße auf dem Grund des Kollerlehens, gibt es noch eine kleine ›Märcheneinlage‹ für Kinder: ein Hexenhäuschen, mit Lebkuchen bedeckt und mit Motiven aus ›Hänsel und Gretel‹ bemalt. Hier beim Kollerlehen versammeln sich auch alljährlich am ersten Adventssonntag zur Zeit der Abenddämmerung die gefürchteten ›Buttnmanndl‹, bevor sie laut lärmend von Hof zu Hof ziehen (s. Kapitel ›Brauchtum‹).

☐ Ortsteil Stanggaß

Obwohl ›angewachsen‹ an Berchtesgaden zählt Stanggaß verwaltungsmäßig noch zum Gemeindegebiet von Bischofswiesen. Über dem Ort ragt der bewaldete *Kälberstein* (796 m)

auf, an dessen nordwestlichem Abhang man große, grüne ›Teppichläufer‹ ausgelegt hat. Es handelt sich um Matten, mit Hilfe derer auch im Sommer, also ohne jeglichen Kunst- oder Naturschnee, Skispringen auf den dortigen Sprungschanzen veranstaltet werden können. Beängstigend steil und lang wirken die Anlaufbahnen, wenn man von der Absprungstelle, dem Schanzentisch, hinaufblickt zu den Starttürmen, und die Vorstellung, von hier aus über 90 m weit in die gähnende Tiefe zu schweben, jagt kalte Schauer über den Rücken. Auch den Schnee-Ersatz, die Kunststoffmatten, kann man sich hier einmal ganz von nahem ansehen. Sie bestehen aus einer Art dicker, störrischer Plastikborsten, die in Reihen schindelartig übereinandergelegt sind und so eine elastische, gleichzeitig aber stabile und vor allem sehr glatte Gleitfläche bilden, die bei Wettkämpfen von einer automatischen Sprühanlage befeuchtet werden. Auf keinen Fall dürfen die Schanze und der Auslauf betreten werden; wer dies mißachtet, findet sich u. U. schneller im Tal wieder, als ihm lieb sein wird.

Knapp unterhalb des Kälbersteingipfels – auf der Berchtsgaden zugewandten Seite – teilen sich beim Gasthaus ›Oberkälberstein‹ Hirsche, Rehe und Perlhühner ein großes Wildfreigehege. Eine Steintafel an der Vorderfront des aus dem 14. Jh. stammenden ›Kälbersteinlehen‹, erinnert daran, daß hier 1871 Kaspar Stanggassinger geboren wurde. Er wurde 1895 zum Priester geweiht und wirkte als Jugenderzieher in Dürrnberg bei Hallein. Er muß eine Persönlichkeit von ungewöhnlicher religiöser Ausstrahlungskraft gewesen sein, die es sich zur Aufgabe machte, weiteren Priesternachwuchs heranzubilden. Stanggassinger starb (angeblich an einem Blinddarmdurchbruch) bereits im Alter von 28 Jahren im Kloster Gars am Inn; er wurde 1988 in Rom seliggesprochen.

Die Aussicht, die man von der Terrasse des Gasthauses aus geboten bekommt, ist schwerlich zu überbieten. Wie gemalt und in ihrer fotogensten Stellung liegt die Watzmannfamilie vor uns und stiehlt allen anderen Bergen die Schau. Am Ausläufer des Hohen Göll erkennen wir das Kehlsteinhaus; von hier aus wird besonders deutlich, welch ausgefallenen Bauplatz sich Hitlers Gefolge für diese aufwendige ›Diplomatenburg‹ einfallen ließ.

Das Hotel ›Berchtesgadener Hof‹ in Stanggaß mit einem ausgedehnten Areal ringsherum wurde nach dem Krieg von den amerikanischen Besatzungstruppen beschlagnahmt und wird seither – wie weitere Gebiete am Obersalzberg – als Teil der US-Recreation Area von der amerikanischen Armee genutzt. US-Soldaten durften sich zusammen mit ihren Angehörigen sowohl nach dem Vietnam- als auch nach dem Golfkrieg hier von den Strapazen des Kriegseinsatzes erholen. Eine kleine amerikanische Kolonie hat sich rings um den ›Berchtesgadener Hof‹ gebildet. Amerikanische Pkw und Busse, fremde Nummernschilder, englischsprachige Beschriftungen und erkennbar überseeische Gäste beherrschen das Viertel.

☐ Ortsteile Strub und Engedey

Südlich von Bischofswiesen kommen wir in die Ortsteile Strub und Engedey. Die Straße führt zunächst nahe an dem kleinen, in parkähnlicher Landschaft und am Rande eines

◁ *Mattenschanzen am Kälberstein bei Bischofswiesen*

Hochmoors gelegenen *Böcklweiher* vorbei (Umschlagrückseite). Schwäne und Enten schwimmen auf dem Wasser, und der steil dahinter aufragende Watzmann spiegelt sich in der Seeoberfläche. Dann wird ›Malerisches‹ durch ›Militärisches‹ abgelöst. In **Strub** war ab 1943 Hitlers Wehrmachtsführungsstab untergebracht, wenn er selbst sich am Obersalzberg aufhielt. Die Jägerkaserne mit dem auffallenden Rundturm rechts der Straße wird seit 1957 von Gebirgsjägerbataillonen der Bundeswehr genutzt, während die in weiteren Kasernen bis zum Vollzug der deutschen Einheit stationierten US-Truppen schon bald danach abgezogen wurden. In Strub befindet sich auch die einzige Jugendherberge (früher Unterkunftshaus der Hitlerjugend) des Berchtesgadener Landkreises.

Bereits im Tal der Ramsauer Ache liegt der Bischofswiesener Ortsteil **Engedey**. An der Straße in Richtung Ramsau finden wir noch ein Relikt aus der Zeit der berühmten Reichenbachschen Soleleitung von Berchtesgaden über die Schwarzbachwacht nach Reichenhall – das *Brunn- und Pumphaus* von *Ilsank* (Abb. 2). In diesem versah eine von Georg von Reichenbach konstruierte Solehebemaschine seit 1817, dem Jahr der Inbetriebnahme der Soleleitung, 110 Jahre lang ihren Dienst und pumpte die Sole 356 m hinauf in den Hochbehälter am Söldenköpfl (s. auch S. 36). 1927 wurde diese Wundermaschine von einer modernen Zentrifugalpumpe abgelöst. Doch erst mit der Fertigstellung einer neuen, wesentlich leistungsfähigeren Soleleitung, die seit 1961 in nahezu direkter Linie von Berchtesgaden durch das Bischofswiesener Tal und über den Paß Hallthurm nach Bad Reichenhall führt, schlug endgültig die Todesstunde der Reichenbachschen Soleleitung und des Brunnhauses von Ilsank.

Wandervorschläge

Aus dem vielfältigen Angebot an lohnenden Wanderungen im Bereich der Gemeinde Bischofswiesen seien die folgenden herausgegriffen.

☐ Maximilians-Reitweg
Hallthurm – Winkl – Bischofswiesen – Aschauerweiher.
Gehzeit: ca. 2½–3 Std.
Dieser bequeme, knapp 10 km lange Panoramaweg am Fuße des Untersbergmassivs ist Teil eines 240 km langen Weitwanderweges (Europäischer Fernwanderweg E 4), der von Lindau am Bodensee nach Berchtesgaden führt. Diese gewaltige Strecke legte der bayerische König Maximilian II. im Sommer des Jahres 1858 mit seinem Gefolge innerhalb von etwa fünf Wochen zurück. Besonders reizvoll ist unsere knapp über dem Tal der Bischofswieser Ache verlaufende Etappe im Herbst zur Zeit der Laubfärbung. Bei nur mäßigem Auf und Ab bietet der Weg fast ständig großartige Ausblicke auf die Berchtesgadener Bergkulisse, vor allem auf den Watzmann.

Empfehlenswert auf Höhe von Bischofswiesen ist der kleine Umweg über die *Kastensteiner Wand;* Aufstiegshöhe ca. 150 m; beeindruckender Aussichtspunkt (750 m) mit Bergrestaurant; direkter Aufstieg auch von Bischofswiesen aus in ½–¾ Std. möglich. Ein Besuch des Freibads am *Aschauerweiher* bildet evtl. den krönenden Abschluß dieser schönen Wanderung (Rückkehr zum Startpunkt mit Bus ab Bischofswiesen).

☐ ›Steinerne Agnes‹, Dreisesselberg und ›Schlafende Hexe‹ im Lattengebirge
Charakter: Leichte Bergwanderung mit prächtigen Ausblicken. Keine bewirtschafteten Hütten am Wege!
Gehzeit: Aufstieg von Winkl bis Dreisesselberg ca. 2¾–3½ Std.; Abstieg nach Winkl über Hallthurm ca. 3–3½ Std.
Aufstieg: Von Winkl, Bushaltestelle ›Sellboden‹ (664 m), ca. 250 m auf Straße in Richtung Hallthurm, dort links zunächst auf Fahrweg (beschildert u. a. ›Karkopf‹, ›Dreisesselberg‹) vorbei an Mülldeponie, dann auf schmalem Waldpfad (Nr. 477) steil durch Wald nach oben. Nach ca. 1½ Std. bei T-Verzweigung auf Weg Nr. 12 links weiter in leichtem Auf und Ab, unterhalb der *Steinernen Agnes* vorbei (+¼ Std.; ein nach einer Sage so benannter etwa 10 m hoher Felsturm mit pilzförmigem Aufsatz) bis zur verfallenen Steinbergalm (+¼ Std.). Nun über steilen Südhang zum Sattel zwischen Karkopf und Dreisesselberg (+¾ Std.). Dort rechts hinauf (+10 Min.) zum Gipfel des *Dreisesselbergs* (1680 m), einem ehemaligen Dreiländereck, an dem Bayern, die Fürstpropstei Berchtesgaden und das Salzburger Erzbistum bzw. Österreich aneinandergrenzten. Prächtiger Ausblick auf die Hauptmassive der Berchtesgadener Alpen, über das Reichenhaller Becken nach Salzburg und weit hinein in den Rupertiwinkel.
Abstieg: Zurück zur T-Verzweigung wie bei Aufstieg (ca. 1 Std.); dort geradeaus weiter auf Weg Nr. 12 bis zum *Rotofensattel* (+¾ Std.) zwischen den bei Kletterern sehr beliebten, durch Verwitterung gebildeten *Rotofentürmen*. Deren markantester Zakken ist die *Montgelasnase* (1369 m), so benannt nach dem stattlichen Gesichtsvorsprung des bayerischen Ministers Graf Montgelas, der 1816 mit der Unterzeichnung des Münchner Vertrags die jahrhundertelangen territorialen Streitigkeiten zwischen Bayern und Österreich beilegen half. Diese Türme zusammen mit dem sich anschließenden Felszug werden wegen ihres charakteristischen Profils auch als *Schlafende Hexe* bezeichnet. Vom Sattel aus auf steilem Zickzackweg durch den Wald abwärts nach Hallthurm (+1 Std.) und im Tal zurück zum Startpunkt (+¾ Std.).

Wintersport in Bischofswiesen

☐ **Alpiner Skilauf**
Das Bischofswiesener ›Skizentrum Götschen‹ befindet sich im Ortsteil Loipl am Nordhang des 1307 m hohen Götschenkopfs, dem Hausberg Bischofswiesens. Bei der Götschenalm und beim nahen Kollerlehen erschließen drei Skilifte vier Abfahrten, von denen die längste (3,5 km mit 550 m Höhendifferenz) bis ins Tal nach Bischofswiesen führt.
Reißenlift (auch Hundsreitlift genannt) im Ort Bischofswiesen mit 800 m langer Abfahrt (mi und fr mit Flutlicht).
Außerdem bietet sich das nahe, zur Ramsau gehörende ›Skizentrum Hochschwarzeck‹ an.

☐ **Langlauf**
Langlaufzentrum am Aschauerweiher mit Loipen bis zu 15 km Länge. Die ca. 4 km lange ›Riedherren‹-Loipe verläuft im Tal zwischen Bischofswiesen und der Siedlung Winkl (di und do bei den Sportanlagen mit Flutlicht). Eine etwa 6 km lange Loipe wird im Ortsteil Loipl unterhalten.

DAS ›INNERE‹ BERCHTESGADENER LAND

Langläufer beim Aschauerweiher vor der Kulisse des Watzmanns

☐ **Rodeln**
1,5 km lange Naturrodelbahn am Sillberg (Parkplatz am Grabenweg beim Egglerhof). Alljährlich findet hier am Faschingsdienstag (bei ausreichend Schnee) das berühmte *Hörnerschlittenrennen* statt.

☐ **Eisstockschießen**
Am Böcklweiher und Aschauerweiher.

Marktschellenberg

Von Marktschellenberg (480–1 000 m) aus – unmittelbar an der deutsch-österreichischen Grenze gelegen – sind es nur 10 Autominuten bis nach Berchtesgaden, 20 bis zur Innenstadt Salzburgs und nur 5 km bis zur Ausfahrt Salzburg-Süd der Autobahn München – Salzburg – Wien bzw. Villach. Was nicht heißen soll, daß dieser heilklimatische Kurort nicht selbst genügend attraktiv wäre, um Urlaubs- und Erholungsuchende anzuziehen. Die reizvolle Umgebung, ein interessantes Freizeitangebot für Sommer und Winter, spezielle ›Gesundheitswochen‹ und Unterkunftsmöglichkeiten vom Bauernhof bis zum komfortablen Gasthaus versprechen einen erholsamen Urlaub. Marktschellenberg liegt an einer Flußschleife der Berchtesgadener Ache und verdankt seine Entstehung und seine – wenn auch nur sehr bescheidene – Blütezeit wie viele andere Orte im Berchtesgadener Land dem Salz.

Schon gegen Mitte des 12. Jh. hatte man Salzvorkommen am ›Tuval‹ entdeckt (so nannte man im Mittelalter den Gutratberg, einen Höhenzug, der zwischen Berchtesgadener Ache und Salzach von Gartenau über Götschen bis zu den Barmsteinen verläuft). Später wurde

Salz auch am Gollenbach am Fuß des Salzbergs in der Nähe des Berchtesgadener Klosters gefunden. Das Salz wurde damals zum Teil bergmännisch abgebaut, vorwiegend aber mit Süßwasser ausgelaugt und die Sole dann in Holzrinnen zur Versiedung in die von der Berchtesgadener Propstei gegen Ende des 12. Jh. errichtete Salzsiedestätte von Schellenberg geleitet. Mangels günstigerer Transportwege mußte der größte Teil des hier gewonnenen Salzes zunächst auf dem Landweg gegen Zahlung von Maut und Zoll durch Salzburger Territorium nach Rief an der Salzach transportiert und ab dort auf dem Wasserweg zu den Bestimmungsorten verschifft werden. In den besten Zeiten war jedes fünfte Schiff auf der Salzach mit Schellenberger Salz beladen.

Da nicht nur die Berchtesgadener Pröpste, sondern auch die Salzburger Erzbischöfe, die ja bereits am benachbarten Dürrnberg nach Salz gruben, an den hiesigen Salzvorkommen interessiert waren, waren Reibereien zwischen beiden Seiten vorprogrammiert. Es verwundert daher nicht, daß Salzburg diese unerwünschte Konkurrenz auszuschalten trachtete. Es konnte dabei gewissermaßen auf alte Rechte pochen; schließlich hatte Rupertus, der erste Salzburger Bischof, bereits ums Jahr 700 vom Bayernherzog Theodo II. die am Tuval gelegenen Almen Gauzo und Ladusa (heute Götschen und Larosbach) zum Geschenk erhalten. Nach längeren Auseinandersetzungen wurde schließlich die Propstei völlig vom (ohnehin nicht sehr ergiebigen) Tuval verdrängt. Auch um die Nutzung der Wälder (zur Brennholzgewinnung für die Sudpfannen) und um die Transportrechte gerieten die Nachbarn wiederholt in Streit. Mit List und Tücke, aber auch mit offener Gewalt wurde um das ›weiße Gold‹ gekämpft. Doch nicht nur die Obrigkeit stritt ums Salz, auch der ›kleine Mann‹ wirkte kräftig mit, ging es bei ihm doch um Arbeit und das tägliche Brot. So drangen bereits um

Wappen Marktschellenberg

1190 Bergleute vom salzburgischen Dürrnberg zum Tuval vor, mit der Absicht, die Bergwerksstollen zuzumauern. Kurz darauf fielen Reichenhaller Bürger im Stiftsland ein und zerstörten die Stollen am Gollenbach. 1332 verübten die Halleiner Salzsieder einen Überfall auf die Schellenberger Saline und richteten einigen Schaden an. Obwohl Schellenberg bereits im Jahr 1334, nur sechs Jahre nach Berchtesgaden, das Marktrecht erhielt, war es dem Ort nicht vergönnt, jemals zu nennenswertem Reichtum und Wohlstand zu kommen.

Auf dem Höhepunkt einer bereits seit langem in der Berchtesgadener Propstei anhaltenden Krise sah sich Propst Konrad gegen Ende des 14. Jh. gezwungen, wegen chronischen

Geldmangels seinen Erzfeind, den Salzburger Bischof, um Finanzhilfe zu ersuchen. Diese wurde gewährt; als Sicherheit mußten jedoch die Berchtesgadener Salzwerke, darunter auch die Schellenberger Saline, an Salzburg verpfändet werden. Zwar übernahm 1449 Berchtesgaden diese Saline wieder, doch die Rückzahlung der Restschulden in Höhe von über 24 000 Golddukaten zog sich noch bis ins Jahr 1556 hin.

Salzgewinnung und Salzhandel waren viele Jahrhunderte lang die bescheidene Existenzgrundlage Schellenbergs. Große Not und Armut kehrte daher ein, als im Jahre 1805 mit der Stillegung der Saline wegen akuten Brennholzmangels dieser Erwerbszweig völlig zum Erliegen kam. Die Gründung der ›Salzsackmanufaktur Schellenberg‹ im Jahre 1818 in den einstigen Salinengebäuden konnte die größte Not zunächst ein wenig lindern. Zeitweise fanden hier bis zu 180 Spinnerinnen, Weber, Sacknäher und andere Arbeitskräfte und Tagelöhner eine wenn auch schlecht bezahlte Beschäftigung; lokale Handwerker fertigten die benötigten Spinnräder und Webstühle. Doch auch diesem Erwerbszweig war kein langes Leben beschieden. Mit den industriell gefertigten Geweben konnte die Schellenberger Manufaktur bald nicht mehr konkurrieren. Nach reichlich 50 Betriebsjahren wurde sie um das Jahr 1872 wieder geschlossen.

Spürbar aufwärts ging es in Marktschellenberg – wie auch in anderen Orten der Region – erst mit zunehmendem Fremdenverkehr. So vermeldet die Berchtesgadener Bäderzeitung schon im Jahre 1903: »Die vollständige Einschließung dieses Tals durch mächtige Höhenzüge bedingt dessen Windstille, so daß rauhe Luftströme nur selten sind. An hellen, klaren Tagen mildert ein von Norden nach Süden streichender Luftzug, der nachts in umgekehrter Richtung geht, die Hitze, wie auch das reichlich vorhandene Wasser durch seine Verdunstung angenehme Kühlung bewirkt.«

☐ Ortsrundgang

(zur Hauptreisezeit finden auch historische Ortsführungen statt)

Wir starten vom Parkplatz am kleinen Kurgarten. Hier stand einst die Schellenberger Saline, deren Gebäude 1906 dem Bau der inzwischen wieder stillgelegten Eisenbahnlinie Salzburg – Berchtesgaden weichen mußten. Um zum Ortsinnern, der Salzburger Straße, zu kommen, überschreiten wir die Achenbrücke, die von einem steinernen Standbild des hl. Johannes von Nepomuk bewacht wird. (Der Durchgangsverkehr wird außerhalb des alten Ortskerns vorbeigeleitet.) Die bürgerlichen, in ihrem Ursprung teilweise bis ins Mittelalter zurückreichenden Wohnhäuser entlang der engen Straßenzeile erinnern noch ein wenig an die Blütezeit des Marktes und an vergangene, beschaulichere Zeiten. Die Häuser sind dicht aneinandergebaut, jede Hausfront präsentiert sich in einer anderen Pastellfarbe. Hübsche Einfassungen und – den Sommer über – farbenfroher Blumenschmuck zieren die Fenster. Allen Häusern gemeinsam ist der weit vorgezogene Holzgiebel.

Unter den Arkaden des *Rathauses* entdecken wir eine ursprünglich an der abgerissenen Saline angebrachte Marmorplatte, eine Würdigung an Fürstpropst Jakob II. Pütrich, der im Jahre 1592 diese Salinengebäude errichtet hatte. Im Gebäude neben dem heutigen Rathaus

Marktschellenberg mit Berchtesgadener Ache

wohnte in der Mitte des 19. Jh. Alois Krueger, der letzte Vertreter einer alteingesessenen und namhaften Schellenberger Holzwarenverlegerfamilie. Ein Blick durchs Fenster in einen Ausstellungsraum des unter Denkmalschutz stehenden Gebäudes zeigt das Porträt Kruegers nebst Gattin sowie typische Gegenstände der ›Berchtesgadener War‹, z. B. Schnitzfiguren, Schlitten, alte Buttermodel und Spanschachteln – wechselnde Exponate verschiedener ortsansässiger Handwerksbetriebe.

Die **Pfarrkirche** Marktschellenbergs ist dem Schutzpatron der Salzschiffer, dem hl. Nikolaus gewidmet. Der heutige, neugotische Bau aus den Jahren 1870/71 hat den Turm vom 1521 erstellten Vorgängerbau behalten. Der Neubau wurde erforderlich, nachdem die alte Kirche 1849 durch Blitzschlag stark beschädigt wurde und schließlich abgebrochen werden mußte. Außen, über dem Eingangsportal, findet sich noch das alte Marktwappen mit dem Salzfaß und der Inschrift: »all dy auff dem wasserstrom aribait, de geb gott und s. nikla gelük und heyl.« Durch das eindrucksvolle innere Marmorportal – auch dieses stammt noch von der früheren Pfarrkirche – fällt der Blick auf eine große Kreuzigungsgruppe über dem Altar und zwölf Apostelstatuen im Altarraum. Grabplatten aus dem 16.–18. Jh. (vorwiegend für Schellenberger Handelsherren) mit kunstvollen Steinmetzarbeiten sind im Kircheninnern sowie im Vorraum der Kirche zu sehen. Hier befindet sich auch eine Kriegerkapelle zu Ehren der Opfer beider Weltkriege. Links neben der Kirche erinnert ein Denkmal mit pathetischer Inschrift an die Gefallenen des Deutsch-Französischen Krieges 1870/71: »Auf Frankreichs blutgedüngten Feldern starben den Heldentod für Deutschlands Ruhm und Größe aus hiesigem Bezirke... Geschmückt mit der Siegespalme gingen sie ein in die Herrlichkeit. Ruhmvoll ist es, für das Vaterland zu sterben.« Die erschreckend vielen Namen sämtlicher aus der Schellenberger Region stammenden Opfer aller drei Kriege finden wir an einer weiteren Gedenkstätte beim Brunnen auf dem Marktplatz.

Der etwas versteckt im Gebüsch stehenden *Pestsäule* rechts neben der Kirche sieht man ihr Alter an; der verwitterte Steinpfeiler (der obere Teil stammt aus dem Jahr 1626) erinnert an die Pestepidemien, die damals hier wie auch andernorts wiederholt über die Bevölkerung hereinbrachen.

Lohnende Ausblicke auf den Ort Marktschellenberg und seine reizvolle Umgebung bietet ein kleiner, etwa einstündiger *Höhenrundweg*. Steigt man zwischen Pfarrkirche und Bäckerei die Kirchgasse hoch, kommt man zum Glockenweg, der am Hang entlang bis zur Brücke über die Berchtesgadener Ache führt. Hier empfiehlt sich ein kurzer Abstecher auf der Hauptstraße nach rechts zu einem ca. 300 m entfernten **Wachtturm** (Abb. 28). Dieses mächtige, alte Bauwerk ist der letzte Überrest einer Befestigungsanlage, die von der Berchtesgadener Propstei in der Mitte des 13. Jh. an der einstigen Salzstraße errichtet worden war. Sie diente dem Schutz der Schellenberger Saline und des Salzbergwerks am Gollenbach vor salzburgischen Angriffen. Ein altes, verwittertes Steinkreuz im Buschwerk neben dem Turm erinnert an die im Jahr 1382 hier Gefallenen. Söldner des Salzburger Erzbischofs und die vom Berchtesgadener Propst Ulrich I. zu Hilfe gerufenen Truppen des Bayernherzogs Friedrich hatten sich ein blutiges Gefecht geliefert.

Nun wieder zurück zur Brücke und etwa 100 m weiter Richtung Marktschellenberg. Hier zieht ein kleiner Wiesenpfad rechts hinauf, vorbei an einer Häusergruppe und über die Wiesen bis zum Gastagweg. Ein paar Schritte bergab, dann wieder rechts aufwärts bis zum Kaimhofweg mit schönen Ausblicken hinunter auf den Ort und auf die gegenüberliegende Talseite. Bei der Ettenberger Straße wird ein kleiner Seerosenweiher passiert. Wir steigen den Friedensbergweg hinauf und kommen zur *Kapelle St. Johannes Baptist,* auch ›Friedensbergkapelle‹ genannt (Abb. 29). Mitstifter dieser 1710 gebauten Kapelle war der uns bereits bekannte und offenbar recht finanzkräftige Holzwarenverleger Krueger, dem auch der danebenstehende Hof gehörte. Weiter geht es schön offen und mit freiem Blick auf den Ort bis zu einer Holzschnitzerei. Dort steigen wir links hinab über die Wiesen; der Pfad mündet in die Alte Berchtesgadener Straße, und auf dieser gelangen wir zurück ins Ortszentrum.

Brauchtum und Tradition werden in Marktschellenberg groß geschrieben. So findet alljährlich am Sonntag und Montag nach dem 4. Juli (Tag des hl. Ulrich/Patron des Marktes) das Kirchweihfest, die *Schellenberger Dult* statt. Das gesamte Areal zwischen Kirche, Achenbrücke und Kurgarten ist dann besetzt mit den Buden und Ständen des Krämermarktes: Töpfereiwaren und Hausrat, Kleidung und Grünpflanzen, Wundermittel, Kräuter und Pillen, Kunst und Kitsch werden angeboten. Losbuden, Karussells und Imbißstände gehören dazu, ebenso wie ein großes Bierzelt mit zünftiger Blasmusik. Ein weiterer Höhepunkt im Kirchenkalender ist das Annafest bei der Wallfahrtskirche Maria Ettenberg.

☐ Wallfahrtskirche Maria Ettenberg (834 m)

Ein kleines Sträßchen führt von Marktschellenberg hinauf zu dem malerisch auf einem sanften Bergrücken gelegenen Barockkirchlein (Farbabb. 8, 20; Abb. 34). Ringsherum breiten sich Wälder und Wiesen aus, ein gemütlicher Gasthof und ein paar verstreute Gehöfte leisten der Kirche Gesellschaft, und man hat hier einen herrlich freien Blick auf die umliegenden Bergriesen, den Hohen Göll, Watzmann, Hochkalter und das Untersbergmassiv. Früher, als man die kleine Siedlung noch den ›Almberg‹ nannte, führte nur ein beschwerlicher Wallfahrtsweg hinauf, und auch heute noch ist es reizvoller, statt mit dem Auto vorzufahren, zu Fuß z. B. von der Almbachklamm (s. S. 162) nach Ettenberg hinaufzupilgern.

Die Ettenberger Kirche wurde zur Zeit des Fürstpropstes Julius Heinrich Freiherr von Rehlingen (1723–32) und damit etwa zur gleichen Zeit wie weitere Marienheiligtümer (z. B. Maria Gern, Maria am Kunterweg in der Ramsau) erbaut. Um die Entstehung dieses Wallfahrtsorts rankt sich eine jener wundersamen Geschichten, die auch in anderen Fällen öfter zum Bau von Kirchen geführt haben. So sei – erzählt die Legende – ein altes Muttergottesbild auf unerklärliche Weise von seinem Standplatz, einem Hof in Unterettenberg, an einen Lindenbaum auf dem ›Almberg‹ (= Ettenberg) gelangt. Man brachte es zurück, fand es aber bald darauf wieder an der Linde. Ein göttliches Wunder war geschehen, man beließ das Bild an seinem selbstgewählten Platz, und schon fanden sich die ersten Wallfahrer ein. Das ursprüngliche Gnadenbild wurde bis zum Bau der heutigen Kirche zwar durch eine kleinere Kapelle geschützt, war dann aber so stark verwittert, daß es ersetzt werden mußte.

Das weißgetünchte, spätbarocke Ettenberger Kirchlein ist auch im Innern hell und freundlich. Auffallend ist das große und farbenfrohe Deckengemälde, auf dem, zu Füßen

Ettenberg, Wallfahrtskirche und Mesnerhaus

des Gnadenthrons kniend, u. a. der Erbauer der Kirche, Propst von Rehlingen abgebildet ist. Die reichen Stuckarbeiten – weiß auf hellgrünem Grund – stammen von dem bekannten Stukkateur Josef Höpp aus Burghausen. Weitere Wandbilder und viele Votivbilder (hinter dem Altar) schmücken die Kirche, und erwähnenswert ist noch die mit über 4 m Höhe ungewöhnlich große Schnitzfigur des hl. Christophorus aus dem 17. Jh. oben auf der Orgelempore. Ein großer Bombensplitter an der Wand (rechts neben dem Altar) erinnert an den Bombenangriff der Amerikaner auf den nahen Obersalzberg am 25. April 1945, bei dem einige Irrläufer die Bewohner von Ettenberg in Angst und Schrecken versetzten.

Neben der Kirche lädt das behäbige *Mesnerhaus*, gleichzeitig Gasthaus, zur Einkehr ein. Nach einer alten Stiftsurkunde stand dem Mesner der Kirche bereits seit 1727 das Recht zu, Bier auszuschenken. Dem genügsameren Besucher bietet, wenige Meter unterhalb der Kirche, ein kleiner Holzbrunnen, ›Gnadenbrunnen‹ genannt, Erfrischung.

Ein Höhepunkt im Kirchenkalender von Ettenberg ist das *Annafest* (Farbabb. 6, 8; Abb. 34). Es geht zurück auf das Jahr 1746. Damals spendete die Salzburger Witwe M. E. Knoblach in der Kirche einen hohen Geldbetrag mit der Auflage, dafür jedes Jahr in der Ettenberger Wallfahrtskirche ein 40stündiges Gebet zu sprechen. Aus diesem ursprünglich auf drei Tage verteilten Gebet entwickelte sich dann das Annafest, das jeweils am Wochenende nach dem Tag der hl. Anna (26. Juli) gefeiert wird. Es beginnt bereits am Samstagabend mit einer Messe und anschließender Lichterprozession. Besucher, die am Sonntagvormittag dann zum Festgottesdienst hinaufwandern nach Ettenberg, hören schon von weitem die Böllerschüsse. Mitglieder des Schützenvereins haben mit stattlichen Pulvervorräten hinter der Kirche Stellung bezogen. Der Höhepunkt des Festes ist die Sakramentsprozession, die sich an eine weitere Messe am Nachmittag anschließt. Schützen- und Trachtenvereine, die örtliche Musikkapelle, Bauern und Bewohner der umliegenden Höfe und Ortschaften, alle in festlicher Tracht, schließen sich der Prozession an. Der Zug, angeführt von den Ortsgeistlichen, den Ministranten und Fahnenträgern, bewegt sich langsam in einem großen Bogen um den Kirchberg herum über die freie Wiesenkuppe. Es ist ein stimmungsvolles und ergreifendes Bild, wie die farbenfrohe, festliche Prozession vor der prächtigen Bergkulisse von Hof zu Hof über die Wiesen zieht. Vor jedem Gehöft wird haltgemacht und Andacht gehalten. In das Murmeln der Gebete, in Litanei und Predigt mischt sich immer wieder lautes Muhen der Kühe oder das Krähen eines Gockels. Beim ›Meßnerwirt‹ dampfen inzwischen die Leberkäslaibe; das Faßbier läuft schon seit dem Vormittag. Kirchgänger, Pfarrer, die Honoratioren Schellenbergs, Wanderer und Gäste finden sich nach der Prozession bei der Wirtschaft ein. Die Musik spielt auf, und man rutscht eng zusammen auf den schmalen Brauereibänken. Die Böllerschützen (Abb. 33) treten zum Finale an, knallen und verqualmen die Luft mit ›Ehrensalven‹, deren Spender jeweils bekanntgegeben wird, sobald ein angemessener Geldschein von ihm in die Schützenvereinskasse gewandert ist. Dann endlich dürfen auch sie sich eine Maß genehmigen (während des Schießens herrscht Alkoholverbot) und mit den Schellen- und Ettenbergern den geselligen Ausklang des Annafestes feiern.

28 Wachtturm bei Marktschellenberg ▷

29 MARKTSCHELLENBERG ›Friedensbergkapelle‹ mit Untersberg

30 ›Triftrechen‹ bei der Kugelmühle

31 Kugelmühle am Ausgang der Almbachklamm

32 Almbachklamm bei Marktschellenberg

34 Beim Annafest in Ettenberg
◁ 33 Böllerschützen in Ettenberg
35 Maler an der Ramsauer Ache

37 RAMSAU Wallfahrtskirche Maria am Kunterweg
36 Weihnachten in der Ramsau

39 Frühschoppen auf der Bindalm beim Hirschbichl
38 Am Hintersee
40 ›Kaskastl‹ im Kressenkaser auf der Bindalm

41 Wildfütterung in der Ramsau
42 Wimbachgrieshütte gegen Hochkalter
43 Hirscheckabfahrt mit Reiter Alpe

45 BAD REICHENHALL   Brunnen vor dem Gradierwerk
44 Blick auf Bad Reichenhall mit Predigtstuhlbahn
46, 47 BAD REICHENHALL   Brunnen ›Drei Berchtesgadener Dirndl‹ und Storchenbrunnen

49, 50 BAD REICHENHALL   Rupertusbad und Solebrunnen in der Trinkhalle
◁ 48   BAD REICHENHALL   Florianibrunnen am Florianiplatz
51   BAD REICHENHALL   St. Zeno, Kreuzgang

☐ **Die Kugelmühle** (am Eingang zur Almbachklamm)
Etwa 3 km südlich Marktschellenbergs zweigt von der nach Berchtesgaden führenden Straße (B 305) ein kleines Teersträßchen nach rechts ab zur Kugelmühle. Der dortige Parkplatz war einst Lagerstelle für die Holzstämme, die noch bis zum Jahr 1963 über den Almbach bis zur Kugelmühle getriftet wurden. Hier bei der Brücke und dem verbreiterten und ausgepflasterten Bachbett war Endstation. Durch die Löcher in der Brücke wurden senkrechte Balken geschoben, die so einen Auffangrechen (›Triftrechen‹) für das ankommende Holz bildeten (Abb. 30).

Kugelmühle am Ausgang der Almbachklamm, Schleifscheiben und Kugelrohlinge

Die *Kugelmühle* ist heute eine gemütliche Gaststätte. Woher sie ihren Namen hat, sehen wir im Bach vor dem Haus. Dort ist noch eine Anlage zur Herstellung von Marmorkugeln zu besichtigen (Abb. 31), wie sie seit 1683 an dieser Stelle in Betrieb war. Noch um die Mitte des letzten Jahrhunderts trieb der Almbach an die 40 Kugelmühlen an, zu denen in der Umgebung noch weitere 90 hinzukamen. Betreiber waren die Bergbauern, die sich durch diesen Nebenerwerb eine zusätzliche Einnahme verschafften (s. auch ›Berchtesgadener War‹, S. 42 ff.). Während ursprünglich in den Mühlen auch Geschütz- und Gewehrkugeln hergestellt wurden, spezialisierte man sich später auf die Fertigung von Murmeln. Dieses Kinderspielzeug (auch Schusser oder Kicker genannt) ging von hier aus in alle Welt. Lieferziele waren u. a. Frankreich, die Schweiz, England, Ungarn, Rußland, die Türkei, Südafrika und die USA. Bis 1921 wurden große Mengen über Rotterdam und London gar bis nach Indien exportiert, teilweise bis zu 1 000 Zentner pro Jahr (1 Zentner waren ca. 10 000 Stück).

◁ 52 ›Seemösl‹ (Seerosenteich) bei Bad Reichenhall, im Hintergrund die Ruine Karlstein

Heute dreht sich – den Sommer über für die Touristen – nur noch hier am Almbach die ›letzte Kugelmühle Deutschlands‹. Die im Bach stehende Mühle besteht aus dem unteren, feststehenden Schleifstein (aus hartem Sandstein), in den je nach gewünschter Größe der Murmeln verschieden tiefe, kreisförmige, konzentrische Rinnen eingeschlagen sind. Hier hinein kommen die grob behauenen Brocken aus Untersberger Marmor. Die obere, hölzerne Drehscheibe, der ›Läufer‹, ist durch eine senkrechte Achse mit der Basisplatte verbunden und wird durch ein aufgezapftes Schaufelrad vom Wasser angetrieben. Durch die schnelle Rotation der oberen, ebenfalls mit Rinnen versehenen Scheibe werden die kantigen Steine allmählich rundgeschliffen und -geschmirgelt. Die Mahldauer beträgt je nach Größe zwei bis acht Tage. Anschließend müssen die Kugeln noch nachgeschliffen und fein poliert werden. Die Massenproduktion von Murmeln aus Glas, Ton und Gips bedeutete schließlich das Ende dieses alten Erwerbszweigs. Am Verkaufsstand bei der Kugelmühle kann man jedoch die Vielfalt und Schönheit der Murmeln noch bewundern und auch das eine oder andere Stück als Souvenir erwerben.

☐ Die Almbachklamm

Die Almbachklamm (Abb. 32), die gleich hinter der Kugelmühle beginnt, zählt zu den interessantesten und beliebtesten Ausflugszielen zwischen Berchtesgaden und Marktschellenberg (begehbar etwa von Mai bis Oktober; Länge der Klamm: ca. 2,5 km; Höhenunterschied zwischen Kugelmühle und Theresienklause: 218 m).

Der am Untersberg entspringende Almbach muß sich auf seinen letzten Kilometern, kurz bevor er nahe der Kugelmühle in die Berchtesgadener Ache mündet, noch mühsam einen Weg durch den harten Ramsaudolomit bahnen. Schon bald nach Eintritt in die Klamm wird der Fußweg schmal und zwingt zum Hintereinandergehen. Der Wildbach rauscht über Felsblöcke und Steinstufen kaskadenartig talwärts. Er hat tiefe ›Gumpen‹ ausgehöhlt, in deren klarem Wasser sich Fische tummeln. In nur einmonatiger Bauzeit wurde die enge Schlucht im Jahr 1894 von 250 Mitgliedern eines Ingolstädter Pionierbataillons erschlossen – eine bemerkenswerte Leistung. Hölzerne Brücken, Stege, Treppen und einmal sogar ein Tunnel machen die Klamm an den schwierigsten Stellen überhaupt erst passierbar. Der Weg ist durch Halteseile und Geländer gut gesichert und problemlos begehbar; trotzdem Vorsicht, vor allem mit Kindern!

Beim Steg Nr. 19 (hier etwa endet der besonders ›wilde‹ Teil der Klamm) stürzt der *Sulzer Wasserfall* über eine Höhe von 114 m über die Felsen herunter in die Schlucht. Es donnert, brodelt, spritzt, und es ist kaum vorstellbar, daß man bis vor einigen Jahrzehnten Nutz- und Brennholz bis zu einer Länge von 4,5 m hier das enge Bachbett hinunter bis zur Kugelmühle triftete. Ausgangspunkt war die ›Theresienklause‹, die wir am oberen Ende der Klamm erreichen. Diese Klause (mit ›Klause‹ bezeichnete man früher ein schleusenartiges Stauwehr aus Holz oder Stein) wurde bereits ums Jahr 1835 von der Königlichen Salinenverwaltung errichtet. Hinter der aus mächtigen Steinquadern erbauten 14 m hohen und 17 m langen Staumauer konnten bis zu 15000 cbm Wasser angestaut werden. Durch den gewaltigen

Schwall, der beim plötzlichen Öffnen des Klausentors entstand, wurde der Wasserstand des Almbachs angehoben und die Baumstämme, die man unterhalb der Klause ins Bachbett geworfen hatte, bekamen so den nötigen Schwung für die Talfahrt. Natürlich mußten während solcher Triften entlang dem Ufer zahlreiche Holzknechte, sogenannte ›Hutposten‹, eingesetzt werden, die mit langen Stangen die verkanteten, verklemmten oder ans Ufer geschwemmten Stämme wieder ins Fahrwasser zu bringen hatten. Wer heute die engen Felspassagen betrachtet, durch die das Wasser stürzt, kann sich vorstellen, welch schwere und gefährliche Arbeit diese Art von Holztransport seinerzeit darstellte.

☐ Die Schellenberger Eishöhle im Untersberg (1570 m)

Geöffnet etwa von Mitte Mai bis Ende Oktober (je nach Witterung bzw. Schneeverhältnissen). Führungen: Täglich zu jeder vollen Stunde von 10 bis 16 Uhr. Führungsdauer: ca. 30–45 Min. Ca. 500 m langer Rundgang auf Laufbrettern und Holztreppen; Höhlentemperatur um den Gefrierpunkt. Anmarschmöglichkeiten s. ›Wandervorschläge‹, S. 164f.

☐ Entstehung

Der Untersberg ist bekannt für seine zahlreichen Höhlen. Bei der Schellenberger Höhle handelt es sich allerdings um ein ganz besonderes Naturphänomen. Bereits im Herbst dringen Kälte und Frost durch den höher gelegenen Höhleneingang in das Höhlensystem ein. Die kalte Luft sinkt – da sie schwerer ist als Warmluft – in die Tiefe der Höhle, die nach unten luftdicht abgeschlossen ist. Wärmere Luft wird nach oben und außen verdrängt. In diesen ›Kühlkammern‹ nun gefriert das Sickerwasser, das nach der Schneeschmelze oder nach Regenfällen durch die verkarsteten Gesteinsschichten des Berges in die Höhle eindringt. (Nach einem kräftigen Regen dauert es ca. 16–18 Stunden, bis das Wasser in der Höhle ›ankommt‹.) Eisschicht legt sich auf Eisschicht. Im Winter verschließen dann Schneefälle den Eingang komplett. Die in der Schellenberger Höhle eingeschlossene Eismasse wird auf rund 60000 cbm geschätzt. Milde Winter oder gar mehrere niederschlagsarme und warme Winter hintereinander, wie dies in der zweiten Hälfte der achtziger Jahre der Fall war, wirken sich natürlich sehr ungünstig auf das Eiswachstum aus. ›Gute‹ und ›schlechte‹ Eisjahre lassen sich wie die Jahresringe eines Baumes an den jeweils zwischen den einzelnen Eisschichten liegenden dunklen Schmutzstreifen ablesen. Für die untersten Eisschichten hat man durch Pollenanalyse ein Alter von etwa 3000 Jahren ermittelt.

☐ Entdeckung und Erschließung

Bei Hirten und Jägern war die Existenz dieser Höhle, zumindest ihres Eingangsbereichs, vermutlich schon in grauer Vorzeit bekannt. Ein erster Bericht stammt von dem Salzburger Höhlenforscher A. von Posselt-Czorich aus dem Jahr 1874. Zwei Jahre später erschien von Prof. Eberhard Fugger ein erster Plan der Höhle. Wege zum Höhleneingang wurden angelegt, weitere Forscher und auch Touristen begannen, sich für das ›Eisloch‹ zu interessieren. 1910 wurde die Höhle von Alexander von Mörk weiter erforscht und vermessen, und dem aus Schellenberg stammenden Thomas Eder ist es zu verdanken, daß wenigstens ein Teil der Höhle zur Schauhöhle ausgebaut und 1925 dem allgemeinen Besucherverkehr zugänglich gemacht wurde. ›Posseltgang‹, ›Fuggerhalle‹, ›Mörkdom‹ erinnern an die Erforscher und Erschließer der Eishöhle.

☐ **Höhlenrundgang** (warme, möglichst wasserabweisende Kleidung und festes, griffiges Schuhwerk dringend empfohlen!)
In der großen Eingangshalle werden Karbidlampen verteilt. Schon hier im Eingangsbereich haben wir eine Eisschicht von ca. 30 m Stärke unter den Füßen. Über Holztreppen gehts im Gänsemarsch, vorbei an glitzernden Eiswänden, durch den ›Posseltgang‹ abwärts bis zur tiefsten Stelle, der ›Fuggerhalle‹, 55 m unter dem Eingangsniveau.

Es ist kalt und düster untertage, Wasser tropft von Decken und Wänden. Schmale nasse Holzbretter und Treppen leiten uns über und vorbei an dicken Eisblöcken und Eiswänden. Der Rückweg führt durch den ›Mörkdom‹. Luftströmungen innerhalb der Höhle haben da und dort durch Ausbuchtungen und Aushöhlungen Gebilde aus dem Eis modelliert, die mit einiger Phantasie als Kanzel, Altar, Beichtstuhl etc. bezeichnet werden können. Der Besucher darf allerdings nicht erwarten, daß ihm in dieser Eishöhle – der größten Deutschlands – ein Formen- und Skulpturenreichtum geboten wird, wie man ihn z. B. von Tropfsteinhöhlen her kennt. Im Verhältnis zu der kurzen Führungsdauer erscheint der Eintrittspreis etwas hoch; er mag aber wohl zugleich als Entschädigung dienen für den immensen Arbeitsaufwand, der erforderlich ist, um die Höhle jedes Frühjahr wieder für die Besichtigung zugänglich zu machen.

Wandervorschläge

☐ **Rundwanderung** von der *Kugelmühle* (500 m) durch die *Almbachklamm* zur *Theresienklause* (718 m; 1–1¼ Std.) und nach *Ettenberg* (834 m; ¾ Std.). Rückweg zur *Kugelmühle* über *Hammerstielwand* (ca. 40 Min.).
Einkehrmöglichkeiten: Kugelmühle, Ettenberg (Meßnerwirt). Sehr abwechslungsreiche Wanderung, die auf eindrucksvolle Weise Naturerlebnis und Kultur miteinander verbindet und die man der schönen Ausblicke von Ettenberg wegen möglichst an einem klaren Tag machen sollte.

☐ **Zur Schellenberger Eishöhle**
Von *Marktschellenberg* (500 m) über *Toni-Lenz-Hütte* (1450 m; 2–2½ Std.) zur *Eishöhle* (1570 m; +20 Min.).
Der mit ›Toni-Lenz-Hütte‹ und ›Eishöhle‹ gekennzeichnete Weg (Nr. 463) beginnt etwa 1 km außerhalb Marktschellenbergs an der nach Salzburg führenden Straße (B 305) auf Höhe des alten Wachtturms (hier auch Parkplatz sowie Haltestelle des RVO-Linienbusses Berchtesgaden – Salzburg). Anfangs teilweise steiler Anstieg durch Wald, dann durch Buschwerk, Latschen- und Alpenrosenfelder über sonnigen Südosthang hinauf zur Toni-Lenz-Hütte (bewirtschaftet etwa von Mitte Mai bis Ende Okt.). Wei-

ter sehr aussichtsreich bis zum Höhleneingang.

Oder: Fahrt mit *Untersberg-Seilbahn* vom österreichischen *St. Leonhard* (456 m) zum *Geiereck* (1 806 m; Bahn verkehrt vom 1. 3. – 31. 10. von 9.15–16.45 Uhr, etwa stündl.; vom 1. 7. – 15. 9. von 8.30–17.30 Uhr; im Winter, 20. 12. – 28. 2., von 10–16 Uhr). Von *Bergstation* (1 776 m) über *Salzburger Hochthron* (1 852 m) zur *Mittagsscharte* und auf dem etwas ausgesetzten *Thomas-Eder-Steig* zum *Eishöhleneingang* (1 570 m; Gehzeit 1½–2 Std.). Für diese grenzüberschreitende Wanderung gültigen Personalausweis oder Reisepaß nicht vergessen!

Wintersport in Marktschellenberg

☐ **Alpiner Skilauf**
Skilift beim Amrosenlehen (800 m) am Götschen (di und do mit Flutlicht). Weitere Liftanlagen in der Nähe finden wir in Oberau, in Obersalzberg-Buchenhöhe (mo, mi, fr und sa mit Flutlicht) und – vor allem – im Skizentrum am Roßfeld in ca. 1 500 m Höhe.

☐ **Langlauf**
Gespurte Loipe in Zill (Ortsteil Scheffau).

☐ **Rodeln**
Ca. 2,5 km lange Bahn von Ettenberg (Roßboden) bis Marktschellenberg (Gastagweg).

Die Ramsau

Wappen Ramsau

›Die Ramsau‹ (630–1 100 m) – damit wird die gesamte Region bezeichnet, die sich entlang der Ramsauer Ache bis zur Landesgrenze am Talende beim Hirschbichlpaß zwischen Hochkalter und Reiter Alpe erstreckt. Der Hintersee gehört also dazu, genauso wie die seitlichen Gebiete hinauf bis zur Schwarzbachwacht, zum Hochschwarzeck und das Wimbachtal.

Die älteste Urkunde mit dem Namen ›Ramsaw‹ stammt aus dem Jahre 1295, wobei die erste Silbe des Namens, ›Rams‹, so viel wie loses Gestein, Geröll bedeutet. Bis zum 14. Jh. waren die hiesigen Bauern und Holzknechte Leibeigene der Fürstpropstei Berchtesgaden und nur eine Art Pächter der von ihnen bewirtschafteten Anwesen. Erst nach dieser Zeit wurden hier wie auch andernorts im ›Hoheitsgebiet‹ der Propstei die Lehensgüter durch Erbrechtsbriefe an die Lehensinhaber übereignet. Viele Bauernhöfe tragen deshalb auch heute noch im Hausnamen den Zusatz ›Lehen‹.

Die Bevölkerung lebte früher vorwiegend von den Erträgen aus Land- und Forstwirtschaft. Dies erklärt auch, warum im Gemeindewappen der heilige Vinzenz, Schutzpatron der Holzfäller im deutschsprachigen Alpengebiet, dargestellt ist. In seinen Händen hält er die einstmals typischen Handwerksgeräte der Holzarbeiter: Griesbeil und Merschl.

Im 20. Jh. vollzog sich ein drastischer Strukturwandel, und inzwischen ist der Tourismus zur überwiegenden Existenzgrundlage geworden. In der Gemeinde Ramsau wurden erst im

DAS ›INNERE‹ BERCHTESGADENER LAND

Ramsau, historische Ansicht

Jahr 1972 Straßennamen eingeführt. Vorher unterschied man zwischen den vier ›Gnotschaften‹ *Taubensee, Au, Antenbichl* und *Schwarzeck,* und die Gebäude besaßen neben dem Hofnamen nur jeweils eine Hausnummer. Welche Auswirkungen der boomende Fremdenverkehr inzwischen auf den Ort hat, erfährt der Besucher hautnah, wenn er z. B. zur Hauptreisezeit entlang der Dorfstraße einen Parkplatz sucht oder nur dort zu bummeln versucht. Und es läßt sich auch in der Fremdenverkehrsstatistik nachlesen: Bei einer Einwohnerzahl von 1700 verzeichnete Ramsau im Jahr 1990 rund 66 000 Gäste und eine Übernachtungszahl von knapp 500 000.

Wundern braucht sich niemand über diese Popularität. Die Gemeinde Ramsau besitzt nicht nur das Prädikat eines heilklimatischen Kurorts; es ist nun einmal ein Feriengebiet wie aus dem Bilderbuch: malerisch am Oberlauf der Ramsauer Ache gelegen, eingebettet zwischen die gewaltigen Felsmassive von Watzmann, Hochkalter, dem Gebirgsstock der Reiter Alpe und den sanfteren Ausläufern des Lattengebirges. Gut markierte Spazier- und Wanderwege erschließen die Umgebung; Ramsau ist idealer Ausgangspunkt für Berg- und Klettertouren ins Hochgebirge, und – nicht zuletzt – machen zahlreiche, gemütliche, meist prachtvoll gelegene Gasthöfe und Einkehrstätten das Urlaubsglück vollkommen. Und wenn schließlich wirklich alle Attraktionen des Ramsauer Tals ›abgehakt‹ sein sollten, was allerdings einige Zeit in Anspruch nehmen dürfte, dann sind Berchtesgaden und der Königssee, aber auch Bad Reichenhall oder gar die Festspielstadt Salzburg schnell erreichbar.

☐ Gemeinde Ramsau

Während noch vor gut 100 Jahren das Ramsauer Tal vom ›Rest der Welt‹ aus nur unter Mühen auf schmalen, unwegsamen Saumpfaden zu erreichen war, gelangt man heute bequem über die *Deutsche Alpenstraße* (B 305) in dieses pittoreske Bergtal.

Für die schönste Zufahrt in die Ramsau verläßt der von Norden her (aus Richtung Ruhpolding, Inzell oder Bad Reichenhall) anreisende Kenner die Alpenstraße bereits auf der Paßhöhe gleich nach der *Schwarzbachwacht* und folgt der hier rechts abzweigenden *Alten Reichenhaller Straße*. Dieses schmale Sträßchen bietet kurz nach Passieren des Taubensees (mit Campingplatz) großartige Ausblicke auf Watzmann und Hochkalter, führt vorbei an alten ehemaligen Lehensgütern und windet sich allmählich in die Tiefe, um den Ort Ramsau an dessen westlichem Ortsende zu erreichen.

Von Berchtesgaden kommend gelangt man in die Ramsau durch das sog. ›Tor zur Ramsau‹, einem 1889/90 für den Straßenbau durch die enge Schlucht der Preißenklamm aus dem Fels gesprengten Durchlaß. Im Winter bilden sich hier an den seitlichen Felswänden mächtige Eiszapfen. Gleich darauf passiert man bei der *Wimbachbrücke* den Eingang ins *Wimbachtal* (S. 174, 179). Direkt beim Ortsanfang, wo die von der *Schwarzbachwacht* herunterkommende Deutsche Alpenstraße ins Ramsauer Tal einmündet, steht das Rathaus mit dem **Haus des Gastes** (Kurverwaltung), daneben das ›Kederbacherdenkmal‹ (Abb. 4), das dem Ramsauer Bergsteiger Johann Grill (genannt Kederbacher) anläßlich des 100jährigen Jubiläums der Erstbesteigung der Watzmann-Ostwand errichtet wurde. Und schließlich taucht wie ein vertrautes Kalenderblatt das Wahrzeichen von Ramsau auf: die Pfarrkirche mit ihrem malerischen Friedhof vor der unverwechselbaren Kulisse der Reiter Alpe (Farbabb. 3; Abb. 35, 36).

☐ Pfarrkirche St. Fabian und St. Sebastian

Diese spätgotische Kirche mit ihrer gestreckten Laternenkuppelhaube wurde 1512 unter Fürstpropst Gregor Rainer erbaut. Bemerkenswert sind die kunstvollen, geschnitzten Figuren (15. Jh.) von Christus und den Zwölf Aposteln an der Emporenbrüstung. In einem barocken Relief im oberen Teil des rechten hinteren Seitenaltars erkennen wir das Hauptmotiv des Ramsauer Ortswappens wieder: den hl. Vinzenz mit den einst üblichen Handwerksgeräten der Holzknechte. Wer alte Friedhöfe liebt, darf einen Gang über den bereits in der Mitte des 17. Jh. angelegten Ramsauer Friedhof mit seinen kunstvollen Grabkreuzen nicht versäumen. Doch auch der neue, terrassenartig am Hang oberhalb der Kirche gelegene Gottesacker, den man durch ein schönes Portal aus Ramsauer Nagelfluh betritt, ist einen Besuch wert.

☐ Bergkurgarten

Er befindet sich drüben auf der ›ruhigen‹ Seite der Ramsauer Ache und besteht aus einem großen Wiesenareal, abseits des Dorflärms, mit Spazierwegen, Ruhebänken, einem Spielplatz mit Kletterturm und Spielhäuschen. Auffallendstes Bauwerk ist ein kleiner Rundbau mit Schindeldach. ›**Kleingradierwerk**‹ nennen die Ramsauer bescheiden ihr Freiluftinhalatorium, das mit den Ausmaßen z. B. des Reichenhaller Gradierwerks (s. S. 188) tatsächlich nicht konkurrieren kann. Wie dort, so rieselt auch hier über dicht aufgeschichtete Bündel aus Weißdornreisig die Sole herab (sie stammt aus dem Berchtesgadener Salzbergwerk), versprüht und verdunstet dabei und reichert so die Luft ringsum mit Feuchtigkeit und Salz

DAS ›INNERE‹ BERCHTESGADENER LAND

Ramsauer Pfarrkirche mit Friedhof

an. Das Einatmen soll, wie dies auch von der salzhaltigen Meeresluft bekannt ist, u. a. Luftwegerkrankungen vorbeugen sowie Erkältungs- und Bronchialleiden lindern, die Durchblutung anregen und andere Kurformen ergänzen.

Nur wenige Schritte sind es von hier durch die Ausläufer des Bergwalds zu einer Kneippanlage mit Wassertretbecken und Armbad.

☐ Wallfahrtskirche Maria am Kunterweg

Knapp oberhalb des Ramsauer Ortszentrums steht die spätbarocke Wallfahrtskirche Maria am Kunterweg. Sie ist zu Fuß in etwa 20 Minuten auf dem im Ortszentrum beim Gästehaus Oberwirt beginnenden Wallfahrtsweg zu erreichen. Gleich zu Beginn des Wallfahrtswegs passieren wir eine eindrucksvolle Kalvarienbergkapelle. Die Kreuzigungsgruppe in dem mächtigen säulengetragenen Gewölbebau mit farbenfrohem Deckengemälde stammt aus dem Jahr 1774. An den unverputzten Säulen erkennen wir das heimische Baumaterial, den Ramsauer Nagelfluh (s. S. 178). Vergleichsweise schlicht sind die hölzernen Kreuzwegstationen, die uns auf dem weiteren Weg bis zur Kirche begleiten.

Die zwischen 1731 und 1733 erbaute Kunterwegkirche steht nicht, wie ihr dies angemessen wäre und es auf viele ihrer Schwestern zutrifft (z. B. Maria Gern, Ettenberg, St. Bartholomä), weithin sichtbar auf einem freien Gelände, sondern sie taucht plötzlich am Berghang, versteckt zwischen Bäumen, vor dem Wanderer auf. Ihre Architektur kommt uns bekannt vor: die an das rechteckige Schiff angesetzten halbrunden Konchen mit schindelgedeckten Kuppeln und laternenartigen Türmchen kennen wir in ähnlicher Form u. a. auch vom Kirchlein St. Bartholomä am Königssee. Im Innern trennt ein schönes, schmiedeeisernes Gitter den Vorraum vom Kirchenschiff ab, erlaubt jedoch einen Blick auf den prächtigen, ganz aus Holz gefertigten dreigeschossigen Hochaltar (Abb. 37) mit dem geschnitzten Gnadenbild aus dem Jahr 1690, die beiden Seitenaltäre sowie eine Anzahl von Votivbildern. Das Deckengemälde in seiner Gesamtheit sieht man am besten von der seitlich zur Empore hochführenden Treppe aus. Es stellt den Sieg der katholischen Kirche über die ›Irrgläubigen‹ dar und bezieht sich auf die große Protestantenvertreibung im Jahr 1733 (s. S. 21 f.), dasselbe Jahr, in dem die Kunterwegkirche auch fertiggestellt und vom damaligen Propst Cajetan Anton von Nothaft geweiht wurde. In der Bildmitte ist die Klosteranlage Berchtesgadens zu sehen, darüber die siegreiche Muttergottes, und zu ihren Füßen kniet der regierende Fürstpropst. Im unteren Teil liegen die bösen Abtrünnigen, Engel schleudern Blitze auf sie herab. Laut einer Inschrift wurde »durch die Fürsprache der unbefleckten Jungfrau und Gottesgebärerin die verderbliche Irrlehre von dieser Kirche verdrängt«.

☐ Zauberwald und Gletscherquellen

Eine Wanderung von Ramsau durch den Zauberwald zum Hintersee gehört zu den attraktivsten und lohnendsten Ausflügen. Wer allerdings zur Hochsommerzeit auf Höhe der **Gletscherquellen** sprudelnde Wassermassen erwartet, wird meist enttäuscht sein. Nur zur Zeit der Schneeschmelze oder nach ergiebigen Regenfällen kommt hier das Wasser von den Berghängen herunter, fließt zwischen den bemoosten Felsbrocken hindurch und mündet etwas unterhalb des Wanderwegs in die Ramsauer Ache. Ganzjährig lohnend ist dagegen der Blick von der Bachbrücke in die **Marxenklamm**. Tief und eng eingeschnitten zwischen steilen Wänden aus Jurakalk rauscht unter uns die vom Hintersee kommende Ramsauer Ache hindurch.

Erst die letzte Etappe vor Erreichen des Hintersees verdient die Bezeichnung **Zauberwald** zu Recht. Aus dem bisher recht undramatischen Bergwald wird eine wilde Märchenlandschaft. Felsstürze, die von den steilen Hängen des Hochkalter herunterkamen, schufen ein faszinierendes Chaos. Die Ramsauer Ache ist zum romantischen Wildbach geworden, rauscht über hohe Felsblöcke, bildet Kaskaden und kleine Wasserfälle, gurgelt in tiefen, ausgewaschenen Gumpen und sucht sich einen Weg über querliegende Baumstämme und blockierende Felsbrocken talwärts. Durcheinandergeworfene, mächtige Gesteinstrümmer türmen sich zwischen den Bäumen auf. Längst sind sie mit Moos, mit Büschen, ja sogar mit Bäumen bewachsen. Der Wald hat sich die steinernen Eindringlinge einverleibt. Der bisher recht gradlinig verlaufene Weg schlängelt sich um all diese Hindernisse herum, klettert über Steinbrocken und windet sich durch enge Felspassagen. Es ist eine abenteuerliche, vor allem auch für Kinder interessante und unterhaltsame Etappe, bis der Weg dann plötzlich aus dem Wald herausführt und man bei der im Jahre 1621 für die Holztrift erbauten Seeklause (deren Mauerreste am Seeabfluß noch zu sehen sind) am Ufer des Hintersees steht.

DAS ›INNERE‹ BERCHTESGADENER LAND

☐ **Hintersee**

Dieser malerisch zwischen Reiter Alpe und Hochkalter eingebettete See (789 m) verdankt seine Existenz einer Naturkatastrophe: Ein gewaltiger Bergsturz vom Hochkalter verbaute einst dem vom Hirschbichl herunterkommenden Klausbach den Weg. Das Wasser staute sich auf und bildete einen See, der ursprünglich bedeutend größer war als der heutige Hintersee und sich weit ins Klausbachtal erstreckte. Durch das Geröll, das der Klausbach mitführte und im See ablud, verlandete der See an seinem südlichen Ende mehr und mehr. Um dies zu stoppen, aber auch zur Erleichterung der einstigen Holztrift, verlegte man den Unterlauf des Baches und leitete ihn – mit Dämmen reguliert – östlich um den See herum. Erst beim Seeabfluß, der Seeklause, stößt der Bach wieder dazu und mündet in die Ramsauer Ache.

Der Hintersee ist vielleicht nicht ganz so häufig von Künstlern gemalt und in dichterischer Form geschildert worden wie der Königssee, aber an Beliebtheit steht er seinem großen Bruder kaum nach. Für zahlreiche Bergfilme bildete er die romantische Hintergrundkulisse. Während der bedeutend größere Königssee dem Besucher nur an wenigen Stellen direkten Uferkontakt ermöglicht, gibt sich der Hintersee zugänglicher (Farbabb. 4; Abb. 38). Er läßt sich in einer knappen Stunde zu Fuß umwandern (teilweise allerdings dicht neben der Fahrstraße); Tret- oder Ruderboote können gemietet werden, sonstige Wassersportarten (z. B. Surfen, Segeln, Tauchen, Befahren mit Kajak oder Faltboot etc.) sind jedoch verboten; es gibt keine organisierten Fahrten mit Vergnügungsbooten und kein offizielles Schwimmbad (was aber nicht bedeutet, daß das Baden im See grundsätzlich verboten wäre). Für das Fischen (vor allem Forellen und Saiblinge) ist ein Erlaubnisschein erforderlich (Näheres im Hotel Gamsbock/Hintersee). Die nordwestliche Uferseite des Sees ist dicht bebaut mit Hotels und Gaststätten, einem Freizeitzentrum des CVJM sowie Souvenirläden und Kiosken. Fast wie ein Fremdkörper wirkt die kleine Antoniuskapelle (neben Hotel Gamsbock)

Souvenirkioske am Hintersee

mit ihren bunten Deckengemälden, Bildern des 17. Jh. aus dem Leben und Wirken des Heiligen.

An schönen Tagen herrscht ein ziemlicher Rummel am und um den See. Autos und Ausflugsbusse kämpfen zur Hauptreisesaison entlang der Zufahrtsstraße um Parkplätze. Selbst auf den reichlich vorhandenen Rastbänken entlang dem Ufer ist dann u. U. kein Plätzchen mehr zu finden.

Auf eine lange Tradition blickt das **Gasthaus Auzinger** nahe dem Südende des Sees zurück. Nachdem die Vorgängerbauten mehrmals durch Lawinenabgänge zerstört worden waren, baute man an etwas sicherer Stelle in den sechziger Jahren des vorigen Jahrhunderts eine neue Herberge. Schon bald entwickelte sie sich zu einem beliebten Treffpunkt bekannter Künstler und gelehrter Reisender, die sich von dem malerischen Hintersee und der wuchtigen Bergkulisse angezogen fühlten. Mit dem Einzug der neuen Pächterin Babette Auzinger erlebte die Herberge offenbar einen besonderen Aufschwung. Ein Chronist aus der damaligen Zeit berichtet, daß das bis 1879 »gänzelich leere Haus am Hintersee, so Herberg von vieller lustiger Maler und fahrender Luftschnapperer gewest ist, von der Auzingerin von Ilsang, ein Wittib mit vier jungen Wurmern (drei weiblichen und einem männlichen) bezogen wurde, die von fruhe bis spat schaffete, daß die Herberg wohnlich wurdd« und durch die Anschaffung einer »Schißkegelstatt und eines Klimperkastens, allso Spinettel benahmset« auch für Stimmung in den Künstlerkreisen sorgte.

☐ Wartstein

Vom nördlichen Ende des Hintersees aus führt uns ein markierter Wanderweg in etwa einer halben Stunde hinauf auf den Gipfel des **Wartsteins** (893 m), einem – trotz seines geringen Höhenunterschieds zum See (ca. 100 m) – unerwartet lohnenden Aussichtspunkt. Unter uns liegt wie gemalt der Hintersee vor der Kulisse der Reiter Alpe; genau im Süden sehen wir den kleinen Blaueisgletscher hoch oben am Hochkalter glitzern. Hinter der linken Flanke des Hochkalter lugt ein kleines Eckchen des Watzmann hervor. Weiter gen Osten erstreckt sich das Hagengebirge mit dem Schneibstein, gefolgt von Jenner, dem gewaltigen Bergstock des Hohen Brett und Hohen Göll mit dem Kehlsteinhaus auf dessen Ausläufer links außen. Wir vernehmen aus dem Zauberwald tief unter uns das Rauschen der Ramsauer Ache, erblicken zwischen den Bäumen oberhalb des Ortes Ramsau die Türme und Kuppeldächer der Wallfahrtskirche Maria am Kunterweg und wundern uns, daß von den vielen Besuchern, die das Seeufer bevölkern, kaum einer den Weg hier hoch zu diesem paradiesischen Plätzchen findet. Eine pyramidenförmige Gedenkstätte auf dem Gipfel des Wartsteins erinnert an die Opfer beider Weltkriege.

Nur wenige Meter unterhalb des Gipfels schauen wir kurz ›um die Ecke‹ zur *Magdalenenkapelle*, kein Bauwerk, sondern eine natürliche Felsgrotte mit einem kleinen Altar und einer Figur der hl. Magdalena. Im Winter können sich in der Grotte durch Tropfwasser originelle Eiszapfen und -säulen bilden.

DAS ›INNERE‹ BERCHTESGADENER LAND

□ **Durchs Klausbachtal über die Bindalm zum Hirschbichlpaß**

Dieser lohnende Ausflug durch das **Klausbachtal** im Nationalpark Berchtesgaden bringt uns vom Parkplatz an der Hirschbichlstraße (knapp 1 km nach dem Hintersee) zum **Hirschbichl** (1 153 m). Bereits im 13. Jh. verlief auf dieser Route ein Saumpfad, der jahrhundertelang für die Salztransporte von den Salinen in Schellenberg und Berchtesgaden über den Hirschbichlpaß hinüber in den Pinzgau und nach Tirol eine bedeutende Rolle spielte. Bis zum Bau der Hirschbichlstraße (1805–07) konnte der Weg, der speziell im oberen Bereich durch steinschlag- und lawinengefährdetes Gelände führt, nur von Saumpferden, kleinen Karren oder einspännigen Schlitten benutzt werden. Heute führen zwei Wege hinauf zum Hirschbichl: die geteerte Hirschbichlstraße (für den öffentlichen Verkehr gesperrt; nur gelegentlicher Linienbusverkehr bis zur Engert-Holzstube) sowie der Wanderweg Nr. 481, den wir wählen und der die Hirschbichlstraße schon ca. 300 m nach dem Sperrgatter verläßt.

An der *Hirschbichlstraße* liegt knapp 2 km nach dem Sperrgatter das *Rotwildgatter* (im Winter Wildfütterung; s. unten), und kurz darauf (bei km-Tafel 28,5) befindet sich rechts des Wegs der sog. *Heiratsstein,* ein grober, runder Felsklotz aus Ramsauer Nagelfluh mit einer Mulde, in der ein glattgeschliffener, recht gewichtiger Stein ruht. Nach der Sage wird jedem, der den kleineren Stein dreimal um den großen herumträgt, noch im gleichen Jahr Eheglück beschieden sein (gesicherte Erfolgsmeldungen sind allerdings nicht überliefert).

Unser Wanderweg Nr. 481 zum Hirschbichl führt zunächst durch ein parkähnliches, ebenes Waldgelände. Man sieht dem Talboden nicht mehr an, daß sich bis hierher einst der Hintersee erstreckte (s. S. 170). Wir stoßen auf den Klausbach, der hier gezähmt hinter einem Damm fließt. Erst während des weiteren Aufstiegs wird das Wasser wilder und das Gelände steiler. Es geht vorbei an der Engert-Holzstube (Unterstandhütte), und immer wieder fällt der Blick auf die schroffen Felsabstürze der Grundübel- und Mühlsturzhörner, auch ›Ramsauer Dolomiten‹ genannt.

Nach 1½–2stündiger Wanderung erreichen wir kurz vor der Paßhöhe in einem offenen Wiesengelände und umgeben von einer wilden Gebirgskulisse, die **Bindalm** (1 120 m) – eine Almsiedlung mit vier Hütten: Schiedkaser, Möslerkaser, Baldramkaser und Kressenkaser (Abb. 40), alle unter Denkmalschutz stehend. Diese alten ›Kaser‹ – ein in der Berchtesgadener Region gebräuchlicher Ausdruck für Almhütten, der nichts mit ›Käse‹ zu tun hat, sondern vom lateinischen ›casa‹ = Haus abgeleitet wurde – sind ganz aus Holzstämmen gebaut, die Legschindeldächer mit Steinen beschwert. Nur noch Mösler- und Kressenkaser werden heute almwirtschaftlich genutzt (im Sommer einfache Jausenstation; Abb. 39). Der ›Baldramkaser‹ blickt in seinem Ursprung auf das stattliche Alter von mehr als 300 Jahren zurück. Auch der ›Schiedkaser‹ hat ein Alter von weit über 200 Jahren. Man hat ihn allerdings erst im Jahr 1981 hierher ›verpflanzt‹. Vorher stand er auf der bis 1960 bewirtschafteten Feldalm östlich des Funtensees im Steinernen Meer. Auf Veranlassung der Nationalparkverwaltung wurde er mit Hubschrauber und Lkw hierher transportiert (zum Standort des 1962 abgebrochenen Klettnerkasers) mit dem Ziel, das einstige Ensemble von vier Kasern wiederherzustellen.

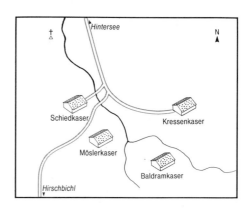

Die Bindalm-Kaser beim Hirschbichl

Von der Bindalm sind es nur noch ein paar Minuten weiter bis zur deutsch-österreichischen Grenze knapp vor dem eigentlichen **Hirschbichlpaß**. Ein Wirtshaus, ein Unterkunftshaus des Alpenvereins (geöffnet von Pfingsten bis Anfang Oktober) und eine kleine Kapelle befinden sich gleich hinter dem Schlagbaum im Land Salzburg (Ausweispflicht!). Zufahrt zum Hirschbichl von österreichischer Seite (Weißbach im Saalachtal) nur für Anlieger.

☐ Wildfütterung beim Hintersee

Außerordentlich beliebt ist bei Wintergästen die Wildfütterung in der Nähe des Hintersees. Folgt man vom Parkplatz an der Hirschbichlstraße im Ortsteil Hintersee dem im weiteren Verlauf für den öffentlichen Verkehr gesperrten Sträßchen in Richtung Hirschbichl, so erreicht man nach knapp 2 km (ca. ½ Std. Gehzeit) das *Rotwild-Wintergatter Hintersee* (Abb. 41).

Mit beginnendem Winter, wenn der Schnee die Futtersuche für das Wild erschwert, zieht – angelockt von einer großen Futterstelle – das Rotwild in dieses etwa 45 ha große eingezäunte Gelände. Die anfänglich geöffneten Tore werden dann geschlossen, und das Wild kann so bis zum Wiedererrgrünen der Natur im Frühjahr mit Futter versorgt werden. An der Futterkrippe finden sich (vorwiegend nachmittags) viele Hirschkälber und -kühe, aber auch stolze Prachthirsche mit mächtigen Geweihen zur täglichen Fütterung ein. Im Frühjahr werden die Tore im Zaun wieder geöffnet und das Wild in die Freiheit entlassen.

Früher, als die Welt noch ›in Ordnung‹ war, hielt sich das Rotwild nur im Sommer im Gebirge auf. Rechtzeitig vor Wintereinbruch wanderten die Rudel talwärts, um in den tieferen Gebirgstälern und im Voralpenland zu überwintern. In den bewaldeten Flußauen, in Filzen und Mooren fanden sie Ruhe, genügend Futter und artgerechte Lebensbedingungen. Doch seit der Mensch mit Ackerbau und Forstwirtschaft, mit Siedlungen, Straßen und Industrie das Land beansprucht, die Moore kultiviert, die Flüsse verbaut und die alten

Wildwechsel hinaus ins Alpenvorland blockiert hat, sind diese jahreszeitlichen Wanderungen nicht mehr möglich. Aus dem einstigen Sommergast ist ein Dauergast im Gebirge geworden, dem man hier als Ausweichlösung für den verlorengegangenen Lebensraum rotwildgerechte Überwinterungsmöglichkeiten bietet. Dies geschieht durch gezielte Fütterung an geeigneten Plätzen. Das Futter (vorwiegend Heu und Silage) ist dem winterlichen Äsungsangebot in der freien Natur weitgehend angepaßt. Auf diese Weise kann das Rotwild den harten und schneereichen Winter in den Bergen überleben, und Verbiß- und Schälschäden am Bergwald werden gering gehalten.

☐ Wimbachtal (Wimbachgries)

(630–1327 m). Am östlichen Ortsende von Ramsau führt die *Wimbachbrücke* (630 m) über die Ramsauer Ache. Den Beginn des Wimbachtals (bei der Bushaltestelle Wimbachbrücke an der B 305) markieren Hotels und Gaststätten und ein riesiger Parkplatz, der dennoch oft nicht ausreicht, die vielen Besucher aufzunehmen. Kein Wunder! Durch das Wimbachtal läßt sich für jedermann – wie kaum irgendwo sonst – auf bequeme Weise ein Ausflug mitten hinein in eine wilde, hochalpine Landschaft unternehmen. Außerdem beginnt hier ein populärer Aufstiegsweg (Nr. 441) zum Watzmann-Unterkunftshaus (Münchner Haus; 1928 m; geöffnet von Anfang Juni bis Anfang Okt.), weiter zum Hocheck (2652 m) und (nur für geübte und schwindelfreie Bergsteiger) zur Mittelspitze (2713 m), dem höchsten der Watzmanngipfel. Im Osten des Tals ragt das Watzmannmassiv in den Himmel, im Westen der Hochkalter, und im Süden bilden die markanten Palfelhörner den Abschluß dieses alten Gletschertals, wohl eines der großartigsten und ursprünglichsten Täler des deutschen Alpenraums.

Die Bezeichnung Wimbach-›Gries‹ stammt von dem breiten Strom von Gesteinsschutt aus ›gries‹- oder ›grus‹-artig verwittertem Ramsaudolomit, mit dem der Talboden auf etwa 7 km Länge in einer stellenweise über 300 m dicken Schicht bedeckt ist. Spektakuläre Felsstürze haben zur Entstehung dieser gewaltigen Trümmerhalden beigetragen, aber es sind vor allem die Schmelzwasserläufe, Bäche und die in dieser Region so häufigen Regengüsse, die unermüdlich Material von den Bergen herabspülen, auf dem Talboden ablagern und den Gesteinsstrom gletscherähnlich in ständiger, langsamer Bewegung halten. Etwa 4500 m^3 Felsmaterial sollen jährlich dem Talausgang entgegenwandern. Das Wasser selbst bewegt sich als Grundwasserstrom und somit großenteils unsichtbar unter diesem Geröllteppich und tritt erst knappe 3 km vor der Einmündung in die Ramsauer Ache wieder zutage. Dort befindet sich die Quellfassung für die Trinkwasserversorgung Berchtesgadens, und erst ab dort fließt der Wimbach zunächst als kräftiger Bergbach und dann als rauschendes Wildwasser durch die tief eingeschnittene Wimbachklamm talauswärts bis zur Ramsauer Ache.

Nach der Eiszeit staute eine Felsbarriere das Wasser des Wimbachs zu einem See auf, der von Süden her zunehmend mit Geröll aufgefüllt wurde. Das Wasser stieg an und floß über die Barriere zum Ramsauer Tal hin ab. In Jahrtausenden schmirgelte es zusammen mit dem Gesteinsschutt eine kurze, aber tiefe Schlucht in den Fels und schuf so die heutige **Wimbach-**

Im Wimbachtal

klamm. (Gehzeit ab Wimbachbrücke: ca. ¼ Std.; gebührenpflichtig; begehbar von ca. Anfang Mai bis Mitte Okt. Vorsicht mit Kindern auf den oft glitschigen Stegen, Treppchen und Brücken; die Klamm kann auf einem steilen Fahrweg umgangen werden.)

Besonders zur Zeit der Schneeschmelze oder nach starken Regenfällen ist der Besuch der Klamm ein eindrucksvolles Erlebnis. In der Tiefe der Schlucht gurgelt das Wasser in ausgewaschenen Strudellöchern, ringsum brodelt und spritzt es, Wasserfälle stürzen herab, und man hat das Gefühl, als wolle sich der Wimbach für seinen langen unterirdischen und buchstäblich ›unterdrückten‹ Fluß jetzt durch besonders wildes Gebaren entschädigen. Es erscheint fast unglaublich, daß bis Mitte des vorigen Jahrhunderts durch die enge Klamm Holztriften für die Berchtesgadener Saline durchgeführt wurden.

Nach 1¼–1½stündiger Gehzeit (ab Wimbachbrücke) auf problemlosem, meist nur mäßig ansteigenden Wanderweg erreichen wir das **Wimbachschloß** (937 m). Es wurde im Jahr 1784 von Joseph Conrad Schroffenberg, dem letzten Fürstpropst von Berchtesgaden, als Jagdschloß erbaut und später auch bei den Jagden der bayerischen Regenten benutzt. Dieses Jagdrevier wurde einst wegen des großen Wildreichtums auch ›Thiergarten‹ genannt. Heute beherbergt das Wimbachschloß eine beliebte Ausflugsgaststätte (geöffn. von Mitte Mai bis Ende Okt.).

Immer gewaltiger wird nun die Szenerie, durch die unser Weg weiterhin sanft bergauf führt. Doch der Friede um uns herum ist trügerisch. Bereits viermal in diesem Jahrhundert haben gewaltige Felsstürze das Wimbachtal erschüttert. So z. B. 1908, als vom Hochkaltergipfel etwa ¼ Mill. m³ Fels mit Getöse und in eine riesige, dunkle Staubwolke gehüllt zu Tale stürzten, oder 1959, als ein etwa 150 m hoher Felsturm zwischen den beiden Palfelhörnern zusammenbrach und sich mehrere hunderttausend Kubikmeter Gesteinstrümmer wie ein Lavastrom ins hintere Wimbachtal ergossen.

Etwa 1–1¼ Std. nach Verlassen des Wimbachschlosses erreichen wir schließlich die **Wimbachgrieshütte** (1 327 m). Dieses Unterkunftshaus des Touristenvereins ›Die Naturfreunde‹ wird ab Mitte Februar nur samstags und sonntags bewirtschaftet, von Mai bis Ende Oktober durchgehend. Spätestens hier bei dieser gemütlichen, von einer dramatischen Bergkulisse umgebenen Hütte mit Bänken und Tischen im Freien hat man sich eine Pause und Einkehr verdient (Abb. 42).

Die Wimbachgrieshütte ist Ausgangspunkt für Bergwanderungen zum Trischübel (1 Std.), zum Hundstodgatterl (3 Std.), zum Kärlinger Haus/Funtensee (4½–5 Std.), zum Ingolstädter Haus (4–4½ Std.), nach St. Bartholomä am Königssee (3½–5 Std., nur für Geübte).

☐ Hindenburglinde

Dieser als Naturdenkmal ausgewiesene Baumriese steht beim gleichnamigen Gasthof direkt an der von Ramsau Richtung Inzell führenden Deutschen Alpenstraße. Der vormals nur als ›Große Linde‹ bekannte, rund 1000jährige Baum erhielt seinen Namen durch einen Gemeinderatsbeschluß der Ramsauer im Jahr 1933. Man hatte unter dem Eindruck von Hitlers Machtergreifung sowohl Hitler als auch dem Reichspräsidenten von Hindenburg das Ehrenbürgerrecht der Gemeinde verliehen. Der Schulhausplatz wurde in ›Adolf-Hitler-Platz‹ umgetauft; Hindenburg bekam die Linde. Ihr Stammumfang wird mit 15 m angegeben (wobei man wohl großzügig die Wurzelansätze mitgemessen hat), ihre Höhe und der Kronendurchmesser mit jeweils etwa 35 m. Beachtlich sind nicht nur das Alter und die gewaltigen Dimensionen, sondern auch der für Linden ungewöhnlich hohe Standort von 830 m. Vom Ramsauer Ortszentrum führt ein schöner Fußweg über die Kunterwegkirche (s. S. 168 f.) in etwa 30 Min. Gehzeit hinauf zur Linde.

☐ Taubensee

Folgt man der Deutschen Alpenstraße weiter bergauf, so erreicht man wenig später den *Parkplatz Taubensee*. Ein paar Schritte bergab und man steht am Ufer des Sees (873 m), einem typischen Karstwassersee, der durch unterirdische Quellen gespeist wird, also keinen sichtbaren Zufluß hat. Sein Abfluß, der Lattenbach, mündet unten im Tal in die Ramsauer Ache. Am Taubensee hat man ausnahmsweise einmal nicht dem Tourismus und dem Naturnähe fordernden Besucher den ersten Rang eingeräumt. Auch der Campingplatz (Simonhof; von der Alten Reichenhaller Straße aus zu erreichen) hält gebührend Abstand zu dem

Gewässer. In diesem Landschaftsschutzgebiet stehen wir vor einem streng abgeschotteten, eingezäunten Biotop für Wasservögel, das auch einen ungestörten Laichplatz für Frösche, Kröten und andere Wassertiere darstellt. Seerosen schwimmen auf der Oberfläche, Schilfgürtel mit allerlei seltenen Pflanzen und Gräsern säumen das Ufer des malerischen Waldsees – eine Idylle, die der Besucher nur außen am Zaun entlang in ca. 1¼ Std. umrunden und bewundern kann. Lediglich ein kleiner Aussichtssteg ragt an einer Stelle ein Stückchen in den See hinein und erlaubt eine Annäherung ans Wasser und vor allem einen phantastischen Ausblick auf die hinter dem See aufragenden Massive von Watzmann und Hochkalter. Gönnen und überlassen wir der Tier- und Pflanzenwelt dieses kleine, unberührte Rückzugsgebiet und freuen uns darüber, daß vielleicht mancher am Hintersee von den Touristenmassen vergraulte Frosch hier eine neue, ruhige Heimat gefunden hat.

Schwarzbachwacht (im Volksmund ›Wachterl‹; 868 m)
Hier befanden sich zu Zeiten der Berchtesgadener Propstei die Zoll- und Grenzstation sowie eine beliebte Einkehrstätte auf dem Weg nach Bayern. Das ›Wachterl‹ liegt am höchsten Punkt der Deutschen Alpenstraße. Längst gibt es hier keinen Schlagbaum mehr; lediglich ein Wirtshaus, Tankstelle, Bushaltestelle und Parkplätze finden wir auf der Paßhöhe. Danach zieht die Straße wieder abwärts, dem Schwarzbach folgend, hinunter ins Saalachtal. Auf gleichem Kurs und dann weiter nach Reichenhall verlief seinerzeit auch die alte Reichenbachsche Soleleitung von Berchtesgaden nach Reichenhall (s. S. 36f.). Das ›Wachterl‹ ist Ausgangspunkt für Wanderungen auf die Reiter Alpe (z. B. über den ›Wachterlsteig‹ und durch die ›Saugasse‹ in 3½–4 Std. zur Neuen Traunsteiner Hütte; 1570 m) oder – zur anderen Seite hin – ins Lattengebirge und zum Predigtstuhl.

Wandervorschläge

☐ **Rundwanderung von Ramsau zum Hintersee**
Gesamtgehzeit: ca. 3–3½ Std.
1. Abschnitt: von *Ramsau* (Ortsmitte) über *Gletscherquellen* und *Zauberwald* (s. S. 169) zum *Hintersee*.
Gehzeit: ca. 1 Std.
Dieser Spaziergang durch wildromantische Landschaft entlang der Ramsauer Ache gehört zum Pflichtprogramm eines jeden Ramsau-Besuchers.
2. Abschnitt: Rundgang um den *Hintersee* (s. S. 170f.).
Gehzeit: ca. ¾ Std.
3. Abschnitt: Rückweg nach Ramsau über *Wartstein* (s. S. 171) und *Kunterwegkirche* (s. S. 168f.).
Gehzeit: ca. 1¼ Std.
Diese vergleichsweise selten begangene Wegvariante kombiniert großartige Ausblicke mit ›Kultur am Wege‹.

☐ **Soleleitungsweg (Ramsauer Höhenweg/›Balkon des lieben Gottes‹)**
Gesamtgehzeit: ca. 3 Std.
1. Abschnitt: Aufstieg von *Ramsau* (Ortsmitte) über *Kunterwegkirche* (s. S. 168f.), *Hindenburglinde* (s. S. 176; Gasthaus) zum *Soleleitungsweg*.
Gehzeit: ca. ¾ Std.

Ramsauer Nagelfluh

Dem aufmerksamen Besucher der Ramsau wird diese Gesteinsart, die übrigens auch in anderen Teilen des Berchtesgadener und Salzburger Landes vorkommt, sicher schon aufgefallen sein. Alte Bildstöcke, die besonders ›verwittert‹ aussehen, Tür- und Fenstereinfassungen, aber auch Mauersockel von Gebäuden, die grob, porös und wie von Wind und Wetter ausgewaschen wirken, sind aus dem heimischen Nagelfluh (im Volksmund auch Nagelstein genannt) errichtet. Der Laie wundert sich, daß dieses wie aus Bauschutt zusammengepreßt und gekittet wirkende Material sich überhaupt als Baustoff eignet. Tatsächlich handelt es sich um Geröll aus Ramsaudolomit und Dachsteinkalk, das ein Ausläufer des Saalachgletschers während der letzten Eiszeit aus den Zentralalpen herantransportierte und hier ablagerte und das sich in der Folgezeit zu einem großkörnigen, bis zu 80 m dicken Konglomerat verdichtete und verfestigte. Erst nach dem Abbau, an der Luft, härtet das Gestein richtig aus, ist daher zunächst leicht zu brechen und zu bearbeiten. Früher gehörte das Steinbrechen neben dem Holzhandwerk jahrhundertelang mit zu den wichtigsten Erwerbszweigen der Ramsauer Bevölkerung. Im 17. Jh. waren die Steinbrüche in vollem Betrieb. Es gab eine eigene Steinbrecherzunft, und die Abbaurechte waren streng geregelt. Während man die aus dem grobkörnigeren Gestein gebrochenen Blöcke überwiegend zum Gebäudebau verwendete, eignete sich das feinkörnigere, härtere Material besonders zur Herstellung von Mühlsteinen. Immerhin soll es in Glanzzeiten allein im Ramsauer Gebiet 27 wasserbetriebene Getreidemühlen gegeben haben. Daneben waren die Ramsauer Mühlsteine trotz Gewicht und Sperrigkeit auch weithin gefragte Handelsprodukte, die zusammen mit anderer ›Berchtesgadener War‹ überwiegend auf dem Wasserweg über Salzach, Inn und Donau transportiert wurden, zu einem Großteil sogar ins Ausland.

Nagelfluh-Bildstock am Beginn der Alten Reichenhaller Straße

Der Abbau von Ramsauer Nagelfluh ist gegen Ende des letzten Jahrhunderts – vor allem mit Zunahme des Fremdenverkehrs und dadurch neuer, lukrativer Erwerbsquellen – uninteressant geworden. Die alten Steinbrüche (vor allem an der Nordseite des Hochkaltermassivs, aber auch an der gegenüberliegenden Talseite, entlang des Lattenbach nahe der Kunterwegkirche) sind längst aufgelassen und überwachsen. Interessant ist aber, wie häufig man noch auf diesen auffälligen Baustoff stößt. So bestehen z. B. der Sockel der Ramsauer Pfarrkirche, die Toreinfassung zum dortigen Bergfriedhof, Sockel und Säulen der Kalvarienbergkapelle am Wallfahrtsweg zur Kunterwegkirche oder auch der vermutlich aus dem 17. Jh. stammende Bildstock am Beginn der Alten Reichenhaller Straße neben der Lattenbachbrücke aus diesem heimischen Material.

Wer die reichlich 200 Höhenmeter dieses Aufstiegs scheut, kann den RVO-Bus der Linie Ramsau – Schwarzbachwacht – Bad Reichenhall bis zur Haltestelle ›Hindenburglinde‹ an der Deutschen Alpenstraße benutzen und ab hier das Reststück (ca. 10 Min.) zum Soleleitungsweg hinaufsteigen.
2. Abschnitt: Höhenwanderung auf *Soleleitungsweg* über *Zipfhäusl* (Gasthaus), *Gerstreit* (Gasthaus) zum *Söldenköpfl* (Gasthaus).
Gehzeit: ca. 1 ½ – 1 ¾ Std.
Dieser bequeme (im Winter geräumte und gestreute), nahezu eben an dem offenen, sonnigen und aussichtsreichen Südhang des *Toten Manns* angelegte Höhenweg ist der ›Klassiker‹ aller Soleleitungswege. Er verläuft entlang der ehemals vom Berchtesgadener Salzbergwerk zur Reichenhaller Saline führenden, 29 km langen Reichenbachschen Soleleitung (s. S. 36). Da dieser Abschnitt der Soleleitung seit 1927 nicht mehr in Betrieb ist, sind von der eigentlichen Leitung nur noch sehr selten ein paar kümmerliche Reste zu sehen. Der Weg hat mehrmals Verbindung zum Ramsauer Tal, kann also abgekürzt bzw. mit anderen Wegen zu einer Rundwanderung kombiniert werden. Schautafeln am Weg vermitteln Wissenswertes über die alte Soleleitung.
3. Abschnitt: Abstieg nach *Ilsank* (s. S. 136).
Gehzeit: ca. ¾ Std.
Abschnittweise etwas steiler Weg durch den Wald nach Ilsank (Bushaltestelle, an der B 305. Rückfahrt nach Ramsau mit dem RVO-Bus der Linie Berchtesgaden – Ramsau.

☐ **Das Klausbachtal**
(ausführliche Beschreibung des Klausbachtals s. S. 172 f.).

Vom *Hintersee* (789 m) über *Bindalm* (1 120 m; sommers einfache Jausenstation), zum *Hirschbichl*/Österreich (1 153 m; Gasthaus/DAV-Bergheim).
Entfernungen: Hintersee (Parkplatz an Hirschbichlstraße) bis Engert-Holzstube (Unterstandshütte) 4 km, Bindalm + ca. 2 km, Hirschbichl + ca. 750 m.
Gehzeiten: Hintersee bis Bindalm: ca. 1 ¾ Std.; weiter bis Hirschbichl + 10 Min.; Rückweg ca. 1 ½ Std.

Abwechslungsreiche, meist nur mäßig ansteigende Wanderung entlang des Klausbachs durch grandiose Berglandschaft im Nationalpark Berchtesgaden (für Grenzübertritt am Hirschbichl und generell wegen Grenznähe: Personalausweis oder Reisepaß erforderlich).

☐ **Durch Wimbachtal und Wimbachklamm ins Wimbachgries**
(ausführliche Beschreibung des Wimbachtals s. S. 174 f.)

Entfernungen: bis Wimbachschloß: ca. 4,5 km, bis Wimbachgrieshütte: + 4,5 km.
Gehzeiten: Wimbachbrücke (Bushaltestelle/Parkplatz) bis Eingang zur Wimbachklamm: ca. ¼ Std., bis Wimbachschloß: + 1 – 1 ¼ Std., bis Wimbachgrieshütte: + 1 – 1 ¼ Std.; Rückweg: ca. 1 ½ – 2 Std.
Höhenangaben: Wimbachbrücke: 630 m, Wimbachschloß: 937 m, Wimbachgrieshütte: 1 327 m.

Kontinuierlich, aber nur mäßig ansteigende Wanderung (Weg Nr. 421) im Nationalpark Berchtesgaden durch hochalpine Landschaft, die aber keine ›hochalpine‹ Erfahrung und Ausrüstung erfordert.

DAS ›INNERE‹ BERCHTESGADENER LAND

Wintersport in der Ramsau

Das wichtigste *Skizentrum* in der Ramsauer Region befindet sich am *Hochschwarzeck* in einer Höhe zwischen 1 000 und knapp 1 400 m. Eine Doppelsesselbahn (zum Hirscheck am Toten Mann) und fünf Schlepplifte erschließen ein ausgedehntes Skigelände mit mehreren, bis zu 2,5 km langen Abfahrten unterschiedlicher Schwierigkeitsgrade (Abb. 43).

Auf einer 3,5 km langen *Rodelbahn* kann man vom Hirscheck talwärts brausen, und für Langläufer gibt es am Hochschwarzeck eine 2,5 km lange *Rundloipe*. Interessant für Familien: Die Skischule Schwarzeck bietet ›Baby-Care‹ und ›Zwergerl-Kurse‹ an. Eine weitere, 7 km lange *Loipe* ist am *Taubensee* angelegt. – Freunde des *Eissports* (Eislaufen, Eisstockschießen) kommen – Kälte und Frost vorausgesetzt – am *Hintersee* auf ihre Kosten.

Kinderskikurs am Hochschwarzeck

Bad Reichenhall und Umgebung

Wappen Bad Reichenhall

Salinen- und Kurstadt Bad Reichenhall

☐ Kurze Stadtgeschichte

›Hall‹ ist das althochdeutsche Wort für ›Salz‹. ›Reich an Salz‹ war und ist Bad Reichenhall (470 m). Schon die Illyrer, dann die Kelten und später auch die Römer, die sich einst im klimatisch begünstigten Reichenhaller Becken ansiedelten, hatten das erkannt, nutzten die Salzvorkommen und betrieben mit dem ›weißen Gold‹ regen Handel. Nach der Einwanderung der Bajuwaren regierten etwa ab der Mitte des 6. Jh. die Agilolfingerherzöge und nahmen die Solequellen und Sudpfannen in Besitz.

Viele Jahrhunderte lang waren es dann die Salzburger Erzbischöfe, die vom Reichenhaller Salz besonders stark profitierten. Ihnen – oder genauer dem hl. Rupert als Gründer ihres Bistums – hatte der bayerische Agilolfingerherzog Theodo II. um das Jahr 700 u. a. 20 Sudpfannen in Reichenhall und stattliche Anteile an den Salzrechten geschenkt. Für mehrere Jahrhunderte machten nun die Salzburger Erzbischöfe ihre Rechte geltend und taten ihr möglichstes, ihren Besitz noch zu mehren. Salzburg verstärkte zudem seine kirchliche Macht in Reichenhall durch Gründung des Klosters St. Zeno. Als sich das Salzburger Erzbistum vom bayerischen Herzogtum zu lösen begann und einen eigenen Territorialstaat ausbildete, entwickelten sich zwischen den Erzbischöfen und den bayerischen Herzögen endlose, erbitterte Streitigkeiten, ja sogar kriegerische Auseinandersetzungen um die Rechte an den einträglichen Reichenhaller Solequellen und Sudpfannen sowie an den dazugehörigen Saalforsten (Holzeinschlag und Holztrift), wobei sich die Salzburger Erzbischöfe als besonders kämpferisch erwiesen. Doch die Bayernherzöge konnten sich letzten Endes durchsetzen. Reichenhall stieg im 12. Jh. zu einer der reichsten Städte Deutschlands auf. Zum Schutz der Stadt und der Solequellen vor weiteren Salzburger Angriffen errichtete man Anfang des 13. Jh. die Burg Gruttenstein direkt über dem Salinengelände und zog einen Mauerring mit 14 Türmen und fünf Toren um die ganze Stadt. Aber auch diese Schutzbauten konnten Reichenhall nicht völlig vor weiteren salzburgischen Einfällen und kriegerischen Verwicklungen schützen.

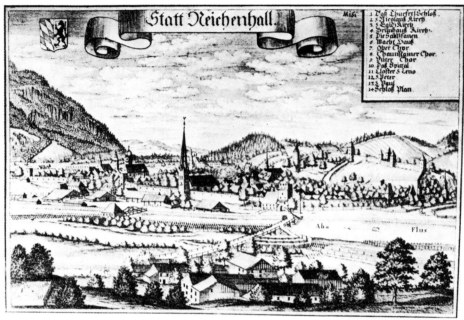

Die Ansicht von Reichenhall, um 1700, zeigt die Saalach mit dem großen Triftrechen und dem Hauptkanal

Um die Wende vom 15. zum 16. Jh. hatten es die bayerischen Regenten schließlich geschafft, sämtliche Quellen und Sudpfannen, die sich bislang eine Vielzahl adliger, geistlicher und bürgerlicher Sudherren teilte, in ihre Gewalt zu bekommen und zunächst ein Produktions-, später auch ein Handelsmonopol für das Salz zu begründen. Da der Gewinn aus Salzproduktion und -handel zu den wichtigsten Einnahmequellen des Staates zählte, war man an der Steigerung der Produktivität durch technische Verbesserungen an den Salineneinrichtungen sehr interessiert. So wurden z. B. Anfang des 16. Jh. die Quellen und der Hauptschacht des Quellenbaus in Marmor gefaßt, ein langer Stollen zur Ableitung unerwünschter Süßwasserzuflüsse gebaut sowie leistungsfähige Pumpwerke zur Soleförderung installiert. Um 1615 wurden erstmals Versuche mit einem Gradierwerk zur Konzentrierung der Sole durch Verdunstung unternommen (gradieren — hochgrädiger machen). Reichenhall erlebte einen steilen wirtschaftlichen Aufschwung, zu dem später noch die wachsende Bedeutung als Kur- und Badeort kam.

Mehrmals im Verlaufe der bewegten Reichenhaller Stadtgeschichte wurde der Ort von Katastrophen heimgesucht. Da waren einmal die Überschwemmungen durch die Saalach, die immer wieder große Schäden anrichteten. Bei einer besonders starken Überflutung im Jahr 1572 brachten die Wassermassen der Saalach sogar Teile der Stadtmauern zum Einsturz.

Mehrmals im 16. und 17. Jh. wütete die Pest im Lande, die zahlreiche Opfer forderte. Am schlimmsten jedoch waren die verschiedenen Stadtbrände, die teilweise durch kriegerische Ereignisse, häufig aber auch nur durch Unachtsamkeit in den Sudhäusern ausbrachen. 1169 war es Erzbischof Adalbert von Salzburg, 1265 der Bischof von Ölmütz, die die Stadt niederbrannten. In den Jahren 1415, 1424 und 1448 vernichteten große Feuer wiederum fast die ganze Stadt. Allein 1515 starben 200 Menschen bei einem Großbrand. Das wohl schlimmste Feuer der Stadtgeschichte wütete im Jahr 1834; es brach in einem Sudhaus aus, vernichtete zunächst die ganze Salinenanlage und legte etwa drei Viertel der Stadt in Schutt und Asche. Vor allem unwiederbringliche Kunstschätze in Kirchen und historisch wertvolle Bauten wurden zerstört. Und schließlich war es der Bombenangriff vom 25. 4. 1945, der zwar nur eine Viertelstunde dauerte, jedoch verheerende Schäden anrichtete.

Reichenhall, schon in früheren Jahrhunderten aufgrund seiner strategisch wichtigen Lage ein bedeutender Militärstandort, war im Zweiten Weltkrieg Garnisonsstadt vor allem für die Gebirgs- und Artillerieregimenter. Nach dem Krieg dienten die Kasernen im Ortsteil Karlstein als Flüchtlingslager, und seit 1958 sind dort die Gebirgsjägertruppen stationiert. Im nahe gelegenen Oberjettenberg und auf der Reiter Alpe unterhält die Bundeswehr auf einem weitläufigen Gelände eine ›Wehrtechnische Erprobungsstelle‹ für Sprengmittel, Sondertechnik und allgemeine Ausrüstung.

Mit der Landkreisreform im Jahr 1972 wurde die bis dahin kreisfreie Stadt Bad Reichenhall zur Großen Kreisstadt im neu gebildeten Landkreis ›Berchtesgadener Land‹ und damit nicht nur zum geographischen Mittelpunkt des Landkreises, sondern – sehr zum Bedauern der Berchtesgadener – im Jahre 1980 auch zu dessen Verwaltungszentrum mit Sitz des Landratsamts und anderer wichtiger Behörden und Ämter.

☐ Ein Gang durch die Stadt

Wer heute durch die gepflegte Kurstadt schlendert, spürt den Wohlstand, den die Stadt dank ihres salzigen Bodenschatzes erlangt hat. Vornehme, alte Villen, zum Teil noch aus der Gründungszeit des Staatsbades, stehen in den parkähnlichen Vorstadtgärten, viel Grünfläche findet sich um hochherrschaftliche Hotels und Kuranstalten. Zahlreiche Brunnen und Denkmäler beleben und bereichern das Stadtbild. Große Teile der Innenstadt sind zur verkehrsfreien Zone erklärt worden. Von den (kostenlosen) Parkplätzen beim Rupertus-Bad und bei der Münsterkirche St. Zeno verkehrt ein Citybus im 10-Minuten-Takt zur Innenstadt. Seit 1991 zählen auch Poststraße und Rathausplatz zur Fußgängerzone. **Ludwig- und Salzburger Straße** – breite, mit Bäumen, Pflanzschalen, Ruhebänken aufgelockerte Einkaufspromenaden – sind schon lange autofrei; die Geschäfte dort erscheinen ›nobler‹ als anderswo, die Auslagen raffinierter. Unübersehbar inmitten der Ladenzeilen: das Café Mozart der Firma Reber mit seinem reizvollen Hinterhof, in dem der Reichenhaller Künstler Alfred Essler im Mozartjahr 1991 der Brunnenfigur des genialen Komponisten eine Bronzefigur seiner Gattin Konstanze beigesellt hat. Der auf Diät gesetzte Kurgast sollte besser die Straßenseite wechseln; durch die Schaufenster blickt man auf eine riesige Pralinen-

BAD REICHENHALL UND UMGEBUNG

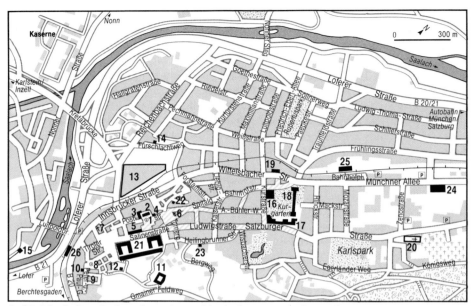

Bad Reichenhall 1 Rathausplatz mit Wittelsbacherbrunnen 2 Altes Rathaus 3 Brauerei Bürgerbräu 4 Brodhaus 5 Beamtenstock 6 St. Ägidikirche 7 Pfarrkirche St. Nikolaus 8 Florianiplatz mit Florianibrunnen 9 Siedlung ›Glück im Winkel‹ 10 Peter-und-Paul-Turm 11 Burg Gruttenstein 12 Pulverturm 13 Neue Saline 14 ›Geisterhäusl‹ 15 Predigtstuhlbahn (Kirchberg) 16 Staatliches Kurhaus 17 Kurmittelhaus 18 Gradierwerk 19 Kurgastzentrum 20 Münsterkirche St. Zeno 21 Alte Saline und Quellenbau 22 Städtisches Heimatmuseum (Ehem. Getreidestadel) 23 Faschings- und Karnevalsorden-Museum 24 Eislauf- und Schwimmhalle 25 Hauptbahnhof 26 Bahnhof Kirchberg

landschaft; auch die berühmten ›Mozartkugeln‹ stammen von hier. Nur ganz verschämt, ohne Hinweis und Werbeschilder, in den Mauern des alten Salinengebäudes versteckt (wer's nicht weiß, findet es kaum) entdeckt man auch die üblichen Einkaufsmärkte für jedermann. (Näheres zur Alten Saline und Quellenbau s. S. 189 ff.). Straßen und Plätze rings um die Alte Saline sind breit und großzügig angelegt; nach dem verheerenden Brand von 1834, der in einem der Sudhäuser ausgebrochen war, hielt man beim Wiederaufbau gebührend Abstand von dem Gebäude.

Auf dem **Rathausplatz** gegenüber dem Salinenkomplex stehen wochentags die Marktstände, überragt von der hohen Säule des **Wittelsbacherbrunnens**. Das **Alte Rathaus** zeigt an seiner Fassade sechs imposante Figuren, die alle eng mit der Reichenhaller Stadtgeschichte in Verbindung stehen: Karl den Großen, St. Rupertus, Friedrich Barbarossa und Ludwig den I. von Bayern, flankiert von der ›Caritas‹ (links) und der ›Justitia‹ (rechts). An der Südseite des Platzes entstand ein neues, unauffälliges Verwaltungsgebäude, und zwischen altem und neuem Rathaus blicken wir auf die große, bemalte Front der **Brauerei Bürgerbräu**. Eine Kurzfassung der Reichenhaller Stadtgeschichte (in Schrift und Bildern) finden wir als gelungene Fassadenmalerei eines Reichenhaller Künstlers am alten **Brodhaus** (Poststraße 11). Wo sich die Poststraße zu einem kleinen Platz erweitert, steht mitten auf dem Gehweg der **Salzamtsschreiber** auf seinem Sockel. Das Polizeigebäude dahinter war bis zum Jahr 1840 das **Salzmaierhaus** (Salinendirektionsgebäude würde man es heute wohl nennen), bevor man umzog in den **Beamtenstock**, gegenüber der Alten Saline.

Die ursprünglich aus dem Jahr 1159 stammende **St. Ägidikirche** brannte beim großen Stadtbrand 1834 im Innern völlig aus, obwohl ein Feuerwächter von ihrem Turm aus die Stadt noch gewarnt hatte. Wie sehr auch das Turmgemäuer durch den Brand gelitten hatte, merkte man erst 1978, als beim Abbruch des Nachbargebäudes der Turm seine Stütze verlor und umzukippen drohte. Nach seinem Abriß entstand 1980 ein mit den alten Steinen wieder verkleideter und jetzt standfester Turm. Heute lohnen vor allem die aufwendigen Holzschnitzarbeiten im Altarraum und an der Kanzel sowie drei in leuchtenden Farben gestaltete Glasfenster einen Blick ins Kircheninnere. An der Außenwand erinnert ein Gemälde an die 224 Toten des Luftangriffs auf Bad Reichenhall, kurz vor Kriegsende, am 25. 4. 1945.

Im Arkadenhof des **Ägidikellers**, etwas versteckt im Mauerwinkel plaziert, hat der Reichenhaller Künstler Walter Andreas Angerer d. J. im Jahr 1981 einen originellen *Brunnen* geschaffen: drei groteske Gesichter grinsen uns an. Eigentlich sollten sie Wasser spritzen, doch laut Auskunft einer Bedienung des dortigen Lokals bleibt der Brunnen abgedreht, weil einmal wertvolles Trinkwasser verschwendet würde und zum andern die Gäste zu häufig den Drang zur Toilette verspürten. Ob Meister Angerer das vergessen hat einzukalkulieren?

Die **Pfarrkirche St. Nikolaus**, eine dreischiffige, romanische Basilika, hat seit Baubeginn (Ende des 12. Jh.) viele Umbauten und Erweiterungen erfahren; sie überstand den großen Stadtbrand von 1834 und wurde in neuester Zeit umfassend renoviert. Aus der Erbauungszeit stammt der Bogenfries an der Außenmauer der südlichen Apsis; er zeigt Tiere und menschliche Halbfiguren. Im Kircheninnern: Säulen, Pfeiler, Bögen, Naturstein und hellgetünchte Flächen, eine klare und beeindruckende romanische Architektur. Aufwendigere Schmuckelemente finden sich im Altarraum. Moritz von Schwind schuf sowohl das große Dreifaltigkeitsbild an der Apsiswand mit den vier Schutzpatronen St. Georg, St. Nikolaus, St. Korbinian und St. Pankraz darunter als auch die 14 Kreuzwegstationen auf den Emporen.

Das **Florianiviertel** gehört zu den ältesten Stadtteilen. Es entging den Flammen beim großen Stadtbrand und wurde einfühlsam restauriert. Rings um den **Florianiplatz** (Farbabb. 23; Abb. 48) stehen dicht aneinandergelehnt behäbige Wohnhäuser. Fassadenmalerei (das oberste Haus zeigt u. a. den Almabtrieb), weit vorgezogene Satteldächer, Spalierobst, das sich an einer Hauswand hochrankt, ein kopfsteingepflasterter Platz und auf dem *Brunnen* in der Mitte der heilige Florian – so oder ähnlich präsentiert sich im alpenländischen Raum auch anderswo das typische Dorfzentrum.

Nur wenige Schritte die Peter-und-Paul-Gasse hoch kommt man zum ›**Glück im Winkel**‹, einer kleinen, nach dem Ersten Weltkrieg entstandenen Wohnsiedlung. Wer an einem war-

BAD REICHENHALL UND UMGEBUNG

Bad Reichenhall, Pulverturm mit Stadtmauer vom ›Glück im Winkel‹ aus

men Frühlingssonntag an den Häuschen mit ihren liebevoll bepflanzten Gärtchen vorbeischlendert, die bunte Blumenpracht bewundert und die Bewohner am Gartentisch beim Nachmittagskaffee sitzen sieht, der versteht den Siedlungsnamen. Schließlich liegt diese friedliche Oase nur ein paar hundert Meter vom belebten Stadtzentrum entfernt.

Beim Bummel durch Bad Reichenhall wird man immer wieder auf Teile der alten Stadtbefestigung stoßen. Oberhalb des Florianiviertels steht z. B. noch der **Peter-und-Paul-Turm,** einer von einstmals 14 Wachttürmen. An einem Wiesenhang, auf dem Weg hinauf zur Burg Gruttenstein, ragt der **Pulverturm** auf zwischen Resten der Stadtmauer, die man unten wiederfinden kann hinter dem Café Mozart in der Heilingbrunner Straße. Teile der alten Stadtbefestigung finden sich auch parallel zur Innsbrucker Straße, die den Stadtkern nach Westen hin begrenzt. Dort, außerhalb der Stadtmauer, liegt das Gelände der **Neuen Saline** (keine Besichtigung), in der seit 1926 die Reichenhaller Sole zu Salz verarbeitet wird. Wer noch weiter stadtauswärts wandert, findet gleich hinter dem Salinengebäude, vor allem in der Umgebung des sog. ›**Geisterhäusls**‹ am Fürschlachtweg, noch die Reste der alten Triftanlagen, die bis 1913 in Betrieb waren. Mit dem Bau der Kiblinger Talsperre (s. unten) endet die Holztrift zur Reichenhaller Saline; die Triftanlagen wurden aufgelassen.

Über die Luitpoldbrücke erreicht man den Ortsteil **Kirchberg** auf der anderen Flußseite. Dort ist auch die Talstation der *Predigtstuhlbahn* (s. S. 225). Ein kleiner Spaziergang am Flußbett der Saalach entlang führt von dort weiter zur *Kiblinger Talsperre* und dem dahinter aufgestauten *Saalachsee*. Dieser Stausee mit dem angeschlossenen Kraftwerk entstand 1913 zur Stromversorgung der Eisenbahn. Zwar bietet der See mit seinem weitgehend unverbauten Ufer einen recht romantischen Anblick (als Badesee ist er allerdings zu kalt), doch ist dafür der Flußlauf unterhalb des Staudamms (mit Ausnahme der Hochwasserzeiten) auf einem langen Abschnitt trockengelegt. Vom Stausee aus fließt das Wasser in einem Tunnel durch den Müllnerberg zum Kraftwerk und mündet erst etwa auf Höhe der Kretabrücke wieder ins alte Flußbett der Saalach.

☐ Die Kurstadt Bad Reichenhall

Schon früh erkannten die Reichenhaller Bewohner den Wert ihres Salzes, und zwar nicht nur als Würz- und Konservierungsmittel, sondern auch als Heilmittel, und sie begannen, aus diesem Wissen an Ort und Stelle Nutzen zu ziehen und Einkünfte zu erzielen. Auch ohne seine Solequellen wäre Bad Reichenhall aufgrund seiner Lage inmitten einer faszinierenden Bergwelt, seines milden Klimas und der gesunden Berg- und Waldluft schon ein attraktiver Erholungs- und Urlaubsort. Doch dank der zusätzlichen Heilkraft der Quellsole hat sich der Ort zu einem der führenden Heilbäder Deutschlands entwickelt. Auch das Untersberger Moor und die aus Latschenkiefern gewonnenen ätherischen Öle – letztere werden als Zusatz zu Inhalationen und Bädern sowie zur Hautabreibung verwendet – tragen zu den Heilerfolgen bei. Vor allem Erkrankungen der Atmungsorgane, Kreislauf- und Durchblutungsstörungen, rheumatische Erkrankungen, Bandscheibenschäden, Frauenleiden usw. können hier behandelt werden: Von Sole-, Moor-, Bewegungs- und vielerlei anderen Bädern reicht die Behandlungspalette über Inhalationen, Sole-Trinkkuren, Moor- und Fangopackungen, Kneippanwendungen, Elektrotherapie bis hin zu Gymnastik und Massagen aller Art.

Viele Berühmtheiten konnten ihren Namen im Laufe der Zeit in die Gästeliste Bad Reichenhalls eintragen. Gern zitiert man den reiselustigen Alexander von Humboldt, der der Ansicht war, daß alle Schönheiten der Welt zwischen Reichenhall, Berchtesgaden und Salzburg zusammengetragen worden seien. Gekrönte Häupter, Staatsmänner, Bühnen- und Filmstars aus aller Welt besuchten die Stadt und brachten so ihren Namen für die Gesellschaft ›in Mode‹. Binnen weniger Jahrzehnte erlangte das Heilbad Reichenhall Weltruf (das ›Bayerische Meran‹), und auch manche Prominenz der Gegenwart pflegt heute in der Stadt ihre Gesundheit oder genießt einfach die herrliche Luft und Lage.

☐ Promenade durch die Kuranlagen

Die erste Reichenhaller Kuranstalt, das ›Molke- und Sole-Curhaus Achselmannstein‹, entstand im Jahr 1846. Ab 1890 durfte sich Reichenhall ›Bad‹ nennen, und im Jahr 1900 wurde es zum Bayerischen Staatsbad erhoben. Im gleichen Jahr entstand das **Staatliche Kurhaus** (Farbabb. 24) mit dem großen Kursaal, in dem bis zur Eröffnung des neuen Kurgastzentrums die wichtigsten kulturellen Veranstaltungen stattfanden. Der prachtvolle Jugendstilbau wird derzeit komplett renoviert. Nach seiner Fertigstellung (voraussichtlich etwa Ende 1993) wird er als Kongreß- und Seminarzentrum, für Fachausstellungen, aber auch für gesellschaftliche Veranstaltungen, Bälle und Empfänge wieder zur Verfügung stehen.

Das 1928 erbaute **Kurmittelhaus** mit Freitreppe und imposanter Fassade nennt sich offiziell ›Staatlich-Städtisches Kurmittel- und Badehaus‹ und ist ein Zentrum für Kuranwendungen. Vom Foyer aus mit seinem monumentalen Deckengemälde (zwei Adler blicken aus windzerzaustem Wolkenhimmel auf den Kurgast herunter) gehen die einzelnen Gänge ab zu Wannenbädern, Inhalationskabinen und anderen Kureinrichtungen.

Ein Ort der Ruhe, Erholung und Erbauung ist der gepflegte **Kurgarten** mit Solebrunnen und Musikpavillon. Der Kurgast wandelt wie durch einen botanischen Garten unter altem Baumbestand, zwischen herrlichen Blumenbeeten, Palmen und anderen exotischen

Gewächsen. Jeden Montag um 14.30 Uhr findet eine gärtnerische Führung durch den Kurpark statt. In der **Trinkhalle** liefert ein kunstvoller *Marmorbrunnen* (Abb. 50) 2%ige Sole, die direkt von der Kaiser-Karl-Quelle im Brunnhaus der alten Saline hierhergepumpt wird. Die sich anschließende **Wandelhalle** ist Veranstaltungsort für Kurkonzerte. In dem runden **Konzertsaal** mit seiner reich bemalten Kuppel finden 600 Gäste Platz.

Nur noch Kurzwecken dient heute das **Gradierwerk** (Abb. 45; in Betrieb von April bis einschl. Okt.). Ursprünglich hatte es die Funktion, durch Wasserverdunstung die Sole bis zum Sättigungsgrad mit Salz anzureichern, zu ›gradieren‹, um dadurch den Siedevorgang in der Saline abzukürzen und kostbares Brennmaterial zu sparen. Früher reichte das Gradierwerk bis zum Ufer der Saalach. Über das jetzige Gradierwerk läßt sich auf einer Tafel an Ort und Stelle nachlesen:

> *»Das heutige Gradierwerk wurde 1912 als ›Frei-Inhalatorium‹ errichtet. Das 160 m lange Gebäude enthält rund 90 000 Weiß- und Schwarzdornbündel, die bis zu einer Höhe von 13 m aufgeschichtet sind. Über die Schichtung rieseln täglich rund 150 000 Liter 5–6%iger Sole, die an den Dornzweigen zerstäubt. Dadurch erhält die Luft einen hohen Feuchtigkeitsgehalt und wird mit Salzteilchen angereichert. Dieses ›Aerosol‹ dringt in die Atemwege ein und bewirkt dort die Reinigung und vermehrte Durchblutung der Schleimhaut. Das Gradierwerk wird nur an der dem Wind zugewandten Seite berieselt. Die beste Inhalationswirkung erzielt man, wenn man täglich eine halbe Stunde lang an der vom Wind abgewandten Seite, also dort, wo die Sole nicht rieselt, langsam und ruhig durch die Nase atmend an dem Gradierhaus entlangschreitet.«*

Das neue **Kurgastzentrum** an der Wittelsbacher Straße – es erinnert in seiner Bauweise an ein modernes First-Class-Hotel – mit Spielkasino und Theatersaal, Restaurant und Läden, wurde 1988 fertiggestellt. Hier findet der Kur- und Urlaubsgast neben der Staatlichen Kurverwaltung und dem Kur- und Verkehrsverein auch Lese-, Fernseh-, Aufenthalts- und Musikzimmer.

☐ Besondere Sehenswürdigkeiten

☐ Münsterkirche St. Zeno

Diese Kirche ist zweifellos die bedeutendste kunsthistorische Sehenswürdigkeit Bad Reichenhalls. Als romanische Basilika entstand sie in den Jahren 1136 bis 1208, nachdem der Salzburger Erzbischof Konrad I. von Salzburg im Jahr 1136 das Augustiner-Chorherrenstift St. Zeno gegründet hatte. Der heilige Zeno war im 4. Jh. Bischof in Verona und galt der Legende nach vor allem bei Hochwasser als Wundertäter. Das von häufigen Überflutungen heimgesuchte Reichenhall wählte ihn wohl auch aus diesem Grund zu seinem Schutzheiligen.

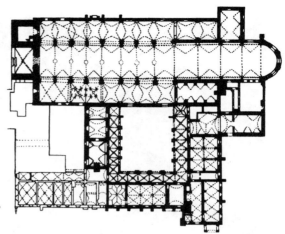

Bad Reichenhall, St. Zeno, Grundriß

Kirche und Kloster stellten den kirchlichen Mittelpunkt für das gesamte Saalachtal bis tief hinein nach Tirol dar. 1512 brannte die Kirche samt dem Kloster bis auf die Grundmauern nieder. Beim Wiederaufbau wurde der Kern der alten Basilika mit dem Altarrund und dem großen Portal aus Adneter Marmor beibehalten. Dieses romanische Stufenportal mit ornamentalem Rankenwerk und seinen auf Löwen ruhenden Säulen gehört zu den sehenswertesten Details der Kirche. Das Bogenfeld über dem Portal zeigt in einem schön gearbeiteten Relief neben der Gottesmutter mit Kind auch die Figuren der Bischöfe Zeno und Rupertus.

An den imposanten Ausmaßen des ursprünglichen Bauwerks – 90 m lang, 30 m breit und 16 m hoch – wurde nichts geändert, wodurch die Kirche auch heute noch als größtes romanisches Gotteshaus Oberbayerns gilt. Sie erhielt beim Wiederaufbau anstelle des romanischen Flachdachs ein spitzbogiges Tonnengewölbe und eine wertvolle spätgotische Innenausstattung; das Chorgestühl, die Schnitzgruppe mit der Marienkrönung im Hochaltar, der Marmortaufstein mit seinem geschnitzten Deckel und die Marmorkanzel sind aus dieser Zeit noch erhalten.

Im Jahr 1803 wurde das Chorherrenstift nach fast 700jährigem Bestand aufgelöst und der gesamte Klosterbesitz versteigert. 1852 kamen die Klostergebäude in den Besitz des Ordens der Englischen Fräulein, die auch heute noch die Klosteranlage verwalten. Eine Besichtigung des *Kreuzgangs* (Abb. 51) im Innern des Klosters ist nur an Sonn- und Feiertagen von 11–12 Uhr möglich. Über seinen romanischen Arkaden spannt sich ein Rippengewölbe aus dem 14. Jh. Neben den vielen Epitaphien ist ein Relief (an einem Fensterpfeiler des Westflügels) besonders beachtenswert: Man nimmt an, daß es Kaiser Friedrich Barbarossa zeigt, der der Salzstadt als besonderer Wohltäter galt.

☐ Alte Saline und Quellenbau

Führungszeiten: 1. April–31. Okt. tägl. 10–11.30 und 14–16 Uhr; Nov.–März di und do 14–16 Uhr. Dauer der Führung: ca. 45 Min.

BAD REICHENHALL UND UMGEBUNG

Bad Reichenhall, Wasserräder im Hauptbrunnhaus der Alten Saline

Die **Alte Saline** unterhalb der Burg Gruttenstein ist eine imposante Industrieanlage – Bauten aus Rohziegeln, die um mehrere Höfe angeordnet sind. Die Strenge der Gebäude wird etwas gemildert durch die beiden Brunnen in den Seitenhöfen: der eine trägt die Statue des hl. Rupertus, der andere die des hl. Virgil. Ein Zaun aus Achthaler Kunstguß (s. S. 237f.) grenzt das Gelände zur Straße hin ab. Diese Salinenanlage wurde nach dem großen Stadtbrand von 1834 unter König Ludwig I. und nach Plänen des Münchner Baurats Johann Daniel Ohlmüller errichtet. Mittelpunkt des Baukomplexes ist das **Hauptbrunnhaus** (Farbabb. 22), das über dem unterirdischen Quellenbau steht. Im Rundbogen über dem großen Eingangsportal ist der Schutzpatron des Salzes, Bischof Rupertus, eingemeißelt, flankiert von zwei Salinenarbeitern mit Salzfaß und Salzkrucke.

»Erleben Sie die Geschichte der Sole- und Salzgewinnung«, so werben die Plakate. Der Besucher erhält zunächst einen wasserdichten (und wärmenden) Umhang; in den Stollengängen geht es später teilweise recht feucht zu, und die Temperatur unten im Quellenbau beträgt sommers wie winters 10° C.

Wie technische Fossilien muten die beiden riesigen Wasserräder von je 13 m Durchmesser an, die wir gleich zu Beginn und noch übertage in der großen Maschinenhalle vorfinden. Diese technischen Meisterwerke wurden bereits vor mehr als 150 Jahren in Betrieb genom-

Bad Reichenhall, Hauptbrunnhaus und Quellenbau der Alten Saline

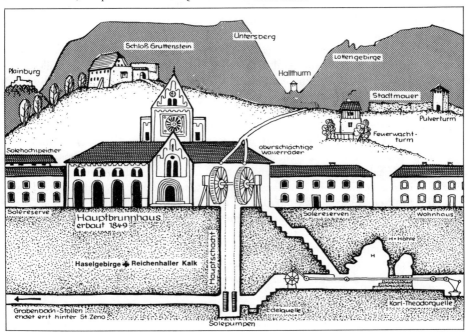

men, stehen auf massiven Marmorsockeln und arbeiten und funktionieren seither ohne nennenswerte Unterbrechung. Die Räder übertragen ihre Kraft über ein Gestänge auf eine Pumpanlage am Grund des 14 m tiefen Hauptbrunnschachtes, der bereits zu Beginn des 16. Jh. von Erasmus Grasser an Stelle eines noch älteren Holzschachts in Marmor gefaßt wurde. In das Wasserrauschen und das Laufgeräusch der Räder mischt sich nach jeder Umdrehung ein Glockenzeichen, das dem Wärter den gleichmäßigen Lauf der Anlage signalisiert. Ganz früher wurde das Heben der Sole in Handarbeit erledigt. Gefüllte, lederne Eimer wurden von Hand zu Hand aus dem Quellschacht nach oben gereicht. Diese schweißtreibende Methode wurde im Jahr 1438 abgelöst von einem Paternosterwerk, bis dann Mitte des 19. Jh. die großen oberschlächtigen Wasserräder installiert wurden.

Im **Quellenbau** unter dem Brunnhaus entspringen aus dem zerklüfteten Gestein dicht beieinander 22 natürliche Solequellen, die von unterschiedlicher Qualität sind und – was die Temperaturunterschiede beweisen – aus verschiedenen Erdtiefen kommen. Durch mehrere Pumpsysteme wird die Sole aus den einzelnen Quellen gehoben und im Hauptschacht zusammengeführt. Uninteressant, ja sogar störend, waren stets verschiedene Süßwasserquellen, die ebenfalls im Quellenbau entspringen. Erst durch den Bau eines unterirdischen, mit Kähnen befahrbaren Kanals, der von hier aus 2 km weit unter der Stadt und dann offen bis zur Saalach fließt, konnten das Süßwasser und die mindergrädige Sole abgeleitet werden. Dieser ebenfalls von Erasmus Grasser konzipierte ›Grabenbach‹ verhindert so seit über 450 Jahren, daß sich das unerwünschte Süßwasser mit den nutzbaren Solequellen vermischt.

Da der Salzgehalt der hier zutage tretenden Quellen heute zu schwankend, meist auch zu gering für die wirtschaftliche Weiterverarbeitung in der Saline ist, dient die Sole überwiegend der Kur; sie wird vom Brunnhaus zum Gradierwerk und zum Solespringbrunnen im Kurpark geleitet. Die neue Saline Bad Reichenhall, in der das bekannte Reichenhaller Markensalz gewonnen wird, bezieht ihre Sole aus weiteren, über Bohrungen erschlossenen Natursolevorkommen Reichenhalls sowie über eine Soleleitung aus dem Salzbergwerk Berchtesgaden (s. S. 38).

Auf dem weiteren Rundgang durch das Labyrinth von zumeist mit Untersberger Marmor ausgekleideten Stollen, Gängen und Schächten bewundern wir immer wieder die antiquierten Pump- und Hebeeinrichtungen, die mit ›moderner Technik‹ so gar nichts gemeinsam haben, aber offenbar auch deren Störanfälligkeit nicht besitzen. Beeindruckend in seiner Einfachheit ist z. B. ein über 100 m langes Pumpgestänge, welches in gleichmäßiger Bewegung die Kraft eines großen Wasserrades auf ein Pumpwerk an der Karl-Theodor-Quelle überträgt und dabei die Hubbewegung mit einer Vielzahl von Winkelgelenken raffiniert um die Ecken der Stollen leitet. Das Gestänge besteht überwiegend aus Lärchenholz, das zwar ca. alle 60 Jahre erneuert werden muß, seit rund 400 Jahren aber angeblich ohne nennenswerte Reparatur in Betrieb ist. In einer großen Natursteinhöhle, der ›Quellengrotte‹, wird die Sole aus den verschiedenen Quellen zusammengefaßt und zum Hauptschacht geleitet.

    1   Wallfahrtskirche Maria Gern mit Untersberg ▷
    2   Blick von der Marxenhöhe auf Berchtesgaden und Watzmann ▷▷

4 Der Hintersee in der Ramsau

◁ 3 RAMSAU Pfarrkirche gegen Reiter Alpe   5 Königssee mit St. Bartholomä und Watzmann-Ostwand ▷

6   Prozession beim Annafest in Ettenberg

7   Festzug beim Leonhardiritt in Holzhausen bei Teisendorf

8 Wallfahrtskirche Maria Ettenberg beim Annafest

9 Fahnenträger beim Georgiritt in Tittmoning

10 Zunftzeichen am Maibaum von Oberteisendorf

11 ›Fluchthäusl‹ in Vordergern

12 Almabtrieb in der Ramsau

13 Blaskapelle Piding

14 Berchtesgadener War: Spanschachtelmalerin

15, 16 Bundwerkbauweise: Gallersöd und Seierlhof   17 Totenbretter beim Weiherhof am Högl ▷

19 Röthbachfall beim Obersee
18 Blick von der Dürreckstraße auf die Reiter Alpe

20 Ettenberg mit Hohem Göll

21 Kornernte am Högl, im Hintergrund der Untersberg

22 BAD REICHENHALL   Hauptbrunnhaus der Alten Saline

23 BAD REICHENHALL   Florianiplatz

24 BAD REICHENHALL   Staatliches Kurhaus

25 BERCHTESGADEN   Marktplatz mit ›Hirschenhaus‹

26 ANGER Dorfplatz mit Mariensäule

27 Kloster Höglwörth am Höglwörther See

28 Abtsdorfer See

29 Im Schönramer Filz

30 TITTMONING Burg

31 Gasse in Altach (Oberndorf)

32 LAUFEN und OBERNDORF an der Salzach

33 SALZBURG   Stadt und Festung Hohensalzburg

Den Abschluß der Besichtigung – man hat inzwischen wieder trockenen Boden unter den Füßen – bildet eine Filmvorführung, die das eben Gehörte noch vertieft, zusätzlich aber auch noch auf die Entstehung der Salzlagerstätten eingeht und vor allem die Salzgewinnung und Salzverarbeitung in der heutigen, mit modernster Technik arbeitenden Saline Bad Reichenhall zeigt. Diese wurde nach Stillegung der Alten Saline im Jahr 1926 in Betrieb genommen. In riesigen Verdampferanlagen wird dort zunächst die Sole in einen dicken Salzbrei verwandelt, dann getrocknet und durch unterschiedliche Siebung und Aufbereitung je nach gewünschtem Anwendungsbereich (z. B. als Speise- oder Gewerbesalz, Regenerier-, Vieh- oder Streusalz) weiterbehandelt. (Die neue Saline kann nicht besichtigt werden.)

Im zweiten Stock des Brunnhauses kann der Besucher noch einen Blick in die dem Schutzpatron der Saline, St. Rupertus, geweihte **Brunnhauskapelle** werfen. Von außen fällt dieser erhöhte Mittelbau des Brunnhauses vor allem durch sein mit bunten Glasziegeln gedecktes Satteldach auf. Die Kapelle, ursprünglich eine Stiftung des Bayernherzogs Albrecht V., wurde in ihrer heutigen Gestalt nach dem großen Stadtbrand von König Ludwig I. in der Mitte des 19. Jh. errichtet. Moritz von Schwind entwarf die Glasfenster des Chors, die Christus, St. Rupertus und St. Vigilius zeigen. Während in früheren Zeiten hier jeden Tag eine Messe gelesen wurde, um göttlichen Segen für einen ständigen und ergiebigen Fluß der Solequellen zu erbitten, wird heute nur noch nach dem Sonntagsgottesdienst ein spezielles, salinenbezogenes Gebet gesprochen. Der im Herbst stattfindende Salinenjahrtag sowie ein Dank- und Bittamt zur Jahreswende werden jedoch noch alljährlich feierlich in der Kapelle begangen.

☐ Städtisches Heimatmuseum

Getreidegasse 4. Geöffn. vom 1. 5. bis 31. 10.: di bis fr 14–18 Uhr; jeden ersten Sonntag im Monat 10–12 Uhr.

Es sind ›würdige‹ Räume, nämlich der ehemalige städtische Getreidestadel von 1539, in dem das Museum untergebracht ist. Mächtiges Holzgebälk stützt die Decke der Eingangshalle im Erdgeschoß, in der u. a. Werkzeug und Produkte verschiedener Handwerker zu sehen sind. Neben einer komplett eingerichteten, alten Sennhütte sind bäuerliche Möbel, Hausrat, Handwerksgeräte und -produkte ausgestellt. Interessant sind Modelle der Burgen von Gruttenstein (s. S. 218f.) und Karlstein (s. S. 219). Die Tiere der Alpen, vor allem viele präparierte Vögel, und Mineralien sind in Schaukästen zu sehen. Ein weiterer Raum ist der Vergangenheit der Stadt als ›Kurbad‹, speziell auch der Gewinnung von Latschenkiefernöl gewidmet.

◁ 34 Edelweiß (Leontopodium alpinum)
35 Rotes Waldvögelein (Cephalanthera rubra)
36 Frauenschuh (Cypripedium calceolus)
37 Frühlingsenzian (Gentiana verna)

38 Alpenveilchen (Cyclamen purpurascens)
39 Silberdistel (Carlina acaulis)
40 Behaarte Alpenrose (Rhododendron hirsutum)
41 Gelber Enzian (Gentiana lutea)

Im ersten Stock finden wir dann ein Modell der Stadt Reichenhall ums Jahr 1939, Bilder und Fotos alter Ortsansichten und auch hier wieder zahlreiches Bauernmobiliar, Hausratsgegenstände, Zinngerät, Gläser, Krüge und Musikinstrumente. In einem Nebenraum sind sakrale Exponate zu sehen, zwischendrin ein Spinett aus dem Hause Mozart. Dann kommen wir zu den prähistorischen Funden aus der Stein-, Bronze-, Kelten- und Römerzeit, die auf die frühgeschichtliche Besiedlung des Saalachtals hinweisen. Besonders ergiebig war der Bergabhang des Karlsteins (s. S. 219). Dort wurden zahlreiche bronzezeitliche Wohnstätten freigelegt. Gefäße und Knochen stammen u. a. aus diesen Ausgrabungen; aus römischer Zeit datieren Tonscherben, Münzen, Schmuckgegenstände etc. Stolz des Museums ist ein umfangreicher Kupfer- und Bronzeschatz, ein Hortfund, der in der Nähe von Schloß Staufeneck bei Erdarbeiten gefunden wurde.

Dem Salz und allem, was mit seiner Gewinnung, Verarbeitung und seinem Transport zu tun hat, ist ein separater Raum gewidmet. Nachbildungen von Schuster- und Hutmacher-Werkstätten finden wir nebenan, und ein Raum beschäftigt sich anhand von Bildern, Fotos, Ausrüstungsgegenständen etc. ausschließlich mit den Ereignissen des Zweiten Weltkriegs in der Garnisonsstadt Reichenhall. Schließlich erhält man noch einen Einblick in Trachten, Schmuck, Alltagskleidung und Uniformen früherer Zeiten.

Mehr in eine Kunstausstellung als in ein Museum paßt der letzte Raum: Originelle ›Naturplastiken‹ (Alraunen) aus Wurzeln und Zweigen sind hier ausgestellt, kuriose Gebilde mit phantasievollen Bezeichnungen.

Ein ausgefallenes Museum mit der weltweit größten Privatsammlung dieser Art, seit 1983 ins Guiness-Buch der Rekorde aufgenommen, ist das **Faschings- und Karnevalsorden-Museum** im Gebäude der Städtischen Musikschule und Volkshochschule in der Heilingbrunner Straße. Über 8 000 Exponate werden hier von dem Reichenhaller Karnevalexperten Georg Papendick ausgestellt. Phantasievoll gestaltete Orden, darunter sehr alte und wertvolle Stücke, sind zu sehen, wobei neben lokalen bayerischen Faschingsvereinen natürlich auch die renommierten rheinischen Karnevalsgesellschaften vertreten sind. Öffnungszeiten: mittwochs 14–17 Uhr.

Ausflüge in der näheren Umgebung von Bad Reichenhall

☐ Burg Gruttenstein

Wie ein Wächter – diese Bestimmung hatte sie ursprünglich auch – sitzt die Burg genau oberhalb der Alten Saline von Bad Reichenhall. Herzog Ludwig der Kelheimer ließ sie anfangs des 13. Jh. zusammen mit der Stadtummauerung zum Schutze der Stadt und der Solequellen erbauen und untermauerte so gleichsam seinen Anspruch auf die Stadt. Manche Belagerung, manchen Angriff erlebte die Burg; bei einem Feuer im Jahr 1585 wurde sie total zerstört, später jedoch wieder aufgebaut. Fortan diente das Gebäude als Sitz des kurfürstlichen Pfleggerichts, seit Ende des 18. Jh. rund 100 Jahre lang als Kaserne, dann als Armenhaus und schließlich als Wohnhaus für die Salinenarbeiter. Die Burg ist heute in Privatbesitz; zu besichtigen gibt es darin also nichts, wenn man von dem recht romantisch wirkenden Innenhof mit efeuüberwachsenen Mauern, den geraniengeschmückten Fenstern und der hübschen Sonnenuhr über dem Toreingang absieht. Aber der kurze Aufstieg (ca. ¼ Stunde ab der Alten Saline) lohnt sich trotzdem; zahlreiche Wanderwege verlaufen hier oberhalb der Stadt, man wandelt unter alten Eichen (z. B. zur *Moltke-Eiche*) und genießt dabei prächtige Ausblicke auf die umliegende Bergwelt und hinab in den Reichenhaller Kessel. Stichwege führen von der Höhe immer wieder hinunter zur Stadt.

☐ St. Pankraz, Burgruine Karlstein und Thumsee

Über dem Ortsteil Karlstein (zwischen Bad Reichenhall und dem Thumsee) thront auf einem steilen Felsen und schon weithin sichtbar das St. Pankrazkirchlein; dahinter – ziemlich versteckt – die Ruine Karlstein. Der teilweise über Holztreppen führende Aufstieg vom Fuß des Hügels (links zur Kirche, rechts zur Burgruine) dauert je ca. 10 bis 15 Minuten.

Bei dem 1687–89 erbauten Kirchlein von **St. Pankraz** mit seinem hübschen Doppelzwiebelturm handelt es sich um den Nachfolgebau einer romanischen Wallfahrtskapelle. Der Blick ins Innere mit seiner üppigen Barockausstattung, auf den geschnitzten und reich vergoldeten Altar und die zahlreichen Votivbilder ist (außer bei Gottesdiensten) nur durch ein kleines, vergittertes Guckloch in der verschlossenen Tür möglich. Freien Blick genießt man jedoch über das Reichenhaller Becken mit der Stadt und dem Saalachfluß bis zur Festung Hohensalzburg (die Stadt Salzburg selbst liegt hinter Hügeln versteckt). Zur Rechten baut sich der Predigtstuhl auf, halbrechts der Untersberg; die Kirche mit dem Doppelzwiebelturm zu seinen Füßen gehört bereits zu Großgmain/Österreich.

Von der **Burg Karlstein** (600 m) ist nicht mehr viel übrig. Sie entstand wohl gegen Ende des 12. Jh. und wachte hier an strategisch wichtiger Stelle oberhalb des Reichenhaller Beckens. Zwar wurde die Burg nie zerstört, sie wechselte jedoch häufig ihren Besitzer. Etwa Mitte des 17. Jh. kam sie in Staatsbesitz und wurde ab da nicht mehr ›herrschaftlich‹ bewohnt, was ihren Verfall beschleunigte. Ein paar Grundmauern stehen noch sowie Reste der Burgkapelle und restaurierte Teile vom runden Bergfried.

Am Fuß des Burgbergs wird der Besucher durch Schautafeln darauf hingewiesen, daß der Boden, auf dem er steht, schon von alters her besiedelt war. Anfang dieses Jahrhunderts wurden hier 25 prähistorische Hüttenstellen ausgegraben. Anhand der Funde (Gräber, Gefäße, Waffen, Münzen, Tonscherben, Bronze- und Eisengegenstände) konnte eine durchgehende Besiedlung dieser Region mindestens von der frühen Bronzezeit (ca. 1800 v. Chr.) bis zum Eintreffen der Römer nachgewiesen werden. Die Fundstücke sind zu einem Großteil im Heimatmuseum von Bad Reichenhall ausgestellt.

Gleich hinter dem Burghügel von Karlstein liegt zu dessen Füßen der idyllische **Thumsee** (525 m). An der Nordwestseite des knapp 1 km langen, meist relativ warmen Bergsees

BAD REICHENHALL UND UMGEBUNG

Sommersaison am Thumsee

befindet sich ein Freibad mit Liegewiesen und Restaurants. Der Seeabfluß bildet einen Moorweiher, das unter Naturschutz stehende *Seemösl* (Abb. 52), dessen üppiger Bewuchs mit Seerosen ihn zu einem beliebten Ausflugsziel gemacht hat (Blütezeit ab etwa Mitte Juli).

☐ Nonn

Westlich der Saalach, am Fuß des Hochstaufens und auf einer sonnenreichen Bergterrasse über dem Reichenhaller Becken liegt Nonn (ca. 550 m) mit seinem St.-Georg-Kirchlein. Hier oben, in sicherer Entfernung vom überschwemmungsgefährdeten Saalachtal, sollen bereits die Kelten an einem alten Handelsweg einen Lagerplatz unterhalten haben für ihr Salz, das sie bei den Solequellen am Fuße des Gruttensteins gewannen.

Hölzerne Schindeln bedecken das Satteldach der **St. Georg-Kirche** und den Turm samt seiner Zwiebelhaube. Die an der Außenwand angebrachte Feldkanzel wurde früher bei Feldgottesdiensten benutzt. Zu Füßen liegt der Friedhof mit schönen schmiedeeisernen Grabkreuzen – ein malerischer Anblick inmitten der großartigen Berglandschaft. Die kleine, mit Holzbalken abgegrenzte, quadratische Fläche unter dem Nußbaum vor dem Friedhofseingang diente im Mittelalter als Gerichtsplatz. Im Inneren der ursprünglich romanischen Kirche verdient links am seitlichen Kircheneingang zunächst ein mittelalterlicher Schalenstein Beachtung. Vermutlich dienten die sieben Mulden der Aufnahme von Talglichtern. Der kostbarste Schatz des ansonsten schlichten Kirchleins ist der reichgeschnitzte spätgotische Flügelaltar mit den Heiligenfiguren St. Georg (Mitte), St. Martin (links) und St. Ulrich (rechts). Die Altarflügel zeigen Szenen aus dem Marienleben. Dieses Meisterwerk aus dem Jahr 1513 wird dem Laufener Künstler Gordian Guckh zugeschrieben.

☐ Marzoll

Noch heute kann der aufmerksame Wanderer auf alte königlich-bayerische Grenzsteine stoßen, wenn er zwischen Schwarzbach und Weißbach durch das weite Wiesenland rings um Marzoll streift. Nur einen guten Steinwurf von Marzoll (485 m) liegt die Grenze zu Österreich (Grenzübergang nur für Fußgänger). Das zinnengekrönte **Schloß** mit altem Baumbestand und Schloßteich und die freundliche, helle Kirche mit Friedhof bilden in parkähnlicher Landschaft eine ruhige Idylle, in die sich das vornehme Kurhotel ›Schloßberghof‹ mit Gaststätte harmonisch einfügt.

Belegt durch Funde von Brandgräbern und Mosaikfußböden kann Marzoll auf eine über 3000jährige Besiedlungsgeschichte zurückblicken. An der Stelle des Marzoller Schlosses, dessen Ursprung wohl etwa ins 12. Jh. zurückreicht, dürfte zur Zeit der Römer bereits ein Kastell, zumindest ein Wachtturm gestanden haben, der mit anderen befestigten Plätzen in der Umgebung Sichtkontakt hatte und der Sicherung ihrer Straßenverbindung zwischen Reichenhall und Juvavum (Salzburg) diente. Im Mittelalter war der Schloßbau dann über Jahrhunderte herrschaftliche Residenz verschiedener Adelsgeschlechter, die im Laufe der Zeit auch grundlegende Umbauten vornahmen. Seine vier markanten Rundtürme erhielt das Bauwerk im 16. Jh. und sein jetziges neugotisches Äußeres erst um 1840.

15 Jahre lang zogen sich Rechtsstreitigkeiten zwischen der Stadt Bad Reichenhall und den adligen Schloßbewohnern um die verzwickten Eigentumsverhältnisse an dem Gebäude hin. 1991 entschieden die Gerichte schließlich endgültig zugunsten der Stadt. Bad Reichenhall besitzt nun eine wertvolle, jedoch stark heruntergekommene historische Immobilie. Zunächst ist eine zeit- und kostenaufwendige Generalsanierung nötig: Pläne über die künftige Nutzung des Gebäudes werden vorerst noch zurückgestellt. Momentan kann das Schloßinnere nicht besichtigt werden.

Dafür werfen wir einen Blick in die **St. Valentin-Kirche.** Schon im Salzburger Güterverzeichnis aus dem Ende des 8. Jh. wurde erstmals eine Kirche an dieser Stelle erwähnt. Die heutige Kirche wurde 1143 geweiht und Anfang des 15. Jh. grundlegend umgebaut. Sie unterstand früher dem Reichenhaller Kloster St. Zeno. Die meisterhaften Stuckarbeiten stammen von Benedikt Zöpf. Zwei lebensgroße Statuen links und rechts am Altar stellen den hl. Laurentius und den hl. Ulrich dar. Das Altarbild selbst zeigt den hl. Valentin mit Bischofsstab, Schutzheiliger u. a. für die Kranken. Ein altes, wohl aus der ersten Hälfte des 15. Jh. stammendes Fresko links im Altarraum kam erst 1967 bei Renovierungsarbeiten

BAD REICHENHALL UND UMGEBUNG

Marzoll, Kirche und Schloß

zutage. Unten rechts sieht man darin einen an der ›hinfalleten Krankheit‹ (Epilepsie) erkrankten Buben mit dickem Kopfschutz. Aus alten Zeiten stammt auch die verwitterte ›gotische Leuchte‹ beim Sakristeieingang, der man durch Anbringung von Schrifttafeln zu Beginn des 19. Jh. eine neue Funktion als Kriegerdenkmal gegeben hat. An der Südmauer des alten Friedhofsteils stehen die Grabmäler derer ›von Malsen‹, der letzten auf Schloß Marzoll residierenden Adelsfamilie.

An dem Verbindungssträßchen zwischen dem Ortsteil Weißbach/Marzoll und Bayerisch Gmain, im malerischen Leopoldstal, liegt das Gasthaus **Obermühle**. Dieses einfühlsam restaurierte, historische Mühlengebäude ist seit 300 Jahren in Familienbesitz. Hinter dem behäbigen Haus mit seinem gemütlichen Wirtsgarten zieht sich ein großes Wildgehege den Hang hoch, und es sind sicher auch die ›Wildspezialitäten‹ auf der Speisekarte, die die Obermühle zu einem beliebten Ausflugs- und Wanderziel gemacht haben.

☐ Bayerisch Gmain/Großgmain

Es ist ein gewisses Kuriosum, daß die Landesgrenze zwischen Deutschland und Österreich mitten durch den früheren Ort ›Gmain‹ verläuft, eine Folge der umfassenden Gebietsumverteilungen, die nach den Napoleonischen Kriegen zu Beginn des 19. Jh. vorgenommen wurden. So zählt also heute das deutsche Bayerisch Gmain zum Kurbezirk des Bayerischen

Staatsbades Bad Reichenhall, während das unmittelbar anschließende österreichische Großgmain als »schönster Vorgarten Salzburgs« bezeichnet wird. Dank der Lage auf einem sonnigen, hügeligen Wiesenplateau (560–600 m), von Untersberg und Lattengebirge vor rauhen Winden geschützt, und dank der Nähe zu den Kureinrichtungen Bad Reichenhalls und den Sehenswürdigkeiten Salzburgs hat sich der ehemals kleine Weiler ›Gmain‹ zu einem beliebten Urlaubsgebiet entwickelt.

Kunstfreunden sei ein Blick in die **Marien-Wallfahrtskirche** von Großgmain empfohlen, die ab dem 12. Jh. für fast sieben Jahrhunderte dem Reichenhaller St. Zenostift unterstellt war. Man betritt die Kirche durch ein prächtiges, marmornes Stufenportal. Zur wertvollsten Innenausstattung gehören das Gnadenbild, eine aus dem Jahr 1395 stammende Madonnenfigur, gotische Tafelbilder eines unbekannten Meisters und ein reich mit Stuck und Gemälden verziertes Deckengewölbe. Recht makabre Szenen zeigen die alten, auf Holz gemalten Votivbilder im Kirchenvorraum: ein erhängtes Mägdelein, eine Totgeburt, ein Kind wurde durch ein Scheunentor erschlagen, eines ertrank im Bade und eines wurde gar von einer Sau zerrissen. Doch überall hat sich »durch Gebet und Verlöbnis« die Sache doch noch zum Guten gewandt.

Auf dem Vorplatz der Kirche eine weitere Sehenswürdigkeit: die doppelgesichtige ›Brunnenmadonna‹. Tatsächlich weist die 1693 von dem Reichenhaller Künstler Johann Schwaiger geschaffene Frauenstatue auf dem Brunnen eine doppelte Gestalt auf. Die Figur stellt Mutter Maria und Mutter Erde in einem dar, symbolisiert die Verbindung zwischen Gott und den Menschen und durch das aus den Brüsten fließende Brunnenwasser den ›unerschöpflichen Quell des Lebens‹.

Die **Plainburg** (634 m) steht ebenfalls auf der österreichischen Seite und ist vom Zentrum Großgmains aus in etwa halbstündigem Spaziergang zu erreichen. Hauptsächlich der prächtige Blick, der sich von oben über die Burgmauern bietet, auf Hochstaufen, Predigtstuhl, Untersberg und einen bayerischen ›Fleckerlteppich‹ aus Wiesen, Wäldern und Dörfern lohnt den Aufstieg. Von der Burg selbst, die urkundlich erstmals 1140 erwähnt, vermutlich aber schon über 200 Jahre vorher erbaut wurde und somit eine der ältesten Festungen Österreichs ist, stehen praktisch nur noch die dicken Umfassungsmauern. Jahrhundertelang stie-

Brunnenmadonna in Großgmain

ßen in unmittelbarer Nähe der Burg die Grenzen Bayerns, des Fürsterzbistums Salzburg und der Fürstpropstei Berchtesgaden zusammen. Der Burg kam deshalb von jeher eine strategisch wichtige Bedeutung zu. Auf einer Tafel am Burgweg ist ein poetischer Nachruf auf sie verewigt:

»*Gestürzt ihr Türme – geborsten der Wall,*
verklungen der Waffen eherner Schall,
verklungen der Liebe zärtliche Weise,
verklungen des Glöckchens Kyrie eleison.
Granit ist zerbröckelt, vermodert das Holz,
geblieben – die Seele – uralt und stolz.«

Wer sich zurückversetzen will in die ›gute, alte Zeit‹, dem sei ein Besuch des nur etwa 5 km entfernten **Salzburger Freilichtmuseums** an der Straße von Großgmain nach Salzburg empfohlen (Ende März bis Anfang Nov.: di bis so 9–18 Uhr, mo geschl.; Anfang Nov. bis Weihnachten: sa, so und feiertags 10–16 Uhr. Führungen nur auf Anfrage. Für einen Rundgang durch das gesamte Gelände sind mindestens 3 Std. einzuplanen, eine abgekürzte Tour dauert etwa 1 Std.)

Inmitten des Landschafts- und Pflanzenschutzgebiets Untersberg werden auf einer Fläche von ca. 50 ha Bauten und Anlagen des ländlichen Wohn- und Wirtschaftslebens aus der Zeit vom 16. bis zum 19. Jh. gezeigt. Die Originalbauten wurden von den ursprünglichen Standplätzen im Land Salzburg hierher übertragen und geben Einblick in die Vielfalt der Salzburger Haus- und Hofformen sowie in die Lebensweise der Menschen der damaligen Zeit. Neben Bauernhäusern, Ställen und Scheunen sind auch Werkstätten zu sehen, z. B. eine Schmiede, eine Schuster-, eine Seilerwerkstatt, in denen während der Hauptsaison handwerkliche Vorführungen, ja sogar Handwerksseminare geboten werden. Besonders angenehm ist, daß das Gelände keinen toten ›Museums‹-Charakter besitzt. Hier wurden in den einzelnen Räumen nicht – wie es andernorts bisweilen geschieht – gleichartige bäuerliche Gerätschaften in großer Zahl gehortet; man hat vielmehr den Eindruck, als hätten die Bewohner nur mal kurz die Räume verlassen. Da stehen noch die Filzlatschen unterm Bett, liegt die aufgeschlagene Bibel auf dem Tisch, hängt der speckige Hut am Nagel überm Kamin und die Socken zum Trocknen überm Kachelofen. Durch die recht verstreut zwischen die abwechslungsreichen Wald- und Wiesenflächen verteilten Gehöfte und die wirklichkeitsgetreue Ausstattung erhält der Besucher das Gefühl, durch eine bäuerliche Landschaft der vorigen Jahrhunderte zu spazieren.

Wandervorschläge in der Umgebung Bad Reichenhalls

Bad Reichenhall liegt eingebettet zwischen bewaldeten Hügeln und Vorbergen, hinter denen die mächtigen Alpengipfel von Hochstaufen, Zwiesel und Predigtstuhl aufragen. Von gemütlichen Talspaziergängen über leichte Höhen- und Bergwanderungen bis zu strammen Bergtouren stehen dem Wanderer alle Möglichkeiten offen.

☐ **Predigtstuhl** (1640 m) **und Lattengebirge**
Dieses beliebte Wandergebiet auf den Höhen des Lattengebirges ist von Bad Reichenhall aus zu Fuß in 3–3½ Std., bequemer und schneller jedoch mit der Predigtstuhl-Kabinenseilbahn, zu erreichen.
Predigtstuhlbahn (Abb. 44): Talstation (476 m) mit Parkplatz am Südtiroler Platz im Ortsteil Kirchberg. Bergstation mit Hotel/Restaurant (1614 m). Betrieb ganzjährig. 1.6.–30.9. von 9–18 Uhr; 1.10–31.5. 9–17 Uhr, jeweils halbstündlich bzw. nach Bedarf. Fahrzeit: 10 Min.
Charakter: Einfache Wanderung über mehrere Gipfel des Lattengebirges auf sicheren und aussichtsreichen Wegen mit meist nur kurzen An- bzw. Abstiegen. Herrliche Ausblicke über das Reichenhaller Becken bis zur Seenplatte im Alpenvorland sowie über das grandiose Bergpanorama der Berchtesgadener Alpen bis hin zu den Zillertaler Alpen.
Route: Von der Seilbahn-Bergstation (mit Hotel ›Predigtstuhl‹; ganzjährig bewirtschaftet; Übernachtungsmöglichkeit) in ca. 10 Min. zur Schlegelmulde (1543 m; Almhütte ganzjährig bewirtschaftet), dann hinauf zum Hochschlegel (1688 m), weiter zum Karkopf (1738 m) und Dreisesselberg (1680 m; Gesamtgehzeit 1½–1¾ Std.). Ab hier entweder zurück zur Seilbahn auf gleichem Weg oder – sehr lohnend – Abstieg nach Hallthurm (ca. 3 Std.; s. S. 136 f.), vorbei an den Felsgebilden der ›Steinernen Agnes‹ und der ›Schlafenden Hexe‹ bzw. den ›Rotofentürmen‹. Rückfahrt von Hallthurm nach Bad Reichenhall mit Bus oder Eisenbahn.
☐ **Hochstaufen** (1771 m)
Route: Padingeralm (Nonn) – Bartlmahd – Reichenhaller Haus – Hochstaufen.

Charakter: Lohnende und einfache Bergwanderung auf gut markierten Wegen. An sonnigen Tagen etwas schweißtreibend, da der Weg teilweise durch die steile, schattenlose Südflanke des Berges führt. Grandioser Panoramablick vom Gipfel.
Gehzeit: Aufstieg ca. 3 St., Abstieg ca. 2 St.
Aufstieg: Von Padingeralm (670 m; Gasthaus; Parkplatz; schöner Aussichtspunkt) oberhalb von Nonn auf Weg Nr. H 7 (anfangs Forststräßchen) bergauf durch Wald zu den ehemaligen Almwiesen der Bartlmahd (ca. 2 Std.). Nun rechts steil hinauf bis zum Gratweg. Auf diesem östlich zum Reichenhaller Haus (bewirtschaftet von Anfang Mai bis Mitte Okt.; Übernachtungsmöglichkeit). Von hier in wenigen Minuten links hinauf zum Gipfel.
Aufstiegsvariante (nur für geübte, trittsichere und schwindelfreie Geher): Von Padingeralm auf markiertem, leichtem Klettersteig mit einigen ausgesetzten Abschnitten über ›Steinerne Jäger‹ zum Gipfel (ca. 3 St.).

Wintersport um Bad Reichenhall

☐ **Alpiner Skilauf**
Das wichtigste Skizentrum im Bad Reichenhaller Kurbezirk befindet sich auf dem *Predigtstuhl* (zu erreichen mit Predigtstuhl-Kabinenseilbahn; Abb. 44). Hier erschließen drei Skilifte mehrere mittelschwere bis schwere Abfahrten mit einer Gesamtlänge von 9 km.

☐ **Langlauf**
Im Bad Reichenhaller Raum gibt es mehrere Loipen mit einer Gesamtlänge von 15 km. Einstiege findet man in Karlstein, Nonn, Marzoll (beleuchtet) und Bayerisch Gmain.

BAD REICHENHALL UND UMGEBUNG

☐ **Rodeln**
Naturrodelbahnen im Bergkurgarten Bayerisch Gmain und beim Kugelbachbauer in Karlstein.

☐ **Eislauf**
In der Eislauf- und Schwimmhalle, Münchner Allee 18; bei anhaltend starkem Frost auch auf dem Thumsee.

Durchs Weißbachtal ins Berchtesgadener Land

Um uns streng an den Buchtitel und die Landkreisgrenze des ›Berchtesgadener Landes‹ zu halten, beginnt unsere Beschreibung mitten im Gelände, d. h. zwischen Inzell und Weißbach an der vom Bodensee bis nach Berchtesgaden führenden Deutschen Alpenstraße (B 305), einer der Hauptzufahrten ins Berchtesgadener Land. An einer Engstelle zwischen diesen beiden Orten – der ›Zwing‹ – verläuft die Grenze: Inzell gehört noch zum Landkreis Traunstein, Weißbach bereits zum Berchtesgadener Land. Ein erster Stopp auf Berchtesgadener ›Hoheitsgebiet‹ lohnt sich schon kurz nach der Zwing, also noch *vor* Erreichen des Ortes **Weißbach a. d. Alpenstraße** (612 m), beim *Gletschergarten*.

Direkt neben der Straße fällt uns auf der linken Seite eine steile Felswand auf (Parkmöglichkeit). Zuvor sollte man an dieser Stelle geschwind rechts hinuntersteigen zum Weißbach (ca. fünfminütiger Abstieg). Der Bach muß sich hier seinen Weg durch die enge Schlucht erkämpfen und bildet, vor allem zur Zeit der Schneeschmelze und nach Regenfällen, recht imposante *Wasserfälle* (Abb. 54). Wieder oben angelangt, wenden wir uns auf der anderen Straßenseite den Felsen zu.

Der Name Gletscher-›Garten‹ verwirrt ein wenig. Hier ist kein Garten angelegt; es geht überhaupt nicht um Pflanzen, sondern um ziemlich nacktes Gestein. Geboten wird ein geologisches Naturdenkmal ersten Ranges: sog. ›Gletscherschliffe‹, ›Riesentöpfe‹ oder ›Gletschermulden‹ aus der letzten Eiszeit. Zwar sind derartige eiszeitliche Relikte nichts Außergewöhnliches im Alpenraum; selten sind sie jedoch in solcher Größe freigelegt, so leicht zugänglich und so anschaulich wie hier.

Über dem heute sichtbaren Felsgrund lag einst eine 300–400 m dicke Eisschicht eines kleinen Seitenarms des Saalachgletschers. Dieser schob sich aus Richtung des heutigen Zell am See kommend über Lofer vorwärts, durchfloß das Reichenhaller Becken und vereinigte sich schließlich im Alpenvorland mit dem Salzachgletscher. Durch das gewaltige Gewicht der Eismassen und die am Grund ›eingebackenen‹ Steine modellierte der Gletscherarm Buckel und Höcker und schmirgelte und kratzte Schrammen und Schleifspuren in das Urgestein, an denen heute noch die Fließrichtung des Eises deutlich erkennbar ist. Schmelzwasser, das beständig durch Risse und Spalten des Eises auf dem felsigen Untergrund auftraf, schliff im Zusammenwirken mit vom Wasser herumgewirbelten Steinen runde Wannen und Becken, sog. ›Gletschermühlen‹ oder ›Riesentöpfe‹, in den Fels. Auf seinem Rückzug vor ca. 15 000 Jahren hinterließ der abschmelzende Gletscher seine steinerne Fracht, und sein

Abfluß brachte noch eine Zeitlang Steine, Schlamm und Geröll mit und bedeckte damit den Untergrund. Erst in den dreißiger Jahren, im Zuge der Bauarbeiten für die Deutsche Alpenstraße, stieß man auf dieses unter einer 6 m dicken Lehm- und Geröllschicht begrabene Naturdenkmal und legte es großflächig frei. Heute kann man auf einem kleinen Treppenweg den Hang hinaufsteigen und dabei – am besten von ganz oben – einen Blick über die zerschrammten und zerlöcherten und mit ›Lehnsessel-‹ und ›Paternostertöpfen‹ durchsetzten Felsen werfen.

Nur wenige Meter oberhalb des Gletschergartens stößt man auf einen Wanderweg (s. nachstehenden Wandervorschlag). Hier verlief seit 1619 eine hölzerne *Soleleitung*. Durch diese ›erste Pipeline der Welt‹ (s. S. 35) wurde die Reichenhaller Sole nahezu 300 Jahre lang über Inzell und Siegsdorf in die Traunsteiner Saline gepumpt. Diese erste Soleleitung hatte hier, beinahe 250 m über den Quellen in Reichenhall, ihren höchsten Punkt erreicht. Ab 1810 leitete man die Sole außerdem zu einer neuerbauten Sudstätte in Rosenheim. 1958, mit Stillegung der Rosenheimer Saline, stellte auch diese älteste Pipeline ihren Betrieb ein. Wer den Wegrand oberhalb des Gletschergartens genau mustert, kann da und dort tatsächlich noch verrottete Reste einer alten, hölzernen Soleleitung entdecken.

Wandervorschlag

☐ **Rundwanderung: Weißbach – Weißbachschlucht – Mauthäusl – Salinenweg – Gletschergarten – Weißbachfälle – Weißbach**
Gehzeit: Weißbach – Mauthäusl (ca. ¾ Std.) – Gletschergarten (+ 2 Std.) – Weißbach (+ ¾ Std.).
Einkehrmöglichkeiten: Weißbach, Mauthäusl (1991 geschl.).
Charakter: Interessante und abwechslungsreiche Wanderung, die neben Naturschönheiten auch wichtige Stätten des Salinenwesens der vergangenen sechs Jahrhunderte berührt (nähere Erläuterungen zum Thema ›Salz‹ s. S. 30 ff. sowie Schautafeln entlang des Wanderwegs).
Route: Von *Weißbach a. d. Alpenstraße* (Verkehrsamt) auf Weg W 3 durch den Kurgarten und am Weißbach – ein ehemaliges Triftgewässer für den Holztransport zur Reichenhaller Saline – entlang in Richtung ›Weißbachschlucht‹. Nach ca. 20 Min., bei einer Wiese, ignorieren wir die Abzweigung links hinauf zum Mauthäusl und bleiben zunächst noch ein Stück auf dem Weg am Bach. Hier beginnt die wildromantische *Weißbachschlucht*. Stellenweise flankiert von steilen Felswänden windet sich der Bach nun durch das enge Tal. Welche Mühe muß es einst bereitet haben, das Brennholz für die Reichenhaller Sudpfannen durch diese engen Biegungen, Kaskaden, Wasserbecken und -wirbel zu leiten. Nach weiteren ca. 10 Min. führt links ein steiler, gesicherter Treppenpfad in 10 Min. hinauf zum *Mauthäusl* (s. S. 229) an der Deutschen Alpenstraße.

Wer will, kann dem Lauf des Weißbachs durch die Schlucht und weiter bis zu dessen Einmündung in die Saalach bei Schneizlreuth folgen; reine Gehzeit ca. 1 Std. Aufenthalte an den vielen natürlichen ›Badewannen‹ im Bach können das Vorwärtskommen erheblich verlangsamen; kritische

Wegabschnitte sind gesichert. Rückfahrtmöglichkeit nach Weißbach mit RVO-Bus; erkundigen Sie sich vor (!) der Wanderung nach den Abfahrtzeiten.

Beim Mauthäusl unterqueren wir die Alpenstraße, steigen sogleich links hinauf zum ›Salinenweg‹ (im weiteren Verlauf auch ›Soleleitungsweg‹ genannt), dem wir nach links folgen. Immer wieder schauen Reste der alten, gußeisernen Rohrleitung aus dem Boden oder überspannen gar kleine Gräben. Kurz nach einem kleinen Tunnel steigen wir links talwärts und queren (ca. ¾ Std. ab Mauthäusl) den *Stabach*, ebenfalls ein ehemaliges Triftgewässer; Interessenten finden die frühere Triftklause ca. 1 km oberhalb der Brücke. (Abkürzungsmöglichkeit: das Sträßchen führt links hinab nach Weißbach.)

Wir bleiben weiterhin auf dem sich auf der anderen Straßenseite fortsetzenden ›Salinenweg‹ und stoßen nach gut 20minütigem Aufstieg auf ein Forststräßchen, welches einem historischen Transportweg der Salzsäumer, der vom Jochbergsattel kommenden *Güldenen Salzstraße* (s. S. 41 und 229), folgt und uns nach links in ca. 30 Min. zur *Himmelsleiter* führt. Diese Treppe war bereits Bestandteil der ersten, zu Beginn des 17. Jh. erbauten Soleleitung von Reichenhall nach Traunstein (s. S. 35) und verband das Brunnhaus Nagling (am unteren Ende der Treppe; heute privat) mit einem 113 m höher stehenden Solehochbehälter. Um 1800 – mit der Erneuerung der Leitung durch Georg von Reichenbach und Installation einer leistungsfähigeren Solehebemaschine im Brunnhaus Nagling – wurde ein neuer, etwa 50 m³ fassender Solehochbehälter gut 200 m oberhalb des Pumpwerks am höchsten Punkt der bald darauf nach Rosenheim verlängerten Leitung gebaut (s. S. 36). Die Himmelsleiter wurde entsprechend verlängert: 556 Stufen (davon heute 420 begehbar) führen hinauf zu diesem Reservoir (Abb. 56). Neben der Treppe verläuft noch die alte Druckleitung, durch welche die Sole hinaufgepumpt wurde. Durch die zweite Leitung strömte das ›Aufschlagwasser‹ für den Antrieb der Solepumpe.

Aufschlagwasserleitung am ›Salinenweg‹ im Weißbachtal

Vom *Bergstüberl* mit dem Solehochbehälter gelangen wir in ¼ Std. zum *Gletschergarten* (s. S. 226). Nach Überqueren der verkehrsreichen (Vorsicht!) Deutschen Alpenstraße geht es in wenigen Minuten hinab ins Tal zu den sehenswerten *Weißbachfällen*. Wir folgen dem Bachlauf, passieren ein *Triftdenkmal* (auf Texttafeln erfahren wir viele interessante Details über die Holztrift), überqueren den Weißbach und erreichen die Trasse der ehemaligen *Waldbahn*. Diese wurde 1928 für den Holztransport in Betrieb genommen, nachdem die Holztrift nach Reichenhall durch den Bau der Kiblinger Talsperre (Saalachstausee; s. S. 186) nicht mehr möglich war. Wir folgen der Eisenbahntrasse durch einen 33 m langen Felstunnel und sind bald darauf wieder zurück am Startpunkt in Weißbach.

Etwa auf halbem Wege zwischen Weißbach und Schneizlreuth liegt hoch über dem Weißbachtal das **Mauthäusl** (635 m). Keine Bange – hier wird kein Straßenzoll mehr erhoben. Das traditionelle Gasthaus ist zur Zeit (1991) geschlossen, nachdem durch eine Gasexplosion im Winter '90/91 das Gebäude stark beschädigt wurde. Der Name ›Mauthäusl‹ geht zurück auf die Zeit um 1595, als Herzog Wilhelm V. die Weißbachschlucht für die Salztransporte von Reichenhall nach Bayern gangbar machen und an diesem Engpaß eine Mautstation errichten ließ. Dadurch wollte er nach zehnjähriger Bauzeit wenigstens einen Teil der enormen Bau- und Wartungskosten wieder eintreiben. Durch diesen ›Neuweg‹, wie er auch genannt wurde, erübrigten sich fortan die Transporte auf den engen, gefahrvollen Saumpfaden der ›Güldenen Salzstraße‹, die seit Mitte des 14. Jh. über den 400 m höheren Jochberg verlief. Wer in den vielen Jahren bis ins 20. Jh. jeweils Besitzer des Mauthäusl war, läßt sich an der Frontseite des Hauses ablesen. Bekannt war diese Route durch die Berge allerdings schon zur Zeit der Römer, die über ihre ›Via Hala‹ vermutlich schon vor rund 2000 Jahren Salz transportierten. (Beim Mauthäusl führt ein steiler Treppenpfad hinunter in die Weißbachschlucht; s. auch obigen Wandervorschlag.)

Wappen Schneizlreuth

Schneizlreuth (516 m) – die Gemeinde mit der niedrigsten Einwohnerzahl des Berchtesgadener Landes – erlangte dank ihrer günstigen Lage am Kreuzungspunkt zweier wichtiger Verkehrswege bereits zur Römerzeit Bedeutung. Gegen Ende des 16. Jh. wurde sie auch zur Poststation erklärt, bei der die Postkutschen auf ihrem Weg von Salzburg nach Innsbruck

Bauernhof in Schneizlreuth

haltmachten. Da es üblich ist, von einer ›Zwiebelhaube‹ zu sprechen, müßte man das Dach des Schneizlreuther Kirchturms eigentlich als ›Rettichhaube‹ bezeichnen. Es ist ungewöhnlich langgezogen – eine auffallende Form, die hier beim Bau der *Maria-Hilf-Kirche* gewählt wurde. Dach und Kirchturm sind mit Holzschindeln gedeckt. Das Innere des 1953 vollendeten Gotteshauses ist im Vergleich zu den vielen, prunkvollen älteren Kirchen Bayerns von auffallender Schlichtheit.

Wandervorschlag

☐ **Von Schneizlreuth in die Aschauer Klamm**
Route: Schneizlreuth – Haiderhof – Aschauer Klamm – Aschauer Klause.
Charakter: Bequeme, abwechslungsreiche Wanderung durch die Saalachauen und die Urlandschaft der Aschauer Klamm.
Gehzeit: Aufstieg ca. 2 Std., Rückweg: ca. 1½ Std.
Die Wanderung beginnt in *Schneizlreuth* an der Bushaltestelle beim einstigen Gasthaus ›Hubertus‹. Auf Weg S 3 (beschildert ›Haiderhof‹, ›Aschauer Klamm‹) über Saalachbrücke und – anfänglich noch geteert – entlang der *Saalach* bis zum *Haiderhof* (ca. ¾ Std.; Jausenstation, bewirtschaftet etwa zwischen April und Ende Okt.). Nun im Wald am *Aschauer Bach* entlang und bald auf schmalem, meist nur mäßig ansteigendem Pfad durch die romantische *Aschauer Klamm*. Eindrucksvoll die tief ins weiße Kalkgestein geschliffenen Felsrinnen und Wasserbecken und die unzähligen, kleinen Wasserfälle. Etwa 1–1¼ Std. ab Haiderhof erreichen wir die *Aschauer Klause*. Dieses schleusenartige Stauwehr aus großen Steinquadern wurde Ende des 18. Jh. für die Holztrift zur Brennholzversorgung der Reichenhaller Saline errichtet.

Der Rückweg erfolgt auf der gleichen Strecke. Achtung: der Aufstiegsweg führt im weiteren Verlauf nach gut 1 km über die Grenze nach Österreich; Ausweispflicht!

Bei Schneizlreuth zweigt von der Deutschen Alpenstraße eine dem Saalachlauf folgende und über den *Steinpaß* bei Melleck durch das sog. ›Deutsche Eck‹ nach Lofer/Österreich führende Straße ab. Bei dieser Route handelt es sich um eine wichtige Transitstrecke für den alpenquerenden Schwerlastverkehr, bietet sie doch die kürzeste Verbindung von Salzburg nach Tirol. 1955, beim Abschluß des Transitabkommens zwischen Österreich und der Bundesrepublik, konnte niemand ahnen, daß eines Tages täglich 1800, vorwiegend österreichische LKW diese Strecke benutzen würden. So ist es nicht verwunderlich, daß sich nicht nur der ›Bund Naturschutz‹, sondern auch die Kurstadt Bad Reichenhall sehr um eine Verringerung der Verkehrsbelastung bemühen. Derzeit besteht ein Nachtfahrverbot für Lkw über 7,5 t.

Dieser durch eine friedliche Landschaft verlaufenden Straße sieht man heute nicht mehr an, daß sie zur Zeit der Napoleonischen Kriege mitten durch blutgetränktes Kampfgebiet führte. Ca. 1,7 km nach Verlassen von Schneizlreuth, bei einer scharfen Rechtskurve, finden wir an der linken Straßenseite in etwa 4 m Höhe eine in die Felsen eingelassene, ziemlich überwachsene Tafel mit der Aufschrift: »Wir wollen frei sein, wie die Väter waren. 1800. Hier kämpfte das tapfere Bergvolk siegreich gegen die Truppen Napoleons.« Daß dieselben tapferen Tiroler im gleichen Kampfgebiet Jahre später schwere Niederlagen gegen die Franzosen und die mit diesen verbündeten Bayern hinnehmen mußten, verrät die Tafel allerdings nicht.

Ergötzlicheres bietet sich in **Melleck,** also noch vor Erreichen der Landesgrenze. Der kleine Ort liegt – seit dem Ausbau der Transitstraße und deren neuem Verlauf durch einen Tunnel – etwas abseits der Hauptroute. Von der Terrasse des Gasthofs Melleck ›Zur Schönen Aussicht‹ (1991 geschl.) fällt der Blick auf ein phantastisches Gebirgspanorama (Abb. 55). Im Süden bauen sich die diversen ›Hörner‹ der Loferer Steinberge und der Loferer Alpe auf, das Große Ochsenhorn, das Große Reifhorn, Breithorn, Hinterhorn, Großes Rothorn, Dietrichshorn usw.

Auf dem Weiterweg von Schneizlreuth in Richtung Ramsau folgt die Deutsche Alpenstraße ab Unterjettenberg dem Schwarzbach und steigt 350 m hinauf bis zur *Schwarzbachwacht,* einer historischen Zoll- und Grenzstation zwischen der Berchtesgadener Propstei und Bayern. Zu beiden Seiten wird die Straße flankiert von den Steilabstürzen der Reiter Alpe (rechts) und des Hagengebirges (links). Dieser Streckenabschnitt hält den bayerischen Rekord hinsichtlich der Lawinengefährlichkeit. Vor allem von der linker Hand aufragenden Weißwand sind unverhältnismäßig viele Lawinenabgänge zu verzeichnen. Dort, wie an vielen gefährdeten Stellen andernorts, versucht man daher mit Millionenaufwand, durch technische Maßnahmen (z. B. Stahl- und Holzbarrieren, Stützverbauungen oder Lawinengalerien), aber auch durch Wiederaufforstung der stellenweise stark gelichteten Waldbestände die Lawinengefahr zu verringern. Mit winterlichen Sperrungen dieses Streckenabschnitts ist daher stets zu rechnen.

Der Rupertiwinkel

Es ist das ›Land vor den Bergen‹ – sanft, hügelig, lieblich im Vergleich zur gewaltigen und imposanten Kulisse der Berchtesgadener, Reichenhaller und Salzburger Alpen, die man vom Rupertiwinkel aus schon vor sich sieht und wohin es nur noch ein Katzensprung ist, wenn es den Besucher nach ›dramatischerer‹ Bergwelt gelüsten sollte.

Als ›Rupertiwinkel‹ wird seit der Aufteilung des ehemaligen Salzburger Erzbistums zwischen Bayern und Österreich im Jahre 1816 jener schmale Landstreifen im südöstlichen Grenzgebiet Bayerns bezeichnet, der zwischen dem Chiemgau im Westen und der von Salzach und Saalach im Osten gebildeten deutsch/österreichischen Landesgrenze liegt. Er erstreckt sich vom Teisenberg und der Gemeinde Piding im Süden (an der Autobahn A 8 München – Salzburg) bis nach Asten bei Tittmoning im Norden. Verwaltungsmäßig gehörte der Rupertiwinkel einst vorwiegend zum Landkreis Laufen. Im Zuge der bayerischen Landkreisreform im Jahre 1972 wurde diese in Jahrhunderten kulturgeschichtlich zusammengewachsene Region jedoch zerrissen und unter drei Landkreisen aufgeteilt. Der überwiegende Teil des Rupertiwinkels, einschließlich der Stadt Laufen, gehört seitdem zum neu gebildeten Landkreis ›Berchtesgadener Land‹. Das Gebiet zwischen Waging und Tittmoning kam zum Landkreis Traunstein, und der kleine, nordwestlichste Zipfel des Rupertiwinkels wurde dem Landkreis Altötting angehängt (s. auch Karte ›Landkreisgrenzen seit 1972‹, S. 28).

Der Rupertiwinkel hat sich dank seiner malerischen und abwechslungsreichen Vorgebirgslandschaft zu einem beliebten Urlaubs- und Ausflugsgebiet entwickelt. Die eiszeitlichen Gletscher von Saalach und Salzach, die vor Tausenden von Jahren von den Alpen her kommend das Land bedeckten, hinterließen nach ihrem Abschmelzen Schutt und Geröll, formten Buckel und Senken und schafften so eine vielgestaltige, sanfte Hügellandschaft. Der Waginger See, aber auch der Höglwörther und der Abtsdorfer See sind Überbleibsel der gewaltigen Eismassen. Ebenfalls Relikte aus der Eiszeit sind die verschiedenen Moore (in Bayern auch ›Moose‹ oder ›Filze‹ genannt). Ein gut ausgebautes und meist gut markiertes Wegenetz ermöglicht stundenlange, unstrapaziöse und abwechslungsreiche Wanderungen von Dorf zu Dorf durch eine noch weitgehend intakte Natur. Es geht vorbei an alten Bauernhäusern mit (speziell im nördlichen Abschnitt) teilweise interessanter Bundwerkarchitektur (s. S. 319ff.), über sonnige Wiesenhänge und schattige Waldwege, entlang an Bach- oder Flußufern, vorbei an Mooren oder Seen, über Hügel und Bergkuppen, die bei guter Sicht meist einen lohnenden Ausblick auf das nahe Hochgebirge gewähren. Und sollte es mal regnen – so direkt am Nordhang der Alpen kommt dies schon gelegentlich vor –,

Karte des Rupertiwinkels

bieten sich nicht nur gemütliche Gasthöfe an, sondern es ist auch die ideale Gelegenheit, sich in einem der da und dort eingerichteten Museen etwas näher mit den Besonderheiten des Gastlandes zu befassen oder sich in Kirchen, Klöstern oder Burgen über Kunst und Kultur, Geschichte und Vergangenheit zu informieren.

Die lokalen Fremdenverkehrsverbände sind außergewöhnlich aktiv und hilfreich in ihrem Bemühen, den Gast auf die Schönheiten, Besonderheiten und Sehenswürdigkeiten der Region aufmerksam zu machen. Noch ist im Rupertiwinkel vieles an Tradition und Brauchtum erhalten, was andernorts bereits der Vermarktung und Gleichmacherei zum Opfer gefallen ist. Noch ist der Rupertiwinkel nicht mit so reichem Tourismus gesegnet (oder geplagt?), wie dies drüben, jenseits der Autobahn, in der Region um Berchtesgaden, Ramsau und Reichenhall der Fall ist. Wenn zur Hauptreisezeit Straßen, Parkplätze und Gästebetten dort restlos gefüllt sind – am Waginger See, in Laufen, Tittmoning und den anderen touristisch interessanten Orten des Rupertiwinkels ist immer noch Platz für den Besucher. Die vom Tourismus lebenden Rupertiwinkler mögen vielleicht mit etwas Neid auf den gewaltigen Touristenansturm in der Nachbarregion blicken; für den Gast im Voralpenland aber bedeutet das: Man hat mehr Zeit für ihn, er genießt hier mehr Ruhe, findet aber trotzdem (ohne Schlangestehen) ein reiches Angebot an Unterhaltung, an Sport und Gesellligkeit, wenn er danach verlangt. Mancher Auto-Urlauber oder -Besucher des Berchtesgadener Landes bezieht eine ruhige Residenz im Rupertiwinkel, hat das ganze schöne Voralpenland mit dessen eigenen Attraktionen um sich herum ausgebreitet und unternimmt von dieser (zudem noch preiswerteren) Basis aus nach Belieben Ausflüge ins nahe gelegene Salzburg, nach Bad Reichenhall oder Berchtesgaden, in die Ramsau oder an den Königssee.

Geschichte des Rupertiwinkels

Funde aus der Jungsteinzeit und Bronzezeit belegen eine Besiedlung dieser Region bereits seit der Zeit um 2500 bis 2000 v. Chr. Etwa im 5. Jh. v. Chr. breiteten sich die Kelten im Alpenvorland aus und gründeten im Ostalpenraum ihr Königreich Noricum, bevor sie im Jahre 15 v. Chr. von den Römern besiegt wurden. Oberbayern, und mit ihm das Gebiet des heutigen Rupertiwinkels, wurden Teil des römischen Imperiums. Die Römer teilten ihre im Nordalpenraum besetzten Gebiete in die Provinzen Rätien (westlich des Inn bis Graubünden) und Noricum (östlich des Inn bis zum Wienerwald). Bald nach der etwa 500jährigen Römerherrschaft wanderten die Bajuwaren in die Region zwischen Donau und Alpen ein, die etwa ab Mitte des 6. Jh. von den fränkischen Herzögen aus dem Geschlecht der Agilolfinger regiert wurde. Mit den Agilolfingern konnte sich auch das Christentum verstärkt im bayerischen Raum ausbreiten. Es entstanden mehrere Bistümer und Klöster, die von den Agilolfingerherzögen reich beschenkt wurden.

Einer der fränkischen Bischöfe, die gegen Ende des 7. Jh. missionierend durch das Land zogen, war St. Rupertus aus Worms. Der damals regierende Herzog Theodo II. von Bayern räumte ihm das Recht ein, sich innerhalb seines Hoheitsgebiets einen beliebigen Ort zur Errichtung eines Bischofssitzes zu wählen. Rupertus' Wahl fiel auf die zerstörte Römerfestung Juvavum, das heutige Salzburg. Hier errichtete er im Jahre 696 die Abtei St. Peter sowie das Frauenkloster Nonnberg und gründete das Bistum von Salzburg. Theodos zusätzliche Schenkung von umliegendem Land, von 20 Sudpfannen und mehreren Solequellen in der Gegend um Reichenhall sowie weit über 100 Bauernhöfen (darunter die beiden Almen Ganzo und Ladusa im späteren Gebiet der Berchtesgadener Propstei) verlieh dem jungen

Bistum eine gesunde wirtschaftliche Grundlage. Die Basis für die spätere Vormachtstellung der Salzburger Erzbischöfe in dieser Region war geschaffen, aber auch die Ursache für jahrhundertelange Streitereien und Kämpfe, die sich später zwischen dem Salzburger Kirchenstaat, den Berchtesgadener Pröpsten und den bayerischen Herzögen entwickeln sollten.

Im Jahre 788 – mit der Absetzung des letzten Agilolfingerherzogs Tassilo III. durch den Frankenkönig Karl den Großen – kam Bayern zum Königreich der Karolinger. Arn, seit 785 Bischof von Salzburg und Vertrauensmann Karls des Großen, ließ im Zuge der Reorganisation seines Bistums in der Zeit von 788 bis 790 alle weitverstreuten Besitzungen und somit auch alle Schenkungen, die die Kirche seither von den Agilolfingern, den bayerischen Herzögen und den Adligen des Landes erhalten hatte, in einem Verzeichnis erfassen. In dieser ›Notitia Arnonis‹, dem ›Salzburger‹ oder ›Arnschen Güterverzeichnis‹, erscheinen u. a. erstmals die Namen vieler Orte, Kirchen und Siedlungen, die großenteils noch heute existieren. Dies erklärt auch die Häufung von 1200-Jahr-Feiern in dieser Region in den Jahren 1988–90. Auf Veranlassung Karls des Großen wurde Arn 798 zum ersten Erzbischof von Salzburg ernannt. Die bayerischen Bistümer von Regensburg, Freising, Passau und Säben (Brixen) wurden fortan dem Salzburger Erzbistum unterstellt.

Auch nach dem Zusammenbruch des karolingischen Imperiums gewann das Salzburger Erzbistum immer mehr an geistlicher und weltlicher Macht. Zwischen Bayern und Österreich entwickelte sich eine Art selbständiger ›Kirchenstaat‹, der nur dem Kaiser unterstellt war und von diesem mit immer mehr Hoheits- und Besitzrechten ausgestattet wurde. Um 1200 erlangte Salzburg die Reichsunmittelbarkeit, d. h. fortan war der Erzbischof nicht nur geistliches, sondern auch weltliches Oberhaupt seines Territoriums. Nach wiederholten Gebietsstreitigkeiten wurde im Jahre 1275 mit dem Vertrag von Erharting der Grenzverlauf zwischen Bayern und dem Erzbistum Salzburg endgültig festgelegt. Die Region, die wir heute Rupertiwinkel nennen und die sich entlang der Salzach nach Norden bis über Tittmoning hinaus erstreckt, wurde von Bayern abgetrennt und dem Salzburger Erzbistum zugesprochen. Der Rupertiwinkel teilte nun über mehr als 500 Jahre seine Geschichte mit der von Salzburg und erlebte dadurch eine lange, verhältnismäßig friedvolle Epoche. Während die Nachbarländer Österreich und Bayern häufig von Unruhen, Streitigkeiten und Kämpfen erschüttert wurden, herrschte im Salzburger Kirchenstaat weitgehend Frieden. Selbst von den Auswirkungen der Reformation und den Greueln des Dreißigjährigen Krieges (1618–48) blieb Salzburg verschont. Die Glaubenskämpfe zwischen Katholiken und Protestanten fanden außerhalb der Landesgrenzen statt. Die Pest jedoch suchte den Rupertiwinkel mehrmals heim (besonders folgenreich im Jahre 1714) und forderte viele Opfer.

Doch der Frieden währte nicht ewig. Der österreichische Erbfolgekrieg (1743–45) sowie die Napoleonischen Feldzüge brachten Not auch über das Salzburger Land. Im Zuge der Säkularisation wurde 1803 das geistliche Fürstentum Salzburg aufgehoben. Salzburg büßte seine Stellung als kirchlicher Mittelpunkt Süddeutschlands ein, die es ein volles Jahrtausend lang innegehabt hatte. Mit dem ›Frieden von Preßburg‹ fiel das Land Salzburg im Jahre 1805 an Österreich (und gehörte somit zum erstenmal in seiner Geschichte überhaupt zu Öster-

DER RUPERTIWINKEL

Rupertusbrunnen in Teisendorf

reich). Damit geriet auch das Gebiet des heutigen Rupertiwinkels vorübergehend unter österreichische Herrschaft, bis es im Jahre 1810 schließlich – nach der Niederlage der Österreicher gegen die Franzosen – zusammen mit dem Salzburger Land den Österreichern wieder abgenommen wurde und als Lohn für die Napoleon geleisteten Waffendienste zum Königreich Bayern kam. Nach dem Sturz Napoleons und dem Wiener Kongreß (1814/15) wurde im Jahr 1816 mit dem Münchner Vertrag zwischen dem König von Bayern und dem Kaiser von Österreich das ehemals erzbischöfliche Territorium geteilt und die Landesgrenze zwischen Österreich und Bayern endgültig auf die Saalach-Salzach-Linie (von Piding über Tittmoning bis Burghausen) festgelegt. Der Hauptteil des einstigen Erzstifts Salzburg fiel erneut – und diesmal endgültig – an Österreich, nur das Gebiet westlich der Flußgrenze blieb bei Bayern. Erst nach dieser Trennung vom Salzburger Land hat der Landstreifen westlich von Saalach und Salzach seine Bezeichnung ›Rupertiwinkel‹ erhalten. Der hl. Rupertus, Gründerbischof von Salzburg und Schutzpatron des Salzwesens und Salzhandels, stand Pate bei dieser Namensgebung, und sie ist nicht die einzige Erinnerung an die lange Einheit mit und Bindung an Salzburg, auf die wir im Rupertiwinkel allenthalben stoßen. Jahrhundertelang bezogen Künstler, Gelehrte, talentierte Handwerker aus dem Rupertiwinkel ihre Förderung und Ausbildung, ihre geistige und künstlerische Anregung aus Salzburg. Architektur, Kunstwerke in Kirchen und Klöstern sowie Handwerk und Traditionen deuten heute noch häufig auf den langen salzburgischen Einfluß hin.

Achthal

Wer bei Neukirchen am Fuße des Teisenbergs die Salzburger Autobahn verläßt, um hinüber Richtung Teisendorf zu fahren, der folgt schon kurz darauf dem gewundenen Lauf der Oberteisendorfer Ache durch ein enges, waldreiches Tal, das sich Straße und Fluß teilen müssen. Die wenigen Häuser stehen meist hautnah am Straßenrand, und so kann man sie gar nicht übersehen, die eigenartigen hohen Fabrikhallen des alten **Eisenwerks Achthal** (auch ›Carolinenhütte‹).

Die Eisenerzvorkommen am nordwestlichen Ausläufer des Teisenbergs zwischen Hammer (im Tal der Roten Traun) und Neukirchen sind bereits seit nahezu 2000 Jahren bekannt. Schon die Römer sollen diese Lagerstätten ausgebeutet und das Erz in Schmelzhütten und Hammerwerken verarbeitet haben, wenn auch die früheste urkundliche Erwähnung erst aus dem 10. Jh. stammt. Es ist nicht verwunderlich, daß u. a. auch dieser begehrte Bodenschatz im Laufe der Zeit immer wieder zu Besitzstreitigkeiten sowie zu Uneinigkeit über den dortigen Grenzverlauf zwischen Bayern und dem benachbarten Salzburger Kirchenstaat führte, da jede Seite die Nutzung der gesamten Erzlagerstätte für sich beanspruchte. Das stetige Hin und Her wurde nach zähen Verhandlungen schließlich im Jahre 1275 mit dem Zweiten Erhartinger Vertrag beendet und der Grenzverlauf im Raume von Neukirchen eindeutig so festgelegt, daß er mitten durch die Erzlagerstätten verlief: die Minen vom Kressenberg gehörten zu Bayern, die vom Schwarzenberg – nur einen knappen Kilometer entfernt – zu Salzburg. Bis zum Beginn des 19. Jh., als der Grenzverlauf zwischen Bayern und Österreich erneut festgelegt werden mußte, herrschten damit klare Verhältnisse: Das ›bayerische‹ Erz kam in die bayerischen Hütten- und Hammerwerke (vor allem nach Hammerbach bei Hohenaschau und Bergen am Chiemsee), das ›Salzburger‹ Erz blieb auf der Salzburger Seite.

Die Eisenverarbeitung in Achthal ist durch Urkunden spätestens aus dem Jahr 1432 belegt, als hier ein Hammerwerk erbaut wurde. Ein weiteres Hammerwerk folgte gut 100 Jahre später in Hammerau (an der Saalach; s. S. 264 f.) außerdem errichtete man einen Hochofen in Röhrenbach (bei Anger).

Zum Beheizen der Hochöfen diente Holzkohle, die zunächst aus dem Holz der ausgedehnten, dem Stift Höglwörth gehörenden Waldungen am Teisenberg gewonnen wurde. Doch der immense Energiebedarf führte zu einem nahezu vollständigen Kahlschlag des Teisenbergs. Deshalb mußte man auf entferntere Holzbestände ausweichen; die Holzkohle kam nun u. a. aus den Forsten von Hofolding und Ebersberg bei München oder gar aus Österreich. Schließlich ›streckte‹ man die Holzkohle durch Hinzufügen von bis zu 30% Torf aus den Mooren der Umgebung.

Das Roheisen wurde in den Eisenwerken von Achthal und Hammerau zu den verschiedensten Gußerzeugnissen verarbeitet, die weit über das Salzburger Land hinaus bekannt und begehrt waren und guten Absatz auch in Bayern und Schwaben fanden. Besonders berühmt war der ›Achthaler Kunstguß‹: Grab- und Feldkreuze, Brunnenkörper, Böller, Kanonenöfen, Bänke, Geländer und Balkongitter, ja sogar die Gewichte für Schwarzwälder Kukkucksuhren, aber auch technische Gußteile konnte man sozusagen ›von der Stange‹ nach Katalog kaufen. Die Mariensäule auf dem Dorfplatz des nahe gelegenen Ortes Anger (Farbabb. 26) stammt ebenso aus der Achthaler Kunstgußwerkstatt wie der Florianibrunnen in Bad Reichenhall (Abb. 48) und der gußeiserne Zaun, der die alte Reichenhaller Saline umgibt. Hier in Achthal selbst fällt uns beim alten Eisenwerk neben der Kapelle ›Maria Schnee‹ ein schöner, gußeiserner Brunnen auf. Er wie auch die kunstvollen Vordächer an den Eingangstüren sowie die Balkonbrüstungen des einstigen Direktionsgebäudes der Carolinenhütte (heute: Bergbaumuseum) sind weitere typische und schöne Beispiele für die hochwertigen Kunstgußerzeugnisse aus dem Achthaler Eisenwerk.

Nach einer wechselvollen, an Krisen reichen Geschichte wurde im Jahr 1925 der Bergwerksbetrieb bei Neukirchen wegen mangelnder Rentabilität endgültig eingestellt. Daraufhin war auch das Achthaler Eisenwerk gezwungen, seine Pforten zu schließen. Eines der wichtigsten Wirtschaftsunternehmen im Teisendorfer Raum hörte auf zu existieren. Nach mehreren Besitzerwechseln (und artfremder Nutzung der Betriebsgebäude) wurde im Jahre 1943 schließlich der Gießereibetrieb wiederaufgenommen, und heute entstehen in einem Teil der historischen Werkshallen der Carolinenhütte verschiedenartige, hochwertige technische Gußprodukte, vorwiegend Formenguß für die Glasindustrie. Die Roheisenbarren

(Massel) kommen von weit her, zum Teil aus dem Ruhrgebiet, vorwiegend gar aus Brasilien. Zwar sind die hiesigen Erzlagerstätten noch längst nicht erschöpft, doch ist der Eisengehalt des Teisenberger Gesteins (bis zu 38%) im Vergleich zu anderen Erzvorkommen zu gering, als daß sich der Abbau momentan noch lohnen würde. Im Rohstoffkatalog der bayerischen Regierung allerdings werden die auf über 30 Mill. Tonnen geschätzten Erzvorkommen um Neukirchen noch immer als ›stille Reserve‹ geführt.

Im Jahr 1983 schloß sich der ›Förderverein Heimatstube Achthal e. V.‹ zusammen, dessen Mitglieder in mühsamer und zeitaufwendiger Kleinarbeit zusammentrugen, was an Erinnerungsstücken zum Thema ›Erzbergbau und Eisenverarbeitung am Teisenberg‹ noch aufzutreiben war. Das Ergebnis ist das sehenswerte **Bergbaumuseum Ach-**

Pulverturm beim ›Karlstollen‹ am Kressenberg

Achthaler Schlacke

Im südlichen Teil des Rupertiwinkels fällt häufig das recht eigenartig gescheckte Mauerwerk mancher Häuser oder Bauernhöfe auf (Abb. 60). Der Ursprung für diese ›Mischbauweise‹ ist in der Eisengießerei im Achthal zu suchen. Dort kam als Abfall- bzw. Nebenprodukt der Eisengewinnung die flüssige Schlacke mit einer Temperatur von rund 1400°C aus den Schmelzöfen. Nach dem Abschrecken (oder ›Abfrischen‹, wie der Fachmann sagt) mit kaltem Wasser schäumt und quillt sie auf das 5- bis 10fache Volumen auf und bildet nach dem Erstarren ein sehr luftiges und poröses Gestein. Diese leicht zu bearbeitende Schlacke war im Rupertiwinkel ein preiswertes und beliebtes Baumaterial. Man verwendete es für den Straßenbau, dank seiner guten Isoliereigenschaften jedoch bevorzugt für den Hausbau, wobei man die Schlackensteine im Wechsel mit den üblichen Mauersteinen einsetzte. Aufgrund der wasserabweisenden Eigenschaft der Schlacke konnte man sich auch das Verputzen des Mauerwerks ersparen. Bei vielen der alten Bauernhäuser heben sich die lavaartigen, anthrazitfarbenen und meist recht unregelmäßig geformten Schlacken unübersehbar zwischen den helleren Natursteinen ab. Als Kontrast zu dem doch etwas düster wirkenden Baustoff sind gerade diese alten, in Mischbauweise erstellten Häuser meist mit besonders üppigem Blumenschmuck versehen, was sie immer wieder zu einem auffallenden Blickfang im südlichen Rupertiwinkel macht.

thal (früher: Heimatstube Achthal). Öffnungszeiten: Mai bis Ende Sept.: so 10–12 Uhr, di und do 13.30–15.30 Uhr. Anmeldung zu Sonderführungen: ✆ 08666/7149-7379.

Schon beim Blick durch die Fenster des ehemaligen Direktionsgebäudes des Eisenwerks mit seinem aufwendigen schindelgedeckten Walmdach sieht man im Eingangsraum die Bergknappen in ihren hübschen, blauen Uniformen. In einer Ecke liegen Schlackebrocken, ein Abfallprodukt der Eisengewinnung und einst ein beliebtes Baumaterial im Rupertiwinkel (s. unten). Ein Bergwerksstollen wurde im Museum naturgetreu nachgebaut, und zahlreiche Bilder und Urkunden, Zeichnungen und Pläne belegen die wechselvolle Geschichte des Bergbau- und Hüttenbetriebs. In einem Raum sind die Werkzeuge der Schreiner für den Modellbau ausgestellt, in einem anderen diverse Produkte aus Achthaler Guß, und bei einer Führung durch das Museum erfährt man viel über das harte Leben der Bergleute und Hüttenarbeiter, über die Probleme, den Aufschwung und Niedergang, den der Bergbau bei Neukirchen und das Hüttenwesen in Achthal in all diesen Jahrhunderten erlebten.

Für Interessenten: Nahe Neukirchen sind heute noch Relikte aufgelassener Bergwerke zu sehen. Während die Bergwerksreste am ehemals ›salzburgischen‹ Schwarzenberg schwer zugänglich sind, sind jene am ›bayerischen‹ Kressenberg mühelos zu erreichen. Dazu folgen wir ab der Neukirchener Autobahnausfahrt der Landstraße nach Westen (Richtung Siegsdorf). Nach 1,1 km zweigt links die Kressenbergstraße zum Wald hin ab. Bei einer Spitzkehre (Schranke) führt wenige Meter neben dem Bach ein vergitterter, gemauerter Bergwerksstollen, der einstige ›Karlstollen‹, in den Berg hinein. Ringsherum im Wald finden wir allenthalben mit Drahtzäunen gesicherte ehemalige Abbaustellen. Oberhalb des Stolleneingangs steht noch ein alter, runder Pulverturm aus der Zeit des Erzbergbaus, gefertigt aus sehr sauber geglätteten Blöcken aus Achthaler Schlacke. Früher wurde in ihm das Schwarzpulver für die Bergwerkssprengungen gelagert, heute dient er als Gedenkkapelle für die aus der Umgebung stammenden Opfer beider Weltkriege.

Teisendorf und seine Umgebung

Wappen Markt Teisendorf

☐ **Ein Blick in die Geschichte**

»Was Annehmlichkeit der Lage und eine gesunde Luft anlangt, möchte Deisendorf außer Salzburg und Laufen all' übrigen Gerichtern des Landes den Rang streitig machen.« Franz von Agliardis machte diese Feststellung zu Beginn des 19. Jh. Er war der letzte (Rechts-) ›Pfleger‹ des damals noch salzburgischen Gerichtsbezirks Raschenberg-Teisendorf. Sicher hat er sich nicht träumen lassen, daß seine vielleicht nur beiläufige Bemerkung später einmal dankbar und werbewirksam von den Teisendorfern zitiert werden würde. Im Jahr 1990 beging Teisendorf seine 1200-Jahr-Feier. Wie bei vielen anderen Orten im Rupertiwinkel geht dieses Jubiläum zurück auf die erste urkundliche Erwähnung (als ›Tusindorf‹) im Salzburger Güterverzeichnis von 788 (s. S. 235).

Teisendorf war schon seit alten Zeiten ein wichtiger Durchgangs- und Versorgungsort für den Salzhandel. Die vom ›Reichen Hall‹ kommende Salzstraße mündete hier in die von Salzburg Richtung Traunstein führende alte Römerstraße. Teisendorf wurde zur Grenz- und Zollstation, als im Jahr 1275 mit dem Zweiten Erhartinger Vertrag die bayerisch-salzburgische Grenze nur wenige Kilometer entfernt bei Neukirchen am Teisenberg festgelegt wurde. Weitere Bedeutung und Einfluß gewann der Ort, als das Salzburgische Pfleggericht, das für Rechtspflege und Verwaltung des Bezirks gleichermaßen zuständig war, nach Teisendorf verlegt wurde. Seit dem 13. Jh. war dessen Sitz auf Burg Raschenberg (bei Oberteisendorf) gewesen; dann jedoch wurde den Pflegern dieses alte Gemäuer zu unwirtlich und unkomfortabel; um 1675 siedelte man um in die neu erbaute ›Pfleg‹ (am heutigen Forstamtsplatz in Teisendorf). Erst 1818 – inzwischen gehörte das Land zu Bayern – wurde das Teisendorfer Gericht jenem von Laufen eingegliedert.

Vier große Brandkatastrophen, die erste im Jahr 1682, die letzte 1865, vernichteten viel von Teisendorfs alter Bausubstanz. Die Eröffnung der Bahnverbindung zwischen Traunstein und Salzburg im Jahr 1860 und sechs Jahre später noch jener zwischen Freilassing und Reichenhall bedeutete extreme wirtschaftliche Einbußen. Bisher war Teisendorf wichtiger Marktort am Knotenpunkt der Salzstraßen, nun verlagerte sich der Gütertransport vom

Fuhrwerk mehr und mehr auf die Schiene. Der Aufschwung in der schon seit der ersten Hälfte des 17. Jh. betriebenen Brauindustrie (im Ort fallen die mächtigen Gebäude der Brauerei Wieninger auf) und der Aufbau von Handwerksbetrieben sowie einer bescheidenen Industrie vermochten dies nur teilweise wieder wettzumachen.

In jüngster Zeit ist es vor allem der Tourismus, wachsender Urlaubs- und Ausflugsverkehr, der Leben und Geld in die Gemeinde bringt. Seit 1957 ist der Marktort Teisendorf als Erholungsort anerkannt. Seine günstige ›luftige‹ Lage zwischen 500 und 800 m ü. M. und die reizvolle Vorgebirgslandschaft rings um Teisendorf machen es zu einem guten Basisort für Urlauber und Erholungsuchende. Hier spürt man noch nichts vom Touristenrummel, der drüben, südlich der Autobahn im Zentrum der Berchtesgadener Alpen zur Hauptreisezeit herrscht, und trotzdem ist es nicht weit nach Salzburg, Bad Reichenhall, Berchtesgaden oder an den Chiemsee.

Das Landschaftsbild in diesem Teil des Rupertiwinkels wird bestimmt vom Tal der Sur, an der Teisendorf (Abb. 59) liegt, diversen Nebenflüssen der Sur, den bewaldeten Hängen des Teisenbergs, lieblichem, hügeligem Wald- und Wiesenland. Ein ausgebautes und gut markiertes Wanderwegenetz von rund 300 km ermöglicht abwechslungsreiche Spaziergänge und Wanderungen mit herrlichen Ausblicken auf die Berge, vor allem auf den bis zum Gipfel bewaldeten Teisenberg, auf Untersberg, Hochstaufen und Zwiesel. Das Wandern ist hier eine gemütliche Sache ohne große Strapazen. Man hat die Alpenwelt zwar im Blickfeld, muß sie aber nicht ›unter die Füße‹ nehmen.

☐ Rundgang durch den Ort

Am Rathausplatz, vor dem Verkehrsbüro, entdecken wir einen hübschen Brunnen, den die Figur eines Bischofs ziert. Auch ohne eine Beschriftung macht das Salzfaß zu seinen Füßen klar, daß es sich um den hl. Rupertus handelt, den Schutzpatron des Salzhandels und Namensgeber der ganzen Region. Die enge Marktstraße (Abb. 61), durch die sich leider der gesamte Durchgangsverkehr quälen muß, ist gesäumt von Läden und Geschäftshäusern, im Sommer fällt der reiche Blumenschmuck an den Fenstern auf; einige kunstvolle Ladenschilder zieren die buntfarbenen Fassaden, die meist ohne Zwischenraum aneinandergebaut sind.

Die **Pfarrkirche St. Andreas** finden wir etwas eingezwängt zwischen anderen Bauwerken in ›zweiter Reihe‹ hinter der Marktstraße. Bei dem großen Brand im Jahr 1815 wurde auch sie schwer in Mitleidenschaft gezogen. In der Vorhalle steht eine schöne spätgotische Steinmetzarbeit – der reich mit Wappen verzierte Marmorgrabstein des im Jahr 1474 verstorbenen Ritters Hanns Schedlinger (die ›Schedlinger‹ hatten ihren Sitz auf dem Schelmberg, nördlich von Teisendorf). Auf der Grabplatte ist über dem Wappenschild der bärtige Kopf des Ritters sichtbar, aus dem ein mächtiges Geweih wächst. Der barocke Hochaltar aus dem Jahr 1756 zeigt im oberen Teil die Krönung Marias. Bemerkenswert sind u. a. eine von der Tonnendecke schwebende Rosenkranzmadonna und die etwa lebensgroße Figur des gegeißelten Heilands, eine sehr realistische Darstellung des an einen Block geketteten, dornengekrönten Schmerzensmannes.

DER RUPERTIWINKEL

Folgt man der Hauptstraße ein Stückchen ortsauswärts in Richtung Oberteisendorf, findet man etwas zurückversetzt am Forstamtsplatz die alte **Pfleg** – ein stattlicher Barockbau, in dem von 1675 bis 1803 das fürsterzbischöflich-salzburgische Pfleggericht und danach noch bis 1818 das königlich-bayerische Landgericht untergebracht waren. An seiner Vorderfront ist ein altes Wappen angebracht, und um die Ecke an der Seitenwand behütet der hl. Nepomuk als Hausfigur das Gebäude. Seit 1818 bis heute wird die ›Pfleg‹ von den Bayerischen Forstbehörden genutzt. Auf der Rasenfläche vor dem Haus steht eine schöne Steinskulptur, die ›Mariensäule‹; sie wurde von den Teisendorfer Bürgern als Erinnerung an die Schrecken vergangener Kriege und als Dank fürs Überleben errichtet.

Wer einen Blick weit zurück in die Eiszeit tun möchte, dem sei ein etwa 15minütiger Spaziergang zum **Geologischen Lehrgarten** empfohlen (Abb. 62). In einem kleinen Waldstück neben dem Parkplatz zum Teisendorfer Waldschwimmbad und den Tennisplätzen steht man plötzlich zwischen mächtigen Felsblöcken. Es handelt sich um Findlinge, die aus der näheren Umgebung stammen und hier zusammengetragen wurden. Eine Schautafel daneben verdeutlicht, wie die Ströme des Gosau-, Salzach- und Saalachgletschers zum Ende der Eiszeit – vor 12000–15000 Jahren – langsam abschmolzen. Das mittransportierte Gestein und Geröll blieb liegen und bildete die für den Rupertiwinkel so typische Landschaft aus sanften Moränenbuckeln und Senken. Die Findlinge – kleine Tafeln bezeichnen ihren jeweiligen Ursprungsort – stammen zum Teil aus über 80 km entfernten Gebirgsregionen und sind – je nach Herkunft (z. B. Dachstein, Hohe Tauern, Berchtesgadener Alpen) – aus unterschiedlichem Gestein. Zum Waldrand hin ist außerdem der etwa 8 m lange Stamm einer Mooreiche zu bewundern. Man fand ihn bei Erdarbeiten im wenige Kilometer entfernten Mehring in 1,5 m Tiefe. Untersuchungen haben ergeben, daß die Mooreiche etwa in der Zeit von 320 bis 600 n. Chr. gewachsen sein muß, vor ihrem Ausgraben also fast 1400 Jahre in der Erde lag. In die Zellstruktur eingedrungene Kieselsäure hat bewirkt, daß der Stamm nicht vermoderte, sondern die Form bis heute erhalten blieb.

Neben dem ›Geologischen Lehrgarten‹ führt die alte Reichenhaller Straße vorbei. Auf dieser Trasse verlief früher eine von Reichenhall über Traunstein und Rosenheim führende *Salzstraße*. Ein kleines, unscheinbares und überwachsenes Stück Hohlweg ist davon noch erkennbar, und es erfordert schon etwas Phantasie, sich – mit dem Verkehrslärm von der Straße, dem ›Ping-Pong‹ der Tennisplätze und dem Geräuschpegel aus dem nahen Schwimmbad in den Ohren – vorzustellen, wie hier früher beladene Pferde und Fuhrwerke mit der kostbaren Fracht zu den Handelsplätzen zogen.

Nur wenige Kilometer westlich vom verhältnismäßig ›städtischen‹ Teisendorf liegt die ländliche Idylle von **Oberteisendorf**. Einige schöne, alte, teilweise aus Holz erbaute Bauernhäuser gruppieren sich um den zentralen Platz mit der Kirche und dem Friedhof. Eine kleine Sehenswürdigkeit für sich: die schönen Zunftbilder am Maibaum (Farbabb. 10). Schräg gegenüber der Kirche steht das ›Haus des Gastes‹ mit dem Büro des Verkehrsvereins, ein Bauernhaus aus dem 18. Jh., an dem einst die alte Salzstraße vorbeiführte und in dem sich früher auch eine Maut-/Zollstelle befand.

Der Besucher der Oberteisendorfer **St. Georg-Kirche** wird vielleicht etwas erstaunt sein, statt eines – wie in dieser Region meist üblich – spätgotischen Kirchenbaus mit prachtvoller barocker Innenausstattung eine Kirche mit einem schlichten, modernen Innenraum vorzufinden. Die Einheimischen erzählen bereitwillig, wie es dazu kam. Die alte Kirche war zu klein geworden, platzte aus allen Nähten und konnte die vielen frommen Gemeindemitglieder beim besten Willen nicht mehr aufnehmen. Sie abzureißen und an ihrer Stelle eine neue, größere Kirche zu bauen, ließ das Amt für Denkmalpflege nicht zu. Eine neue Kirche irgendwo außerhalb des Ortes zusätzlich zur alten wollte man nicht und konnte man sich auch nicht leisten. Die Kirche sollte ›im Dorf bleiben‹. Und so geschah es schließlich, daß – unter Anführung des damaligen Pfarrers und des Kirchenpflegers – in einer Art Nacht- und Nebelaktion im Jahr 1953 Teile der alten Kirche niedergerissen wurden. Nur den Turm ließ man unangetastet. Ein Riesenskandal! Pfarrer und Kirchenpfleger wurden in der Presse als »Attentäter des Himmels« bezeichnet und von irdischen Richtern bestraft. Aber Oberteisendorf hat heute eine schöne, moderne und ausreichend große Kirche, die zudem mitten im Ort steht – wo sie hingehört. Der Turm des alten Gotteshauses wurde in den neuen Bau integriert. Ansonsten ist von der alten Kirche außer einer gotischen Madonna, einem Weihwasserbecken, einem Opferstock und der alten Sakristeitür (heute: Tür am Turmaufgang) nicht mehr viel erhalten geblieben.

Der Kirchturm übrigens, mit seiner bemerkenswert schlanken Spitze, hat seine eigene kleine Geschichte. Die Steinquader, aus denen er erbaut ist, kommen vorwiegend – wenn auch auf Umwegen – aus dem Gemäuer der auf einer Anhöhe südlich des Ortes gelegenen *Burg Raschenberg*. Seit dem Umzug des Pfleggerichts von dort nach Teisendorf verfiel die Burganlage. Sie wurde zunächst von den Bauern der Umgebung als ›Steinbruch‹ zweckentfremdet, bevor das Achthaler Eisenwerk die Ruinenreste 1761 zum Abbruch aufkaufte und die Steinblöcke für den Bau von Werkhallen und Hochöfen verwendete. Vier Jahre nach Auflassung des Achthaler Eisenwerks im Jahre 1925 und dem Abriß einer der Werkhallen ergab es sich, daß ein gewaltiger Sturm den Turm der alten Oberteisendorfer Kirche umriß. Für dessen Neubau boten sich die Steinquader förmlich an, und so kamen die Raschenberger Steine wieder nach Oberteisendorf zurück.

Von der alten Burg Raschenberg ist heute außer einer Zisterne und einigen überwachsenen Fundamenten praktisch nichts mehr zu sehen. Obwohl die aus dem 11. Jh. stammende Anlage also optisch nicht mehr beeindruckt, ist ihre geschichtliche Bedeutung als jahrhundertelanger Sitz des Pfleggerichts, der Regionsverwaltung, doch erwähnenswert.

Wer sich um Pfingsten herum in der Gegend Teisendorfs aufhält, bekommt am Pfingstmontag in dem nahe gelegenen **Holzhausen** ein besonderes Schauspiel geboten. Seit dem Jahre 1612 findet in Holzhausen alljährlich eine Reiterprozession statt; früher sprach man vom ›Kreuzritt‹ oder ›Osterritt‹. Erst im späten 19. Jh. wurde die einstige ›Kreuzkirche‹ dem Viehpatron St. Leonhard umgewidmet. Zu dem heutigen *Leonhardiritt* kommen Reiter und Bauern aus der ganzen Umgebung zusammen mit ihren Rössern und Pferdegespannen. Einer der Reiter trägt ein großes Kreuz mit der Christusfigur – Erinnerung an die ursprüngliche Bedeutung des ›Kreuz‹-Rittes.

Blumengeschmückte Festwagen, Musikkapellen, gestriegelte und geschmückte Pferde bewegen sich in langem Festzug durch den Ort. In einer Kutsche sitzen die Honoratioren; etwas farbenfroher sind jene Wagen, auf denen die Frauen, die jungen Mädchen und die Kinder – alle in feiertäglicher Tracht – im Festzug mitfahren (Farbabb. 7; Abb. 63). Auf einem anderen Wagen wird das Modell der aus dem Jahr 1443 stammenden Leonhardikirche mitgeführt. Der Gottesdienst findet im Freien vor der Kirche statt, dann ziehen die Pferde unterhalb der Kirche vorbei; oben an der Kirchenmauer steht der Priester und segnet Roß und Reiter. Natürlich geht's anschließend ins Festzelt. Es gibt Ochsen am Spieß, Schweinswürstl und Radi, die Festzeltbesucher stemmen ihre Maßkrüge, und die Blasmusik vorne auf der Bühne sorgt zusätzlich lautstark für Stimmung. Die Pferde bekommen eine Extraportion Hafer, und am Nachmittag finden auf dem Turnierplatz noch Reiterspiele statt.

Der Leonhardiritt ist nicht nur ein religiöser Brauch; er ist ein großes Volksfest, ein alljährlicher Treffpunkt für die Bewohner des weiten Umkreises zu Geselligkeit, Informations- und Erfahrungsaustausch. Sicher wurde schon mit manchem ›Anbandeln‹ am Leonharditag der Grundstock für eine spätere Heirat gelegt.

☐ Weildorf

Dieser kleine Ort liegt einige Kilometer nordöstlich von Teisendorf. Das Zentrum rings um die Kirche wurde gefühlvoll – und unter den wachsamen Augen der Denkmalpfleger – saniert; bei Neubauten werden strenge Maßstäbe angelegt, so daß sich vor allem der Ortskern Weildorfs noch in weitestgehend traditioneller Bauweise präsentiert. Am *Ögglhof* – wenige Schritte von der Kirche entfernt – entdecken wir eine der wohl ältesten noch erhaltenen Türeinfassungen aus Högler Sandstein, 1599 angefertigt (s. auch S. 251 f.). In Gemeinschaftsaktionen haben die Dorfbewohner Grünanlagen errichtet, den Friedhof neu bepflanzt und u. a. auch den alten, aus dem Jahr 1786 stammenden Pfarrhof, einen typischen Salzburger Flachgaubau, wieder hergerichtet. ›Greifbare‹ Anerkennung für dieses Engagement erhielten die Weildorfer in Form mehrerer Medaillen und Plaketten; u. a. wurde ihnen im Jahr 1978/79 beim Wettbewerb ›Unser Dorf soll schöner werden‹ eine Goldmedaille des Freistaates Bayern überreicht.

Großzügig proportioniert und beherrschendes Bauwerk im Ortszentrum ist die gotische **Pfarr- und Wallfahrtskirche Mariä Himmelfahrt**. Erste Wallfahrten zum Gnadenbild der ›Schönen Madonna von Weildorf‹ dürften schon zur Zeit von dessen Entstehung (1430) stattgefunden haben. Die auf einer Mondsichel stehende Madonnenstatue eines namentlich nicht bekannten Salzburger Künstlers war ursprünglich eine Schreinfigur des früheren Hochaltars; heute steht sie in der Portalkapelle, gleich links hinter dem Eingang. Interessant in dieser Marienkapelle ist auch eine aufklappbare ›Gelöbnistafel‹ der Kriegsteilnehmer 1870/71. Noch heute wird alljährlich am letzten Sonntag im Juli von den im ›Kriegergelöbnisverein Weildorf und Umgebung‹ zusammengeschlossenen Veteranen und Reservisten das seinerzeitige Gelöbnis ihrer Vorfahren erfüllt und eine Wallfahrt zur Weildorfer Madonna unternommen. Ein massives, mit schönen schmiedeeisernen Beschlägen versehenes Holztor

Totenbretter

Dem aufmerksamen Wanderer werden sie nicht entgehen, jene seitlich des Wegs, an Waldrändern, manchmal auch neben einer Fahrstraße aufgestellten Bretter. Meist stehen sie um eine kleine Andachtsstätte, ein Feldkreuz oder einen Bildstock gruppiert, im Schutze eines Baumes oder Busches mit gelegentlich liebevollen Anpflanzungen zu Füßen. Die Beschriftung der Bretter gibt Aufschluß darüber, zu wessen Gedenken sie aufgestellt sind. Diese Totenbretter sind nicht zu verwechseln mit den ›Marterln‹, die an Unglücksstellen für abgestürzte Bergsteiger, vom Blitz getroffene Wanderer, verunglückte Waldarbeiter etc. zu finden sind. Vielmehr sind sie Erinnerungsmale, die von den Angehörigen der Verstorbenen zusätzlich zur eigentlichen Grabstätte errichtet wurden. Das Totenbrett befindet sich im allgemeinen nicht sehr weit vom Haus der Hinterbliebenen, so daß bei einem Spaziergang der Weg automatisch daran vorbeiführt und dem Toten so ein kurzes Gedenken oder ein Gebet sicher ist.

Ursprünglich hatten die Totenbretter (mancherorts auch ›Leichladen‹ genannt) vor ihrer Aufstellung noch eine andere, genaugenommen ihre Hauptfunktion. Noch bis Ende des 19. Jh. starben die Menschen meist zu Hause und wurden auch zu Hause – auf speziellen Totenbrettern – aufgebahrt. Auf einem oder mehreren Brettern liegend, in Tücher gehüllt, fuhr man sie (ohne Sarg) zum Friedhof, wo man sie mit den Füßen voraus vom Brett ins Grab rutschen ließ. »Er hat brettlrutschen müssen«, ist ein alter, etwas unrespektabler Ausdruck für das Dahinscheiden. Nach der Beerdigung gab man dem Brett seine oben zugespitzte oder abgerundete Form, beschriftete es mit Name, Geburts- und Sterbedatum des Toten und stellte es an würdiger Stelle auf. Durch verstärkten Bau von Leichenhäusern auf den Friedhöfen wurden die Totenaufbahrung zu Hause und damit auch die Totenbretter in ihrer eigentlichen Funktion überflüssig. In der Ramsau kann man noch da und dort auf alte Totenbretter stoßen. Besonders häufig fallen sie uns aber im südlichen Rupertiwinkel (Farbabb. 17) auf, wo an manch hellem Holzbrett und jungem Sterbedatum erkennbar ist, daß zumindest der alte Brauch des Totengedenkens noch heute gepflegt wird.

Totenbretter in Holzhausen bei Anger

führt durch ein Nagelfluhportal ins Kircheninnere. Neben dem reichgegliederten Hochaltar – ein bedeutendes Werk des Salzburger Hoftischlers Simon Thaddäus Baldauf von 1732/33 – beeindrucken vor allem die phantasievollen Gewölbemalereien aus der Zeit um 1500. Ein schmiedeeisernes Gitter trennt das Kirchenschiff vom Chorraum ab; dort – teils durch den Altar verdeckt – finden sich weitere Wandmalereien mit Motiven aus dem Leben Mariens.

☐ Der Teisenberg

Dieser langgezogene, bewaldete Bergrücken (1333 m), der sich zwischen Neukirchen und Anger direkt südlich der Autobahn erhebt, gehört – wie auch der nahe Högl – zu den östlichsten Flyschbergen Bayerns. Während der letzten Eiszeit schob sich ein Seitenarm des Saalachgletschers durchs Höglwörther Tal und das Teisendorfer Becken in Richtung Traunstein, der die nordöstliche Flanke des Teisenbergs bis in eine Höhe von etwa 700 m mit Eismassen bedeckte und sie zu weichen, runden Formen abschmirgelte.

Über fast zwei Jahrtausende – seit der Römerzeit bis zum Jahr 1925 – wurde in dem nordwestlichsten Ausläufer des Teisenbergs bei Neukirchen nach Eisenerz gegraben und dieses in Schmelzhütten, Hammerwerken und Eisengießereien in der Umgebung verarbeitet (s. S. 237 und 264f.). Den Brennstoff für die Schmelzöfen lieferten die umliegenden Wälder. Der anhaltende, enorme Holzverbrauch führte schließlich zu einem fast vollständigen Kahl-

Blick von Steinhögl zum Teisenberg

schlag am Teisenberg. Inzwischen bedecken zwar wieder ausgedehnte Wälder den ganzen Bergzug, doch machen die Fichten-Monokulturen durch Wind- und Schneebruch stellenweise einen arg lädierten Eindruck. Knapp unterhalb der höchsten Stelle wurde eine Rodungsfläche für den Weidebetrieb freigehalten. Dort, in 1 272 m Höhe und freier, überraschend aussichtsreicher Lage, steht auch die *Stoißer Alm,* ein Genossenschaftsbetrieb, an dem zahlreiche Bauern der Umgebung beteiligt sind. Die Alm, im Sommer bewirtschaftet, ist ein beliebtes Wanderziel (Übernachtungsmöglichkeit; Zufahrt für öffentlichen Verkehr gesperrt). Bei der kleinen Kapelle neben der Alm finden mehrmals im Jahr Bergmessen statt.

Der Maibaum

Dieser bis zu 35 m hohe, geschälte und glattgeschliffene Holzstamm, weiß-blau bemalt und häufig noch geschmückt mit kunstvollen und aufwendigen Zunftzeichen (Farbabb. 10), ist der Stolz und das Zentrum manch schmucken bayerischen Dorfes. Aber auch vor Landgasthäusern findet der Besucher gelegentlich ein solches ›Traditionsstangerl‹. An welchem Tag genau dieser Maibaum aufgestellt wird und wie lange er stehenbleibt, wird von Ort zu Ort unterschiedlich gehandhabt. Die Aufstellung selbst jedoch ist überall ein Ritual, das unter großer Anteilnahme der Bevölkerung vonstatten geht. Zuvor jedoch gilt es aufzupassen, daß der Baum nicht vor der Aufstellung abhanden kommt. Die alte (Un-)Sitte des *Maibaumstehlens* ist weit verbreitet in Süddeutschland. Ehrensache, daß auch die traditionsbewußten Südostbayern diesen Brauch pflegen.

Also pirscht sich im Schutze der Nacht eine Schar kräftiger Burschen aus dem Nachbardorf an das Versteck des Baumes heran. Auf welchem Bauernhof, in welcher Scheune der Maibaum lagert, hat man in mühevollen Recherchen ausfindig gemacht. Zwar sind meist Wächter zur Bewachung des Baumes abgestellt, doch gelingt es listigen Dieben immer wieder, unentdeckt die nicht gerade handliche Beute in den Besitz zu bekommen und abzutransportieren. Den Bestohlenen sind dann der Spott und die Schande sicher; den Dieben winkt ein Faß Freibier nebst einer deftigen Brotzeit – traditioneller Preis für die Auslöse des Baumes, wobei ein ungeschriebenes Gesetz besagt, daß Diebe und Bestohlene Bier und Brotzeit gemeinsam verkonsumieren.

Die *Aufstellung des Maibaums* ist eine höchst sportliche Leistung. Meist wird auf Plakaten angekündigt, wann die Sache vonstatten geht. Eine Crew der kräftigsten Burschen der Umgebung, selbstverständlich in Tracht, tritt an. Der Maibaum liegt bereit, ein Loch für seine Verankerung ist gegraben. Vor Beginn der Arbeit wird ein Gebet gesprochen. Mindestens genauso wichtig ist das Bier. Solange nicht jeder Mitwirkende seinen gröbsten Durst gelöscht und auf Vorrat einen vollen Maßkrug in Reichweite hat, geht gar nichts. Meist ist eine Blaskapelle mit von der Partie, die die gesamte Aktion musikalisch umrahmt. Lange, wiederholte Debatten, wie man das ›Drum‹ am besten anpackt, wer wo schiebt usw. begleiten die gesamte Aktion. Der Stamm wird zunächst mit vereinten Kräften so weit aufgerichtet, daß sich die Stützgestelle, d. h. jeweils zwei überkreuzte Stangen, die am oberen Ende durch ein festes Seil verbunden sind, unterschieben lassen. Man kräftigt sich, prostet sich zu, die neue

Situation wird lautstark diskutiert, und nach ausgiebiger Rast wird unter anfeuernden Hauruck-Rufen der Stamm wieder ein Stück höher gestemmt. Die Stützstangen rücken jeweils zum Fuß des Baumes hin nach und richten ihn so allmählich auf. Kein ganz ungefährliches Unterfangen, und vor allem kein einfaches. Die Aufstellung eines Maibaums kann sich ohne weiteres ein paar Stunden hinziehen. Steht der Stamm dann endlich kerzengerade, ist den kräftigen Männern der Beifall des Publikums sicher. Der Maibaum wird nun gut im Boden verankert und befestigt. Häufig gibts anschließend noch ein Maibaumkraxln, d. h. es gilt, die an einem Kranz in mehreren Metern Höhe befestigten Gaben (Brezen, Würste etc.) herunterzuholen. Für den Rest des Tages wird das Ereignis dann gefeiert und begossen.

DER RUPERTIWINKEL

Rund um den Högl

Der ›Högl‹ ist dort zu finden, wo diese Bezeichnung immer häufiger in den Ortsnamen erscheint: Steinhögl, Höglau, Ulrichshögl, Auhögl, Johannishögl, Langhögl, Oberhögl, Sechshögl, Kleinhögl, Höglwörth. Der langgezogene, antennenbekrönte Bergrücken nördlich der Autobahn zwischen Anger und Piding, kurz vor dem Grenzübergang bei Salzburg, das ist der **Högl** (827 m). Verwaltungsmäßig gehören seit der Gebietsreform von 1978 die Dörfer des Högl zum Gemeindegebiet von Anger.

Der sanfte, heute vorwiegend von Wiesen, Feldern und Wäldern bedeckte Bergzug des Högl (Farbabb. 21) aus Flyschgestein wurde in der letzten Eiszeit von den Eisströmen des Saalachgletschers umflossen. Die Fundorte von erratischen Blöcken (vom Gletschereis herantransportiertes Fremdmaterial) nahe der Bergkuppe deuten darauf hin, daß zu Zeiten des Eishöchststandes der gesamte Höhenrücken möglicherweise völlig unter den Eismassen begraben war. Verhältnismäßig bald nach dem Abschmelzen des Gletschereises (vor 12000–15000 Jahren) scheinen die ersten Menschen in der Region aufgetaucht zu sein. Zahlreiche Funde (Siedlungsreste, Steinbeile und -äxte, Bronzeschwerter, Urnen und Hügelgräber) belegen, daß der Högl und seine Umgebung offenbar schon seit der Jungsteinzeit durchgehend besiedelt sind. Auch die Römer zeigten Interesse an diesem Höhenzug. Er wie auch der ganze spätere Rupertiwinkel wurden ihrer Provinz Noricum eingegliedert. An die beinahe 500 Jahre währende Römerherrschaft erinnern z. B. Brandgräber, die man bei Hainham entdeckt hat; in Steinhögl stieß man auf Fundamente eines – wie man vermutet – römischen Bades und bei Aufham gar auf Reste eines Tempels.

Doch die Römer bauten auch Straßen. Zum Abtransport des in den Reichenhaller Salinen gewonnenen Salzes entstand z. B. eine Salzstraße, die östlich am Högl vorbei über Hammerau und Ainring nach Adelstetten führte, wo sie in die von Juvavum (Salzburg) nach Augusta Vindelicorum (Augsburg) führende Römerstraße mündete. Eine zweite Salzstraße verlief westlich des Högl durch das Höglwörther Tal und traf bei Teisendorf auf die genannte Römerstraße.

Es macht Spaß, die liebliche Hügellandschaft des Högl zu durchwandern oder auf den verkehrsarmen Sträßchen mit dem Fahrrad zu erkunden. Besonders stimmungsvoll ist es im Frühling, wenn die Obstbäume in den Gärten der Bauernhöfe in voller Blüte stehen. An einem sonnigen Tag glaubt man auch gern, daß im Mittelalter an einigen besonders windgeschützten Stellen des Högl (z. B. bei Ulrichshögl oder nahe Hainham) sogar Weinbau betrieben wurde.

Lohnend ist z. B. ein Ausflug hinauf zum Berggasthof *Stroblalm* (751 m; sa Ruhetag) kurz unterhalb der Bergeshöhe mit ihrem Antennenturm. Er ist über verschiedene Wanderwege oder das Zufahrtssträßchen zu erreichen, das zwischen Anger und Piding von der Högler Straße abzweigt. Mindestens seit 1249 (Ersterwähnung des ›Strubal‹) steht an dieser Stelle der Stroblhof, dessen Bewohner einst vorwiegend als Steinmetzen in den Oberhögler Sand-

◁ *Maibaumaufstellung vor der Kirche St. Johann am Johannishögl*

Högler Sandstein

Es ist erwiesen, daß bereits die Römer den bedeutendsten Bodenschatz des Högl kannten und nutzten, nämlich den Sandstein. In verschiedenen Regionen des Berchtesgadener Landes wurden römische Urnen- und Brandgräber freigelegt, in denen sich Steinplatten oder -abdeckungen aus Sandstein vom Högl fanden. Ab dem 14. Jh. (evtl. schon vorher; die erste urkundliche Erwähnung des Oberhögler Steinbruchs als ›Hasen Steinbruch Alpe‹ stammt aus dem Jahre 1372) wurden das Steinebrechen in den Högler Sandsteinbrüchen und die Weiterverarbeitung des gewonnenen Materials zu einer wichtigen Erwerbsquelle für die hier ansässige Bevölkerung. ›Högler Sandstein‹ wurde zu einem Begriff, und zwar nicht nur in der

Wandbild in der Stroblalm

näheren Umgebung. Die von den Steinmetzen gefertigten Fenster- und Türeinfassungen, Portale, Platten, Treppenstufen, Säulen, Tröge, Grabmale, Mühl-, Wetz- und Schleifsteine wurden auf oft langem und beschwerlichem Wege auch ins Ausland transportiert. So gelangten viele Produkte – überwiegend auf dem Wasserwege – u. a. über Passau nach Wien. Aber auch in den Schleifereien von München, Amsterdam und sogar auf dem Balkan sollen Högler Schleifsteine verwendet worden sein. Selbst in einer türkischen Moschee will man Bodenplatten aus Sandstein vom Högl entdeckt haben.

Die Arbeit in den diversen Steinbrüchen war eine mühsame Sache, vor allem in den späteren Jahren, als der Tagebau erschöpft war und man immer tiefere Stollen in den Berg treiben mußte. Ständig in gebückter oder gar liegender Haltung schufteten die Männer in den

> niedrigen Stollen und beförderten die herausgebrochenen Steinplatten auf Holzkufen und mit handbetriebenen, hölzernen Hebelwerken (›Raitel‹) ans Tageslicht und in die Werkstätten der Steinmetze. Als die Stollen in immer größere Tiefen vorstießen, reichte die menschliche Kraft zum Bergen der Steine nicht mehr aus. Mit Hilfe von göpelähnlichen, von Zugtieren angetriebenen Kettenwinden zog man die Blöcke aus den bis zu 40 m tiefen Stollen heraus.
> Zu Beginn des 20. Jh., als Zement und Kunststein den Sandstein immer mehr verdrängten, wurden die unwirtschaftlichen Steinbrüche nach und nach aufgelassen. Obwohl die in die Hänge gerissenen Wunden inzwischen weitgehend von Gras, von Bäumen und Buschwerk überwachsen wurden, sind die Narben im Gelände an einigen Stellen noch auszumachen (so z. B. der langgezogene Graben zwischen den Abraumhalden des einstmals größten Steinbruchs unter- und oberhalb der Stroblalm; dieser Steinbruch erstreckte sich auf einer Länge von 1 200 m etwa vom Steinbrecherhof über die Stroblalm bis weit hinauf in den Wald). Der Name des Steinbrecherhofs erinnert heute noch an die jahrhundertelange enge Verbindung mit den Högler Sandsteinbrüchen. 1913 stellte der Steinbrecherbauer als letzter die Arbeit im Steinbruch ein.
> Dem Högler Sandstein selbst kann man allenthalben auf den Streifzügen durch den Rupertiwinkel begegnen. Vor allem in dessen südlichem Teil zieren kunstvolle Türportale und -einfassungen sowie Fensterumrandungen noch viele der alten Bauernhöfe. Auch manche Kühe fressen ihr Heu noch aus jahrhundertealten Futtertrögen aus dem heimischen Sandstein. Das Landesamt für Denkmalpflege hat etwa 150 Sandsteinportale und Türeinfassungen katalogisiert, von denen einige mit beträchtlichem finanziellen Aufwand bereits restauriert worden sind, viele aber noch vor dem weiteren Verfall gerettet werden müssen.
> Die wohl älteste, wenn auch schmucklose Türeinrahmung aus Oberhögler Sandstein besitzt der *Ögglhof* in Weildorf; sie wurde im Jahr 1599 gefertigt. Das letzte Werk eines Högler Steinmetzen ist die mit schönem Rankenschmuck verzierte Türeinfassung des *Großödhofs* bei Hainham aus dem Jahre 1919.
> Ein außerordentlich kunstvoll verziertes Portal – vielleicht das prächtigste des ganzen Rupertiwinkels – und noch dazu mit einer wunderschönen geschnitzten Haustür finden wir am *Kerschallerhof* (Abb. 64) in Zellberg bei Anger. Der dort verwendete Sandstein kommt zwar nicht vom Högl selbst, sondern vom benachbarten Teisenberg. Hier unterhielt das Augustiner-Chorherrenstift von Höglwörth bis zur Klosteraufhebung einen eigenen Sandsteinbruch, dessen Pächter und Steinmetzmeister vom Kerschallerhof stammten. Auch das Material zum Turmportal der Höglwörther Klosterkirche holte man aus diesem Steinbruch.

steinbrüchen ihren Lebensunterhalt verdienten. An der aus Sandsteinquadern erbauten Obstbrennhütte neben der Gastwirtschaft lehnen noch einige unfertige Schleifscheiben aus dieser Zeit. Bereits vor der Auflassung der Steinbrüche eröffnete man 1888 eine Gastwirtschaft, die sich bald zu einem beliebten Ausflugsziel entwickelte und in bevorzugter Lage einen phantastischen Blick auf Untersberg, über das Pidinger Becken zum Lattengebirge, auf Hochstaufen mit Zwiesel und den bewaldeten Teisenberg bietet. An besonders klaren Tagen blitzt weit im Süden, jenseits des Passes von Hallthurm, das weiße Schneefeld der ›Übergossenen Alm‹ am Hochkönig auf.

Auf dem Weg zur Stroblalm – direkt an der Abzweigung des zur Alm hinaufführenden Zufahrtssträßchens – passieren wir die kleine, von zwei Thujen (Lebensbaum) flankierte

Reinbrechtkapelle. Die äußerlich restaurierte Kapelle bietet im Inneren einen eher betrüblichen Anblick: der Fußboden zerkrümelt, die Wände durchfeuchtet, und auch an den hölzernen Kirchenbänken nagt der Zahn der Zeit. Besonders wertvoll in der dem hl. Ulrich geweihten Kapelle sind die alten, durch Witterungseinflüsse z. T. leider stark beschädigten Fresken aus dem Jahre 1771 sowie das Marienbild auf dem Altar. Einst stand neben der Kapelle noch ein Marterl aus Högler Sandstein. Es wurde 1849 zum Gedenken an den unweit dieser Stelle an einem Schlaganfall verstorbenen Steinbrecherbauern errichtet, ist jedoch inzwischen ebenfalls der Verwitterung zum Opfer gefallen. Nur der Spruch an der Außenwand der Kapelle erinnert noch an dieses traurige Ereignis:

> *»Hier steht eine Totensäul.*
> *Das Leben dauert nur ein Weil!*
> *Der Tod nimmt hin jung und alt.*
> *Die Todesstund' kommt oft gar bald.«*

Gern besucht wird auch das *Sporthotel Neubichler Alm,* zu dem die Bezeichnung ›Alm‹ wegen seiner ›gehobenen‹ Aufmachung und Ausstattung (mit Tennisplätzen, Reitpferden, Freiluft-Schach etc.) nicht mehr so recht passen will. Dennoch, allein der herrliche Blick von der Hotelterrasse auf Salzburg, auf die Bergkulisse von Untersberg und Lattengebirge und zur Kirche am Johannishögl mit ihrem markanten Zwiebelhelm lohnt einen Besuch. Zur Alm gehört ein Wildgehege, in dem neben Damwild auch schottische Hochlandrinder gehalten werden.

Von der Neubichler Alm führt uns ein Spaziergang hinüber zu der etwa 20 Minuten entfernten **Kirche St. Johann** am *Johannishögl* (705 m; von Piding aus auch mit Fahrzeug zu erreichen). Es wird vermutet, daß sich in dieser imposanten Lage schon in vorchristlicher Zeit eine Kultstätte befand. Mit dem Beginn der Christianisierung in dieser Region, also etwa im 6. oder 7. Jh., soll hier bereits eine Taufkirche entstanden sein. Die heutige Kirche wurde in spätgotischer Zeit unter Verwendung der alten, romanischen Umfassungsmauern erbaut. 1731 fügte man den Turm mit seinem schönen, mehrstufigen Zwiebelaufsatz hinzu, der wegen der fehlenden Uhren dennoch ein wenig ›nackt‹ wirkt. Der Hochaltar mit seinen beiden seitlichen Figuren entstand ums Jahr 1700. An den Langhauswänden wurden bedeutende spätgotische Fresken freigelegt und restauriert. Die an der südlichen Außenwand befindlichen Fresken – eine Serie von Passionsbildern aus dem frühen 15. Jh. – bleiben leider für den Besucher hinter dem nachträglich hinzugefügten Sakristeianbau verborgen.

Gleich unterhalb der Kirche erwartet uns der gemütliche *Gasthof Johannishögl* (mo Ruhetag; hier ist ggf. der Kirchenschlüssel erhältlich) mit einem schönen Wirtsgarten unter Kastanienbäumen. Auch vom Johannishögl aus bietet sich eine prächtige Aussicht über die weiten, mit Obstbäumen bewachsenen Wiesenflächen auf das Bergpanorama vom Untersberg über Lattengebirge bis zum Hochstaufen. Und von einer etwas abseits stehenden Rastbank aus genießt man einen der schönsten Blicke auf Salzburg.

DER RUPERTIWINKEL

☐ Steinhögl

Ebenfalls bemerkenswert ist der weite Blick, der sich von dem kleinen Kirchdorf Steinhögl (575 m) am nordwestlichen Abhang des Högl über das sanfte Hügelland des Rupertiwinkels bietet. Selbst wenn heutzutage nicht mehr viel aus der langen geschichtlichen Vergangenheit dieses Ortes zu sehen ist, haben verschiedene Funde Zeugnis darüber abgelegt, daß diese Stelle – wohl dank ihrer strategisch günstigen Lage – schon seit Jahrtausenden besiedelt ist. So fand ein Vorfahr des heutigen Hachlbauern in der Nähe seines Hofs ein kleines Steinbeil aus der Jungsteinzeit, das er – mehr praktisch als denkmalpflegerisch denkend – als Wetzstein und Hammer benutzte, wobei das wertvolle Stück irgendwann zu Bruch ging. Der jetzige Hachlbauer hält die geerbten Bruchstücke jedoch gebührend in Ehren. Bei Ausschachtungsarbeiten am Ortsrand stieß man 1931 auf Fundamente aus der Römerzeit, vermutlich Reste eines Bades mit Fußbodenheizung (nicht zu besichtigen, da überbaut), und bei Erdarbeiten nahe der Kirche wurde ein Steinplattengrab aus dem 8. Jh. mit dem Skelett eines Mädchens entdeckt. Die erste zuverlässige Nennung des Ortes Steinhögl stammt aus dem Jahr 1325. Auf den mächtigen Fundamenten eines Vorgängerbaus (Mauerstärke bis 220 cm; möglicherweise eine verfallene Burg der ›Edlen von Högl‹) wurde im 15. Jh. das **St. Georgskirchlein** errichtet. Die bemerkenswertesten Kunstgegenstände: geschnitzte Figur des St. Georg auf Pferd aus dem 18. Jh. im Hochaltar; daneben zwei Tafelgemälde mit je sechs Szenen der Georgslegende aus dem Jahre 1771. Diese Bilder stammen wahrscheinlich von dem gleichen, unbekannt gebliebenen Künstler, der im selben Jahr die Fresken in der Reinbrechtskapelle (s. S. 253) geschaffen hat. Die Kirche ist normalerweise nachmittags geöffnet.

☐ Vachenlueg

Ein paar hundert Meter unterhalb Steinhögls liegt der kleine Weiler Vachenlueg (500 m) in aussichtsreicher Lage am Nordabhang des Högl. (Der eigenartige Ortsname wird abgeleitet von ›vahen‹ = fahnden, einfangen sowie ›luegen‹ = spähen, Ausschau halten.) Außer der Schloßkapelle und dem alten Gasthaus ist heute leider nichts mehr von historischem Wert vorhanden. Das bedeutendste Zeugnis der Vergangenheit, die Burg Vachenlueg, wurde – im wahrsten Sinne des Wortes – dem Erdboden gleichgemacht. Für die Denkmalpfleger gibt es hier nichts mehr zu retten.

Einst stand an dieser Stelle der mächtige, quadratische, viergeschossige Turmbau der *Burg Vachenlueg*. Die um 1420 von den Rittern Martin und Hans von Haunsberg erbaute Burg war von einer Ringmauer mit Ecktürmen und einem breiten Wassergraben umgeben und nur über eine hölzerne Zugbrücke zugänglich. Das Geschlecht der Haunsberger, deren Stammburg sich auf dem Haunsberg bei Laufen befand, war schon seit etwa 1200 im Höglgebiet ansässig. Martin von Haunsberg war Pfleger am salzburgischen Pfleggericht Raschenberg bei Teisendorf. 1459 verlieh Kaiser Friedrich III. den Haunsbergern von Vachenlueg für ihre treuen Dienste die Berechtigung zur Errichtung einer Taverne. Diese wurde vorwiegend von den Fuhrleuten besucht, die Roheisen von Achthal und Röhrenbach sowie Holzkohle vom

Burg Vachenlueg, Ruine um 1850

Teisenberg ins Eisenwerk von Hammerau transportierten. Die heutige Gastwirtschaft ›Zur Burgruine‹, neuerdings wegen der regelmäßig zum und vom nahen Teich am Gasthaus vorbeiführenden Froschwanderungen auch ›Froschkönig‹ genannt, ist somit eines der ältesten Gasthäuser des Rupertiwinkels. Mit dem Tode des Grafen Franz von Haunsberg im Jahr 1699 erlosch das Geschlecht der Haunsberger, und die Erben des Schlosses Vachenlueg verkauften dieses 1722 an das Kloster Höglwörth. Nach der Klosteraufhebung im Jahre 1817 wechselte das Schloß mehrfach den Besitzer. Irgendwann stürzte der Dachstuhl ein; das Bauwerk verfiel zusehends. Und schließlich wurde die Ruine von den Bauern als Steinbruch zweckentfremdet. Zwei Erdrutsche in den Jahren 1899 und 1954 setzten das Zerstörungswerk fort (das Unglück von 1954 forderte gar zwei Menschenleben). Die verbliebenen Bauteile wurden abgebrochen, der Schloßgraben mit Planierraupen zugeschoben und die Reste der Burgmauer wegen Einsturzgefahr gesprengt – ein unwürdiges Ende für ein Schloß. Nur ein kümmerliches Mauerstück neben der Kirche erinnert heute noch an die ruhmvolle Vergangenheit der einstigen Burganlage.

Doch wenigstens die *Schloßkapelle* ist – wenn auch nicht in ihrer ursprünglichen Form – heute noch vorhanden. Diese Marien-Wallfahrtskapelle wurde mehrmals umgebaut und in ihrer jetzigen neuromanischen Form am 9. Oktober 1848 eingeweiht. Zu den bedeutendsten sakralen Gegenständen, die noch aus der alten Kapelle stammen, zählen der Altar (er enthält eine Kopie des Altöttinger Gnadenbildes), die Skulptur von Christus mit der Schulterwunde und die Mater Dolorosa, beide aus dem späten 18. Jh., ferner zahlreiche Votivbilder. Auch heute noch finden Wallfahrten zur Vachenlueger Marienkapelle statt.

☐ Kloster Höglwörth am Höglwörther See

Mönche hatten fast immer einen Blick dafür, wo es sich nicht nur besonders einsam, sondern auch besonders malerisch leben ließ. Einen stimmungsvolleren Platz für eine Klosteranlage als jenen auf der kleinen Halbinsel im Höglwörther See kann man sich kaum vorstellen – ein

Grund dafür, daß Höglwörth heute zu den beliebtesten Ausflugszielen des Rupertiwinkels gehört.

Das Kloster entstand ums Jahr 1125 als Augustiner-Chorherrenstift und konnte sich fast 700 Jahre lang – länger als viele andere Klöster – als Abtei halten. Zunächst entging es der Säkularisation von 1803. Doch 1817, ein Jahr nach der endgültigen Festlegung der Grenzen zwischen Bayern und dem österreichischen Salzburg, wurde das Stift vom bayerischen König Max I. Joseph aufgelöst. Das ehemalige Kloster ging – mit Ausnahme der Kirche, die staatseigen wurde – in den Privatbesitz einer Brauerei über.

Die Räume des ehemaligen Klosters können deshalb nicht besichtigt werden, aber den Besuchern wird es nicht verwehrt, beim ›Klosterwirt‹ einzukehren sowie wenigstens durch die burgähnliche Konventanlage mit ihren Bogentoren und dem stimmungsvollen, grob gepflasterten, abgewinkelten Innenhof zu schlendern (Abb. 66). Ein Brunnen aus dem Jahr 1669 mit einer Figur des hl. Johannes von Nepomuk (von J. A. Pfaffinger) plätschert vor sich hin, und man wundert sich ein wenig, warum die Sonnenuhr an einer so schattigen Stelle des Turms angebracht ist, daß an ihr nur die frühen Morgenstunden abgelesen werden können.

Kloster und Stiftskirche in der heutigen Form wurden ab 1675 erbaut. Im Gegensatz zu den Klosterräumen ist die barocke **Stiftskirche St. Peter und Paul** frei zugänglich. Das Portal am Turm ist mit einer kunstvollen Sandsteineinfassung versehen, deren Material aus dem einst klostereigenen ›Kerschaller-Sandsteinbruch‹ am nahen Teisenberg stammt. Dieselben Künstler, die auch den Innenausbau von St. Peter in Salzburg schufen, arbeiteten in der zweiten Hälfte des 18. Jh. an der Innenausstattung der Klosterkirche. Die Deckenfresken sowie die Wand- und die Seitenaltarbilder stammen von dem Trostberger Nikolaus Streicher, die Rokokostuckierung von dem Wessobrunner Benedikt Zöpf. Das Hochaltarbild ›Die Verklärung Christi‹ wurde um 1600 von Francesco Vanni aus Siena geschaffen. Nach einer Teilrestaurierung in den fünfziger Jahren wurde der Bau zwischen 1979 und 1986 grundlegend restauriert. Anziehungspunkt für viele Gläubige ist das ›Heilige Grab‹, das im Abstand von drei Jahren (1992, 1995 etc.) jeweils in der Karwoche im Altarraum errichtet wird, eine imposante Kulissenlandschaft mit bewegten Lichtern und bunten Glaskugeln, die eine jahrhundertealte Tradition fortsetzt.

Besonders malerisch präsentiert sich die altehrwürdige Klosteranlage vom gegenüberliegenden Seeufer aus (Farbabb. 27). Der fast mitten im Wald in einer Moränensenke gelegene Höglwörther See bildete sich nach dem Rückzug der eiszeitlichen Gletscher aus dem zurückgebliebenen Toteis. Auf einem schönen, schattigen Spazierweg läßt sich der stille Moorsee gemütlich in etwa einer halben Stunde umrunden. Das Gebiet steht unter Landschaftsschutz, Seerosen schwimmen auf der Wasseroberfläche, und wenn weder Wind noch der Badebetrieb des See-Schwimmbades das Wasser zu sehr bewegen, spiegelt sich die gesamte Klosteranlage fast kitschig schön im See. Im Winter, wenn der See zugefroren ist, tummeln sich Eisstockschützen und Schlittschuhläufer auf der Eisfläche.

☐ Anger

Ob Anger (Verwaltungssitz für die Dörfer des Högl; 558 m) nun tatsächlich das »schönste Dorf Bayerns« ist (ein Superlativ, den einst König Ludwig I. bei einem Besuch dieses Ortes geprägt haben soll und der von den heutigen Touristikmanagern mit Freuden für die Werbung aufgegriffen wird) oder nicht, mag dahingestellt bleiben. Daß dieses Dorf – zumindest dessen alter Ortsteil – besonders sehenswert ist, ist unumstritten.

Wappen Anger

Vor der prächtigen Bergkulisse von Hochstaufen und Zwiesel liegt das Pfarrdorf Anger auf einem vom eiszeitlichen Saalachgletscher geformten, langgezogenen Bergrücken aus Nagelfluh (Konglomerat aus Gletscherschutt) mit der weithin sichtbaren Pfarrkirche am höchsten Punkt (Farbabb. 26). Verschont vom Durchgangsverkehr, aber zeitweise eingehüllt vom Verkehrsrauschen der nahen Autobahn, gruppieren sich die Häuser, manche noch aus dem 18. Jh., im Zentrum um die riesige Dorfwiese, den Anger, von dem der Ort seinen heutigen Namen abgeleitet hat. Leider wird diese dörfliche Idylle durch die vielen um den Anger herum geparkten Autos erheblich beeinträchtigt. Ob sich König Ludwig bei diesem Anblick heute noch gleich enthusiastisch äußern würde, ist fraglich.

Am Nordende des Angers errichtete man 1884 als Zeichen der Verehrung der Mutter Gottes eine *Mariensäule*, das heutige Wahrzeichen von Anger. Sie wurde in der Carolinenhütte von Achthal (s. S. 237) gegossen und mit kostbarem Gold überzogen. An seinem südlichen Ende wird der Dorfplatz beherrscht von der **Pfarrkirche Mariä Himmelfahrt** mit steilem Schindeldach und einem über 50 m hohen Turm. Wie bei vielen Kirchen dieser Region wird dieser von einem barocken Doppelzwiebelaufsatz gekrönt. Die jetzige Kirche entstand um 1450 und gilt als eine der ältesten spätgotischen Kirchen des Rupertiwinkels. Ihre Mauern bestehen aus unverputzten Nagelfluhblöcken; nur die Trennfugen hat man weiß bemalt. Bemerkenswert ist das mächtige Eichenportal (um 1550), das außen mit schönen schmiedeeisernen Beschlägen und an der Innenseite mit kunstvoll geschnitzten Kassetten verziert ist. Vom früheren Hochaltar ist nur noch die Marmorplatte geblieben, die auf einem schlichten Unterbau aus Tuffquadern aufliegt. Das aus dem alten, spätgotischen Hochaltar stammende und früher durch Wallfahrten verehrte Vesperbild ›Unsere liebe Frau von Ölbergkirchen‹ entdecken wir im linken Seitenaltar. Die über dem Hauptaltar schwebende Rosenkranzmadonna stammt aus der Zeit um 1680. Links im Altarraum zeigt eine kleine Skulptur die Stifterin der Ur-Kirche von Anger, die Nonne Ellanpurg mit einem

DER RUPERTIWINKEL

Der Dorfplatz von Anger um 1890. Lavierte Federzeichnung

Kirchenmodell in der Hand (s. unten). Eindeutig neueren Datums sind die versilberten Holzfiguren des hl. Korbinian mit dem Bären (links) und des hl. Rupertus mit dem Salzfaß (rechts); sie stammen von dem Berchtesgadener Hans Richter (1962), der auch Mensa und Tabernakel nach dem barocken Vorbild der Feldkirchener Kirche geschaffen hat. In einer vergitterten Nische des Portalvorraums findet sich eine eindrucksvolle Figur von ›Christus im Kerker‹, und sehenswert sind auch die kunstvoll gefertigten Marmorgrabsteine in der Portalkapelle.

Der älteste Siedlungsteil von Anger ist das einstige Pfaffendorf, im Jahre 920 erstmals als ›Phafindorf‹ beurkundet, das am Fuße des heutigen Kirchbergs lag. Später wurde der Name Ellanpurgenkirchen verwendet (zu Ehren der Nonne Ellanpurg, die in Pfaffendorf eine Kirche stiftete). Diese Bezeichnung veränderte sich mit der Zeit zu Elperskirchen und schließlich zu Ölbergskirchen. Der Name ›Angär‹ erscheint erstmals in der Mitte des 15. Jh., doch richtig durchsetzen konnte er sich lange nicht. Statt dessen entwickelte sich der Name ›Stoißberg‹ zur amtlichen Bezeichnung für die ganze Gemeinde. Erst mit einem Erlaß von 1937 wurde ›Anger‹ als offizieller Name eingeführt.

Schlimme Zeiten erlebte das Dorf in den Jahren 1625, 1635, 1651 und besonders in der zweiten Hälfte des Jahres 1714, als hier (wie auch im restlichen Rupertiwinkel) die Pest wütete. Zunächst begrub man die Verstorbenen noch auf dem Friedhof oben bei der Kirche, wenn auch etwas abseits und besonders tief. Doch bald wollte man die Toten nicht mehr im Dorfe haben. Nach einer amtlichen Verordnung mußten sie schließlich heimlich und zur Nachtzeit auf dem Pestfriedhof drunten in der Au begraben werden. Im Jahr 1714 z. B. fielen innerhalb eines halben Jahres 91 Einwohner der Epidemie zum Opfer. Ganze Familien wurden ausgelöscht. Dieser starke Bevölkerungsrückgang hatte jahrzehntelange Auswirkungen auf das wirtschaftliche und gemeinschaftliche Leben des Dorfes. Den von einer Mauer umgebenen ehemaligen Pestfriedhof mit der 1663 erbauten *Pestkapelle* (Abb. 65) finden wir inmitten des Friedhofs unterhalb der Kirche an der Zufahrtsstraße zum Ort.

Ein bedeutender Tag im Jahresprogramm von Anger war und ist der vierte Sonntag nach Ostern. Seit nunmehr über 500 Jahren wird in ununterbrochener Folge an diesem Tag und dem darauffolgenden Montag der *Kirchweihmarkt* abgehalten. Am 24. April 1485 verlieh das Erzbistum Salzburg auf Ersuchen des Propstes Christoph vom Stift Höglwörth (zu dem die Kirche von Anger gehörte) das Recht, bei der Marienkirche einen am Tag der Kirchweih beginnenden, damals noch dreitägigen Jahrmarkt abzuhalten. Dieser sollte sowohl die Versorgung der Pilger sicherstellen als auch den Ansässigen einigen Gewinn aus dem Verkauf von Verpflegung und Getränken bringen.

Eine reizvolle, kurze Wanderung mit lohnendem Ziel (vor allem auch für Kinder) führt von *Anger* über *Höglwörth* zum *Haustierpark Ramsauer Hof,* der etwa auf halbem Wege zwischen Anger und Teisendorf im romantischen Ramsauer Tal liegt. Der beschilderte Weg beginnt am nördlichen Ende des Dorfplatzes von Anger und führt zunächst durch das Landschaftsschutzgebiet Höglwörther See in etwa 20 Min. zum Kloster Höglwörth am gleichnamigen See (Restaurant und Strandbad; Gehzeit für Seeumrundung: ½ Std. – s. auch S. 255 f.). Von da weiter in ca. ½ Std. durch das Ramsauer Tal zum **Haustierpark Ramsauer Hof** (wetterabhängig von etwa Ostern bis Wintereinbruch ganztägig ab 10 Uhr geöffnet).

Zoos, Wildparks gibt es zwar auch andernorts, doch als Tierpark, der sich vorwiegend auf vom Aussterben bedrohte *Haus*tierarten beschränkt, ist der Ramsauer Hof mit ca. 100 verschiedenen Rassen (insgesamt 400 bis 500 Tiere) etwas Besonderes. Unter Mithilfe der ›Arche Noah‹, eines Vereins, der sich für die Erhaltung aussterbender Tierarten einsetzt und internationale Verbindungen zu Tierhaltern, Züchtern und anderen Zoos unterhält, bemüht man sich auf dem Ramsauer Hof um weitere Vergrößerung des Tierbestands und Nachzucht gefährdeter Rassen. Beim Rundgang über das weitläufige und großzügig angelegte Freigelände entdeckt man neben altbekannten Haustierarten wie Hasen, Hühner, Ziegen etc. doch auch manche interessante Rasse. So ist man stolz auf den Besitz zahlreicher Pinzgauer Rinder; die letzte reinrassige ›Vogelsberger Kuh‹ (sie hört auf den Namen ›Frieda‹) erhält auf dem Hof ihr Gnadenbrot. Interessant sind die vierfarbigen Schafe, vor allem aber das Jakobschaf, das mit seinen vier Hörnern nicht etwa einen Ausrutscher der Natur, sondern eben eine spezielle Tierart darstellt. Dann das Wollschwein, das doch tatsächlich fast wie ein Schaf ein wolliges Haarkleid trägt, daneben das Hängebauchschwein, das seinem Namen alle Ehre macht und mit furchteinflößendem Grunzen seine neugeborenen Ferkel gegen jede

DER RUPERTIWINKEL

Jakobsschaf im Haustierpark Ramsauer Hof

Annäherung verteidigt. Zugänglicher sind die Tiere im Streichelzoo, von dem Kinder und ganze Schulklassen oft kaum mehr wegzubekommen sind. Die Ziegen – so zutraulich sie auch sein mögen – sollte man besser nicht streicheln; ihre Duftnote haftet dem Besucher verblüffend lange an.

☐ Ainring

Der Luftkurort Ainring (461 m) beging 1988 seine 1200-Jahr-Feier. Ein Gedenkstein beim Verkehrsamt erinnert an dieses große Ereignis. Wie auch bei vielen anderen Orten im Rupertiwinkel geht die Rechnung zurück auf das Salzburger Güterverzeichnis aus dem Jahr 788, in dem erstmals viele Orte im Salzburger Raum urkundlich erfaßt und aufgelistet wurden (s. S. 235). Die Besiedlung des Gemeindegebiets reicht jedoch bedeutend weiter zurück. Ausgrabungen aus der Römer- und der Keltenzeit, Siedlungsspuren aus der Bronzezeit, ja jungsteinzeitliche Funde belegen, daß sich schon vor mehr als 4000 Jahren Menschen in dieser Region niedergelassen haben.

Wer heute nach Spuren alten Baubestands sucht, darf dies keinesfalls in der Nähe des Ainringer Rathauses tun, denn dort findet er ringsherum vorwiegend moderne, neue Bauten

Wappen Ainring

und Hochhäuser. Das Verwaltungszentrum des Ortes, Schule, Post und auch das Geschäftszentrum liegen heute im Ortsteil **Mitterfelden**, 1,5 km abseits des alten Dorfkerns. Dieses Gelände hat seine eigene Geschichte. Auf ihm entstand ab 1933 der Reichsflughafen, also der Start- und Landeplatz für Hitler und sein Gefolge, wenn diese zwischen Berlin und dem Obersalzberg (s. S. 24 ff.) hin- und herreisten. Ein Führer- und ein Gästehaus wurden errichtet, Werk- und Flugzeughallen, ein Offizierscasino. 10 Reichspfennige bezahlte man den Landwirten damals für einen Quadratmeter abgetretenen Grund. Ab 1938 stand Hitler dann der Salzburger Flughafen zur Verfügung. Der Ainringer Flugplatz wurde Sitz der ›Deutschen Forschungsanstalt für Segelflug‹. Nach Kriegsende nahmen die Alliierten das gesamte Gelände in Beschlag. In den einstigen Flugplatzbaracken wurden vorübergehend ehemalige KZ-Häftlinge untergebracht, später auch viele Flüchtlinge und Vertriebene aus den Ostgebieten. Dadurch änderte sich die Einwohnerstruktur von Ainring grundlegend. Allein in den ersten vier Nachkriegsjahren verdoppelte sich die Einwohnerzahl nahezu. In Mitterfelden, wie das einstige Flugplatzgelände bald genannt wurde, entstand eine große Wohnsiedlung, in der die Vertriebenen schließlich eine neue Heimat fanden. Ende 1947 – nach Freigabe durch die Besatzungsmacht – begann man mit der Einrichtung einer Polizei-Schulungsstätte, zunächst für die Landesgrenzpolizei. Inzwischen hat sich das ›Fortbildungsinstitut der Bayerischen Polizei‹ zu einer aus Ainring nicht mehr wegzudenkenden Institution entwickelt. Für die Unterbringung der jeweils rund 350 Seminarteilnehmer stehen sieben Gebäudekomplexe zur Verfügung. In der Sommerpause besteht für Polizeibeamte und deren Familien die Möglichkeit, in dem Schulungszentrum ein preisgünstiges Urlaubsquartier zu beziehen. Für Ainring und seine Geschäftsleute bedeutet das Vorhandensein der Polizeischule einen spürbaren wirtschaftlichen Faktor. Schon deshalb weint dem einstigen Hitler-Flughafen niemand mehr eine Träne nach.

Das eigentliche, alte Ainring liegt durch Wiesen und Felder von seinem Mitterfeldner Verwaltungssitz getrennt, ca. 1 km abseits der von Piding nach Freilassing führenden Hauptstraße am nordöstlichen Ausläufer des Högl. In seinem Ortskern finden wir das Fremdenverkehrsamt und da und dort auch noch ›dörfliche Idylle‹: alte, behäbige Bauernhäuser, ein gemütliches Wirtshaus und oben auf dem Kirchberg das denkmalgeschützte Ensemble aus Pfarrkirche, dem dreistöckigen, schloßartigen Kastenbau des Pfarrhauses, Friedhof mit Leichenhaus und einer im Jahr 1901 erbauten Stallung.

Die **Pfarrkirche St. Laurentius** mit ihrem hübschen Zwiebelturm ist ein mächtiges, über dem Dorf thronendes Bauwerk. Baulicher Zerfall (alte Kirchenbücher sprechen von ›Paufehligkeiten‹), das Anwachsen der Kirchengemeinde und das sich wandelnde Stilempfinden der Bevölkerung ließen die auf das 8. Jh. zurückgehende Kirche bis zu ihrer heutigen Form viele Umgestaltungen, Anbauten und Renovierungen durchlaufen. Heute birgt das Gotteshaus neben einem um 1712 entstandenen barocken Hochaltar (mit fünf auswechselbaren Altarblättern) zwei Seitenaltäre, die dem hl. Josef (links) bzw. Nepomuk (rechts) geweiht sind. Eine genauere Betrachtung wert sind auch die in die Wände eingelassenen Grabdenkmäler aus dem 14. bis 19. Jh., vorwiegend für frühere Pfarrer des Ortes. Die marmornen

DER RUPERTIWINKEL

St. Laurentius-Kirche und Pfarrhaus in Ainring

Grabplatten tragen Inschriften, Ornamente, Wappen usw. in kunstvoller und aufwendiger Steinmetzarbeit.

Vom ›alten‹ Ainring aus lohnt sich ein Abstecher hinauf auf den **Ulrichshögl**. Ein Besuch zu Fuß empfiehlt sich, denn oben in dem kleinen Weiler herrscht akute Parkplatznot. Für die etwa 100 Höhenmeter, die man zu bewältigen hat (einfache Gehzeit ca. 20 Min.), wird man durch eine prächtige Aussicht belohnt. Der Blick reicht weit über Salzburg und das Salzachtal hinweg über einen Teil Oberösterreichs und den Rupertiwinkel; gen Süden zieht sich der langgezogene Untersberg hin, und noch weiter rechts, auf dem nahen bewaldeten Hügel, lugt das Kirchlein von Johannishögl durch die Baumwipfel. Selbstverständlich, daß in so ›erhabener‹ Lage einst auch eine Burg stand. In alten Urkunden wird die ›Feste Hegel‹ erwähnt, doch außer kümmerlichem Bauschutt, auf den man bei Grabungsarbeiten gelegentlich noch stößt, weist nichts mehr auf dieses frühe Bauwerk hin. Dafür beherrscht die in ihrem Ursprung auf das Jahr 1030 zurückgehende *Filialkirche St. Ulrich* mit ihrem mehrfach gestuften Zwiebelturm den vorstehenden Sporn des Högl. Die Kirche ist in der Zeit zwischen April und September täglich von 9–18 Uhr, zwischen Oktober und März zwischen 9 und 15 Uhr zugänglich; aber auch dann verwehrt ein Gitter den Zugang zum eigentlichen Kirchenschiff. Der heutige Hochaltar wurde 1712 von dem Salzburger Hoftischler Thaddäus Baldauf geschaffen. Zu den ältesten Ausstattungsstücken gehört die Figur des hl. Ulrich am linken Chorbogen; sie war als Schreinfigur an dem früheren, um das Jahr 1500 entstandenen spätgotischen Hochaltar angebracht. – An einigen der alten Bauernhöfe Ulrichshögls fallen besonders die schönen Türeinfassungen aus Sandstein auf; sie stammen aus den Högler Steinbrüchen (s. S. 251 f.) und wurden von lokalen Steinmetzen kunstvoll gefertigt.

Im zu Ainring gehörenden Ortsteil **Perach** sollte man einen Blick in das äußerlich recht unscheinbare *Kirchlein St. Andreas und St. Rupertus* werfen. Dies ist allerdings nur zur Zeit der Gottesdienste oder des Gebetläutens (sa 17.30 Uhr) möglich. Bei Renovierungsarbeiten im Jahr 1940 wurden im Chorraum Fresken freigelegt, die vermutlich aus dem letzten Viertel des 15. Jh. stammen und sich durch kräftige Farben, vor allem Brauntöne, auszeichnen. Sie zeigen u. a. die Evangelistensymbole (Adler für Johannes, Löwe für Markus, Engel für Matthäus und Stier für Lukas), Schriftbänder, Kirchenväter und Heilige. Ein offensichtliches Versehen ist dem Maler bei der Darstellung des hl. Rupertus unterlaufen. Zwar hat man ihm sein typisches Attribut, das Salzfaß, in den Arm gedrückt; der kleine Bär zu seinen Füßen aber steht ausschließlich dem hl. Korbinian zu. Weitere, etwas jüngere und verblichenere Fresken sind über der Sakristeitür angebracht: eine Darstellung Christi mit den Zwölf Aposteln und dem Glaubensbekenntnis. In der offenen Vorhalle der Kirche steht einer jener ›Schalensteine‹, über deren ursprüngliche Bedeutung sich die Gelehrten streiten. Beim Peracher Stein mit seinen acht tief ausgeschliffenen und symmetrisch angeordneten Mulden nimmt man an, daß seine Vertiefungen mit Talg gefüllt wurden und man diesen anzündete, der Stein also eine Lichtquelle, z. B. auf dem Friedhof, darstellte.

Eine einst bedeutende Wallfahrtskirche, die *Pfarrkirche Mariä Himmelfahrt,* steht im nahe gelegenen **Feldkirchen** an der Saalach. Ausgrabungen römischer Siedlungsreste sowie eines bajuwarischen Gräberfelds lassen darauf schließen, daß die heutige Kirche (sie wurde 1521 eingeweiht) diverse Vorgängerbauten hatte. Wallfahrten zur Muttergottes von Feldkirchen

Blick auf Ulrichshögl

dürften alten Aufzeichnungen und Ablaßurkunden zufolge schon im 14. Jh. stattgefunden haben, vor allem von der nahen Stadt Salzburg aus. Die Wallfahrtsstätte verlor an Bedeutung, als der Rupertiwinkel 1810 zu Bayern kam; fortan pilgerten die Salzburger ins ›eigene‹ Marienheiligtum nach Maria Plain. In der Vorhalle unter dem Turm ist ein Freskofragment, eine Kreuzigungsgruppe, aus der Entstehungszeit der Kirche zu sehen. Seinen achteckigen Aufsatz und auch den ungewöhnlichen, aus Nagelfluh bestehenden konischen Stützsockel bekam der Turm erst später. Neben dem Gnadenbild im Hochaltar verdient vor allem die Kanzel eine nähere Betrachtung, eine aufwendige, phantasiereiche Schnitz- und Bildhauerarbeit ortsansässiger Kunsthandwerker aus dem Jahr 1726. Bemerkenswert auch die weit ins Kirchenschiff vorragende, zweistöckige Orgelempore, deren untere Brüstung mit den Bildern der Zwölf Apostel bemalt ist. Reliefmedaillons entlang der Langhauswände stellen die 15 Geheimnisse des Rosenkranzes dar. Im Chorraum mehrere Epitaphien aus rotem Marmor in kunstvoller Steinmetzarbeit.

Nordöstlich von Ainring liegt das gleichnamige ›Moos‹, eines jener Sumpf- und Moorgebiete, die wir im Rupertiwinkel des öfteren vorfinden und die allesamt ein Überbleibsel aus der letzten Eiszeit darstellen. Im *Ainringer Moos* wird seit vielen Jahrzehnten Torf abgebaut. Das Ainringer Torfwerk bei Mühlreit betreibt dies großflächig, gewerbsmäßig und maschinell. Lebensräume für Tiere und Pflanzen wurden so mehr und mehr dezimiert; das eigentliche Moor wird immer kleiner und trocknet immer weiter aus. Jahrtausendealte Biotope werden zerstört; als Folge sind viele seltene Pflanzen und Tierarten vom Aussterben bedroht, manche bereits verschwunden.

Etwas günstiger ist noch die Situation im nördlich anschließenden *Peracher Moos*. Dieses hat sich seinen naturnahen Charakter weitestgehend erhalten, wenngleich man die ›klassischen‹ Moorlandschaften wie Moorseen und Heidekrautflächen auch dort etwas vermißt.

☐ Hammerau

Seit über 450 Jahren wird der kleine, zur Gemeinde Ainring gehörende Ort Hammerau an der Saalach vom Eisenwerk Hammerau, dem heutigen **Stahlwerk Annahütte**, beherrscht. Wie schon ausgeführt (s. Eisenwerk Achthal, S. 237 f.), wurde bei Neukirchen am Nordfuß des nahen Teisenbergs schon zur Zeit der Römer Eisenerz abgebaut und in kleinen Schmelzhütten und Hammerwerken verarbeitet. Die industrielle Eisenverarbeitung in dieser Region begann jedoch erst in der Mitte des 15. Jh., zunächst im Hüttenwerk Achthal, und ab 1537 – mit der Gründung der ›Eisen-, Berg- und Hüttengewerkschaft Achthal-Hammerau‹ durch den Salzburger Erzbischof Matthäus Lang – in Hammerau sowie im nahen Röhrenbach. In einer Art Aktiengesellschaft waren mehrere Anteilseigner an den Eisenwerken beteiligt. Das Hammerauer Werk umfaßte bald mehrere Hammerhütten sowie eine Huf- und Nagelschmiede, in denen das Roheisen aus Achthal und Röhrenbach verarbeitet wurde.

53 Blick vom Lattengebirge (Törlschneid) auf Watzmann und Hochkalter ▷

55 MELLECK Blick auf Loferer Steinberge
54 Die Weißbachfälle im Weißbachtal
56 ›Himmelsleiter‹ mit Solehochbehälter im Weißbachtal (historische Soleleitung Reichenhall–Traunstein)

57 Weide bei Thundorf im südlichen Rupertiwinkel
58 Kapelle bei Thalhausen

59 Blick von Stetten über Teisendorf

60 Bauernhaus in ›Mischblockbauweise‹ im südlichen Rupertiwinkel

61 TEISENDORF Marktstraße

62 Findlinge im Geologischen Lehrgarten bei Teisendorf

63 Frauen in Festtagstracht beim Leonhardiritt in Holzhausen
64 Sandsteinportal am Kerschallerhof in Zellberg bei Anger
65 ANGER Pestkapelle

67 Waginger See, Blick von Tettenhausen Richtung Süden
◁ 66 Innenhof des ehemaligen Klosters Höglwörth
68 WAGING AM SEE   Seestraße

70, 71 LAUFEN Stiftskirche, Laubengang und Epitaph

◁ 69 ›Piratenschlacht‹ in Laufen, Oberndorf

72 Salzachbrücke zwischen Laufen und Oberndorf

73 Neuerbaute Scheune in Bundwerk-Bauweise in Wolkersdorf am Waginger See

74, 75 TITTMONING Stadtfest

76, 77 TITTMONING Georgiritt

78 BAD DÜRRNBERG Keltengehöft in der Freilichtschau
79 HALLEIN Geburts- und Sterbehaus von
F. X. Gruber

80 SALZBURG Rupertusbrunnen

Über viele Jahre liefen die Geschäfte recht zufriedenstellend. 1816, mit der Neufestsetzung der Landesgrenzen zwischen Bayern und Österreich, begannen jedoch die Probleme: die Eisengewerkschaft wurde zweigeteilt. Während die Erzlager und Produktionsstätten nun auf bayerischem Boden lagen, befand sich der Verwaltungssitz in Salzburg. Das einstige Fürstentum Salzburg mit seinem Einzugsgebiet war jetzt ›Ausland‹ und fiel aufgrund einschneidender Exportbeschränkungen als Hauptkunde weg. Die zunehmende Konkurrenz durch den Import billiger ausländischer Eisenprodukte verschlechterte die wirtschaftliche Lage zusätzlich. Trotz Modernisierung der Werksanlagen (das letzte, 1909 stillgelegte Frischereifeuer ist im Deutschen Museum in München zu sehen) gelang es den mehrmals wechselnden Besitzern nicht, das inzwischen ›Annahütte‹ genannte Werk vor wirtschaftlichen Krisen zu bewahren. Eine kurze ›Blütezeit‹ brachte nochmals der Zweite Weltkrieg, als die Annahütte zum Rüstungsbetrieb mit rund 2000 Beschäftigten wurde. Als Folge einer weltweiten Rezession auf dem Stahlsektor ging die Annahütte im Jahr 1975 schließlich in Konkurs.

Fassadengemälde im Stahlwerk Annahütte, Hammerau

Noch im gleichen Jahr begann die Wende. Unter neuer Leitung wurde das ›Stahlwerk Annahütte‹ von Grund auf saniert und modernisiert, die Infrastruktur verbessert, die Energieversorgung auf Erdgas umgestellt und die Produktpalette den neuesten Erfordernissen auf dem deutschen und internationalen Markt angepaßt. Gegenwärtig erzeugen 150 Mitarbeiter jährlich etwa 50 000 t hochwertigen Baustahl, das Haupterzeugnis der Annahütte, und beliefern damit Kunden in 130 Ländern. *Einem* Produkt aus alten Zeiten ist man jedoch treu geblieben: Wie schon zur Gründerzeit vor mehr als 450 Jahren werden auch heute noch Hufeisen gefertigt (vorwiegend für die Tragtierkompanie der Bundeswehr). Hammerau besitzt damit eine der letzten Hufeisenschmieden Deutschlands.

Aus Anlaß des 450jährigen Bestehens des Eisenwerks Hammerau wurde 1987 auf dem Werksgelände im ehemaligen Werkswirtshaus ein kleines *Museum* eröffnet. Öffnungszeiten: 1. Freitag im Monat von 14–17 Uhr; vorherige tel. Anmeldung jedoch empfehlenswert (✆ 08654/2011).

Schon die Vorderfront des Gebäudes ist sehenswert: In großer, die ganze Fassade bedeckender Malerei sind alle Arbeitsschritte für die Herstellung von Hufeisen bis zum Transport dargestellt. Die Museumsräume beherbergen historisches Bild- und Fotomaterial zum Eisenerzabbau, zur Eisengewinnung und -verarbeitung im südlichen Rupertiwinkel, alte technische Zeichnungen, Verträge und Dokumente, aber auch ausgediente Gerätschaften, Werkzeuge und Produkte.

☐ Piding

Dieser aufstrebende Fremdenverkehrsort (455 m), die südlichste Gemeinde des Rupertiwinkels, liegt am westlichen Saalachufer vor dem Talausgang von Bad Reichenhall, ganz nahe am bayerisch-österreichischen Grenzübergang und damit auch ›vor den Toren‹ Salzburgs. Piding ist ein anerkannter Luftkurort, der mit eigenen, großzügigen Sport- und Freizeiteinrichtungen und -programmen aufwarten kann, sich aber auch als Aufenthaltsort für eine Badekur im 5 km entfernten Staatsbad Bad Reichenhall anbietet. Gute Busverbindungen

Wappen Piding

bestehen zwischen den beiden Orten, und es gibt bequeme, ruhige Wanderwege beiderseits der Saalach, die Piding und Reichenhall verbinden. Wintersportlern steht nahe der Burg Staufeneck ein Skilift zur Verfügung.

Nicht unerwähnt bleiben darf die *Kirche des hl. Laurentius* im Pidinger Ortsteil **Mauthausen**, ein massiver Tuffsteinbau, umgeben von einem kleinen Friedhof. Anstelle eines Turms besitzt das Gotteshaus lediglich einen kleinen Dachreiter auf dem steilen Schindeldach. Sehenswert ist die ums Jahr 1200 erbaute Kirche vor allem ihrer Wandmalereien wegen. In zarten Pastellfarben präsentieren sich die Figuren der Heiligen Drei Könige an der Chorwand hinterm Altar. 15 namentlich genannte, lebensgroße Heilige zieren die Nordwand des Langhauses – Wandbilder aus der Zeit um 1500, die erst Mitte des 20. Jh. bei Renovierungsarbeiten wieder zum Vorschein kamen. Auch das Netzgewölbe über dem Altarraum ist mit reichen Malereien versehen. Eine spätgotische Figur des Namenspatrons der Kirche, des hl. Laurentius, finden wir auf dem Hochaltar.

Hoch über Piding, ebenfalls zum Ortsteil Mauthausen gehörend, liegt **Schloß Staufeneck** (keine Besichtigung). Ein Beweis für die frühe Besiedlung dieser Region sind u. a. die sensationellen Ausgrabungsfunde, die 1970 nahe der Burg bei Bauarbeiten für einen Skilift gemacht wurden: Hunderte von Ringbarren aus Kupfer und Bronze. Dieser sehr gut erhaltene Hortfund kann heute im Heimatmuseum Bad Reichenhall besichtigt werden und zählt dort zu den wertvollsten Exponaten.

Schon zur Zeit der Römer dürfte zumindest ein Wachtturm auf dem Schloßberg gestanden haben, von dem aus Sichtverbindung bestand zu weiteren, strategisch wichtigen Punkten, z. B. zu Marzoll oder dem Hügel der heutigen Plainburg bei Großgmain. Schloß Staufeneck, das weithin sichtbar auf einer Anhöhe am Fuße des Hochstaufens thront, wurde etwa zu Beginn des 13. Jh. errichtet und diente zunächst vor allem dem Schutz der Salinenstadt Reichenhall und der Überwachung der Salzstraßen. Es befand sich im Besitz der Grafen von Plain und ging nach dem Erlöschen dieses Adelsgeschlechts (1260 starben die letzten Grafen von Plain) über auf die Salzburger Erzbischöfe. Für die folgenden Jahrhunderte, bis zur geschichtlichen Wende zu Beginn des 19. Jh., war Schloß Staufeneck dann Sitz des salzburgischen Pfleggerichts, das für Verwaltung, Rechtspflege und Steuerwesen der umliegenden Region zuständig war.

Als ›Rechtspflege- und Strafrechtsmuseum‹ konnten das ehemalige Verlies samt üppig ausgestatteter Folterkammer, der spätgotische Wehrgang mit Wachzimmer, die Schloßkapelle und andere Teile der alten Burganlage bis in die achtziger Jahre noch besichtigt werden. Ende der achtziger Jahre kamen dann neue Pläne für die Schloßanlage auf: Ein Großteil (speziell der ehemalige Wohntrakt des ›hochfürstlichen Rechtspflegers‹) sollte mit Zustimmung des Landesamts für Denkmalpflege in Eigentumswohnungen umgebaut werden. Aber bei den Plänen blieb es bisher. Das mächtige Burgtor ist verschlossen, nichts rührt sich hinter den dicken Mauern, und sowohl für Besucher als auch für sonstige Interessenten dürfte die Festung auch bis auf weiteres unzugänglich bleiben. Man wird sich deshalb mit dem Anblick von der Autobahn bzw. der Bundesstraße aus oder höchstens mit einem Spaziergang den Hügel hinauf bis zur Brücke über den Schloßgraben begnügen müssen. Daß das behäbige Gasthaus am Fuß von Schloß Staufeneck – früher ein beliebtes und gutbürgerliches Lokal und Ausflugsziel – zwischenzeitlich zur Disco umgewandelt wurde, paßt zum Schicksal des Schlosses und verstärkt unseren Stoßseufzer über die Vergänglichkeit alles Althergebrachten, bis uns einfällt, daß zumindest das Gerichtsgebäude mit Gefängnis und Folterkammer diese Trauer genaugenommen nicht verdient.

Freilassing

Ein Freilassinger Bürger antwortete auf die Frage nach den Sehenswürdigkeiten seiner Stadt: »Freilassing ist eine Geschäfts- und Einkaufsstadt und ein guter Ausgangspunkt für all das, was es ringsherum zu sehen gibt. Aber suchen Sie nicht *in* unserer Stadt nach großen

DER RUPERTIWINKEL

Wappen Freilassing

kulturellen Sehenswürdigkeiten.« Zwar wurde schon im Jahr 1127 ein Weiler ›Frilaz‹ = ›freie Weide‹ urkundlich erwähnt, doch bestand der Ort noch im Jahr 1832 aus lediglich 16 Häusern ohne Kirche, ohne Schule und ohne Wirtshaus. Zwischenzeitlich hat sich Freilassing (420 m), das 1954 zur Stadt erhoben wurde, mit über 14000 Bewohnern zur einwohnerstärksten und wirtschaftlich bedeutendsten Stadt des Rupertiwinkels entwickelt. Ihren ursprünglichen Aufschwung verdankte sie vor allem ihrer Eigenschaft als Eisenbahnknotenpunkt – 1860 wurde die Eisenbahnlinie München – Rosenheim – Traunstein – Salzburg eröffnet, sechs Jahre später folgte die Bahnverbindung Freilassing – Bad Reichenhall. Heute ist Freilassing Schnellzugstation an der Strecke München – Salzburg – Wien und Landshut – Mühldorf – Bad Reichenhall – Berchtesgaden. Der Salzburger Flughafen ist nur 8 km entfernt, die nächste Zufahrt zur Autobahn München – Salzburg – Wien nur 3 km.

Kurz vor Ende des Zweiten Weltkriegs wurde Freilassing durch Luftangriffe stark beschädigt. Einen beachtlichen Bevölkerungszuwachs erfuhr der Ort nach dem Krieg durch zahlreiche Heimatvertriebene aus den osteuropäischen Gebieten. Sudetendeutsche, Flüchtlinge aus Ungarn, Rumänien, Jugoslawien, aus Pommern und Schlesien ließen sich hier nieder. Besondere Bedeutung kommt Freilassing heute als Grenzort zwischen Deutschland und Österreich nahe der Festspielstadt Salzburg zu. Nicht nur die umliegende bayerische Landbevölkerung, sondern vor allem auch die österreichischen Nachbarn nutzen die für sie guten und günstigen Einkaufsmöglichkeiten dieser Stadt so knapp hinter der Landesgrenze. Der Besucher merkt dies spätestens dann, wenn er während der Geschäftszeiten in der Nähe des Zentrums auf Parkplatzsuche geht.

Auf Höhe des Stadtteils Salzburghofen, allerdings ein gutes Stück außerhalb besiedelten Gebiets, mündet die aus Richtung Reichenhall kommende Saalach in die von Salzburg herüberfließende Salzach. Das Ortsbild selbst profitiert also nicht von diesem Zusammenfluß, zeigt sich vielmehr recht nüchtern und funktionell. Großzügige Sport- und Freizeiteinrichtungen im modernen Erholungspark ›Badylon‹ und Gästequartiere aller Klassen hat Freilassing zu bieten. Für Exkursionen sowohl Richtung Norden in den Rupertiwinkel wie nach Süden ins ›echte‹ Berchtesgadener Land oder hinüber ins nur 7 km entfernte Salzburg ist die Stadt ein günstiger, zentraler und gut erschlossener Ausgangspunkt.

☐ **Salzburghofen**

Heute ist es ein Ortsteil Freilassings im Norden der Stadt, nahe der Einmündung der Saalach in die Salzach. Dabei hätte Salzburghofen (418 m) aufgrund der Tatsache, daß es noch im vorigen Jahrhundert dem damals kleinen, unbedeutenden Freilassing übergeordnet war, und aufgrund seines Alters es eigentlich verdient, der Hauptort bzw. das ›Citycenter‹ zu sein. Römische und bajuwarische Grabstätten fand man hier. Schon die Karolinger hatten in Salzburghofen eine königliche Residenz, und auch nachdem der Ort durch Schenkung im Jahr 908 in den Besitz der Salzburger Bischöfe gekommen war, weilten immer wieder gekrönte Häupter am dortigen Hof.

Der Hauptverkehr Richtung Laufen wird heute weiträumig um Freilassing herumgeleitet. Wer jedoch vom Freilassinger Zentrum auf der Laufener Straße nach Norden fährt, findet – kaum hat er den Erholungspark ›Badylon‹ passiert – in Salzburghofen plötzlich wieder bäuerliche Anwesen, Häuser in ländlichem Stil und behäbige Gasthöfe, so auch das älteste Wirtshaus Freilassings, den in seinem Ursprung laut Inschrift bis ins Jahr 1350 zurückgehenden **Mirtlwirt**. Die Unterseite seines weit vorgezogenen Dachgiebels ist mit aufwendigen Malereien verziert, die u. a. die 12 Monate des Jahres jeweils mit einem der Saison angepaßten Motiv darstellen. Folgt man dem von der Laufener Straße nach Westen abzweigenden Petersweg, so steht man nach ein paar Schritten vor der kleinen **Filialkirche St. Peter**. Der heutige Bau wurde um 1475 errichtet, doch stammt der aus Högler Sandsteinblöcken bestehende Gebäudesockel vermutlich noch von einem romanischen Vorgängerbau. Im Zuge von Renovierungsarbeiten wurden 1965 am gesamten Deckengewölbe spätgotische Fresken freigelegt – sehr farbenfrohe Blattranken und Blütenornamente – und im Chor fünf Medaillons mit den vier Evangelistensymbolen und dem Gotteslamm. Das Hauptbild des prunkvollen Barockaltars zeigt den Kirchenpatron St. Petrus; das ovale Oberbild (Paulus) wird dem Laufener Künstler Johann Michael Rottmayr zugeschrieben.

Die **Pfarrkirche Mariä Himmelfahrt** liegt etwas weiter nördlich an der Laufener Straße. Hier befindet sich auch der Friedhof

Filialkirche St. Peter in Salzburghofen

DER RUPERTIWINKEL

Freilassings. Die Kirche wurde 1150 erstmals erwähnt; ihr Ursprung dürfte jedoch bis ins 8. oder gar 7. Jh. zurückreichen. Der heutige Kirchenbau ist um 1740 entstanden. Außerhalb der Gottesdienste ist nur der Vorraum zugänglich. Durch das angrenzende Gitter fällt der Blick auf den prächtigen Hochaltar aus Untersberger Marmor, der nach einem Entwurf des Bildhauers Wolfgang Hagenauer 1775/76 entstand. Bemerkenswert ist auch der schwere, aus Adneter Marmor gefertigte achteckige Taufstein aus dem 15. Jh.

Das Goaßlschnalzen (Aperschnalzen)

Knallen und Schießen, Geschrei und Krach treibt böse Geister aus. Darin ist wohl auch der tiefere Sinn des Goaßlschnalzens zu suchen, obwohl heutzutage keiner der Ausübenden so aussieht, als fürchte er sich vor Gespenstern. Eher kann man Angst vor den Schnalzern selbst bekommen, wenn sie mit hochgekrempelten Ärmeln, breitbeinig und konzentriert die Peitsche über dem Haupt schwingen. In den kurzen Peitschenstiel ist eine drei bis sechs Meter lange geflochtene Hanfschnur eingelassen, die sich zum Ende hin verjüngt und in einem ungeflochtenen Baststück, dem ›Poschn‹, ausläuft. Die Peitsche wird beidhändig mehrmals über dem Kopf gekreist und durch ruckartiges Abbremsen bzw. Gegenschwingen der eigentliche, schußartige Knall erzeugt. Das Goaßl- oder Aperschnalzen in Gruppen, sog. ›Passen‹, wird speziell im Rupertiwinkel und dort verstärkt in der Faschingszeit noch gepflegt. Mit dem Üben wird schon bald nach Weihnachten begonnen; wer es zu Meisterschaft bringen will, braucht viel Kraft, Geschicklichkeit und Gefühl für Rhythmus. Beim Schnalzen in Gruppen gilt es, in gleichmäßiger Folge möglichst präzise zu schnalzen und die Peitschenschnur dann lautlos ausschwingen zu lassen. Bei Preisschnalzveranstaltungen, zu denen sich neben Schnalzergruppen aus dem Rupertiwinkel auch Vereine vorwiegend aus dem Salzburger Land einfinden, werden Lautstärke, Gleichmäßigkeit und Rhythmus der Schnalzfolge bewertet. Aus der einstigen Dämonenabwehr und einer Praxis der Senner und Kutscher, die mit Peitschenknall ihre Tiere antreiben, ist so eine regelrechte sportliche Wettkampfdisziplin geworden.

Der Waginger See

Noch vor rund 150 Jahren war die Bezeichnung ›Waginger See‹ nicht gebräuchlich. Man sprach generell vom ›Tachensee‹ oder vom ›Tachinger See‹. Heute wird so offiziell nur noch der nördliche Teil bezeichnet, der wie durch eine Wespentaille vom südlichen Seeteil abgeschnürt ist. Die Einheimischen selbst sprechen allgemein vom ›Waginger See‹ und meinen damit den ganzen See (442 m). Wie auch andere Gewässer in der Region (Chiemsee, Abtsdorfer See, Weidsee usw.) ist der Waginger See ein Relikt aus der letzten Eiszeit. Gletscher und Gletscherbäche hatten Felsen, Geröll und Schotter aus dem Alpenraum hinausgeschoben und hier im Vorland abgelagert. Zwischen diesen Moränenhügeln spülten die Bäche tiefe Gräben und Rinnen in die Landschaft. Als mit dem Ende der Eiszeit die Gletscher von Salzach und Saalach mehr und mehr abschmolzen, füllten sich Senken und Becken mit Wasser. Es entstanden große, zusammenhängende Seenlandschaften, aus denen erst allmählich mit dem langsamen Abfluß des Wassers und der Verdunstung wieder Festland und Hügel auftauchten.

Die frühere Uferlinie des Sees lag nachweislich 17 m höher als heute. Der Rückgang des Wassers auf den heutigen Pegel ist allerdings nicht allein auf Verdunstung und natürlichen Abfluß zurückzuführen. Im Jahr 1867 senkte man den Wasserspiegel des Waginger Sees künstlich nochmals um knapp zwei Meter ab; so konnten große Flächen versumpfter Uferwiesen trockengelegt und viele Hektar nutzbares Land gewonnen werden. Die See-Enge, die ›Wespentaille‹ zwischen Waginger und Tachinger See, wurde dadurch von 200 auf 15 m vermindert, eine Distanz, die nun auch durch einen Brückenbau überwunden werden konnte. Früher mußten Personen und Fuhrwerke auf einer Fähre über den See setzen – keine ganz ungefährliche Sache, und manch schauerlicher Unglücksfall aus alten Zeiten ist überliefert. Heute hat der See – er ist der fünftgrößte in Bayern – eine Länge von 10 km; die breiteste Stelle mißt 1,7 km, und eine stabile Straßenbrücke verbindet das Ost- und Westufer an der Engstelle bei *Tettenhausen*.

Schon früh bekannt und genutzt war der Fisch- und Krebsreichtum des Sees. Bereits im Mittelalter waren die Fischerei- und Seerechte geregelt, dennoch gab es jahrhundertelang immer wieder Gerangel um die Nutzung des Gewässers. Wer heute im See angeln will (neben den üblichen Süßwasserfischen gibt es besonders viele Hechte), benötigt neben dem staatlichen Fischereischein eine Angelkarte. Angelsaison ist vom 1. Mai bis Ende November (Näheres beim Fremdenverkehrsamt Waging).

Von größter Bedeutung ist der Waginger See heute natürlich für den Fremdenverkehr (Abb. 67). Bade- und Wassersportmöglichkeiten sind immer ein Magnet für Urlauber. Dank seiner geringen Tiefe gilt der See als einer der wärmsten Badeseen Bayerns, dessen moorhaltiges Wasser auch gegen Rheuma und Ischias helfen soll. Strandbäder, Campingplätze, Park- und Kneippanlagen wurden errichtet, man kann Boote mieten, segeln und surfen. Radfahren, Reiten, Tennis, Minigolf – dem Feriengast wird eine reiche Palette an Sport- und Freizeitvergnügen angeboten.

☐ Markt Waging am See

Ein Stückchen ist es schon zu gehen vom Ort aus bis zum Wasser, denn direkt ›am See‹ liegt Waging (465 m) nicht, auch wenn die Ortsbezeichnung dies vermuten läßt. Aber wer will schon so kleinlich sein. Das Seeufer ist vom Zentrum Wagings knapp zwei Kilometer entfernt (Bus-Pendelverkehr zwischen Ortszentrum und Strandkurhaus).

Wappen Waging am See

Die Bezeichnung ›Markt‹ dagegen ist nicht anzuzweifeln. Waging beging im Jahr 1985 die 600-Jahr-Feier der Verleihung der Marktrechte. Erstmals erwähnt wurde der Ort ›Uaginga‹ 788 im Salzburger Güterverzeichnis, doch besiedelt war die Gegend nachweislich schon ca. 3000 Jahre vor der Zeitrechnung. Stein- und bronzezeitliche Funde, keltische und römische Ausgrabungen zeugen von früheren Bewohnern. Der See war reich an Fischen, die umliegenden Wälder reich an Wild – es ließ sich leben im ›Waginger Becken‹. Waging, wie auch viele andere Orte in dieser Region, verdankte seinen späteren Aufschwung vorwiegend dem Salz. Es lag an einer der wichtigen von Salzburg nach Augsburg führenden Salzstraßen, war Rastplatz für die Gespanne und dadurch automatisch Umschlags- und Handelsplatz. Außerdem war Waging jahrhundertelang Gerichtssitz, was dem Ort zusätzliche Bedeutung verschaffte.

Aber auch harte Zeiten waren zu überstehen. So brachten die großen Brände in den Jahren 1611 und 1763 sowie wiederholte Hochwasserkatastrophen manche Familie an den Rand des Ruins. Sowohl der Vormarsch der Bayern gegen Österreich Mitte des 18. Jh. als auch später um 1800 die napoleonischen Feldzüge führten über den heutigen Rupertiwinkel; Einquartierungen, Kontributionen und Plünderungen durch die französischen Soldaten setzten der Bevölkerung hart zu. Als Waging dann im Jahr 1810 vom Land Salzburg zu Bayern kam, verlor es seinen bisherigen Gerichtssitz an Teisendorf, und 1816 wurde auch das bis dahin noch verbliebene Rentamt nach Laufen verlegt. Mit dem Bau verschiedener Eisenbahnen Ende des 19. Jh. verloren die Salzstraßen an Wichtigkeit, der Handel ließ nach. Waging wurde immer unbedeutender.

Als ›Sommerfrische‹ hatte der Ort schon zu Beginn unseres Jahrhunderts einen bescheidenen Fremdenverkehr zu verbuchen. Bereits im Jahr 1888 war ein ›Verschönerungsverein‹

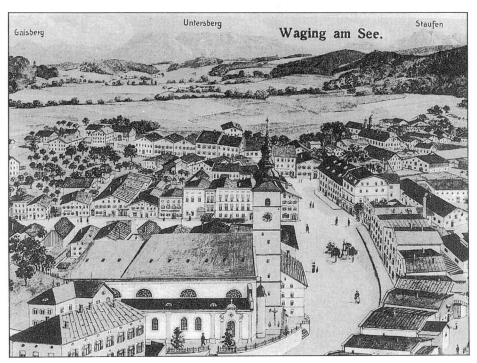

Waging am See. Zeichnung, 1911

gegründet worden, und die Zahl der Sommerfrischler nahm durch die Eröffnung der Lokalbahn Waging – Traunstein im Jahr 1902 noch zu. Der große Durchbruch im Tourismus gelang jedoch erst zu Beginn der fünfziger Jahre, als ein großer norddeutscher Reiseunternehmer Waging ›entdeckte‹ und als seinen Haupturlaubsort herausstellte. In der Folgezeit ergossen sich ganze Sonderzüge voller Gäste über den Ort. Eine fieberhafte Bautätigkeit setzte ein; Neubauten entstanden, es wurde erweitert, renoviert und modernisiert. Die Bettenzahl mußte von Jahr zu Jahr erhöht, die nötigen Fremdenverkehrseinrichtungen geschaffen werden. Zu den Pauschalurlaubern kamen mehr und mehr auch Privatgäste. 1966 wurde Waging zum staatlich anerkannten Luftkurort erklärt. Heute zählt der Ort dank seiner reizvollen Lage am (oder fast am) See zu den beliebtesten Urlaubs- und Ferienzielen im Rupertiwinkel. Ein malerischer Ortskern mit engen Straßen und dicht aneinandergebauten Häusern, an deren farbenfrohen Fassaden hübsche, schmiedeeiserne Firmenschilder die Besitzer anzeigen, lädt zum Bummeln ein (Abb. 68), ebenso wie der Kur- und Erholungspark.

DER RUPERTIWINKEL

Ladenschild eines Metzgers und Gewerbeschild eines Kunstschmieds in Waging am See

Wanderern bieten die reizvolle Umgebung und ein gut markiertes Wegenetz zahllose Möglichkeiten. Der im April 1989 eröffnete ›Große Rundwanderweg um den Waginger See‹ – in acht Abschnitte gegliedert – teilt allerdings auf großen Etappen ein ähnliches Schicksal wie der Ort Waging: Der See ist vom Weg aus – wenn überhaupt – oft nur in ziemlicher Entfernung erkennbar; den engsten Uferkontakt hat man noch auf dem Teilstück entlang dem Ostufer des Tachinger Sees. Verständlich ist dieser respektvolle Abstand zum Ufer natürlich dort, wo gewisse Zonen, wie z. B. der Schilfgürtel am südlichen See-Ende, als Vogelschutzgebiete ausgewiesen sind.

Die **Pfarrkirche St. Martin** mit ihrem mehrfach gestuften Zwiebelturm geht in ihrer heutigen Form auf einen Bau zurück, der nach dem großen Brand von 1611 anstelle der früheren Kirche errichtet wurde, doch erfuhr auch dieses Gebäude in den folgenden Jahrhunderten zahlreiche Umgestaltungen. Das Innere beeindruckt vor allem durch die üppige Stukkatur im Deckengewölbe. Sehenswert sind auch die aus dem 18. Jh. stammenden Altäre (der rechte Altar mit einer spätgotischen Madonnenfigur, der linke mit einem Gemälde der 14 Nothelfer) und der Hochaltar, in den Teile des barocken Vorgängeraltars eingearbeitet wurden. Das kleine, von Wind und Wetter schon recht angenagte, spätgotische Sakramentshäuschen neben dem Kirchenportal stammt aus dem frühen 16. Jh. – ein Überbleibsel aus der vom Feuer vernichteten alten Kirche. Vor der Kirche kann man die schöne, alte Glocke bewundern, die ausgedient hat, seit sie 1977 zum zweiten Mal einen Sprung bekam. – Erwähnenswert ist auch die hübsche *Mariensäule* auf dem Marktplatz im Zentrum.

☐ Lohnende Ziele in der Umgebung

Östlich der Waginger Umgehungsstraße beginnt der Mühlberger Weg. Dieser Wallfahrtsweg führt vorbei an 14 Kreuzwegstationen hinauf zur **Wallfahrtskirche Maria Mühlberg** (nicht zu verwechseln mit dem ebenfalls ›14 Stationen‹ umfassenden Trimm-Dich-Pfad, der an derselben Stelle am Fuße des Mühlbergs beginnt!). Das um 1713 vollendete Barockkirchlein enthält (vor allem an der Decke, durch ein Gitter vor Diebstahl geschützt) die wohl reichste Sammlung von Votivbildern des Rupertiwinkels und des Chiemgaus. Auf mehr als 300 bemalten Tafeln wird in einfachen und oftmals rührenden Worten für wunderbare Gebetserhörungen gedankt. Für den ca. 15minütigen, teilweise etwas steilen Aufstieg wird der Wallfahrer auch durch einen herrlichen Panoramablick über den See und seine Umgebung bis hin zum nahen Hochgebirge belohnt. (Ein kleines Fahrsträßchen führt über Egg und Mühlberg ebenfalls hinauf zum Wallfahrtskirchlein.)

Noch eine Wallfahrtskirche ganz in der Nähe von Waging muß erwähnt werden: **St. Leonhard am Wonneberg.** Zwar ist der Wonneberg (Zufahrt ca. 2,5 km südwestl. Wagings von der Straße nach Traunstein) nur ein Hügel mit 588 m Höhe, trotzdem verschafft dies der Kirche eine erhabene Lage und dem Besucher (an klaren Tagen) einen Blick weit über die umliegenden Wiesen und Waldstücke bis zu den Alpen. St. Leonhard ist Schutzpatron für das Vieh, und die Kirche war jahrhundertelang eine bedeutende Wallfahrtsstätte. Zur wertvollsten Ausstattung des 1496 fertiggestellten Gotteshauses gehörte ursprünglich ein von dem Laufener Künstler Gordian Guckh geschaffener Flügelaltar aus der Zeit um 1510. Nur die Flügeltafeln dieses Meisterwerks blieben erhalten und wurden 1895 in den heutigen, neugotischen Hochaltar eingefügt. Bemerkenswert sind (bei geschlossenem Schrein) vor allem die vier großen Gemälde mit Motiven aus der Passionsgeschichte, deren Hintergrund jeweils ›heimische‹ Landschaften bilden (von links nach rechts: Salzburg mit Gaisberg, Reichenhall mit Hochstaufen, Hallein mit Hohem Göll und Teisendorf mit Hochstaufen und Zwiesel). Auf der Innenseite der Tafeln sind die vier Heiligenfiguren von Laurentius, Sebastian, Stephanus und Johannes dem Täufer zu sehen. Ein weiterer Passionszyklus findet sich in den Bildern des Chorgewölbes (entstanden um 1630); auch die Wände des Kirchenschiffs und dessen Netzrippengewölbe sind mit reicher Malerei geschmückt. – Alljährlich am Sonntag nach St. Leonhard (6. 11.) findet von Waging aus ein Leonhardiritt auf den Wonneberg statt.

Knapp 2 km vom Waginger Ortszentrum entfernt, in dem Weiler **Graben** (Zufahrt von Verbindungsstraße Waging – Traunstein) befindet sich ein kleines, privates *Vogelmuseum,* in dem rund 300 verschiedene Vogelarten ausgestellt sind (geöffnet tägl. außer so von 8–12 und 14–18 Uhr).

Neben den bekannten heimischen Vögeln kann hier manche im Aussterben begriffene oder bereits ausgestorbene Vogelart besichtigt werden. Sämtliche europäische Eulenarten sind vertreten, Tauchvögel, z. B. der wieder häufiger gewordene Kormoran, winzig kleine Piepmätze wie das Sommer-Goldhähnchen und mächtige Raubvögel wie Falke und Steinadler, freundlich-farbige Singvögel wie der Pirol oder der Eisvogel und grimmig dreinschauende Arten, wie z. B. der Bartkauz, sind hier in einem Raum vereint. Etwas außerhalb der Gattung bewegen sich einige weitere Wildtiere, Igel und Eichhörnchen, Fischotter, ein kanadischer Wolf und ein riesiger Braunbär. Und natürlich darf in einer bayerischen Tiersammlung der inzwischen sehr selten gewordene ›Wolpertinger‹ nicht fehlen, wobei hier zudem sogar die äußerst rare ›kanadische Gattung‹ vertreten ist.

Schloß Gessenberg

(Zufahrt von Straße Waging – Traunstein, ca. 2 km südwestl. von Waging; Öffnungszeiten: mo–sa 10–18 Uhr)

Der Besucher, der das schmale Zufahrtssträßchen hinaufgewandert oder -gefahren ist, stößt hier inmitten üppigen Grüns auf ein verwunschenes Dornröschenschloß. Ein Wassergraben umläuft das herrschaftliche Gemäuer, gespeist aus einer hier entspringenden Quelle; früher führte eine Zugbrücke zum Schloßeingang. Rosen umranken die Fenster, und Rosen blühen und duften im Vorgarten. Gegründet wurde das Wasserschloß vor etwa 800 Jahren von dem Adelsgeschlecht derer von Gozenperc (später Gossenberg und Gessenberg), die es etwa drei Jahrhunderte in Besitz hatten; Nachfolgerin für ebenfalls gut drei Jahrhunderte war die Chiemgauer Familie Auer von Winkel, aus deren Geschlecht auch die Pflegrichter für die damals noch salzburgische Region kamen. Von den Auers stammt die Schloßkapelle (eine Kopie der Gnadenkapelle in Altötting – restaurierungsbedürftig und daher nicht zugänglich), und sie bauten auch im 17. Jh. das Schloß zu seiner heutigen Form um. Erbauseinandersetzungen in der Mitte des 19. Jh. führten dann zu häufigem Besitzerwechsel. Nach Kriegsende fand das Gebäude Verwendung als Flüchtlings- und Altersheim, schließlich als Drogentherapie-Zentrum. 1979 kaufte die Familie von Klitzing das Schloß, ließ es grundlegend restaurieren und präsentiert heute in zwei Etagen des Gebäudes eine außergewöhnliche Verkaufsausstellung – individuelle Produkte aus dem Design der Schloßherrin in Verbindung mit wechselnden Sonderausstellungen.

»Willkommen Wanderer, holde Frauen,
die Sorgen gebt dahin,
laßt Eure Seelen sich vertrauen
der Dichtung heitrem Sinn.«

Wasserschloß Gessenberg

Dieser einladende Spruch steht über dem reichbemalten Türstock zur Ritterstube; im Vorraum spendet ein Samowar den Begrüßungstee. Kaufzwang besteht nicht für den Besucher; die Verkaufsgeschäfte laufen vorwiegend über den Versandhandel (Katalog). Zur Eigenproduktion zählen vor allem edle Tisch- und Bettwäsche (auf Wunsch nach Maß und mit reicher Monogrammauswahl), festliche Kinderkleidung, aber auch so ausgefallene Dinge wie ›Betten zum Bauen‹, ein vielseitig variables Sesselprogramm ›Bayerische Lords‹, Stoffe, Spielzeug, Krimskrams – einfallsreiche, originelle und geschmackvolle Dinge zum Selbstbehalten oder zum Verschenken. Passend zu dieser Produktpalette präsentieren sich wechselnde Sonderausstellungen: ›Porzellan zweier Jahrhunderte aus ostdeutschen Manufakturen‹ war Schwerpunktthema 1991, Keramik, Malerei, Kunst verschiedener Stilrichtungen und ausgefallene Porzellanarbeiten dürften künftige Themen bilden. Der stilvolle Rahmen der Ausstellung in den ehrwürdigen Schloßräumen macht den Besuch zu einer ungewöhnlichen Mischung aus Einkaufsbummel und Kulturprogramm – Schloßbesichtigung einmal anders!

Bei klarer Sicht ist der *Schloßberg* bei **Tettelham** (600 m) ein lohnender Aussichtspunkt (ca. 4 km westlich von Waging). Schon Mitte des 8. Jh. stand hier eine Burg, deren Geschichte sich über zahlreiche Adelsgeschlechter und als über 300jähriger Sitz des Salzburger Pfleggerichts bis zum Ende des 17. Jh. verfolgen läßt. Nach Verlegung des Gerichts verfiel die Burg, und heute sind nur noch kümmerliche Mauerreste zu sehen. Dafür hat man auf der Hügelkuppe nach dem Zweiten Weltkrieg eine *Friedenskapelle* errichtet. Für jeden gefallenen Soldaten – und es waren viele Opfer aus der Region zu beklagen – ist in der Kapelle ein Kerzenleuchter mit Name angebracht, und eine Tafel erinnert auch an sechs amerikanische Flieger, die hier am 25. 2. 44 beim Absturz eines Kampfflugzeugs ums Leben kamen. Die brennenden Trümmer stürzten damals über dem Schloßberg ab und brachten auch das etwas unterhalb stehende Anwesen des Hofbauern in größte Gefahr.

Schloßberg bei Tettelham

Ein kleines, aber interessantes *Bauernhofmuseum* existiert in **Hof** bei Kirchanschöring (7 km östlich vom Waginger See). Auf seinem Gehöft hat der Bauer Franz Huber alte landwirtschaftliche Geräte zusammengetragen, altertümliche Traktoren, bäuerliches Mobiliar, alte Bilder und Maschinen, die längst von moderneren Arbeitsmitteln überholt wurden. Sechs Gebäude zählen zum Museumsgelände: Schmidhof und Getreidekasten, Backofen, Brechlbad (zur Flachsverarbeitung), Zehentgetreidekasten und Museumsstadel. Glanzstück der Ausstellung ist eine historische Dampfmaschine, mit der alljährlich am ersten Sonntag im September ein traditionelles Dampfdreschen veranstaltet wird (Öffnungszeiten: 15. Mai bis 30. Okt. sa und so 11–17 Uhr; ✆ 0 86 85/4 69).

Der Abtsdorfer See und seine Umgebung

Ein Dank an die Gletscher der letzten Eiszeit, die uns im Alpenvorland solch reizvolle Relikte wie den Abtsdorfer See (gelegentlich auch Abtsee genannt; 426 m) hinterlassen haben (Farbabb. 28). Seine malerische Lage, eingebettet in hügeliges Wiesen- und Ackerland vor dem Hintergrund der Salzburger, Berchtesgadener und Chiemgauer Alpengipfel kommt erst richtig zur Geltung, wenn man von einem erhöhten Standpunkt aus auf ihn hinunterblickt. Fahren Sie z. B. hinauf zu dem kleinen Weiler Thannberg (Ostufer). Von der dortigen Anhöhe aus hat man einen prächtigen Blick über den See mit der kleinen Insel ›Burgstall‹, den weitgehend unverbauten, teilweise verschilften Ufern, auf die kleinen Dörfer, Weiler und einsamen Bauernhöfe, die in die hügelige Voralpenlandschaft getupft sind und – vor allem an klaren Tagen – auf das phantastische Bergpanorama im Süden.

Der Abtsdorfer See, ›Perle des Voralpenlandes‹, wie ihn die Werbeprospekte bezeichnen, steht unter Landschaftsschutz. Wer abseits des Verkehrstrubels einen ruhigen Erholungsort sucht, der aber trotzdem die Möglichkeit bietet, Ausflüge ins nahe Salzburg, in die Berchtesgadener und Reichenhaller Region und in den übrigen Rupertiwinkel zu unternehmen – der ist hier richtig. Die Dörfer in Seenähe sind auf Urlauber eingestellt; ein groß angelegtes Freizeitzentrum am See mit Freibad, Kinderspielplätzen, Trimm-Dich-Anlagen, Sommereisstockbahnen etc., ein zusätzliches Strandbad mit Campingplatz, reichhaltige Veranstaltungsprogramme des Fremdenverkehrsvereins bieten alle Voraussetzungen für einen angenehmen und abwechslungsreichen Ferienaufenthalt. Das leicht hügelige, von Waldstücken, kleinen Mooren und Bächen durchzogene Gelände eignet sich bestens zum Radfahren auf den wenig befahrenen Straßen und Wegen sowie zum genußvollen, unstrapaziösen Wandern. Wer absolute Idylle sucht, bucht am besten einen ›Urlaub auf dem Bauernhof‹.

☐ Abtsdorf

Funde aus der Keltenzeit beweisen, daß die Gegend schon lange vor Beginn der Zeitrechnung besiedelt war. Zur Zeit der Römer führte eine Handelsstraße direkt durchs heutige

St. Jakobus-Kirche in Abtsdorf

Abtsdorf (459 m). St. Jakobus ist Schutzpatron der Pilger und Handelswege. Ihm ist das kleine, äußerlich recht schlicht wirkende *Kirchlein* oben auf dem Hügel von Abtsdorf geweiht, in das man unbedingt einen Blick werfen sollte. Den Schlüssel erhält man im Nebenhaus. Wir entdecken eine kleine Jakobus-Statue auf dem Altar; das Bemerkenswerte sind jedoch die vermutlich aus der Zeit Ende des 15. Jh. stammenden, ursprünglich übertünchten, inzwischen aber hervorragend restaurierten Fresken an der dem Eingang gegenüberliegenden Langhauswand. In Überlebensgröße ist der heilige Christophorus abgebildet. In den Feldern daneben sind mit vielen Details verschiedene weitere Volksheilige dargestellt, u. a. St. Urban (Schutzpatron der Winzer, erkennbar an der Traube). Diesen Heiligen finden wir auch als kleine Statue auf dem Altar wieder, was zusammen mit den rebenumrankten Altarsäulen darauf hindeutet, daß früher hier offenbar auch Wein angebaut wurde. Auf weiteren Wandbildern erkennen wir St. Florian beim Feuerlöschen und die Heiligen Sebastian und Rochus, Georg, Dionysius und Valentin. Der hl. Florian begegnet uns nochmals auf dem Altarbild, das von dem berühmten Laufener Maler Johann Michael Rottmayr stammt. Von auffallender Schönheit sind die Holzarbeiten von Kanzel und Chorgestühl mit aufwendigen Intarsien. Das Abtsdorfer Kirchlein birgt Kunstschätze, die sein unscheinbares Äußeres nie vermuten lassen.

☐ Thannberg

In der Einleitung wurde bereits die prächtige Aussicht gerühmt, die man von der Anhöhe dieses kleinen, am Ostufer des Abtsdorfer Sees gelegenen Weilers (470 m) auf See und Berge hat. Einmal im Jahr erlebt Thannberg einen ungewöhnlichen Besucherzustrom: zum Sonnwendfeuer. Traditionsgemäß wird das Sonnwendfest am Samstagabend nach dem 21. Juni (bei schlechter Witterung eine Woche später) oben auf der freien Wiesenkuppe gefeiert. Da werden in großem Rahmen Tische und Bänke aufgestellt, eine zünftige Musik sorgt für Stimmung, Getränke- und Brotzeitstände fürs leibliche Wohl. Dann – Höhepunkt der Feier – wird der große Holzstoß angezündet, dessen Feuerschein weithin zu sehen ist. Ein passenderes, stimmungsvolleres Plätzchen für diesen alten, noch aus vorchristlicher Zeit stammenden Brauch kann man sich kaum vorstellen.

☐ Steinbrünning

Auf der Landkarte ein kleines, unscheinbares Dörfchen (470 m) ein paar Kilometer südlich von Abtsdorf, entpuppt sich Steinbrünning bei näherer Betrachtung als eine ländliche Idylle. Früher befand sich auf dem Hügel eine mittelalterliche Ritterburg, deren Besitzer in den Diensten der Salzburger Erzbischöfe stand. Als die Burg zerfiel, wurde das Gemäuer zum Bau der Kirche verwendet, wodurch auch die Kirche heute einen etwas ›trutzigen‹ Eindruck macht. Die eher schlichte als prunkvolle Landkirche wurde 1273 eingeweiht. Der einstige Burggraben ist jetzt ein malerischer, mit Seerosen bewachsener Dorfteich. Behäbige Bauernhäuser, spielende Kinder, freilaufende Hühner und ein einfaches Wirtshaus mit Garten passen ins friedliche Bild. Vom Kirchhügel aus genießt man einen phantastischen Blick über den Fleckerlteppich des bayerischen Alpenvorlandes hinüber zu den Salzburger und Berchtesgadener Berggipfeln.

☐ Surheim

Die Nähe des Abtsdorfer Sees, die Nähe zu Salzburg und zu den Bergen macht auch dieses kleine Dorf (417 m) zu einer guten Basis für eine Erkundung des Berchtesgadener und Salzburger Landes. Im Vorraum der katholischen *Pfarrkirche St. Stefan* steht ein knapp 1 m hoher Reliefstein mit eingemeißelten Figuren – ein Fund, vermutlich ein Weihe- oder Grabstein, den man an der alten Römerstraße gemacht hat, die früher über Surheim und Abtsdorf führte. Ein Holztor mit schönen Beschlägen trennt die Vorhalle vom Kirchenraum ab. Das große Kreuz an der Langhauswand ist ein neueres Werk (1938) von G. Köstler (Hall i. T.).

☐ Schönramer Filz

Dieses Moor- und Heidegebiet (448 m) zwischen Waginger See und Abtsdorfer See ist – wie die beiden vorgenannten Seen – ein Überbleibsel aus der letzten Eiszeit (Farbabb. 29). Dort wo im Rückzugsgebiet der Gletscher harter Untergrund das Versickern des Wassers verhinderte, blieben ganze Seen erhalten; in den Mooren oder Filzen versickert das Wasser zwar zunächst, stößt dann aber auf undurchlässige Schichten und fließt deshalb nicht endgültig ab. Ein schwammiger, weicher Boden ist die Folge, das Moor. – Moorlandschaften bürgen immer für stimmungsvolle Wanderungen. Wer die Straße von Schönram nach Leobendorf befährt, findet nach ca. 1½ km links einen Wanderparkplatz mit einer Übersichtstafel, die verschiedene Wandermöglichkeiten im Naturschutzgebiet des Schönramer Filzes ausweist.

Die *Heidewanderung* z. B. mit knapp 3 km Länge ist zwar – genaugenommen – nur ein gut halbstündiger Spaziergang, zeigt auf dieser kurzen Strecke aber alle Schönheit und Eigenart dieser stillen Moorlandschaft. Gleich zu Beginn der kleinen Rundtour passieren wir den Moorsee. Birken wachsen an seinem Ufer. Geradezu unheimlich und gespenstisch wirkt dieser stille See an einem trüben Herbsttag, wenn Nebelschwaden über die braune Wasseroberfläche wabern und die abgestorbenen Bäume wie Geisterskelette aus dem See ragen.

Die reichlichen Torfvorkommen im Schönramer Filz wurden schon früher intensiv ausgebeutet, Teile des Moores dann wieder geflutet, damit sich neue Vegetation bilden konnte. Noch heute wird Torf gestochen; man sieht vom Weg aus die abgesteckten und mit Namenstäfelchen markierten ›Claims‹ der zum Torfstich Berechtigten.

Dieses große feuchte Biotop des Schönramer Filzes bietet idealen Lebensraum für Moose und Farne, für Heidekraut, Heidel- und Preiselbeeren; der Kenner findet zwischen dem Moos auch den unscheinbaren, fleischfressenden Sonnentau. Frösche, Schmetterlinge, Libellen fühlen sich wohl in dieser Umgebung, und wie immer in sumpfigem Gelände ist auch mit Schlangen zu rechnen. Nicht nur ihretwegen sollte man unbedingt auf den vorgeschriebenen Wegen bleiben; der weiche, schwammige Boden ist sehr empfindlich gegen Druck und Belastung.

Im Schönramer Filz

Eine recht ungewöhnliche ›Besichtigungsstätte‹ befindet sich kurz nach dem vorerwähnten Heide-Wanderparkplatz, jedoch auf der gegenüberliegenden Straßenseite. Ein kleines Schild weist auf *Ukrainer-Gräber* hin. Es erfordert ein wenig Spürsinn, in dem dortigen Waldstück den überwachsenen Zugang zu der umzäunten Gedenkstätte zu finden. Eine Tafel informiert: »Im Frieden dieses Waldes ruhen 54 Ukrainer und ein Grieche, die im 2. Weltkrieg zur Arbeit nach Deutschland verpflichtet 1944/45 Krankheiten erlagen.« Hier in Friedelreut befand sich ein Arbeitslager, das während des Krieges in ein Krankenlager für zwangsverschleppte Fremdarbeiter (hauptsächlich Tbc-Kranke) umgewandelt wurde. Alte Steinkreuze und in den Waldboden eingelassene Metallplatten markieren die Gräber. In die Platten sind Name, Geburts- und Sterbejahr der Toten eingraviert. Die meisten starben in den letzten Kriegsmonaten, März, April 1945, und kaum einer der Verstorbenen war älter als 25 Jahre. Auch Kinder sind unter den Toten. Die Versorgungslage zur damaligen Zeit war – auch für die Einheimischen – miserabel, und der kalte Kriegswinter 1944/45 besorgte in den zugigen Baracken wohl den Rest. Die Tragödie dieses Massensterbens und die friedliche Waldidylle, in der die Toten begraben sind, bilden einen seltsamen, unter die Haut gehenden Kontrast.

Laufen und Oberndorf an der Salzach

☐ Geschichte

Die Salzach fließt bei Laufen in einer engen Schleife um die Stadt herum. Häuser, Kirche, Stadttürme, das Schloß drängen sich auf einer schmalen Landzunge zusammen – ein malerisches Bild, besonders wenn man von ›drüben‹, der österreichischen Seite, auf die Stadt blickt (Farbabb. 32). Der Standort Laufens (430 m) wurde einst aber sicher nicht aus romantischen, sondern aus rein wirtschaftlichen, verkehrstechnischen und praktischen Erwägungen gewählt. Schon die Kelten ließen sich hier vor etwa zweieinhalb Jahrtausenden direkt bei den ›Loffi‹, den Stromschnellen, nieder und benutzten den Fluß bereits als Transportweg für das von ihnen gewonnene Salz. Auch die nachfolgenden Römer siedelten hier und errichteten eine Befestigungsanlage, das ›Castellum ad Louffi‹. Die erste urkundliche Erwähnung Laufens als ›urbs‹ (= Stadt) datiert um 1050.

In den folgenden Jahrhunderten sollte sich Laufen dank des Salzes zu einer bedeutenden und wohlhabenden Handelsstadt entwickeln. Das Reichenhaller, vor allem aber das Halleiner bzw. Dürrnberger Salz gelangte auf der Salzach flußabwärts an Laufen vorbei über Tittmoning, Burghausen zunächst nach Passau, einem Hauptumschlagsplatz, an dem sich große Trockenlager befanden. Die enge Flußschleife bei Laufen war ein erstes, großes Verkehrshindernis entlang der Route. Ihre Stromschnellen und Felsriffe (der große ›Nokken‹ in der Flußschleife wurde erst im Jahr 1773 gesprengt) waren gefährlich und für die beladenen Salzschiffe, die sog. ›Plätten‹, nicht passierbar. Das Salz mußte deshalb vor den

Stromschnellen ausgeladen, auf Karren auf dem Landwege transportiert und hinter der Gefahrenstelle wieder eingeladen werden, und zwar nun auf größere Schiffe, als man sie für die bisherige Strecke benutzt hatte.

Schon etwa Mitte des 11. Jh. war aus der ehemaligen kleinen Fischersiedlung eine befestigte und geschäftstüchtige Handelsstadt geworden. In der zweiten Hälfte des 13. Jh. erhielten die Laufener Schiffsherren ein Monopol für die Salzach-Schiffahrt: nur auf *ihren* Schiffen durfte künftig das Salz transportiert werden. Den sog. ›Erbausfergen‹ unterstand der Salztransport von Hallein nach Laufen, den ›Erbnaufergen‹ jener von Laufen weiter bis Obernberg am Inn. Eine strenge Schifferordnung regelte nicht nur die Arbeit der Schiffer, sondern griff auch stark in deren Privatleben ein. So bestand u. a. die Vorschrift, daß die Mitglieder der Schifferzunft nur in Schifferfamilien einheiraten durften.

Salzachschleife zwischen Laufen (vorn) und der Schiffersiedlung Altach (hinten). Historische Ansicht

1403 erhielt Laufen das Marktrecht, und später wurde es Sitz des salzburgischen Pfleggerichts. Die Salzburger Erzbischöfe hielten sich gerne in der zu einem Jagdschloß umgebauten Festung auf. Stattliche Bürgerhäuser entstanden. Anstelle des alten, baufällig gewordenen Gotteshauses wurde eine neue, große Pfarrkirche errichtet und von namhaften Künstlern ausgestaltet.

Das Salz verschaffte Laufen eine jahrhundertelange Blütezeit und verhalf der Stadt und ihren Bürgern zu Reichtum und Wohlstand. Aus dem Jahr 1782 z. B. ist überliefert, daß 1453 ›Hallfrachten‹ (Salztransporte) durchgeführt wurden; dafür standen rund 1100 Schiffer zur Verfügung. Auch die Schiffswerften verzeichneten hohe Gewinne, wurden doch allein zwischen 1790 und 1800 über 6000 Salzschiffe gebaut.

Jahrhundertelang hatte Laufen zu Salzburg gehört und sich unter der Obhut der Salzburger Erzbischöfe recht wohl gefühlt. 1810 kam Laufen – zunächst zusammen mit dem Salzburger Land – zu Bayern, bei dem es auch verblieb, als Salzburg 1816 durch den Münchner Vertrag wieder abgetrennt und mit Österreich vereinigt wurde. Mit diesem Vertrag wurde die Grenze zwischen Österreich und Bayern endgültig festgelegt, und sie verlief genau in der Salzachmitte, zwischen Laufen und den Vorstädten Altach und Oberndorf am anderen Ufer. Laufen war nun bayerisch, Altach und Oberndorf gehörten zu Österreich – eine geteilte Stadt. Zwar schloß man sich mit den ›ausländischen‹ Schifferkollegen zu einer ›Vereinigten Schiffergemeinde‹ zusammen, doch brachten die neuen Grenzverhältnisse vielerlei Probleme. Dies war zudem nur der Beginn mehrerer Schicksalsschläge, die die Stadt künftig treffen sollten. In der zweiten Hälfte des 19. Jh. nahm durch den Bau mehrerer Eisenbahnlinien der Salztransport auf dem Wasser spürbar ab, das Ende der Salzach-Schiffahrt war vorprogrammiert. Der letzte königlich-bayerische Salztransport auf dem Fluß wurde im Jahre 1866 durchgeführt; die Lebensgrundlage der Stadt und ihrer Bewohner war damit zerstört. In den Schifferfamilien kehrte in der Folgezeit große Not ein.

Zu allem Übel erlebte die Stadt im Jahr 1899 auch noch eine entsetzliche Hochwasserkatastrophe. Das Wasser stieg damals mehr als 10 m über den Normalpegel. Kaum je zuvor und auch bis heute nie wieder erreichte die Salzach einen so hohen Wasserstand. Die ufernahen Häuserzeilen von Oberndorf und Altach wurden überflutet und so stark beschädigt, daß viele der Häuser aufgegeben werden mußten. Auch die alte Holzbrücke, die früher vom unteren Stadttor Laufens, dem inzwischen weitgehend funktionslos gewordenen ›Tränktor‹, hinüberführte und auf Höhe der (heute noch vorhandenen) Nepomukstatue am Fuß des Kalvarienbergs die alten Schiffervorstädte erreichte, erlitt dabei derartige Schäden, daß man sie später endgültig abriß. Das ›neue‹ Oberndorf entstand auf der östlichen Seite der Flußschleife, gut geschützt durch einen Hochwasserdamm. Die heutige, mächtige *Stahlbrücke* zwischen Laufen und Oberndorf, gleichzeitig Grenzübergang nach Österreich, wurde in den Jahren 1902/03 gebaut (Abb. 72).

Zur Erinnerung an die glanzvollen Zeiten der Salzach-Schiffahrt veranstaltet das *Schifferschützen-Corps Oberndorf-Laufen* alljährlich im Sommer (etwa Mitte August) ein großes ›Schifferstechen‹ auf der Salzach. Bei diesem feuchtfröhlichen Turnierspiel fahren von beiden Ufern aus jeweils mit zwei Ruderern und einem ›Stecher‹ besetzte Zillen in der Flußmitte aufeinander zu. Die auf dem schwankenden Bootsheck balancierenden Stecher – jeder mit einer langen, hölzernen Lanze ›bewaffnet‹ – warnen sich beim Näherkommen mit dem Ruf »Bruada, nimmas nöt übl wann i di ins Wassa stich!« – und stechen zu. Der ins Wasser Beförderte scheidet aus, der Sieger hat sich für die nächste Runde qualifiziert.

Das größte, ebenfalls vom Schifferschützen-Corps inszenierte Spektakel ist jedoch die ›*Historische Piratenschlacht*‹ (Abb. 69), die in Abständen von ca. fünf Jahren abgehalten wird (zuletzt im August 1989). Dabei wird unter großem Aufwand an Kostümen und Ausstattung und mit viel Krach und Pulverdampf ein Piratenüberfall auf ein Salzschiff und ein Flußgefecht zwischen der Piratenflotte und der Schiffergarde inszeniert. Schauplatz ist die Flußschleife. Eine wilde Räuberbande errichtet am österreichischen Salzachufer ihr Lager und lauert, saufend, tanzend und grölend, den Salzschiffen auf. Der Überfall auf dem Wasser erfolgt unter dem Donnern und Rauchen von Kanonen- und Gewehrschüssen. Gardisten, in prächtige, weiß-rote Uniformen gekleidet, werden von den Piraten gefangengenommen und böse gefoltert oder gehen über Bord und treiben wie echte Wasserleichen die

Salzach flußabwärts. Natürlich siegt zum Schluß das Gute. Der Räuberhauptmann mit seiner Bande wird von den tapferen Gardisten überwältigt und in einer öffentlichen Gerichtsverhandlung nebst seiner verruchten Braut Ilse verurteilt. Dem Tod durch den Strang entgeht der Räuberhauptmann in allerletzter Minute durch eine Begnadigung, die ein erzbischöflicher Reiter überbringt. Letztendlich nützte ihm dies jedoch wenig, weil er sich anschließend – so weiß es die Legende – vor Freude zu Tode gesoffen hat. Eine wunderschöne Geschichte, die sich – geschickt gestreckt und über Lautsprecher humorvoll kommentiert – fast über den ganzen Nachmittag hinzieht und Tausende von Schaulustigen an die sonst so ruhigen Salzachufer von Laufen und Oberndorf lockt.

☐ Stadtbesichtigung
Laufen

Welch harte Zeiten die Stadt seit dem Ende der Salzschiffahrt zu überstehen hatte, ist ihr heute nicht mehr anzusehen. Engagierte Stadtväter, einfühlsame Architekten, guter Wille der Hausbesitzer und wohl auch finanzielle Zuschüsse der Denkmalpflegebehörden und der Städtebauförderung halfen mit, das historische Stadtbild an vielen Stellen zu erhalten oder gar wiederherzustellen. Manches abbruchreife Bauwerk konnte so gerettet und saniert werden. Wer heute durch Laufen schlendert und da und dort auch in die engen Nebengäßchen und Innenhöfe hineinschaut, entdeckt den erfreulichen Erfolg dieser Bemühungen.

Im alten Stadtkern, vor allem um den **Marienplatz** herum, fallen die vielen, schönen Patrizierhäuser auf. Typisch für den Baustil der Inn- und Salzachstädte verdecken vielfach die hochgezogenen Fassaden die dahinterliegenden Grabendächer. Diese Bauweise mit den horizontal abschließenden Frontmauern sollte im Fall eines Brandes die dahinterliegenden Dächer vor Funkenflug schützen (s. S. 306f.). In einem der schönsten dieser Häuser, dem im Jahr 1651 erbauten **Schiffmeister-Tettenpacher-Haus,** wurde am 14. 1. 1866 der Schriftsteller

Laufen, Marienstatue am Schiffmeister-Tettenpacher-Haus

DER RUPERTIWINKEL

Wappen Laufen

Erwin Schmidhuber geboren, besser bekannt unter seinem Pseudonym Michael Kohlhaas. Er war ein Zeitgenosse Ludwig Thomas, und wie bei Thoma spielen auch die von ihm stammenden Kurzgeschichten, Kalenderblätter und Romane überwiegend im Leben der einfachen Bevölkerung seiner bayerischen Heimat. In einer Fassadennische des Geburtshauses steht eine prächtige Marienstatue.

Vom Marienplatz aus gelangen wir durch die von stilvollen alten Häuserfronten gesäumte **Rottmayrstraße** zur großen **Pfarr- und Stiftskirche Mariä Himmelfahrt.** Deren Vorplatz ist dem Laufener Barockmaler *Johann Michael Rottmayr* (1654–1730) gewidmet, dem größten Sohn der Stadt. Seinen Werken begegnet man nicht nur in Kirchen und Schlössern des Rupertiwinkels immer wieder; er schuf berühmte Bilder, Fresken, Wand- und Deckengemälde für viele bedeutende Bauten in Wien, Salzburg, Melk, Breslau u. a.

Schon von außen wirkt die gewaltige Kirche mit ihrem Mauerwerk aus unverputzten Tuffblöcken mit ihrem mächtigen Dach sehr imposant. Erbaut wurde sie von einem bislang unbekannt gebliebenen Baumeister zwischen 1330 und 1338 an Stelle eines baufällig gewordenen romanischen Gotteshauses. Auffallend ist, daß die Kirche nicht den üblichen, angesetzten Kirchturm besitzt; bei ihr kommt der Turm (der übrigens von der romanischen Vorgängerkirche übernommen und wegen der Höhe des neuen Daches aufgestockt wurde) aus dem Hauptschiff heraus, ist also nur in Form seiner Spitze sichtbar, die wie ein (etwas schiefer!) Dachreiter auf dem Steildach thront. Die Größe des aufwendigen Bauwerks zeugt

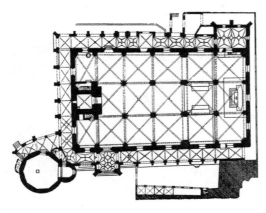

Laufen, Pfarrkirche St. Maria-Himmelfahrt, Grundriß

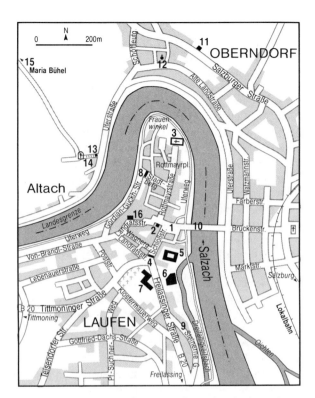

Laufen und Oberndorf
1 Marienplatz
2 Schiffmeister-Tettenpacher-Haus
3 Pfarr- und Stiftskirche Mariä Himmelfahrt
4 Oberes Tor (Salzburger Tor)
5 Schloß
6 Salzachhalle
7 Kapuziner-Klosterkirche
8 Unteres Tor (Tränktor)
9 Steinerne Gasse
10 Grenzübergang (Brücke)
11 Heimatmuseum
12 Stille-Nacht-Kapelle
13 Nepomuk-Statue
14 Kalvarienberg
15 Wallfahrtskirche Maria Bühel
16 Rathaus mit Verkehrsbüro

vom einstigen Wohlstand der alten Schifferstadt. Im *Laubengang,* der sich arkadenartig an drei Seiten um die Kirche herumzieht, sind sowohl an den Wänden als auch in den Boden über 200 alte, häufig stark abgetretene Grabsteine für verstorbene Adlige und Laufener Bürger eingelassen (Abb. 70, 71). An der Wand hängen dazwischen hölzerne, bemalte Totentafeln, die teils recht private Details über den Lebenslauf und Lebenswandel des oder der Verstorbenen sowie über genaue Zeit, Ort und Grund des Hinscheidens verraten. Manch kunstvolles Gedicht in antiquiertem Deutsch und nicht immer einwandfreiem Versmaß läßt sich entziffern. Schiffer ließen Totentafeln für ihre verstorbenen Kollegen anbringen, und so vermittelt die Vielfalt dieser Gedenktafeln einen interessanten Einblick in die alten Lebensformen. Ein kleiner Abschnitt des Laubengangs (bei der Michaelskapelle, dem einstigen Beinhaus) weist noch recht gut erhaltene Deckenmalereien aus dem 16. Jh. auf.

Die Laufener Stiftskirche gilt als die älteste gotische Hallenkirche Süddeutschlands. Während mehrschiffige gotische Kirchen im allgemeinen ein hohes Mittelschiff und niedrigere Seitenschiffe aufweisen, besteht das Innere der Laufener Kirche aus drei nahezu gleich großen Schiffen, deren Deckengewölbe von mächtigen Pfeilern getragen werden. Die Kirche birgt zahlreiche wertvolle und interessante Kunstschätze. Neben dem frühbarocken

Hochaltar sind vor allem zwei Werke des Laufener Künstlers Johann Michael Rottmayr erwähnenswert: das Bild des hl. Rupertus im rechten Seitenaltar und (links der Haupteingangstüre) das Grabbild für seine Eltern mit der (die Eltern darstellenden) orgelspielenden hl. Cäcilia und dem malenden St. Lukas. Auch im Kircheninnern finden sich nochmals viele kunstvolle, steinerne Epitaphe – erlesene Zeugnisse der Salzburger Steinmetzkunst aus dem 14. bis 19. Jh., darunter die um 1500 von dem Salzburger Bildhauer Hans Valkenauer aus rotem Untersberger Marmor geschaffene Grabplatte für die Laufener Handels- und Schiffsherrenfamilie Scheller (neben dem Grabbild Rottmayrs).

Der gelbe, massige Kastenbau am Schloßplatz neben dem **Salzburger Tor** ist das ehemalige fürsterzbischöfliche **Schloß**. In seinen Grundmauern (an dieser Stelle soll das römische ›Castellum ad Louffi‹ gestanden haben) ist es eines der ältesten Gebäude der Stadt. Schon im 8. Jh. wurde es urkundlich erwähnt, später dann vielfach umgebaut. 1166 soll gar Kaiser Friedrich Barbarossa im Schloß genächtigt haben. Lange Zeit war es Jagdschloß und beliebte Sommerresidenz der Salzburger Erzbischöfe. Im 19. Jh. diente es als Gefängnis, später als Altersheim, und inzwischen wird es nur noch als Büro-, Wohn- und Geschäftshaus genutzt.

Unverkennbar neuen Datums ist die **Salzachhalle** daneben, ein modernes Kultur- und Unterhaltungszentrum, in dem Theatervorstellungen, Sportwettkämpfe, Tagungen, Modenschauen und viele andere Veranstaltungen abgehalten werden. Vor der Halle hat man dem ›Sessthaler‹ – dem ›Kommandoführer‹ der einstigen Salzschiffe – ein Denkmal errichtet. Gegenüber der Salzachhalle ragt die **Kapuziner-Klosterkirche** (Mitte 17. Jh.) über die Umfassungsmauern des Klosterkomplexes. Neben einigen Gemälden ist es vor allem die Maria mit Kind auf der Mondsichel (um 1450), die besondere Beachtung verdient. Dieses Schnitzwerk soll ursprünglich Teil des Hochaltars in der Laufener Stiftskirche gewesen sein.

Beim Stadtbummel kommt man an spärlichen Resten der alten Stadtbefestigung vorbei. Gut erhalten sind dagegen noch die beiden alten Stadttore, das **Obere (Salzburger) Tor** und das **Untere Tor,** auch **Tränktor** genannt. Unweigerlich landet man beim Gang durch die Gassen immer wieder am Fluß, dessen Uferzonen über lange Strecken als schmale, verkehrsfreie Grüngürtel ruhige und stimmungsvolle Spaziergänge ermöglichen. In der **Steinernen Gasse,** einer ehemaligen Schiffersiedlung im südlichen Vorort **Obslaufen** (zwischen Freilassinger Straße und Fluß), sind noch einige der alten, einfachen Schifferhäuser mit ihren weit vorgezogenen Dächern und den kleinen Vorgärtchen zu sehen. Hier am *Dreifaltigkeitsbach* befand sich einst die Schiffslände, an der die Salzfrachten von den ›Plätten‹ geladen werden mußten. Man transportierte sie dann auf dem Landweg hinüber auf die andere Seite der Flußschleife, also hinter die gefährlichen, für die Boote nicht passierbaren Stromschnellen. Dort wurde das Salz für die Weiterfahrt auf größere Boote verladen. Seit 1903 führt eine große *Eisenbahnbrücke* (Abb. 72) über die Salzach hinüber ins Nachbarland Österreich (Paßkontrolle!) nach Oberndorf.

Oberndorf

Die Geschichte dieses Ortes ist eng verbunden mit jener der Schifferstadt Laufen, gehörten doch beide Orte jahrhundertelang gemeinsam zum Salzburger Kirchenstaat, bis 1816 der

Fluß als Grenzlinie zwischen Österreich und Bayern festgelegt wurde. In dem vereinseigenen Haus des seit über 700 Jahren bestehenden Schifferschützen-Corps von Oberndorf (keine offizielle Besichtigung) werden, neben einer umfangreichen Sammlung von Waffen und alten Uniformen, zahlreiche Erinnerungsstücke aus den Zeiten der Salzschiffahrt aufbewahrt; besonders interessant sind die bis zurück ins 16. Jh. reichenden Bücher, aus denen sich in gestochen scharfer Handschrift ergibt, welche Frachten wann den Fluß passierten und was man in Heller und Pfennig an den Transporten verdiente. Leider ist das Oberndorfer *Heimatmuseum*, das u. a. ebenfalls über die Salzschiffahrt informiert, bis auf weiteres geschlossen.

Laufen und Oberndorf profitierten nicht schlecht vom Salzhandel, solange sich dieser übers Wasser abspielte, doch beide verloren mit der Einstellung der Salzach-Schiffahrt an Wohlstand und Macht, wurden zurückgestuft zu provinziellen Kleinstädten.

Für die Oberndorfer mag es wie ein Trost des Himmels erschienen sein, daß zur damaligen Zeit gerade in ihrem Ort, in ihrer Kirche, *das* Weihnachtslied entstand, das später fast weltweit bekannt werden sollte. Im Jahre 1818 (damals stand noch die alte Pfarrkirche St. Nikolaus) überreichte am 24. 12. der Oberndorfer ›Hülfspriester‹ Joseph Mohr dem damaligen ›Chorregenten‹ und Organisten *Franz Xaver Gruber* ein Gedicht mit der Bitte, eine passende Melodie für zwei Solostimmen, Chor und Gitarre zu schreiben. Dies geschah. Gruber, Sohn eines oberösterreichischen Leinewebers und hauptamtlich Schullehrer, vertonte das Lied, das noch am selben Abend, also am Heiligen Abend, in der Nikolauskirche in Oberndorf uraufgeführt wurde. Mohr spielte die Gitarre und übernahm den Tenorpart, Gruber begleitete mit Baßstimme das schöne Weihnachtslied ›Stille Nacht, heilige Nacht‹.

Da dieses Lied in der Folgezeit nicht nur als ›Silent Night, Holy Night‹, sondern auch in vielen weiteren Sprachen um die Welt ging, darf es nicht verwundern, wenn seine Geburtsstätte zu einer Touristenattraktion vor allem auch für ausländische Besucher geworden ist. Im ›Stille-Nacht-Bezirk‹ wurde anstelle der alten, durch das Hochwasser von 1899 stark mitgenommenen Oberndorfer Pfarrkirche beim alten Wasserturm die **Stille-Nacht-Kapelle** errichtet, in der neben den Originalnoten des Liedes auch seine Geschichte in aller Ausführlichkeit nachgelesen werden kann. Speziell um die Weihnachtszeit ist Oberndorf mit seiner Kapelle ein beliebtes Ausflugsziel. Das Keltenmuseum in Hallein (s. S. 326) hat Franz Xaver Gruber (der von 1835 bis zu seinem Tode 1863 als Organist in Hallein tätig war) und dem Stille-Nacht-Lied gar eigene Räume gewidmet.

Rundweg zur Wallfahrtskirche Maria Bühel und zur ehemaligen Schiffervorstadt Altach

(reine Gehzeit gut 1 Std.) Vom ›Stille-Nacht-Bezirk‹ Oberndorfs aus folgt man zunächst dem Hochwasserdamm flußabwärts, wobei nur noch wenige Häuser passiert werden. Früher standen hier die Häuser von Alt-Oberndorf, die bei der Hochwasserkatastrophe im Jahr 1899 teilweise weggerissen, zumindest aber so stark beschädigt wurden, daß man später den Ort samt Brücke auf die andere Seite der Flußschleife verlegte. Auf Höhe der 1720 von dem Laufener Künstler Josef Anton Pfaffinger geschaffenen barocken Statue des Wasserpatrons *St. Nepomuk* führt eine breite Steintreppe steil den Uferhang hinauf auf den *Kalvarienberg*. (Bei der Nepomuksäule führte früher die alte Brücke über die Salzach hinüber zum unteren Stadttor von Laufen.) Die Freitreppe endet vor einer eindrucksvollen, weithin sichtbaren Kreuzigungsgruppe (ebenfalls J. A. Pfaffinger).

Zwischen Feldern und Wiesen hindurch zieht ein Sträßchen nun geradlinig auf die Kirche zu. Ein Stück abseits, linker Hand inmitten der Felder auf dem sogenannten ›Totenberg‹, wurden im 17. und 18. Jh. die Pesttoten bestattet; zu sehen ist von den Grabstätten allerdings nichts mehr. Der Wallfahrtsweg endet etwa 1 km weiter vor der zweitürmigen **Wallfahrtskirche Maria Bühel,** zu deren prächtiger Ausstattung neben vier überlebensgroßen Heiligenfiguren von J. A. Pfaffinger u. a. auch Bilder von J. M. Rottmayr gehören (die beiden vorderen Seitenaltarbilder sowie das ovale Bild ›Mariä Heimsuchung‹). Beide Künstler, Pfaffinger und Rottmayr, stammten aus Laufen.

Wir setzen unseren Rundgang fort, indem wir dem Teersträßchen bei der Kirche noch die wenigen Meter bis zum Gasthaus folgen, dort jedoch links abbiegen und über Wiesen und Felder, auf der Anhöhe hoch über der (vorerst noch nicht sichtbaren) Salzach weiterwandern. Das Sträßchen endet (ca. 10 Min. ab Kirche) bei einem Bauernhof. Ab hier gehts auf einem Naturweg über die Wiesen. Ca. 400 m weiter an einer Wegkreuzung halten wir uns rechts leicht abwärts und stoßen schließlich bei einer kleinen Häusergruppe auf die Haggenstraße. Folgt man dieser nach links, so gelangt man schließlich zur Salzachuferstraße und gleich darauf in die ehemalige Laufener Schiffersiedlung **Altach** (Farbabb. 31). Hier steht noch eine Zeile von Schifferhäusern, eng aneinandergebaut mit farbenfrohen Fassaden, die das Hochwasser im Jahr 1899 überstanden hat. Die Häuser sind heute durch einen Damm geschützt.

Flußaufwärts kommen wir kurz danach an der uns schon bekannten Nepomuksäule vorbei und sind ein paar Minuten später zurück im ›Stille-Nacht-Bezirk‹ von Oberndorf.

Inn-Salzach-Bauweise

In den Zentren einiger Orte des Rupertiwinkels finden wir jenen speziellen Baustil, der auch für viele österreichische Inn- und Salzachstädte typisch ist. Er ist zunächst daran erkennbar, daß die um einen zentralen Platz und entlang der Hauptstraße stehenden Häuser auffallend eng, ohne erkennbaren Zwischenraum und in langen Zeilen aneinandergebaut sind. Der Eindruck, diese südländisch anmutenden Häuser seien mit Flachdächern gedeckt, täuscht. Es handelt sich vielmehr bei dem waagerechten Giebelabschluß um eine Art Scheinfassade, über den Dachfirst hinausgezogene Mauern, die das dahinterliegende, leicht schräge ›Gra-

Inn-Salzach-Bauweise (Stadtplatz Tittmoning)

bendach‹ verdecken. Nach einigen verheerenden Stadtbränden in Salzburg, Innsbruck, aber auch in anderen Städten setzte sich diese inzwischen amtlich verordnete Bauform nach und nach in den meisten österreichischen, salzburgischen und bayerischen Städten an Inn und Salzach – zumindest im meistgefährdeten Stadtkern – durch. Man machte die bislang über die Fassade und Seitenwände vorstehenden und somit dicht ans Nachbarhaus heranreichenden Dächer dafür verantwortlich, daß im Brandfall sich das Feuer unter den auskragenden Dächern verfing und leicht und schnell auf die ganze Häuserzeile, ja auf die gegenüberliegende Straßenseite überspringen konnte. Der frühere Dachvorsprung war auch hinderlich beim Anlegen der Feuerleitern.

Diese im Inn-Salzach-Stil gebauten Häuserreihen sind fast immer eine Augenweide. Sie unterstehen dem strengen Auge der Denkmalschutzbehörde, die nicht nur darauf achtet, daß nichts am äußerlichen Erscheinungsbild verändert wird, sondern daß auch der bauliche Zustand erhalten bleibt. In verschiedenen Farben präsentieren sich die einzelnen Hausfassaden, wobei sanfte Pastelltöne überwiegen. Türen und Fenster sind häufig mit Stuckornamenten oder farblich abweichenden Einfassungen verziert. Da und dort lockert ein hübscher Erker, eine Nische mit einer Heiligenfigur, ein kunstvolles, schmiedeeisernes Wirtshaus- oder Ladenschild die strenge Fassadenlinie auf.

Ein Paradebeispiel für diese Bauweise im Rupertiwinkel bietet der Stadtplatz von *Tittmoning*. Auch die Häuserzeilen am und um den Marienplatz in *Laufen* sind klassische Vertreter dieses Baustils, die vereinzelt sogar jene Lauben- oder Arkadengänge und Innenhöfe aufweisen, die man sonst vor allem bei den Inn-Städten findet. Auch in *Teisendorf* – das zwar weder am Inn noch an der Salzach liegt, das aber auch mehrere Brände über sich ergehen lassen mußte – finden sich entlang der Hauptstraße einzelne Gebäude mit hochgezogenen Brandschutzmauern (Abb. 61).

DER RUPERTIWINKEL

Tittmoning

Wappen Tittmoning

☐ **Geschichte**

Die alte Handels- und Festungsstadt Tittmoning (Betonung auf der ersten Silbe) feierte im Jahr 1984 ihr 750jähriges Stadtfest. Ihre Siedlungsgeschichte selbst geht jedoch bis in prähistorische Zeit zurück. Auch die Römer ließen sich hier nieder. In ihrem ehemaligen Gutshof, der ›villa rustica‹ nahe der heutigen Pfarrkirche, wurde u. a. ein Mosaikfußboden gefunden, den man im Heimatmuseum (s. S. 315) bewundern kann. Nach etwa 500jähriger Römerherrschaft kamen die Bajuwaren. Zu Beginn des 8. Jh. herrschte das Herzogsgeschlecht der Agilolfinger in diesem Gebiet, deren damaliger Herzog Theodbert größere Besitzungen in und um Tittmoning dem Salzburger Bistum schenkte. Besonders reich wurde dabei das Frauenkloster Nonnberg in Salzburg bedacht, welches sich schließlich zum größten Grundbesitzer des Tittmoninger Raums entwickelte.

Im Jahr 1229, mit dem Aussterben der Grafen von Lebenau (zu deren Besitz u. a. große Teile des Rupertiwinkels und dadurch auch Ländereien um Tittmoning gehörten), fiel deren Grafschaft ebenfalls an Salzburg. Das benachbarte Burghausen hingegen, welches gleichfalls zum Machtbereich der Lebenauer gehörte, kam zum Herzogtum Bayern. Tittmoning war somit zum nördlichsten Grenzort des Salzburger Erzbistums geworden. Für den damaligen

Römisches Fußbodenmosaik der ›villa rustica‹, Heimathaus Rupertiwinkel, Tittmoning

Schloß und Stadt Tittmoning. Kupferstich von M. Merian

Erzbischof Eberhard II. war dies Grund genug, die Nordgrenze des neugewonnenen Gebietes gegen drohende Angriffe der Bayern zu sichern und den Ort Tittmoning zu einer wehrhaften Grenzstadt auszubauen. Zu diesem Zweck erwarb er vom Kloster Nonnberg in einem Tauschgeschäft Teile des heutigen Tittmoninger Stadtgebiets einschließlich des Schloßbergs. Die entsprechende Urkunde aus dem Jahr 1234 gilt als offizielle Gründungsurkunde für Tittmoning (obwohl die erstmalige offizielle Nennung als Stadt [oppidum] erst acht Jahre später erfolgte). Wehrmauern wurden hochgezogen, Tore und Türme gebaut und vor allem die Burganlage hoch über dem Ort errichtet. Der Stadtplatz entstand, und durch zielstrebigen Ausbau entwickelte der Marktort binnen weniger Jahre städtischen Charakter.

Tittmoning (388 m) liegt zwar – wie seine Nachbarstädte Laufen und Burghausen – am Ufer der Salzach. Während diese Städte jedoch kräftig am Transport und Handel mit dem aus den Halleiner, Berchtesgadener und Reichenhaller Salinen kommenden Salz verdienten, blieben in Tittmoning die Erträge gering. Hier konnte sich kein bedeutender Umschlag- und Handelsplatz für das auf der Salzach flußabwärts verschiffte Salz entwickeln, da die Stadt nur für eine kurze Zeitspanne das vom Erzbischof verliehene Recht der ›Salzniederlage‹ besaß. Dies bedeutete, daß sämtliches Salz, das die Stadt passierte, hier eine Zeitlang gelagert (›niedergelegt‹) und zum Kauf angeboten werden mußte. Die Niederlagepflicht konnte auch durch Zahlung eines Geldbetrags umgangen werden.

Tittmoning verlor diese wichtige Einnahmequelle nach zeitweise sogar offenen Kämpfen gegen Ende des 13. Jh. an das bayerische Burghausen. Es folgten unruhige Zeiten, in deren Verlauf Stadt und Burg Tittmoning den Bayern mehrmals in die Hände fielen, letztmals 1611. Diese Kämpfe, besonders aber das verheerende, von Blitzschlag ausgelöste Feuer von

DER RUPERTIWINKEL

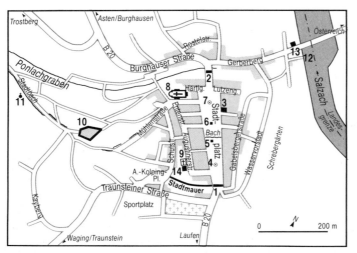

Tittmoning
1 *Laufener Tor*
2 *Burghausener Tor*
3 *Rathaus*
4 *Storchenbrunnen*
5 *Nepomuk-Statue*
6 *Mariensäule*
7 *Florianibrunnen*
8 *Pfarr- und Stiftskirche St. Laurentius*
9 *Allerheiligenkirche*
10 *Burg Tittmoning*
11 *Wallfahrtskapelle Maria Ponlach*
12 *Bootslände*
13 *Grenzübergang*
14 *Haus des Gastes*

1571, führten in der Stadt zu großen Verwüstungen. Bei diesem großen Stadtbrand »sein verprunnen heuser in die 122«. Man machte sich schnellstmöglich an den Wiederaufbau der Stadt, wobei streng auf die Einhaltung der in der ›Salzburger Feuer-Ordnung‹ festgelegten Vorschriften geachtet wurde. Nur langsam konnten sich Handel, Handwerk und Gewerbe in der Stadt wieder erholen.

1614 begann Erzbischof Markus Sittikus mit dem Wiederaufbau der durch die Kampfhandlungen der vergangenen Zeiten stark beschädigten Burganlage, wobei er großen Wert auf eine etwas wohnlichere Atmosphäre legte. Fortan nutzten die Salzburger Erzbischöfe die Burg als einen ihrer Sommersitze. Alljährlich fanden sie sich zur Jagd ein, residierten samt Gefolge oben in der Festung und brachten damit Leben und Geschäftigkeit in die Stadt. Als dann aber zu Beginn des 19. Jh. die Salzach zum Grenzfluß zwischen Bayern und Österreich wurde und auch die Schiffahrt mehr und mehr zum Erliegen kam, schwanden Bedeutung und Reichtum der Stadt dahin. Es folgten harte Zeiten. Bekanntlich ist jedoch Armut der beste Denkmalpfleger. Mangels finanzieller Mittel blieb das alte Stadtbild weitestgehend erhalten, das andernfalls vermutlich einer wirtschaftlicheren, moderneren Bauweise zum Opfer gefallen wäre. Gerade dieser alte Ortskern aber macht heute den Hauptreiz der Stadt aus.

☐ Stadtbesichtigung

Fasziniert ist der Besucher von Tittmoning schon beim Anblick der behäbigen Burg, die über der teilweise noch von einer mittelalterlichen Wehrmauer eingeschlossenen Stadt thront, spätestens aber dann, wenn er durch das **Laufener** oder das **Burghausener Stadttor** auf den **Stadtplatz** kommt (Abb. 74). Eine ungewöhnlich langgezogene, von farbenfrohen Häusern umgebene Freifläche liegt zwischen den beiden Toren. Dies war nicht immer so. Im Mittelalter baute man bekanntlich enger. Auf dem südlichen Platzteil befand sich damals noch eine mittlere (längs verlaufende) Häuserzeile, die jedoch dem verheerenden Stadtbrand im Jahr 1571 bzw. einer nachfolgenden Sanierung zum Opfer fiel. Bis 1816 stand etwa auf Höhe des heute quer über den Platz fließenden Stadtbachs auch noch die St. Katharinenkapelle mit einem hohen Stadtwachtturm. Sie teilte den Platz in zwei Hälften. Der nördliche Teil (mit dem Rathaus) war Stadtmittelpunkt; hier auf dem ›Herrenmarkt‹ befanden sich die Häuser der wohlhabenderen Bürger. Auf dem südlichen ›Saumarkt‹ wohnten die Handwerker und einfacheren Leute, und da fanden auch die Viehmärkte statt. Erst durch eine zweite Sanierung im Jahr 1816 wurde der heutige, großzügige Freiraum geschaffen. Gesäumt ist der Platz von harmonisch ausgerichteten Häuserzeilen mit pastellfarbenen, abwechslungsreichen Fassaden. Da zieren Erker und Nischen mit Hausheiligen, dekorativ gerahmte Fenster und Portale, aufwendige Stuckarbeiten und einige kunstvolle Wirtshausschilder die gefälligen Hausfronten. Auffallend üppigen Fassadenschmuck in der westlichen Häuserreihe haben das ›Khuenburghaus‹ (Haus Nr. 40) und das einstige ›Wägnersche Haus‹ daneben (heute Sparkasse). Besonders aufwendig gestaltet ist auch die in der gegenüberliegenden Häuserreihe eingegliederte Fassade des **Rathauses** mit vergoldeten Büsten römischer Imperatoren (eine Erinnerung an die römische Besiedlung des Tittmoninger Raumes), freundlichem Blumenschmuck und einem hübschen, schindelgedeckten Dachtürmchen.

An vielen der Häuser fällt eine eher südländisch anmutende Bauweise auf. Der gradlinige, waagrechte obere Abschluß der Häuserfronten erweckt den Eindruck von Flachdächern. Tatsächlich aber verdecken die hochgezogenen Giebelwände die dahinterliegenden ›Grabendächer‹ – eine architektonische Eigenart vieler Inn-Salzach-Städte, die sich aus Gründen des Feuerschutzes entwickelt hat (s. auch S. 306 f.).

Storchenbrunnen auf dem Stadtplatz von Tittmoning

Der große Platz ist aufgelockert durch Bäume und Blumenschmuck, Statuen und Brunnen. Besonders originell und ein Wahrzeichen der Stadt ist der **Storchenbrunnen.** Seine Säule mit den vier Löwenköpfen stammt laut einer Inschrift aus dem Jahr 1627, wurde dem etwa gleichaltrigen Storchen mit der gekrönten Schlange im Schnabel aber erst in unserem Jahrhundert ›untergeschoben‹. Direkt neben dem Stadtbach steht die von dem Laufener Bildhauer Josef Anton Pfaffinger (1684–1758) geschaffene **Statue** des Brücken- und Wasserpatrons **St. Johannes von Nepomuk.** Ursprünglich stand sie – wie es sich gehört – auf der Brücke an der Mündung des Ponlachbaches in die Salzach. Doch im Jahr 1850 versetzte man sie zur Verschönerung des Stadtplatzes an die Stelle der 1816 abgerissenen Katharinenkapelle. Seither kann sich das Patronat des Schutzheiligen nur noch auf den vorbeifließenden Stadtbach auswirken.

Eine besondere Zierde des Stadtplatzes inmitten der Kastanienbäume ist die **Mariensäule.** Die Marienfigur steht auf einer schlangenumwundenen Erdkugel, ein eindrucksvolles Werk des berühmten Tittmoninger Bildhauers und Holzschnitzers Johann Georg Itzlfeldner, dem man aus Anlaß seines 200. Todesjahres zu Füßen der Säule eine Gedenktafel anbringen ließ. (Eine Tafel in der Wagnerstraße nahe dem Stadtplatz markiert das Gebäude, in dem Itzlfeldner seine Werkstatt hatte.) – Die Figur des **Florianibrunnens** ist vermutlich ein Werk des Salzburger Bildhauers Simeon Frieß aus dem frühen 18. Jh.

Der Abschluß umfangreicher und gefühlvoller Sanierungsmaßnahmen am Stadtplatz wurde mit einem großen Fest im Sommer 1989 gefeiert. Man hat u. a. den *Stadtbach,* früher Energiequelle für verschiedene Getreidemühlen und andere Handwerksbetriebe sowie Löschwasserreserve des Ortes im Brandfall, wieder ›geöffnet‹. Er fließt, aus Richtung Burg kommend, teils unter den Häusern, teils in offenem Bett entlang der Mühlenstraße und quert heute in einer offenen Rinne als belebendes Element den Stadtplatz. Der Platz selbst hat eine neue Oberfläche erhalten: Katzenkopf- und Kleinsteinpflaster für die weite Innenfläche, Granitplatten aus der tschechischen Stadt Pilsen für die Gehsteige und – aus Lärmschutzgründen – Asphalt für die Fahrbahn. Wenn es zutrifft (wie der Festredner aus Anlaß des Stadtfests betonte), daß wir später einmal nicht danach bewertet werden, was wir aufgegeben, geopfert oder gar zerstört haben, sondern was wir gerettet, der Nachwelt erhalten haben, dann ist den Tittmoningern ein Platz im Himmel sicher.

Nahe dem nordwestlichen Ende des Stadtplatzes steht die spätgotische **Pfarrkirche St. Laurentius,** deren Bau (anstelle von Vorgängerbauten) sich ab dem Jahre 1410 über mehrere Jahrhunderte erstreckte. Das mächtige Gotteshaus mit seinem reich gestaffelten Turm ragt hoch über die umliegenden Gebäude hinaus. Bei einem schweren Brand im Jahr 1815 wurden vor allem wertvolle Teile der Innenausstattung zerstört. Als Ersatz wurden der Kirche später u. a. zwei Ölgemälde zur Verfügung gestellt, deren unschätzbarer Wert sich erst in jüngster Zeit herausstellte. Bei dem Schutzengelbild (Engel Raphael und Tobias) und dem Marienbild (links bzw. rechts an der Choreingangswand) handelt es sich um Werke von Cosmas Damian Asam aus der Zeit um 1720. Die Gebäudeansicht im Marienbild links unten stellt Weihenstephan dar, zu dessen Kapellenausstattung die Bilder ursprünglich gehörten. Da die an der Nordseite der Kirche angebaute *Kreuzkapelle* vom großen Feuer weitestge-

*Pfarrkirche St. Laurentius,
›Kreuzabnahme‹*

hend verschont blieb, konnte diese zum Glück ihre Originalausstattung bewahren, darunter ein reich mit Stuck und Figuren verziertes Fenster und ein Barockaltar aus dem Jahr 1699 mit vier Evangelistenfiguren. An der Außenwand der Kirche findet man kunstvolle, marmorne Epitaphien aus der ersten Hälfte des 17. Jh., und besonders eindrucksvoll sind die zwei Figurengruppen, einmal die Darstellung der Kreuzabnahme, besonders aber die Ölbergszene in einer Mauernische an der Südwand; letztere stammt von dem Tittmoninger Künstler J. G. Itzlfeldner.

Sehenswert ist auch die an der Augustinerstraße gelegene **Allerheiligenkirche,** erbaut um 1683 im Auftrag des damaligen Salzburger Erzbischofs als Klosterkirche der Augustiner-Eremiten. Das Kloster wurde nach der Säkularisation aufgehoben. Die imposante Saalkirche enthält bedeutende Altäre in der typisch schwarzen Fassung des Salzburger Barock mit üppiger Vergoldung.

Den Höhepunkt – im Sinne des Wortes – im Besichtigungsprogramm Tittmonings bildet zweifellos ein Besuch der **Burg Tittmoning** (Farbabb. 30). Ein Fahrsträßchen führt bis hinauf zum Burgeingang/Parkplatz. Selbst für den, der sich das Innere von Burg und Museum nicht anschauen will, lohnt sich der Weg hinauf auf den Burgberg. Von dort oben genießt man einen prächtigen Blick über die Burganlage mit ihrem von einem gewaltigen

Steildach gekrönten Getreidespeicher, über die reizvolle Umgebung der Stadt, bis weit hinein nach Österreich. An einem klaren Tag reicht der Blick nach Süden über die von Wiesen, Feldern und Wald bedeckte Hügellandschaft des Rupertiwinkels bis hin zu den schneebedeckten Alpenketten.

Die hoch über Tittmoning thronende, mächtige Anlage, die heute sicher mit zu den eindrucksvollsten bayerischen Burgen zählt, entstand ursprünglich als Bollwerk *gegen* die Bayern. Der Rupertiwinkel gehörte bekanntlich, von kurzen Unterbrechungen abgesehen, vom 13. bis zum Beginn des 19. Jh. zu Salzburg. Im nahe gelegenen Burghausen, damals also jenseits der Grenze, hatten die Bayern eine stattliche Festung, und so baute man – als Pendant – im Jahr 1234 die Burganlage in Tittmoning zu einer salzburgischen Grenzbefestigung aus. Mehrmals im Laufe der Jahrhunderte gelang es den Bayern, allerdings jeweils nur für kurze Zeit, die Tittmoninger Burg in ihren Besitz zu bekommen. Zu Beginn des 17. Jh. wurde die Anlage in eine Art Jagdschloß für die Salzburger Erzbischöfe umfunktioniert, und bis zum Ende des Salzburger Erzstifts im Jahr 1803 war das Schloß beliebter Sommersitz der Bischöfe. Bei einem großen Feuer im Jahre 1805 brannten viele Räume und auch Teile des Prälatenstocks (einstige Wohnräume der Bischöfe) aus. Die Burg diente damals napoleonischen Soldaten als Lazarett, und angeblich war es ein französischer Offizier, der durch seine Pfeifenasche den Brand ausgelöst hatte. Bald danach kam Tittmoning zusammen mit dem ganzen Rupertiwinkel zu Bayern. In der Folgezeit wurde die Festung für verschiedene Zwecke ge- bzw. mißbraucht. Sie diente zeitweise kirchlichen Vereinen, später der Hitlerjugend als Unterkunft und wurde im Zweiten Weltkrieg schließlich zum Offiziersgefangenen- und Interniertenlager. Einige ›Wandgemälde‹ von Gefangenen sind heute noch zu sehen.

Lange vorher schon war vom Historischen Verein Tittmoning damit begonnen worden, alte und wertvolle Einrichtungs- und Ausstattungsstücke aus dem bäuerlichen und bürgerlichen Leben der Region zusammenzutragen, und 1911 wurde in der Burg erstmals ein Museum eröffnet, das *Heimathaus Rupertiwinkel*. Das Museum (und damit auch die Räume der Burg Tittmoning) ist nur mit Führung zu besichtigen. Diese findet vom 1. Mai bis 30. September täglich (außer do) um 14 Uhr statt. Mindestbeteiligung fünf Erwachsene. Die Führung dauert – je nach Interesse der Besucher und Ausdauer des Führers – bis zu 1½ Stunden. Anmeldung für Sonderführungen ✆ 08683/247 oder 911.

Um es vorwegzunehmen: Man könnte Tage in der Burg verbringen und würde mit Sicherheit auch dann immer wieder etwas Neues entdecken. Treppauf, treppab geht es durch das jahrhundertealte Gemäuer. Allein das weitläufige Bauwerk mit Burg und Wehrgang, dem großen Kornspeicher (Troadkasten genannt), Kapelle, Küche, Kammern und Sälen würde schon genug bieten für einen interessanten Rundgang. Doch sind die Räume ja Museum, prall gefüllt mit hochinteressanten Zeugnissen der Vergangenheit.

Es würde den Rahmen dieses Buches sprengen, hier näher auf die einzelnen Ausstellungsräume oder gar Exponate einzugehen, weshalb nur eine ganz grobe Übersicht gegeben werden soll: Über viele Räume verteilt finden sich traditionelle, alte Bauernmöbel, Kachelöfen, bäuerlicher Hausrat, altbayerische und Salzburger Keramik, sakrale Gegenstände, wertvolle Bilder und Schriften, Gemälde einheimischer Künstler und viel interessanter

›Kleinkram‹: originelle Tabakspfeifen und Schnupftabakdosen, Sparstrümpfe, ›Nonnenspiegel‹, Kienspanhalter, ein ›Pestlöffel‹, Bierkrugdeckel, eine Sänfte, in der man die Bischöfe in die Stadt hinuntertrug. Interessant ist die alte Küche mit Gerätschaften aus Urgroßmutters Zeit. In einem extra Raum ist eine reichhaltige Waffensammlung untergebracht; sie wurde 1972 bei einem Einbruch gestohlen, doch konnten die Diebe an der Grenze gefaßt, die Sammlung sichergestellt werden.

Sehenswert für Kunstliebhaber: in der barocken, dem heiligen Michael geweihten *Burgkapelle* das Altarblattgemälde ›Der Engelssturz‹, 1697 von dem Laufener Künstler Johann Michael Rottmayr geschaffen. Im ›Itzlfeldnersaal‹ sind Werke dieses ebenfalls überregional bekannten Tittmoninger Künstlers ausgestellt. Als Dauerexponate sind seit Frühjahr 1992 Bilder des Heimatmalers Hans Lechner zu sehen. Ein im Jahr 1974 bei Ausgrabungen in

Biering bei Tittmoning, Vierseithof, Modell im Heimathaus Rupertiwinkel, Tittmoning

Tittmoning entdeckter römischer Mosaikfußboden wurde Steinchen für Steinchen fürs Museum wieder zusammengesetzt. 180 schmiedeeiserne Grabkreuze aus dem 17.–19. Jh. gibt es zu sehen, und ganz oben im ›Getreidekasten‹ finden sich die Arbeitsgeräte teilweise längst ausgestorbener, zumindest aber modernisierter Handwerkszweige: das Werkzeug und die Erzeugnisse der Wagner und Hufschmiede, der Wachszieher und Gerber, Seiler, Bierbrauer, Steinmetze u. v. a. Das Modell eines ›Vierseithofs‹ mit seinem kunstvollen Bundwerk ist zu bewundern (der Originalbauernhof steht in Biering, ca. 2 km westlich von Tittmoning). Auch die alte Salzachbrücke hat man als Modell nachgebaut.

Eine ganz besondere Rarität ist die Sammlung von Schützenscheiben, mit 130 Stück die größte in Bayern. Die Scheiben stammen aus der Zeit von 1660 bis 1930, und jede hätte ihre eigene Geschichte zu erzählen (wofür man aber vermutlich nochmals einen zusätzlichen Tag an die Besichtigung anhängen müßte).

Hochzeitsscheibe des Müllers und Bäckers Reichard Gabauer und seiner Ehefrau Regina Edenhuber, 1722. Heimathaus Rupertiwinkel, Tittmoning

Rundgang Tittmoning – Maria Ponlach – Burg

(reine Gehzeit ca. 45 Min.)
Hinter der *Pfarrkirche St. Laurentius* biegen wir vor der Brücke über den Ponlachbach links auf einen Weg ab, beschildert ›Burg und Heimatmuseum‹. Bei der Gabelung kurz danach halten wir uns jedoch rechts und folgen dem Bachgraben durch schattenspendenden Laubwald bergauf. Kleine Wasserfälle und die Kunstwerke eines ›Skulpturenparks‹, die verstreut im Bereich des Ponlachgrabens aufgestellt sind, lenken immer wieder die Aufmerksamkeit auf sich. Schließlich, nach einer Gehzeit von ca. 15 Min., erreichen wir die mitten im Wald stehende **Wallfahrtskapelle Maria Ponlach** (auch Maria-Brunn im Ponlach genannt).

Quellen, die hier im Bereich des Ponlachgrabens entspringen und denen in früheren Zeiten eine besondere Heilkraft zugesprochen wurde, lassen vermuten, daß sich schon lange vor Beginn der Marienwallfahrten hier eine Kultstätte befunden hat. Hinter der Kirche finden wir zwei Quellfassungen mit Brunnenbecken, und direkt unterhalb der Kirche sind noch zwei recht verfallene Grotten zu sehen; an Stelle der oberen Grotte stand schon seit mindestens 1624 eine Vorgängerkapelle. Das 1716 erbaute Ponlachkirchlein (es ist tagsüber im allgemeinen

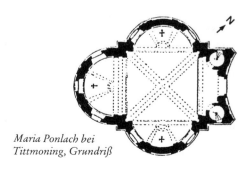

Maria Ponlach bei Tittmoning, Grundriß

zugänglich) wurde Ende der achtziger Jahre gründlich restauriert. Besonders beachtenswert im Innern des kleeblattförmigen Dreikonchenbaus sind der von Thaddäus Baldauf geschaffene Hochaltar und die Figuren der beiden Seitenaltäre: am rechten Altar die Heiligen Georg und Florian, links Joachim und die hl. Anna, wiederum Werke Itzlfeldners. Die Gewölbemalereien zeigen Bilder aus dem Marienleben. Leider wurden schon Ende des 18. Jh. nahezu alle Votivtafeln aus der Kirche entfernt.

Bevor wir hinübergehen zur Burg, sollten wir dem Sträßchen in entgegengesetzter Richtung noch etwa 300 m folgen bis zum Sägewerk. Dort ist noch deutlich zu sehen, wie vom Bach ein Kanal abzweigt, der – heute völlig unnütz – durch das Sägewerk hindurchgeleitet wird. Unterhalb des Sägewerks überquert die Wasserrinne den Ponlachgraben und fließt dann in einem schmalen, künstlichen Kanal neben dem Sträßchen. Wir gehen auf diesem bis zur **Burg**.

Für den Abstieg folgen wir dem gegenüber dem *Burgcafé* beginnenden Weg, der am Fuß der südlichen Festungsmauer entlang zur Mühlenstraße führt. Immer wieder treffen wir nun auf den einstigen Mühlbach, der streckenweise unter den Gebäuden hindurch-, dann wieder sichtbar bis zum Stadtplatz und offen über diesen hinwegfließt. Heute ist dieser Bach nur noch ein schmückendes, recht idyllisch anmutendes Detail des Stadtbildes. Früher aber kamen ihm wichtige Funktionen zu. Im Brandfall lieferte er Löschwasser; in erster Linie aber versorgte er die verschiedenen Handwerksbetriebe mit Wasserkraft, vor allem die Mühlen, Schmieden, Drechslereien etc., die an seinem Lauf angesiedelt waren. Und – schon damals ein Fall für den Umweltschutz – er ermöglichte die leichte Entsorgung des städtischen Mülls. Nicht umsonst hatten die Metzger der Stadt ihre Fleischbänke auf dem Stadtplatz direkt neben der offenen Wasserrinne.

Tittmoninger Georgiritt

Dieses Ereignis findet traditionsgemäß alljährlich am letzten Sonntag im April statt (Farbabb. 9; Abb. 76, 77). Gute Wetterverhältnisse vorausgesetzt, sammeln sich die Teilnehmer aus den umliegenden Orten am frühen Nachmittag auf dem Stadtplatz in Tittmoning. Der Festzug wird angeführt von einem Herold und vier römischen Reitern. Es folgt der Heilige Georg mit der Georgsstandarte, ihm schließen sich die Festwagen der Stadt an mit Musikkapellen, den Kutschen der Honoratioren, kleine Mädchen reiten als Engel verkleidet auf Haflingern, und von den umliegenden Höfen haben sich zahlreiche Reiter auf festlich geschmückten Pferden eingefunden. Der Zug zieht zweimal über den Stadtplatz und dann auf der Hauptstraße ins knapp 3 km entfernte Kirchheim zur St. Georg-Kirche, wo Pferde und Reiter gesegnet werden.

☐ Kirchheim

Nur knapp 3 km südlich Tittmonings liegt wenige Meter abseits der Hauptstraße (B 20) das kleine Dorf Kirchheim (392 m). Es gehört zu jenen rund vier Dutzend Ortschaften im heutigen Rupertiwinkel, deren Namen erstmals gegen Ende des 8. Jh. im Besitzverzeichnis des Salzburger Erzbistums (s. S. 235) genannt wurden. Aus diesem Anlaß konnte Kirchheim im Jahr 1989 seine 1200-Jahr-Feier begehen.

Neben der 1415 geweihten **St. Georg-Kirche,** einem spätgotischen Tuffquaderbau mit einer reichen Innenausstattung, steht ein sehenswertes Gehöft: der **Seierlhof** (Farbabb. 16).

Balkonbrüstung am Seierlhof in Kirchheim (Lenz/Sommer/Herbst/Winter)

Nur wenigen Rindern ist es heutzutage vergönnt, in einem ähnlich prächtigen Stall zu ›residieren‹. Erst in neuerer Zeit wurde der Stadel in dem für diese Region einst typischen Bundwerkstil (s. S. 319ff.) kunstvoll erneuert, ein Beweis dafür, daß es auch heute noch Handwerker gibt, die die alte Zimmermannskunst des Bundwerks beherrschen. Das Bauernhaus daneben fällt vor allem durch seinen eigentümlichen Balkon aus dem gewohnten Rahmen. Dessen Brüstung zieren vier große, geschnitzte Holzfiguren. Auch sie stammen von Johann Georg Itzlfeldner, der sie 1754 zur Verschönerung der Tittmoninger Markthalle schuf. Die Figuren stellen die ›Vier Jahreszeiten‹ dar: Frühling – ein Jüngling mit Blumen,

Sommer – ein Landmann mit Getreide, Herbst – ein älterer Mann mit Trauben, und Winter – ein Greis mit welkenden Kräutern. Nach dem Abbruch der Markthalle im Jahr 1816 gelangten die Figuren zum Seierlhof, wo sie noch heute den Balkon schmücken.

Plättenfahrten zwischen Tittmoning und Burghausen
Jahrhundertelang transportierten ›Plätten‹ (Salzkähne) das ›weiße Gold‹ die Salzach stromabwärts zu fernen Handelsplätzen, bis schnellere, moderne Transportarten die Salzschiffahrt ablösten. Die Plättenfahrten (die heutigen Schiffe sind Nachbildungen) sind zur Touristenattraktion geworden. Die etwa 45 Personen fassenden Plätten fahren von ca. Anfang Juni bis Anfang September jeden Samstag von der Bootslände in Tittmoning nach Burghausen; allerdings ist vorherige Anmeldung bis spätestens Donnerstag 18 Uhr erforderlich. Die Fahrt dauert ca. 1½ Stunden; Bustransfer von Burghausen zurück nach Tittmoning. Für Anmeldung und weitere Auskünfte ist das Städtische Verkehrs- und Kulturamt, 8263 Burghausen, Rathaus, Stadtplatz 112/114, ✆ 08677/2435 zuständig.

Bundwerk-Bauweise

Je weiter man in den Norden des Rupertiwinkels vordringt, desto häufiger wird man auf Bauernhöfe – sog. ›Dreiseit‹- oder ›Vierseithöfe‹ – treffen, deren Ställe und Scheunen (bayerisch ›Stadel‹) als regelrechte Kunstwerke bezeichnet werden können. Die sog. Bundwerkbauweise ist eine im Südosten Oberbayerns (verstärkt in den Landkreisen Traunstein, Rosenheim und Mühldorf) weitverbreitete Zimmermannskunst, deren Ursprung weit zurückreicht und die etwa in der Mitte des 19. Jh. ihre Blütezeit hatte.

›Bundwerk‹ hat zunächst nichts oder fast nichts mit ›Fachwerk‹ zu tun. Während beim ›Fachwerk‹ die ›Fächer‹, also die Zwischenräume zwischen den Balken, gemauert sind, wird beim Bundwerk (von einem Grundmauersockel abgesehen) ausschließlich Holz verwendet. Das tragende Holzgerüst (waagerechte, senkrechte und schräge Balken) bleibt sichtbar und wird zum Innenraum hin mit Holz verschalt – eine arbeitsaufwendige Bauweise, deren Vorteil jedoch darin liegt, daß sich solche Konstruktionen als sehr elastisch, widerstandsfähig, zug- und verwindungsfest erweisen. Was die Bundwerktechnik so bemerkenswert macht, ist ihre Vielfalt und die Phantasie, mit der die Zimmerleute immer neue Kombinationen, Muster und künstlerische Zierelemente erfanden, um aus den Grundkonstruktionen wahre Kunstwerke zu machen. Dieser Formenreichtum und Aufwand geht meist weit über das funktionelle und bautechnisch Notwendige hinaus und spiegelt sicher auch ein wenig den Stolz, die Freude des Bauern wider, der in diesen Bundwerkstadeln ja die Früchte seiner harten Feldarbeit lagert und sein Vieh unterbringt.

Die auffälligste Form der Bundwerkarbeit ist der ›Gitterbund‹, sich mehrfach überkreuzende, schwalbenschwanzartig zusammengefügte Balken, die man auch ›Andreaskreuze‹ nennt. Holznägel sorgen für den nötigen Zusammenhalt. Da deren dicke, kantige Köpfe in gleichmäßiger, symmetrischer Anordnung noch aus den Balken schauen, sind sie gleichzeitig ein schmückendes Element. Zahlreiche Variationsmöglichkeiten läßt allein dieser ›Gitterbund‹ zu, der immer wieder aufgelockert, abgelöst, überdeckt wird durch andere kunstvoll aneinandergefügte Balken. Besonders aufwendig gestaltet sind häufig die senkrechten Stützbalken, die sog. ›Ständer‹, und die Tür- und Fensterrahmungen. Menschliche Figuren, Tiere, Bäume und Blütenranken, Symbole und Ornamente, Initialen, ja ganze Sprüche finden sich geschnitzt oder gemalt an Torbögen, Dachfirsten oder inmitten der Holzfronten. Aus der häufig irgendwo zwischen anderen geschnitzten Ornamenten eingefügten Jahreszahl ist das Alter des Gebäudes abzulesen. Danach waren in der Mitte des 19. Jh. offenbar besonders tüchtige Zimmerleute am Werk. Damals, so zwischen 1830 und 1870, entwickelten sie, vermutlich zusammen mit den Hofbesitzern, auffallend viel Phantasie. Einige dieser alten Gebäude hat man vorsichtig abgetragen und, teilweise einfühlsam restauriert, in Museen wieder aufgestellt. Doch wird der Besucher, der mit offenen Augen durch die Dörfer des nördlichen Rupertiwinkels streift, dort noch genügend Originalzeugnisse dieser alten Zimmermannskunst entdecken. Im Rahmen von Sonderprogrammen zur Erhaltung wertvoller Bundwerkstadl konnte dank öffentlicher Zuschüsse manches vom Verfall bedrohte Gebäude wieder saniert werden.

Grundsätzlich wird die Technik des Bundwerks auch heute noch angewandt. Manch prächtiger Stall- oder Scheunenneubau mit frischem, hellem Balkengitterwerk beweist dies (z. B. die neue Scheune bei Wolkersdorf; Abb. 73). Was man an den neueren Bauten allerdings nur noch selten findet, das sind die einfallsreichen Verzierungen, die Formenvielfalt, die sinnigen Sprüche und verspielten Malereien, wie sie in früheren Zeiten üblich waren. Nachstehend ein paar Beispiele, wo noch besonders sehenswerte Bundwerkbauten stehen.

Vor allem nördlich der Linie Fridolfing, Tengling, Palling lohnt sich ein Blick auf die kleinen Weiler, die oft nur aus einem oder zwei Höfen bestehen. Dabei sollte man beachten, daß die Wetterseite (Westwand) der Gebäude verständlicherweise keinerlei Verzierungen aufweist. Sie ist meist durchgehend mit Holzschindeln bedeckt, manchmal leider auch mit häßlichen Eternitplatten oder Wellblech, was sicher guten Schutz gegen Regen und Wind bietet, aber eben so gar nicht zu der schönen, alten Zimmermannskunst ›um die Ecke‹ passen will. Geht man um den ganzen Hof herum, finden sich oft an mehreren Seiten des Gebäude sehenswerte Details. Die meisten Bauernhöfe lassen sich ohne Eindringen in die Privatsphäre der Bewohner anschauen, da häufig öffentliche Feldwege am Gehöft vorbeiführen. Mit einer Begrüßungszeremonie aufmerksamer Hofhunde muß allerdings gerechnet werden.

Ein typischer ›Vierseithof‹ mit reichem Bundwerk steht in **Biering** (ca. 2 km westlich von Tittmoning); dieser Hof ist im Heimathaus Rupertiwinkel (Burg Tittmoning) als Modell nachgebildet. In **Moosen**, an der Straße zwischen Tyrlaching und Asten, führt das Zufahrtssträßchen gleich zwischen zwei sehenswerten Gebäuden hindurch. An der Nordseite des Heustadels sind kunstvoll die Initialen des ursprünglichen Besitzers und die Jahreszahl 1842 in Form von geschnitzten Tieren bzw. menschlichen Figuren in die Scheunenwand eingefügt. Ebenso liebevoll und aufwendig wurden die Türen gestaltet: mit schöner Sternornamentik und hauptsächlich in roten Farbtönen das obere Heubodentürchen, mehr in blau gehalten und reich mit Blumenornamenten bemalt das kleine Türchen darunter.

Zu den schönsten Höfen zählen mit Sicherheit jene in **Gallersöd** (Farbabb. 15; an der Straße, die von Burghausen nach Trostberg führt). Zwischen den holzgeschnitzten Initialen finden wir ebenfalls die mit grünem Blattwerk umrankte Jahreszahl 1842. Zur Besichtigung sollte man am besten ein Fernglas mitnehmen, denn viele der reizvollen Details befinden sich weit oben unterm Dach und sind mit bloßem Auge schwer zu erkennen, so z. B. die originelle Malerei unter dem Dachfirst: Am Tisch sitzen die Handwerker und warten aufs Essen, die Bäuerin serviert die Knödel, der Bauer füllt die Krüge. Bauer und Bäuerin sind auch in der sog.

›Eckbüge‹ nochmals zu sehen; zur Firstseite hin erkennt man die Bäuerin, zur Längswand hin zeigt die Bemalung derselben Holzbüge den Bauern – beide auf einer Ziege reitend. Die zehn Löwen, die den oberen Abschluß der Längswand schmücken, tragen Schrifttafeln, deren Sinnsprüche nur durchs Fernglas lesbar sind. Besondere Schmuckelemente an dieser Wand sind die Scheunentore, die über dem Bogen sehr detailliert geschnitzte Szenen aus dem

Bundwerkstadel Gallersöd

bäuerlichen Leben zeigen und weise Sprüche parat halten: »Was Geschieth aus noth und Zwanng, ist nichts nuz und währt nicht lang.« Oder: »Lust und Liebe zu einen guten Dieng, macht alle Mieh und Arbeit gering.« Geht man hinüber zu dem zweiten Anwesen und zur Rückseite des dortigen Stadels, so findet man auch da über den Torbögen recht mahnende Inschriften mit eigenwilligem Versmaß und Rechtschreibung: »Wer über diesen Stadel tuht Lachen, ist er imm nicht recht, so muß er im andes machen.« Oder, am nächsten Tor: »Sie Mensch geh her und sage, was diesen Stadl feld. Ich bin ja selber Meister und Baun wie es mir gefeld.« Ein gemalter Theatervorhang ziert diese Tür, und tatsächlich wird dieser große Stadel gelegentlich für Theatervorführungen genutzt.

Nur wenige Kilometer südlich von Gallersöd, in **Hofschalling,** steht eine Scheune, die zwar nicht durch bunte Bemalung ins Auge fällt, aber ebenfalls mit reichem Schnitzwerk über den Toren aufwarten kann. Ungewöhnliche Zierde sind hier die Starenkästen, die in gleichmäßigen Abständen zwischen dem Bundwerk angebracht sind.

Prächtige, sehenswerte Bundwerkbauten stehen außerdem z. B. in **Emmering** und **Oberbuch** (Nähe Tyrlaching), in **Tyrlbrunn** nahe Freutsmoos, in **Heilham** (Nähe Palling), in **Tengling** und **Weilham** (nördlich vom Tachinger See), in **Allmoning** (2 km südl. Tittmoning) und neben der Kirche in **Kirchheim** (3 km südl. Tittmoning). Nicht immer sind es so reich, so vielseitig und so großflächig verzierte Gebäude wie jene in Gallersöd oder Moosen, aber überall entdeckt man neue, künstlerische und phantasievolle Schmuckelemente dieser alten, schönen Zimmermannskunst.

Ein Blick über die Grenze nach Österreich

Bad Dürrnberg und Hallein

Von Berchtesgaden ist es nur ein Katzensprung über die Grenze ins österreichische Bad Dürrnberg (ca. 800 m) und Hallein (461 m). Der Besucher hat die Wahl zwischen zwei Grenzübergängen: entweder über Unterau und Oberau zur Grenze beim *Neuhäusl* oder – auf zwar schmalen Sträßchen, aber landschaftlich viel reizvoller – von Unterau aus dem Nesseltalgraben folgend zum Grenzübergang beim *Zillwirt* (geöffnet nur 8–20 Uhr). Bad Dürrnberg präsentiert sich als aussichtsreich auf der Höhe gelegener Erholungsort mit modernen Kureinrichtungen, Kleingradierwerk und guten Wintersportmöglichkeiten am nahen Zinkenkogel (1337 m). Hallein im Salzachtal fasziniert vor allem durch seine sehenswerte Altstadt. Beiden gemeinsam ist die traditionsreiche Geschichte. Wie häufig im Berchtesgadener und Salzburger Raum verdanken auch diese beiden Orte ihre Entstehung und ihr wirtschaftliches Wachstum dem Salz: In Dürrnberg, genauer ›unter dem Dürrnberg‹, wurde es gewonnen und in Hallein verarbeitet.

☐ Besiedlungsgeschichte und Salzbergbau am Dürrnberg

Unter dem Dürrnberg im nördlichen Ausläufer des Hohen Göll erstreckt sich ein riesiger Salzstock bis hinüber nach Berchtesgaden (zur Entstehung der Salzlagerstätten s. auch S. 30). Spuren jungsteinzeitlicher Bewohner lassen sich bis etwa zweieinhalb Jahrtausende vor der Zeitrechnung zurückverfolgen. Schon damals wurde hier Salz gewonnen, wenngleich vermutlich nur aus den zutage tretenden, natürlichen Solequellen. Somit gilt der Dürrnberg als der wohl älteste Salzgewinnungsort in Mitteleuropa. Etwa ab 1000 v. Chr. betrieben die Illyrer und ab ca. 600 v. Chr. die Kelten nachweislich Salzabbau. Mit Pickeln aus Bronze und Eisen gruben sie im schwachen Licht von Kienspänen nach dem Salz. Die Archäologen stießen auf Bergwerksstollen, die mit einer Gesamtlänge von beinahe 5 km bis in Tiefen von mehreren hundert Metern vorgetrieben waren. In diesen Stollen wurden Teile der Verzimmerung sowie Werkzeuge, Seile, Stoff- und Lederreste, Kienspäne usw. gefunden, die eine genaue Datierung in vorchristliche Zeit ermöglichten. Die Kelten schufen in Dürrnberg ein Zentrum der Salzgewinnung, welches jenes von Hallstatt im Salzkammergut an Bedeutung noch übertraf.

»Wenn man die Bedeutung der prähistorischen Funde am Dürrnberg früher besser erkannt und entsprechend gewürdigt hätte, würde man heute vielleicht nicht von einer

›Hallstatt‹-, sondern von einer ›Dürrnberg‹-Zeit sprechen« – Zitat des Führers bei einem ›historischen Ortsrundgang‹ in Bad Dürrnberg. Schließlich stehen die zahlreichen Dürrnberger Funde und Ausgrabungen aus der ›La-Tène-Zeit‹ genannten Keltenepoche den Hallstättern in keiner Weise nach.

An einem Wiesenhang oberhalb des Ortes z. B. hat man ein keltisches ›Fürstengrab‹ aus dem 4. Jh. v. Chr. freigelegt. Es wurde durch einen Zufall im Jahr 1932 entdeckt und enthielt zahlreiche wertvolle Grabbeigaben. Die Originalfunde – Schmuck, Schwert, Lanzenspitzen, Helm und vor allem eine wunderschöne Schnabelkanne aus Bronze – sind heute im Keltenmuseum von Hallein (s. S. 326) bzw. in Salzburger Museen ausgestellt; in dem rekonstruierten Grab (am *Römersteig*) sind nur Nachbildungen zu sehen. Viele andere Gräber wurden in und um Dürrnberg bereits freigelegt, und man vermutet hier ca. 2000 weitere, bisher noch nicht erforschte Grabstätten aus der späten La-Tène-Zeit, vor allem auch unter den Buckeln der Hexenwandwiese, die sich hinter dem großen Parkplatz des Salzbergwerks hochzieht. Beim Bau dieses Parkplatzes stieß man auf Spuren früherer Werkstätten, und auf der anderen Seite der nach Hallein führenden Straße, auf dem etwas sumpfigen Talboden, fand man bei Grabungen Teile eines Wohn- und Gewerbeviertels aus der Zeit um ca. 350 v. Chr. Bevor heutzutage in Bad Dürrnberg ein Bauvorhaben genehmigt wird, werden archäologische Untersuchungen durch das 1984 gegründete ›Österreichische Forschungszentrum Dürrnberg‹ angestellt, um nicht durch unkontrollierte Grabungen wertvolle Funde zu zerstören.

Während der sich an die Keltenzeit anschließenden römischen Herrschaft verlor der Salzbergbau am Dürrnberg an Bedeutung und lebte erst etwa um 900 bis 1000 n. Chr. wieder auf. Im Gegensatz zu den Kelten, die das Salz noch bergmännisch, also als Steinsalz abgebaut hatten, gewann man nun das Salz auf dem Umweg über die Sole, also durch Auslaugen des Haselgebirges mit Süßwasser, und beförderte diese hinunter in die Salzsiedepfannen von Hallein. Fortan gab es keine Unterbrechung mehr in der Salzgewinnung. Dafür sorgten schon die Salzburger Erzbischöfe, für die der Handel mit dem ›weißen Gold‹ über Jahrhunderte die lukrativste Einnahmequelle bedeutete.

Ein dunkles Kapitel der Dürrnberger/Halleiner Geschichte fällt in die Periode zwischen dem Ende des 17. und der ersten Hälfte des 18. Jh.: die *Vertreibung der Protestanten* durch die Salzburger Erzbischöfe. So mußten im Jahre 1686 von heute auf morgen an die 70 ›ketzerische‹ Anhänger der ›neuen Lehre‹ Dürrnberg verlassen: sie verloren dadurch nicht nur Haus, Hof und Heimat, sondern – und das sollte besonders abschreckend auf andere Protestanten wirken – auch ihre Kinder, die sie zurücklassen mußten und die auf katholische Familien verteilt wurden. Im Jahr 1731/32 unternahm Erzbischof Leopold Anton, der mit den bisherigen Ergebnissen offenbar noch nicht zufrieden war, nochmals eine radikale Säuberungsaktion, in deren Verlauf 21 000 Protestanten das Erzbistum nicht nur aus Glaubensgründen, sondern auch aufgrund der permanenten Unterdrückung und Ausbeutung durch die katholischen Landesherren verließen. Allein in Dürrnberg waren es über 800 Personen; ihre Namen und Hofbezeichnungen sind heute noch in einer Chronik nachzulesen. Dürrnberg wurde dadurch fast entvölkert. Die kirchliche Obrigkeit hatte ihre Bürger allerdings erst ziehen lassen, nachdem wenigstens rund 200 Ersatzleute von Berchtesgaden für den Bergbau gewonnen worden waren und der weitere Salzabbau damit gesichert war.

Das Dürrnberger Salzbergwerk und die Halleiner Saline waren bis in die Gegenwart in Betrieb. Am 31. 7. 1989 jedoch wurde die Salzgewinnung eingestellt. Salz wäre zwar noch genügend vorhanden, doch ist dessen Abbau angeblich nicht mehr rentabel; der Dürrnberger/Halleiner Betrieb kam zu teuer. Dieser Schließung des Bergwerks aus Wirtschaftlichkeitsgründen waren harte Kämpfe vorausgegangen. Für die Bewohner, die über Generationen im Salzbergbau tätig und verwurzelt waren, für einen Ort, der auf eine jahrtausendealte Tradition im Salzwesen zurückblickt, war dieser Betriebsstopp verständlicherweise eine schmerzhafte Sache. Doch nicht nur in Dürrnberg und Hallein, sondern auch auf bayerischer Seite hat diese Stillegung heftigen Unmut ausgelöst. Schließlich wurde damit einem alten Staatsvertrag zwischen Bayern und Österreich, der *Salinenkonvention* aus dem Jahre 1829, praktisch die Grundlage entzogen. Dieser Vertrag gilt bislang als der älteste bestehende europäische Staatsvertrag. Er gibt den Dürrnbergern das Recht, auch jenseits der Grenze (diese verläuft mitten durch das Bergwerksgelände, wodurch etwa zwei Drittel des Grubengeländes in Bayern liegen) Salz bzw. Sole zu gewinnen. Umgekehrt besitzen die bayerischen Eigentümer der über dem Bergwerk liegenden Grundstücke das unwiderrufliche ›Bergschichtrecht‹, also das Recht auf bezahlte Arbeit im Salzbergwerk. Zudem regelt der Vertrag u. a. auch die Rechte Bayerns zur Nutzung salzburgischer Wälder zur – für die bayerischen Salinen einst so wichtigen – Brennholzgewinnung.

Durch die Schließung des Bergwerks haben viele Dürrnberger und Halleiner ihre Arbeit verloren; auch die ›Bergschichtberechtigten‹ auf bayerischer Seite sehen sich trotz Fortbestands des Vertrags um ihre alten Rechte gebracht. Eine kleine Anzahl von Bergleuten ist aber nach wie vor im Bergwerk erforderlich. Vor allem um Geländeeinbrüche und Risse an der Oberfläche zu vermeiden, müssen die Stollen auch weiterhin gewartet und eingedrungenes Wasser zur Vermeidung von Auslaugungen ausgeleitet werden. Und ein gewisser Personalstand ist für die Touristen abgestellt, die – wie schon zu Betriebszeiten – auch heute noch das Salzbergwerk besichtigen können.

☐ Bad Dürrnberg
Dürrnberger Salzbergwerk
Geöffnet Ende April bis Mitte Okt. tägl. von 9–17 Uhr; Dauer der Führung inkl. Umkleiden: ca. 1½ Std.
Diese Grubenfahrt, bei der man bergmännisch eingekleidet in weißen Schutzanzügen auf Grubenhunten weit ins Berginnere und über hölzerne Rutschbahnen (wahlweise Treppen) in tiefere Stollen gelangt, ist nicht nur eine interessante, sondern auch eine recht vergnügliche Angelegenheit. Der Führer erläutert auf anschauliche Weise (z. T. anhand reichhaltig ausgestatteter Schaukästen) die Entstehung der unterirdischen Salzlager und die Geschichte und Technik der Salzgewinnung im Dürrnberg von der Keltenzeit bis in unsere Tage. Der

Einfahrt ins Dürrnberger Salzbergwerk im 19. Jh.

Besuch einer aufgelassenen Laugwerksanlage, in der einst die Rohsole gewonnen wurde, ist einer der Höhepunkte der Grubentour, in deren Verlauf auch die österreichisch/bayerische Grenze rund 150 m unter der Erde ›passiert‹ wird.

Bergbaumuseum/Solestube Dürrnberg
An der Dürrnberger Straße; geöffnet 1. 6.–30. 9. tägl. von 11–17 Uhr.
Das Museumsgebäude, eine kleine Blockhütte, deren Holzbalken nur mit Keilen zusammengehalten werden, wurde 1702 als Behälter für Bergbausole errichtet; ihren jetzigen Standort erhielt die ehemalige ›Solestube‹ erst 1982. In Schaukästen beherbergt das Museum Schriften und Protokolle, bergmännische Werkzeuge und Geräte, Lampen und eine kleine Mineraliensammlung.
  Neben diesem Museum kann man noch die Anlage eines *prähistorischen Kalkofens* erkennen. Man stieß beim Bau der Straße auf diesen Ofen aus der Keltenzeit, in dem nachweislich Kalk gebrannt wurde, den man damals vorwiegend für das Gerben der Felle benötigte. Man weiß auch, daß die keltischen Männer Kalk für ihre ›Kriegsbemalung‹, die Frauen Kalkmilch zum Bleichen und Versteifen der Haare benutzten.

Kelten-Freilichtschau Dürrnberg
Geöffnet von Ende April bis Ende Sept. tägl. von 10–17 Uhr; 1.–26. Okt. tägl. 12–17 Uhr.
In diesem Freilichtmuseum (Eingang gegenüber der Dürrnberger Marienkirche) wurde inmitten des prähistorischen Siedlungsgebiets eine kleine Keltensiedlung rekonstruiert mit schilfrohrgedeckten, in Blockwandbauweise errichteten Hütten (Abb. 78). Als Vorlage für die ebenfalls rekonstruierte Einrichtung dienten die zahlreichen Funde aus der Umgebung. Nachgebildet wurde auch das bereits erwähnte ›Fürstengrab‹; in der geöffneten Holzkammer sieht man (in der bei den Kelten vorherrschenden Bestattungsart) den voll bekleideten

Toten auf einem Streitwagen liegen, umgeben von wertvollen Grabbeigaben wie Waffen, Helm, Trinkgeschirr und Gefäßen mit Lebensmitteln für die lange Reise ins Jenseits.

☐ Hallein

Nur 15 km südlich der Festspielstadt Salzburg liegt der alte Salinenort Hallein am Ufer der Salzach; er ist größer, städtischer und bekannter als das etwas abseits liegende Dürrnberg. Dürrnberg aber war eindeutig zuerst da, und nur den dortigen Salzvorkommen verdankt Hallein überhaupt seine Existenz. Erste urkundliche Erwähnungen kleinerer Salzsiedepfannen zur Verarbeitung der Dürrnberger Sole stammen ungefähr aus der Zeit um 1000 n. Chr.

Wappen Hallein

Anstelle dieser bescheidenen Produktionsstätten trat ab 1191 die erzbischöflich-salzburgische Großsaline Hallein, und als Folge der nun einsetzenden wirtschaftlichen Entwicklung entstand die heutige Stadt Hallein. Mit der Einstellung der Solegewinnung am Dürrnberg im Sommer 1989 verlor auch die Saline auf der Pernerinsel ihre Funktion. Geplant ist lediglich, einen kleinen Schaubetrieb aufrechtzuerhalten, bei dem in sehr begrenzter Menge sog. ›Souvenirsalz‹ in einer kleinen Sudpfanne erzeugt wird. Über die weitere Verwendung der Pernerinsel, des großen Areals mit den alten Salinenanlagen, wird noch verhandelt. Im Gespräch ist u. a. die Errichtung eines Kunstzentrums. Produktions- und Trainingsstätten für die darstellenden Künste – eine Art ›Theaterinsel‹ also. Womöglich wird der im Halleiner Wappen dargestellte ›Salzträger‹ bald der einzige sein, der noch an die alte Tradition der Salzgewinnung erinnert.

Der Halleiner Altstadtkern wurde mustergültig restauriert und präsentiert sich mit behäbigen, in typischer Inn-Salzach-Bauweise errichteten Bürgerhäusern mit kunstvollen Fassadenmalereien, mit Torbögen und Arkadenhöfen, mit engen Gäßchen und großzügigen Plätzen, mit Brunnen und Resten der alten Stadtbefestigung. Am Gruberplatz bei der Stadtpfarrkirche finden wir das *Geburts- und Sterbehaus* sowie das *Grab* von *Franz Xaver Gruber* (Abb. 79), dem Komponisten des ›Stille-Nacht‹-Liedes (s. S. 305).

Hauptattraktion des Ortes und unbedingt einen Besuch wert ist das **Keltenmuseum,** Pflegerplatz 5. Geöffnet 1. Mai–30. Sept. tägl. von 9–17 Uhr; im Okt. tägl. von 12–17 Uhr; gegen Voranmeldung für Gruppen auch außerhalb der Saison.

Die Ausstellungsbereiche umfassen u. a. Grab- und Siedlungsfunde sowie ein rekonstruiertes Schaugrab aus der Keltenzeit. Eine Tonbildschau sowie Pläne und Modelle informieren über das historische Salzwesen, über Werkzeuge und Geräte zum Salzbergbau, über den Salztransport zu Wasser und zu Lande. Gesonderte Räume sind dem ›Stille-Nacht-Lied‹ und seinem Komponisten F. X. Gruber gewidmet. In der Volkskundlichen Abteilung wird u. a. eingegangen auf traditionelle Handwerkserzeugnisse, auf Zünfte und Bruderschaften, auf Trachten und auf die städtebauliche Entwicklung.

Zwischen Hallein und Dürrnberg verkehrt eine Kabinenseilbahn, die *Salzbergbahn* (Betriebszeiten: Ende April bis Ende Sept. tägl. 8.50–17.50 Uhr; 1.–13. Okt. tägl. 8.50 bis 16.50 Uhr jeweils stündlich bzw. nach Bedarf; kein Winterbetrieb).

Salzburg

Wer im Berchtesgadener Land Urlaub macht, muß sich zwar ›ins Ausland‹ begeben, um Salzburg (425 m) einen Besuch abzustatten, aber es ist – ganz gleich ob von Berchtesgaden, Reichenhall oder einem der Rupertiwinkler Orte aus – ein kurzer und unproblematischer und vor allem ein garantiert lohnender Abstecher über die Grenze nach Österreich.

Um Wiederholungen zu vermeiden, wird der an Salzburgs Geschichte interessierte Leser auf S. 234 ff. (›Geschichte des Rupertiwinkels‹) verwiesen. Da der Rupertiwinkel – heute ein Teil des Verwaltungsbezirks ›Berchtesgadener Land‹ – über Jahrhunderte kirchlich und politisch zum Salzburger Erzbistum gehörte, gibt es viele geschichtliche Gemeinsamkeiten. Nach der Erhebung zur Erzdiözese (um 800) entwickelte sich Salzburg zu einem selbständigen Kirchenstaat. Das ›deutsche Rom‹, wie es gern genannt wurde, war erzbischöfliche Hauptstadt u. a. auch für die bayerische Kirchenprovinz mit den Bistümern Freising, Regensburg und Passau und stand dadurch jahrhundertelang in engerer Beziehung zu Bayern als zu Österreich. Auch die benachbarte Propstei von Berchtesgaden war ab ihrer Gründung zu Beginn des 12. Jh. noch lange Zeit in geistlichen Angelegenheiten dem Salzburger Erzbischof unterstellt.

Salzburgs Zugehörigkeit zu Österreich ist ziemlich jungen Datums: Das als Folge der Säkularisation aufgelöste Erzstift kam erstmals von 1805 bis 1809, endgültig dann (allerdings ohne den Rupertiwinkel) ab 1816 zu Österreich.

Dieser bewegten und interessanten Vergangenheit eines souveränen und bedeutenden Kirchenstaates begegnet der Besucher bei seiner Stadtbesichtigung auf Schritt und Tritt. Das Stadtbild Salzburgs wird beherrscht von den Türmen und Kuppeln der Kirchen und Klöster und überragt von der majestätischen Festung Hohensalzburg (Farbabb. 33). Die ganze

EIN BLICK ÜBER DIE GRENZE NACH ÖSTERREICH

Schönheit der Stadt zeigt sich eigentlich erst von einem erhöhten Standpunkt aus, z. B. vom Mönchsberg oder Kapuzinerberg, von wo man hineinblickt in das Gewirr von Straßen und Gassen, mit Bürgerhäusern, Kirchen und Palästen, Innenhöfen, Plätzen und Parkanlagen. Wie ein breites Band trennt die Salzach mit ihren gepflegten Uferpromenaden die Stadt mittendurch. Die einzelnen Sehenswürdigkeiten liegen nahe beieinander. Wer will, kann sich mit dem Fiaker durch die Stadt kutschieren lassen (Standplatz: Residenzplatz); wer halbwegs gut zu Fuß ist, kann aber nicht nur die Innenstadt per pedes besichtigen, sondern von da aus auch Schloß Mirabell, die Festung Hohensalzburg, den Mönchsberg und den Kapuzinerberg unter die Beine nehmen. Und dann sind es vor allem die vielen, typisch salzburgischen Accessoires, die die Stadt besonders liebenswert machen: die Blumen- und Flohmärkte (zur Adventszeit der Christkindlmarkt), das Glockenspiel, die Getreidegasse mit ihrer einmaligen Galerie von Geschäftsschildern und die überall präsenten Pferdekutschen.

Wolfgang Amadeus Mozart ist in Salzburg geboren und hat hier gelebt – das ist unübersehbar. Sein Geburts- und Wohnhaus, das Zauberflötenhäuschen, Straßen-, Platz- und Brunnennamen bis hin zu den süßen ›Mozartkugeln‹ erinnern an den begnadeten Künstler, prägen mit das Fluidum der Stadt und sind gleichzeitig Ausdruck für die Geschäftstüchtigkeit ihrer Bewohner.

Salzburg hat sich vor allem durch die alljährlich stattfindenden Sommerfestspiele international einen Namen als ›Musik- und Theaterstadt‹ gemacht hat. Daneben sind auch die Osterfestspiele, die Pfingstkonzerte, das Adventsingen und die romantischen Schloßkonzerte in historischen Sälen der Residenz und im Schloß Mirabell gesellschaftliche und kulturelle Höhepunkte im reichhaltigen Veranstaltungskalender der Stadt.

Um es gleich vorwegzunehmen: Ein Tagesaufenthalt in Salzburg wird auch dem aktivsten und strapazierfähigsten Besucher nur einen kleinen Bruchteil jener Sehenswürdigkeiten, Plätze und Attraktionen erschließen, die die Stadt zu bieten hat. Man wird länger bleiben oder mehrmals wiederkommen müssen, um nicht nur die Vielzahl historischer Baudenkmäler, sondern auch den Charme, die besondere Atmosphäre und die reizvolle Umgebung Salzburgs kennenzulernen.

Eine detaillierte Beschreibung auch nur der wichtigsten Besichtigungsstätten der Stadt würde den Rahmen dieses Buches sprengen. Wir beschränken uns deshalb darauf, den Leser mit Hilfe des *Stadtplans* auf einem Bummel durch die Salzburger Innenstadt zu begleiten und die wichtigsten Sehenswürdigkeiten mit Öffnungs- bzw. Führungszeiten aufzulisten. In jedem Falle empfiehlt sich ein Blick in eines der *Informationsbüros*, z. B. am *Mozartplatz* oder am *Hauptbahnhof,* wo u. a. detailliertes Informationsmaterial und aktuelle Veranstaltungsprogramme erhältlich sind.

Wer Salzburg mit dem eigenen Auto ansteuert, parkt am besten auf einem der Park-and-Ride-Plätze am Stadtrand und fährt mit öffentlichen Verkehrsmitteln ins Zentrum. Ein großer Teil der Altstadt ist Fußgängerzone; freies Parken in der Stadtmitte ist fast unmöglich, und die Parkplätze und -garagen in Zentrumsnähe sind (zumindest zur Hauptreisezeit) häufig überfüllt.

☐ **Rundgang durch Salzburgs Altstadt**
Wir beginnen unseren Stadtbummel in der **Getreidegasse**, einer engen Straßenschlucht und Salzburgs populärster Geschäftsstraße, deren Häuser vorwiegend aus dem 17. und 18. Jh. stammen. Vor allem die phantasievollen Haus- und Gewerbeschilder fallen hier ins Auge. Tore und Portale in den dichten Häuserzeilen gewähren immer wieder Einlaß in malerische Innenhöfe mit Arkaden und mehrstöckigen Lauben sowie Durchgänge zu den parallel verlaufenden Straßen. Haus Nr. 9 ist **Mozarts Geburtshaus (Mozartmuseum)**.

Am Ende der Getreidegasse sieht man den *Mönchsberg* aufsteigen, an den Fuß seiner Steilwand gebaut die **St. Blasiuskirche**. Wenden wir uns dort nach links, kommen wir vorbei am **Bürgerspital/Spielzeugmuseum** und der prunkvollen **Pferdeschwemme** in den *Festspielbezirk*. Der alte, palastähnliche **Hofmarstall**, ursprünglich als Stallung und Reitschule genutzt, bildet heute das Eingangsfoyer und die Pausenhalle des **Großen Festspielhauses**. Nebenan befindet sich das **Kleine Festspielhaus**. Die Salzburger Festspiele (Opernaufführungen, Schauspiele und Konzerte) finden alljährlich von Ende Juli bis Ende August statt. Über den **Toscaninihof** und vorbei am **Rupertusbrunnen** (Abb. 80) in einem der folgenden Innenhöfe erreichen wir den **Klosterbezirk St. Peter** mit der romanischen **Stiftskirche** und dem schönen, alten **Friedhof**. Dort findet der Besucher auch den Zugang zu den Höhlenkirchen, den sog. **Katakomben**. Wir überqueren den **Kapitelplatz** mit der prächtigen Brunnenanlage der Pferdeschwemme.

Der *Dombezirk* unterhalb des Klosterbezirks ist das eigentliche Zentrum Salzburgs. Die großzügige, weiträumige Anlage mit ihren mächtigen Gebäudekomplexen und freien Plätzen steht in auffälligem Gegensatz zum engen, winkligen Bürgerviertel, das wir um die Getreidegasse herum erlebt haben. In der rechten Vorhalle des frühbarocken **Doms** befindet sich der Eingang zum **Dommuseum**, in dem u. a. der Domschatz zu sehen ist. Die Fassade des Doms bildet während der Salzburger Festspiele die Kulisse zu Hofmannsthals ›Jedermann‹. Durch die dem Domeingang gegenüberliegenden Torbögen kommt man zur **Franziskanerkirche**, neben Dom- und Klosterbezirk St. Peter das dritte kirchliche Zentrum Salzburgs.

Nordöstlich an den Domplatz angrenzend liegt der **Residenzplatz** mit dem prächtigen barocken **Residenzbrunnen** in der Mitte. Die einstige erzbischöfliche **Residenz** besteht aus mehreren Gebäudekomplexen, die um drei Höfe gruppiert sind. Der Öffentlichkeit zugänglich sind die *Prunkräume* sowie die *Residenzgalerie* mit Gemälden europäischer Meister vom 16. bis zum 19. Jh. Vom Turm am **Residenz-Neugebäude** auf der anderen Seite des Residenzplatzes erklingt dreimal täglich (7, 11 und 18 Uhr) ein *Glockenspiel*, dessen Melodie monatlich wechselt; der Turm ist mit Führung auch zu besteigen (10.45 und 17.45 Uhr; Zugang zum Turm vom Mozartplatz aus). Mittelpunkt des **Mozartplatzes** ist das Denkmal des Komponisten.

Von dort geht's über den **Waagplatz**, durch die **Judengasse**, eine der ältesten Gassen Salzburgs, zum **Alten Markt** mit dem **Florianibrunnen** in der Mitte, dem traditionsreichen **Café Tomaselli** und der altehrwürdigen fürsterzbischöflichen **Hofapotheke**. Wenige Schritte weiter kommen wir zum **Rathausplatz** mit dem vergleichsweise bescheidenen

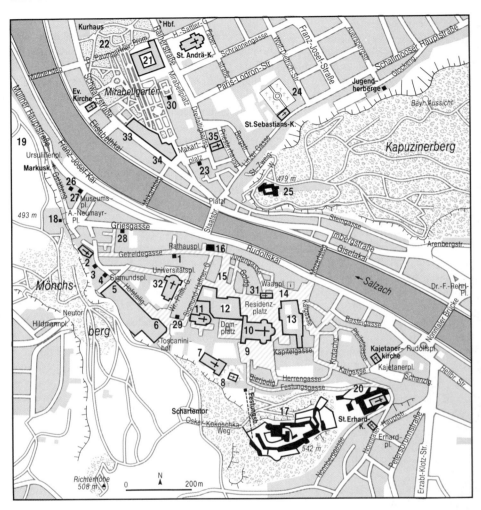

Salzburg 1 Mozarts Geburtshaus 2 St. Blasiuskirche 3 Bürgerspital/Spielzeugmuseum 4 Pferdeschwemme 5 Großes Festspielhaus 6 Kleines Festspielhaus 7 Stiftskirche St. Peter 8 Friedhof mit Katakomben 9 Kapitelplatz mit Pferdeschwemme 10 Dom mit Dommuseum 11 Franziskanerkirche 12 Residenz 13 Residenz-Neugebäude mit Glockenspiel 14 Mozartplatz mit Informationsbüro 15 Alter Markt 16 Altes Rathaus 17 Festung Hohensalzburg 18 Mönchsberglift, Café Winkler, Casino 19 Humboldtterrasse 20 Stift Nonnberg 21 Schloß Mirabell und Mirabellgarten 22 Kurpark 23 Mozarts Wohnhaus 24 St. Sebastians-Friedhof 25 Kapuzinerkloster 26 Haus der Natur 27 Museum Carolino Augusteum 28 Trachtenmuseum 29 Landessammlung Rupertinum 30 Salzburger Barockmuseum 31 St. Michaelskirche 32 Kollegienkirche 33 Mozarteum 34 Landestheater 35 Dreifaltigkeitskirche

Alten Rathaus. In Salzburg, wo über Jahrhunderte die Kirche die Macht und das Sagen hatte, spiegeln sich Prunk und Pracht mehr in den kirchlichen als in den weltlichen Bauten wider. (Der Hauptsitz von Stadtverwaltung und Bürgermeister befindet sich heute im Schloß Mirabell auf der anderen Flußseite.)

Wir sind nun wieder am Beginn der Getreidegasse, dem Startpunkt unseres Stadtbummels angelangt, haben viel gesehen, aber längst nicht alles.

☐ Weitere lohnende Ziele in und um Salzburg

Ein unbedingtes Muß für Salzburgbesucher ist die **Festung Hohensalzburg**. Gleich beim Ausgang des St. Peter-Friedhofs, in der Festungsgasse, liegt die Talstation der **Festungsbahn**; Fußgänger erreichen die Burg über den neben der Bahnstation beginnenden Treppenweg oder über die weniger steile Festungsgasse. Vom Festungshügel aus bietet sich ein eindrucksvoller Blick über Stadt und Gebirge. Wer diese ›erhabene‹ Aussicht noch etwas länger genießen will, kann auf der Höhe hinüberspazieren zum **Mönchsberg**. Von der Terrasse des **Café Winkler** aus (von der Gstättengasse aus führt auch ein Aufzug dort hinauf) oder noch besser von der **Humboldtterrasse** hat man ebenfalls die prächtige Kulisse der Stadt unter sich liegen mit der Festung Hohensalzburg als Hintergrund.

Lohnend ist auch ein Spaziergang zum Klosterbezirk **Nonnberg**, einem Benediktiner-Frauenstift mit Stifts- und Kirchengebäuden (vom Zentrum in etwa ¼ Std. über die Kaigasse und die ›Nonnbergstiege‹ oder über die Festungsgasse). Auch von dort bieten sich prachtvolle Ausblicke sowohl über die Dächer der Stadt als auch – zur anderen Seite hin – auf die Berchtesgadener und Salzburger Alpenmassive.

Drüben, auf der anderen Seite der Salzach, liegt die **Neustadt**. Ein Besuch von **Schloß** und **Garten Mirabell**, mit Springbrunnen, Figurengruppen und aufwendigen Blumenarrangements, ist interessant und erholsam zugleich. **Kurpark, Mozarts Wohnhaus** am Makartplatz (Museum), der **St. Sebastians-Friedhof** mit dem imposanten Mausoleum von Erzbischof Wolf Dietrich und den Grabstätten von Paracelsus, Leopold Mozart und Konstanze, der Witwe Wolfgang Amadeus Mozarts, gehören ebenso zum Besichtigungsprogramm wie ein Besuch des **Kapuzinerklosters** und des **Franziskischlößls** auf dem **Kapuzinerberg**. Dieser Salzburger Hausberg (Landschaftsschutzgebiet) bietet erholsame Wanderwege, u. a. einen Naturlehrpfad, mit großartigen Ausblicken auf Stadt und Umgebung Salzburgs. Reizvoll ist auch, einfach am Ufer der Salzach entlangzuschlendern und von den zahlreichen Brücken aus das immer wieder faszinierende Stadtbild zu genießen. Nicht nur an Tagen mit dem berühmt-berüchtigten Salzburger ›Schnürlregen‹ bieten sich die vielen, interessanten *Museen* der Stadt an.

Schloß und **Park Hellbrunn** (ca. 5 km südlich der Stadt) mit Lustgarten, Wasserspielen und Tierpark sind gar einen eigenen Tagesausflug wert, so wie es sich auch empfiehlt, einmal hinauszufahren zur berühmten **Wallfahrtskirche Maria Plain** (im Norden der Stadt). Verschiedene weitere Schlösser in der Umgebung Salzburgs, z. B. Schloß Leopoldskron, das Wasserschloß Anif, Schloß Klesheim, sind für Besucher nicht zugänglich.

☐ Öffnungs- und Führungszeiten

Bezüglich aktueller Eintrittspreise (die einem schnellen Wechsel unterliegen) informiert eine Broschüre der Salzburger Fremdenverkehrsbetriebe, erhältlich an den Informationsstellen.

Mozarts Geburtshaus
Getreidegasse 9
Besichtigung: tägl. 9–18 Uhr (zur Hauptsaison bis 19 Uhr); Führungen nach Vereinbarung.

St. Peter (Katakomben)
Führung: Mai bis Sept.: 10–17 Uhr; Okt. bis April: 11–15.30 Uhr, jeweils stündl.

Residenz
Residenzplatz 1
Prunkräume
Führungen: Sept. bis Juni: mo bis fr von 10–15 Uhr jeweils stündl.; Juli u. August: tägl. von 10–16.40 Uhr in 20-Min.-Abstand
Galerie
Besichtigung 10–17 Uhr; Führungen nach Vereinbarung.

Festung Hohensalzburg
Festungsbahn (Festungsgasse) und *Mönchsbergaufzug:* tagsüber durchgehende Betriebszeit.
Burgbesichtigung ohne Führung: 8–18 Uhr (sommers 19 Uhr); mit Führung: Okt. bis März: 10–16.30 Uhr; April bis Sept.: 9.30–18.30 Uhr.

Mozarts Wohnhaus
Makartplatz 8
Besichtigung: mo bis sa 10–16 Uhr (zur Hauptsaison bis 18 Uhr und auch so).

Zauberflötenhäuschen und Mozarts Wohnhaus
Gemeinsame Führung ab Mozarteum, Schwarzstr. 26: vom 1. 7. bis 30. 8.: mo bis fr 11.15 Uhr.

Schloß Hellbrunn
Schloß, Wasserspiele, Volkskundemuseum
Führungen: 9–16.30 Uhr, sommers bis 18 Uhr und zusätzliche Nachtführungen; freie Besichtigung von Park, Orangerie und Fasanerie.

Tiergarten Hellbrunn
Öffnungszeit: Okt. bis März tägl. 9–17 Uhr; April bis Sept.: tägl. 8.30–18 Uhr.

Museen
(Achtung: Kombinierte/verbilligte Eintrittskarte bei Besuch mehrerer Museen)

Spielzeugmuseum im Bürgerspital
Bürgerspitalgasse 2
Öffnungszeit: di bis so 9–17 Uhr.

Dommuseum und Kunst- und Wunderkammer
Eingang Domvorhalle
Öffnungszeit: Anfang Mai bis Mitte Okt. tägl. 10–17 Uhr.

Domgrabungsmuseum
Zugang vom Residenzplatz
Öffnungszeit: Ostern bis Okt. tägl. 9–17 Uhr.

Haus der Natur/Naturkundemuseum
Museumsplatz 5
Öffnungszeit: tägl. 9–17 Uhr.

Museum ›Carolino Augusteum‹
Museumsplatz 1
Öffnungszeit: di 9–20 Uhr; mi bis so 9–17 Uhr.

Trachtenmuseum
Griesgasse 23
Öffnungszeit: mo bis fr 10–12 und 14–17 Uhr, sa 10 bis 12 Uhr.

Landessammlung Rupertinum
Wiener-Philharmoniker-Gasse 9
Öffnungszeit: di, do bis so 10–17 Uhr, mi 10–21 Uhr; während der Sommerausstellung: do bis di 10–18 Uhr, mi 10–21 Uhr.

Salzburger Barockmuseum
Mirabellgarten
Öffnungszeit: di bis sa 9–12 und 14–17 Uhr, so und feiertags 9–12 Uhr.

Erläuterung der Fachbegriffe

Ach, Ache Name vieler Alpenflüsse, z. B. Saalach, Salzach, Ramsauer Ache

Apsis halbrunder, mit einer Halbkuppel überdeckter Raum, der sich zu einem Hauptraum öffnet

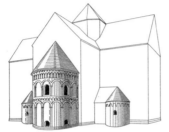

Arkaden Bogenstellung über Pfeilern oder Säulen

Basilika drei-, fünf- oder mehrschiffige Kirche, deren Mittelschiff höher (und oft breiter) ist als die Seitenschiffe, so daß der durchfensterte Obergaden (Licht- oder Fenstergaden) für die Belichtung des Raumes sorgt. Die Apsis mit dem Altar kann direkt an das Langhaus angefügt sein.

Bergfried (Burgfried) Verteidigungszwecken dienender Hauptturm einer Burg

Bildstock an Wegen aufgestellter und mit Kruzifix oder Heiligenbild geschmückter Pfeiler aus Holz oder Stein mit laternenartigem Aufsatz

Bundwerk s. S. 319 ff.

Buttnmanndl s. S. 64

Deicheln ausgehöhlte Baumstämme zum Bau der Soleleitung

Epitaph Erinnerungsmal (Inschrift, figürliche Darstellung) für einen Verstorbenen; das Epitaph steht meist nicht in Zusammenhang mit einem Grab

Filz Moorlandschaft, Sumpfgebiet

Firn körniger Altschnee im Hochgebirge, der allmählich zu Firneis zusammenbackt

Flysch tonig-sandige, fossilarme Meeressedimente, die sich in den Vortiefen der aufsteigenden Faltengebirge ablagerten

Fresko auf noch feuchten (frischen) Kalkmörtel ausgeführte Malerei, bei der sich die Farben mit dem Putz verbinden und so besonders haltbar werden (im Gegensatz dazu die Seccomalerei auf trockenem Putz)

Frischereifeuer Schmelzofen für Stahlherstellung. Frischen = metallurgischer Vorgang, bei dem dem flüssigen Roheisen unerwünschter Kohlenstoff und andere Begleitelemente durch Oxydation entzogen werden

›Fuikln‹ kunstvoller, kronenartiger Kopfschmuck der Kühe beim Almabtrieb

Gletschermühle durch die Kraft des Schmelzwassers ausgeschliffener vertikaler Rundschacht am Gletscherboden

Gnotschaft zur Zeit der Berchtesgadener Propstei: regionaler Zusammenschluß mehrerer weit auseinanderliegender Bauernhöfe zu Verwaltungseinheiten

Goaßl Geißel, Peitsche

Goaßlschnalzen rhythmisches Peitschenknallen; s. auch S. 286

Gradieren Anreichern des Salzgehalts der Sole durch Verdunstung des Wassers

Gradierwerk luftiges Holzgerüst, ausgefüllt mit Reisig oder Schwarzdornästen, über die die Sole herabrieselt

Gumpe im bayerischen Alpenbereich gebräuchliche Bezeichnung für tiefes, ausgewaschenes Wasserloch im Bergbach, auch kleiner Hochgebirgssee

Hackbrett zitherähnliches Saiteninstrument; Begleitinstrument für Gesang und Tanz; die Saiten werden mit Klöppeln geschlagen

Hallenkirche Langbau, dessen Mittel- und Seitenschiffe ganz oder fast gleich hoch sind

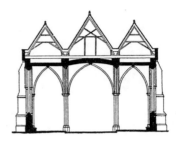

Haselgebirge mit Ton und Gestein vermischte alpine Salzlagerstätte mit bis zu 50 % Salzgehalt

Herrgottswinkel Andachtsecke mit Kruzifix über dem großen Tisch in der Bauernstube

Hoagascht Zusammenkunft in privatem Rahmen zum Singen und Musizieren

›Hutposten‹ Helfer und Kontrollposten entlang dem Wasserlauf während der Holztrift

Jausenstation Einkehrstätte mit kleinem, einfachem Angebot an Speisen und Getränken

Kalvarienberg Nachbildung der Kreuzigungsstätte Christi von Golgatha an katholischen Wallfahrtsorten

Kapitell oberer Abschluß einer Säule oder eines Pfeilers mit ornamentaler, figürlicher oder pflanzlicher Dekoration

ERLÄUTERUNG DER FACHBEGRIFFE

Kaser (lat. ›casa‹ = Haus) im Berchtesgadener Raum übliche Bezeichnung für Almhütte

Klamm tief eingeschnittene, steilwandige Talschlucht eines Flusses (z. B. Wimbachklamm)

Klause schleusenartiges Stauwehr aus Holz oder Stein für die Holztrift in Bergbächen

›klingende War‹ im Berchtesgadener Raum handwerklich hergestellte Spieluhren, Pfeifen und Flöten aus Holz

Konche halbkreisförmige Nische mit Halbkuppel (vom griech. Wort für ›Muschel‹)

Kraxe hölzernes Traggestell für den Rücken

Kraxenträger Hausierer, der Waren mit Kraxe auf dem Rücken transportiert

Kreuzgang viereckiger Innenhof eines Klosters, an dessen vier Seiten ein überdachter Arkadengang entlangführt

Kreuzweg Nachbildung und Darstellung des Leidensweges Christi nach Golgatha mit 14 Stationen, die zum Kalvarienberg führen

›Landschaft‹ Interessengemeinschaft der Bauern gegenüber der Berchtesgadener Propstei

Laubengang ein meist überwölbter, offener Arkadengang an der Front eines Gebäudes

Marterl (bayer. und österr.) Kreuz, Kruzifix an Wegrändern; häufig mit Bild und Inschrift zur Erinnerung an Verunglückte

Moos Moorlandschaft, Sumpfgebiet

Nagelfluh Konglomerat aus eiszeitlichem Gletscherschutt im Alpenvorland

Pestsäule im 17. oder 18. Jh. aufgestelltes Denkmal aus Dank für die überstandene Pest

›Plätten‹ hölzerne Kähne für den Salztransport

Raitel handbetriebenes, hölzernes Hebelwerk, z. B. in Steinbrüchen verwendet (Högler Sandstein)

Saline Betrieb zur Gewinnung von Salz durch Verdampfen von Sole

›Salzregal‹ Recht zum Salzabbau

›Salzsäumer‹ Führer der mit Salzstöcken oder Salzscheiben beladenen Tragtiere (›Saumtiere‹)

Schrannenhalle alte Bezeichnung für Markthalle

Tabernakel kunstvoll gefertigtes Gehäuse zur Aufbewahrung von Kelch mit geweihten Hostien

Totenbretter Erinnerungsmale an Verstorbene; werden unabhängig von der eigentlichen Grabstätte aufgestellt; früher: Brett, auf dem die Leiche bis zur Beerdigung gebettet wurde; s. auch S. 245

Tympanon Bogenfeld über einem mittelalterlichen Portal, meist mit plastischem Schmuck

Votivbild, Votivtafel Bild und/oder Inschrift (häufig auf Holz gemalt); aufgrund eines Gelübdes oder als Dank für erfahrene göttliche Hilfe; in Kirchen, Kapellen oder Wallfahrtsorten angebracht

Wandlung in kath. Glaubenslehre: die Verwandlung von Brot und Wein in Leib und Blut Christi. Das liturgische Geschehen der Wandlung bildet den Höhepunkt der Messe.

Literatur (Auswahl)

Bachmann, Manfred: Berchtesgadener Volkskunst, Verlag Berchtesgadener Anzeiger

Bauregger, Heinrich: Berchtesgadener Land (Wanderführer), Bergverlag Rother, München

Brugger, Walter; Dopsch, Heinz und Kramml, Peter (Hrsg.): Geschichte von Berchtesgaden, Band I: Zwischen Salzburg und Bayern (bis 1594), Verlag Plenk KG, Berchtesgaden 1991

Diepenbrock, K.: 22 Rundwanderungen im Berchtesgadener Land und im Rupertiwinkel, Verlag Plenk KG, Berchtesgaden

Enzinger u. Westenthanner: Der bayerische Rupertiwinkel, Verlag Pannonia

Feulner, Manfred: Berchtesgaden – Geschichte des Landes und seiner Bewohner, Verlag Berchtesgadener Anzeiger, Berchtesgaden 1989

Feulner, Manfred: Die berühmte Berchtesgadener Soleleitung, Verlag Berchtesgadener Anzeiger, 1989

Feulner, Manfred: Berchtesgaden und seine Könige, Verlag Berchtesgadener Anzeiger

Ganss, Ortwin: Geologie der Berchtesgadener und Reichenhaller Alpen, Verlag Plenk KG, Berchtesgaden 1979

Geiß, Josef: Obersalzberg – Die Geschichte eines Berges von Judith Platter bis Hitler, Verlag Josef Geiß, Berchtesgaden 17. Aufl. 1985

Hasenknopf, Nikolaus (Hrsg.): Berchtesgadener Heimatkalender, erscheint jährlich im Verlag Berchtesgadener Heimatkalender, Berchtesgaden

Helm, A.: Das Berchtesgadener Land im Wandel der Zeit, Band I, bis 1929 (Nachdruck 1973); Ergänzungsband I, 1929–1982 (Hrsg. Hellmut Schöner, 1982), Verlag Berchtesgadener Anzeiger

Kriss, Rudolf: Sitte und Brauch im Berchtesgadener Land, Verlag Berchtesgadener Anzeiger, 3. Aufl. 1986

Kriss, Rudolf: Die Berchtesgadener Tracht, Verlag Berchtesgadener Anzeiger

Kriss, Rudolf: Die Weihnachtsschützen des Berchtesgadener Landes und ihr Brauchtum, Verlag Berchtesgadener Anzeiger

Merian: Berchtesgadener Land, Heft C4701E

Mittermeier, W.: Wunderschönes Berchtesgadener Land – 3 Bände, Verlag Plenk KG, Berchtesgaden

Mittermeier, W.: Bad Reichenhall, Heilbad in den Bergen, Verlag Plenk KG, Berchtesgaden

Nationalparkverwaltung Berchtesgaden: Nationalpark Berchtesgaden – Ein Schutzgebiet in Bildern, Verlag Plenk KG, Berchtesgaden

Pannonia-Reihe/Pannonia Verlag: Nr. 1: Rupertiwinkel; Nr. 4: Berchtesgaden, 4. Aufl. 1982; Nr. 20: Wege und Gipfel im Berchtesgadener Land; Nr. 35: Klöster und Stifte zwischen Inn und Salzach, 3. Aufl. 1982; Nr. 45: Alpenpark und Nationalpark Berchtesgaden; Nr. 55: Bayerisches Salz – Salinen, Salzschiffe, Soleleitungen; Nr. 59: Berchtesgadener Handwerkskunst, 1977; Nr. 133: Bundwerk in Bayern

Pfisterer, Herbert: Bad Reichenhall in seiner bayerischen Geschichte, Hanuschik-Verlag

Plenk, Anton: Der Obersalzberg im 3. Reich, Verlag Plenk KG, Berchtesgaden

Reindel-Schedl, H.: Die alt-salzburgischen Pfleggerichte Laufen, Staufeneck, Teisendorf, Tittmoning und Waging (Serie: Historischer Atlas von Bayern), Verlag M. Laßleben

Renner, C.O.: Der Adner – Schachtelmacher von Berchtesgaden, Verlag Berchtesgadener Anzeiger

LITERATUR (AUSWAHL)

Schindler, Herbert: Berchtesgadener Land und Rupertiwinkel, Prestel-Verlag, München 1989

Schinzel-Penth: Sagen und Legenden um das Berchtesgadener Land, Verlag Ambro Lacus

Schinzel-Penth: Sagen und Legenden um Chiemgau und Rupertiwinkel, Verlag Ambro Lacus

Schöner, Hellmut: 2000 Meter Fels (Watzmann-Ostwand), Verlag Plenk KG, Berchtesgaden

Soika, Christian (Hrsg.): Heimatbuch des Landkreises Traunstein – Band 5 – Der Nördliche Rupertiwinkel – Erbe des Landkreises Laufen, Verlag Erdl, Trostberg 1990

Streibl, Josef: Der Högl – seine Höfe und Familien, erhältlich Gde-Verwaltung Anger, 1969

Weindl, Rudolf: Bergwandern in den Berchtesgadener Alpen, Fossilien und Mineralien – Zeugen jahrmillionen alter Vergangenheit, Verlag Berchtesgadener Anzeiger

Welser, Karl: Überlebenskraft im Berchtesgadener Land, 1945 bis 1955 – Dokumentation der verdrängten Jahre, Hrsg. LRA Berchtesgaden

Welser, Karl: Vom Salztümpel zum Weltkurort – Bad Reichenhall, Hrsg. VHS Bad Reichenhall, 1987

Werner, Paul: Bäuerliche Baukultur im Berchtesgadener Land, Verlag Plenk KG, Berchtesgaden

Wieser, Max: Schloß Staufeneck – ein Heimatbuch aus dem Rupertiwinkel, Verlag Staufeneck, Piding

Winkler, Sepp: Der Bayerische Erzbergbau am Teisenberg, 1990, und Der Salzburger Erzbergbau am Teisenberg, 1985, jeweils Eigenverlag: Förderverein Heimatstube Achthal

Zeller/Schöner: Berchtesgadener Alpen – Alpenvereinsführer, Bergverlag Rother, München, 15. Aufl. 1982/86

Zinnburg, Karl: Salzschiffer und Schifferschützen von Laufen-Oberndorf, Verlag Alfred Winter

Videofilme

Grainer – Videofilme (8 mm – VHS-2000 – BETA): Berchtesgaden – Landschaft–Brauchtum–Geschichte; Bootsfahrt auf dem Königssee; Winter- und Weihnachtszeit in Berchtesgaden; Wanderungen und Bergtouren im Berchtesgadener Land; Video Grainer, Sonnleitstraße 27, 8240 Berchtesgaden/Stanggaß

Karten

Topographische Karten 1:50000: Bad Reichenhall (Nr. L 8342), Berchtesgaden (Nr. L 8344), Burghausen (Nr. L 7942), Hoher Göll (Nr. L 8544), Königssee (Nr. L 8542), Laufen (Nr. L 8142)

Berchtesgadener Alpen, Topographische Karte 1:50000

Nationalpark Berchtesgaden, Topographische Karte 1:25000

Kompass Wanderkarten 1:50000: Berchtesgadener Land – Chiemgauer Alpen (Blatt 14), Traunstein – Waginger See (Blatt 16)

Spezialkarte Berchtesgadener Alpen für Wanderer und Bergsteiger 1:40000 mit eigenem Tourenführer

Berchtesgadener Land, Wanderkarte (RV 11450) 1:30000, Reise- u. Verkehrsverlag

Alpenpark Berchtesgaden – Kurwege- und Wanderkarte 1:50000

Wanderkarte Berchtesgadener Land 1:50000 (erhältlich auch zusammen mit Spezialführer Nationalpark Berchtesgaden)

Radwanderkarte Landkreis Berchtesgadener Land 1:50000

Wanderkarte Teisendorf 1:25000

Chiemgau Wanderkarte 1:25000: Waginger See, Salzachtal (Nr. 14)

Ski Aktiv im Landkreis Berchtesgadener Land (Skigebiete und Langlaufloipen, Lifte und Seilbahnen) 1:50000; Skilanglauf im Berchtesgadener Land (Übersichtsplan); Vertrieb: Kurdirektion Berchtesgaden

Fritsch Wanderkarte Historische Salinenwege 1:50000

Außerdem existieren diverse lokale Umgebungs- und Wanderkarten; Nachfrage bei den Fremdenverkehrsämtern.

Abbildungsnachweis

Farb- und Schwarzweiß-Abbildungen
Foto Ammon, Berchtesgaden   Farbabb. 5
Ernst Baumann, Bad Reichenhall   Abb. 22, 23, 36, 38, 43, 44, 49, 53
Rudolf Brauner, München   Abb. 17
Fridmar Damm, Köln   Umschlagvorderseite
Ursula und Wolfgang Eckert, Ottobrunn   Umschlagrückseite, Farbabb. 1, 2, 6–11, 13, 15–21, 23–33; Abb. 1–10, 12, 14–16, 18, 20, 21, 24–31, 33–35, 37, 39–42, 45–48, 50, 52, 54–80
Fremdenverkehrsverband Berchtesgadener Land   Abb. 32 (E. Baumann)
Barbara von Girard, München   Farbabb. 39
Foto Klammet, Ohlstadt   Umschlagklappe vorn, Farbabb. 4
Kurdirektion Berchtesgadener Land   Abb. 13, 22 (E. Baumann), 19 (M. Köstler)
Harald Metzger, Kleinwallstadt   Farbabb. 34–38, 40, 41
Werner Neumeister, München   Abb. 11, 51
Werner Otto, Oberhausen   Farbabb. 3, 12, 22

Abbildungen im Text
Archiv für Kunst und Geschichte, Berlin   Abb. S. 23, 24, 36, 101
Wilfried Bahnmüller, Gelting   Abb. S. 50
Ernst Baumann, Bad Reichenhall   Abb. S. 45, 118, 138, 180, 190, 220 (Foto Baumann-Schicht)
Bayerische Staatsbibliothek, München   Abb. S. 18
Bayerische Verwaltung der staatlichen Schlösser, Gärten und Seen, München   Abb. S. 122
Belser Verlag, Stuttgart   Abb. S. 189, 302 u.
Rudolf Brauner, München   Abb. S. 103
Ursula und Wolfgang Eckert, Ottobrunn   Abb. S. 32, 44, 54, 81, 82, 84, 87, 90, 93, 96, 99, 106, 108, 110, 113, 131, 132, 141, 143, 168, 170, 175, 178, 228, 230, 236, 238, 245, 246, 248/49, 251, 260 o., 262, 263, 281, 285, 290, 292, 293, 295, 297, 301, 307, 311, 313, 318, 321, 334 re., 356, 360
Festschrift 500 Jahre Angerer Kirchweihmarkt   Abb. S. 258
Manfred Feulner, Berchtesgaden. Geschichte des Landes und seiner Bewohner, Berchtesgadener Anzeiger   Abb. S. 20, 22, 94, 125, 166
Manfred Feulner, Die berühmte Berchtesgadener Soleleitung, Berchtesgadener Anzeiger   Abb. S. 3, 35, 37, 38
Gemeinde Ainring   Abb. S. 260
Gemeinde Anger   Abb. S. 257
Gemeinde Bischofswiesen   Abb. S. 129
Gemeinde Piding   Abb. S. 282
Gemeinde Ramsau   Abb. S. 165
Gemeinde Schneizlreuth   Abb. S. 229
Gemeinde Schönau am Königssee   Abb. S. 115
Gemeinde Waging am See   Abb. S. 288
Anton Hafner, Piding   Abb. S. 25
Kurdirektion Berchtesgaden   Abb. S. 2 (Foto Baumann-Schicht), 134 und 161 (Foto Maxi/Max Köstler)
Landratsamt Berchtesgadener Land   Abb. S. 14
Markt Berchtesgaden   Abb. S. 86
Markt Marktschellenberg   Abb. S. 139
Markt Teisendorf   Abb. S. 240
Matthäus Merian, Topographia Bavariae, 1657   Abb. S. 309, hintere Umschlagklappe
Jürgen Meyer-Andreaus, München (Nationalparkverwaltung Berchtesgaden)   Abb. S. 56, 58
Werner Neumeister, München   Abb. S. 31, 223
Okapia Bildarchiv, Frankfurt   Abb. S. 59, 60
Anton Plenk Verlag, Berchtesgaden   Abb. S. 191

ABBILDUNGSNACHWEIS

Salzbergwerk Dürrnberg, Salinenverwaltung Hallein   Abb. S. 325
Christian Soika, Trostberg (aus: Heimatbuch des Landkreises Traunstein, Bd. V)   Abb. S. 97, 289, 308 u., 315, 316
Staatliche Seenschiffahrt, Schönau am Königssee   Abb. S. 120
Stadt Bad Reichenhall   Abb. S. 181
Stadt Freilassing   Abb. S. 284
Stadt Laufen   Abb. S. 302 o.
Stadt Tittmoning   Abb. S. 308 o.

Ullstein Bilderdienst, Berlin   Abb. S. 19
K. Welser, W. Höß, Vom Salztümpel zum Weltkurort, hrsg. von der Volkshochschule Bad Reichenhall   Abb. S. 186, 222
Margit Zintl, 's weiß-blaue Fenster, Berchtesgaden   Abb. S. 255

Karten und Pläne: DuMont Buchverlag, Köln

Raum für Reisenotizen

Raum für Reisenotizen

Raum für Reisenotizen

Raum für Reisenotizen

Praktische Reiseinformationen

Vor Reiseantritt 346
Auskunft 346
Fremdenverkehrsämter 346
Anreise 348
Mit dem Auto 348
Mit der Eisenbahn 349
Mit dem Flugzeug 349
Vorschläge für Kurzaufenthalte . . 349
Ausflüge und Besichtigungen rings um Berchtesgaden bei ein- bzw. mehrtägigem Aufenthalt 350
Ausflüge und Besichtigungen im Rupertiwinkel bei ein- bzw. mehrtägigem Aufenthalt 351

Kurzinformationen von A–Z 352
Bergführer 352
Berghütten und Berggasthäuser (Auswahl) 352
Brauchtum und Feste 354
Campingplätze 355
Einkaufen/Souvenirs 355
Essen und Trinken 356
Gemeinden 359
Jugendherbergen 359
Klima 359
Museen, Schlösser und Schaubergwerke 360
Öffentlicher Nahverkehr 361
Rettungsdienst 361
Spielbank 361
Sport 362
Aktivurlaub 362
Angeln 362
Gleitschirmfliegen 362
Golf 362
Radfahren 362
Reiten 362

PRAKTISCHE REISEINFORMATIONEN

Vor Reiseantritt

Auskunft

Fremdenverkehrsämter
Für touristische Auskünfte aller Art und für die Zusendung von Prospektmaterial und Unterkunftsverzeichnissen wenden Sie sich an nachstehende Adressen. Die Verkehrsämter halten auch Veranstaltungsprogramme, Sport- und Unterhaltungsangebote, Wandervorschläge, Umgebungs- und Wanderkarten, Hinweise auf Sehenswürdigkeiten u. ä. bereit und helfen bei der Zimmervermittlung.

Berchtesgadener Land und Rupertiwinkel

8229 Ainring
Fremdenverkehrsverein
Am Alten Schulhaus 7
⌀ 0 86 54/80 11, 83 87 oder 88 19

8233 Anger
Verkehrsamt
Dorfplatz 4
⌀ 0 86 56/3 63

8230 Bad Reichenhall
Kur- und Verkehrsverein e. V.
Kurgastzentrum, Wittelsbacherstr. 15
⌀ 0 86 51/30 03
Staatl. Kurverwaltung
Kurgastzentrum, Wittelsbacherstr. 15
⌀ 0 86 51/60 60

8230 Bayerisch Gmain
Verkehrsamt
Großgmainer Str. 14
⌀ 0 86 51/32 58

8240 Berchtesgaden
Kurdirektion und Fremdenverkehrsverband Berchtesgaden
Königsseer Str. 2
⌀ 0 86 52/50 11
Verkehrsbüro Oberau
Roßfeldstr. 62
⌀ 0 86 52/23 05

8242 Bischofswiesen
Verkehrsverein
Hauptstr. 48
⌀ 0 86 52/72 25

8228 Freilassing
Verkehrsbüro
Am Bahnhof, Bahnhofstr. 2
⌀ 0 86 54/23 12
Fremdenverkehrsverband Rupertiwinkel
Münchener Str. 15 (Rathaus)
⌀ 0 86 54/23 12 oder 20 84

8229 Laufen
Verkehrsbüro
Landratsstraße 8, im Rathaus
⌀ 0 86 82/8 10
Verkehrsverband Abtsdorfer See
Laufen-Leobendorf
⌀ 0 86 82/18 10

8246 Marktschellenberg
Verkehrsamt
Salzburger Str. 1
∅ 0 86 50/3 52

8221 Neukirchen am Teisenberg
Verkehrsverein (Haus des Gastes)
∅ 0 86 66/3 57 oder 61 76

8221 Oberteisendorf
Verkehrsverein
Schulweg 2
∅ 0 86 66/76 58, 13 41 oder 75 08

8235 Piding
Verkehrsamt
Thomasstr. 2
∅ 0 86 51/38 60 oder 20 49

8243 Ramsau
Kurverwaltung
Haus des Gastes, Im Tal 2
∅ 0 86 57/12 13

8229 Saaldorf s. Laufen – Verkehrsverband Abtsdorfer See

8234 Schneizlreuth
Verkehrsamt
Weißbach a. d. Alpenstraße
∅ 0 86 65/74 89

8240 Schönau am Königssee
Verkehrsamt (Haus des Gastes)
Unterstein, Rathausplatz 1
∅ 0 86 52/17 60 oder
Verkehrsbüro Königssee
Seestr. 3 (am Parkplatz Königssee)
∅ 0 86 52/6 11 61

8221 Teisendorf
Verkehrsverein
Poststr. 11
∅ 0 86 66/2 95 oder 10 87

8261 Tittmoning
Städtisches Verkehrsamt
Rathaus, Stadtplatz 1
∅ 0 86 83/2 14 oder 9 11

8221 Waging am See
Verkehrsamt
Wilhelm-Scharnow-Str. 20
∅ 0 86 81/3 13

Österreich

A-5422 Bad Dürrnberg
Kurverwaltung
Rupertusplatz 3
∅ 00 43/(0)62 45/51 85

A-5084 Großgmain
Fremdenverkehrsverband
∅ 00 43/(0)62 47/82 78

A-5400 Hallein
Fremdenverkehrsverband
Unterer Markt 1
∅ 00 43/(0)62 45/53 94

A-5110 Oberndorf
Fremdenverkehrsverband
Stille-Nacht-Platz 2
∅ 00 43/(0)62 72/75 69

A-5020 Salzburg
Stadtverkehrsbüro
Auerspergstr. 7
∅ 00 43/(0)6 62/8 07 20

PRAKTISCHE REISEINFORMATIONEN

Anreise

Mit dem Auto
Berchtesgadener Land
Autobahn (A 8) München–Salzburg
Ausfahrt Bernau: auf Deutscher Alpenstraße (B 305) über Reit im Winkl nach Ramsau und Berchtesgaden bzw. nach Bad Reichenhall oder
Ausfahrt Traunstein/Siegsdorf: auf B 306 über Inzell und Deutsche Alpenstraße (B 305) nach Ramsau und Berchtesgaden bzw. nach Bad Reichenhall oder
Ausfahrt Bad Reichenhall/Piding: auf B 20 über Bad Reichenhall und Bischofswiesen nach Berchtesgaden oder
Ausfahrt Salzburg-Süd (Grödig): auf B 305 über Marktschellenberg nach Berchtesgaden.

Rupertiwinkel
Autobahn (A 8) München–Salzburg
Ab Ausfahrt Siegsdorf über Traunstein nach Waging am See.
Ab Ausfahrt Piding auf Bundesstraße B 20 über Freilassing in Richtung Laufen und Tittmoning.

Karte der wichtigsten Straßenverbindungen

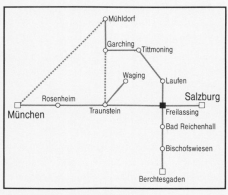
Karte der Eisenbahnverbindungen

Mit der Eisenbahn
Berchtesgadener Land
›Interregio‹: Strecke Karlsruhe – Stuttgart – Ulm – München – Rosenheim – Traunstein – Freilassing – Salzburg; 9 × tägl. im 2-Std.-Takt; in Freilassing umsteigen nach Bad Reichenhall und Berchtesgaden (s. u.) bzw. ab Salzburg mit Bus über Marktschellenberg nach Berchtesgaden.
Intercity ›Berchtesgadener Land‹: Strecke Münster – Dortmund – Essen – Düsseldorf – Köln – Bonn – Koblenz – Mainz – Würzburg – Nürnberg – München – Bad Reichenhall – Berchtesgaden; 1 × tägl.
Fernexpreß ›Königssee‹: Strecke Hamburg – Bremen – Hannover – Göttingen – Fulda – Würzburg – München – Bad Reichenhall – Berchtesgaden; 1 × tägl.

Allgemeines: Eine 34 km lange Eisenbahnstichstrecke verbindet den Eisenbahnknotenpunkt Freilassing an der Hauptlinie München – Rosenheim – Salzburg mit Berchtesgaden etwa im 1-Std.-Takt (über Ainring, Hammerau, Piding, Bad Reichenhall, Kirchberg, Bayerisch Gmain, Bischofswiesen).
Autoreisezug: Düsseldorf/Köln – Salzburg.

Rupertiwinkel
Von Freilassing über Laufen nach Tittmoning (Strecke Freilassing – Garching a. d. Alz – Mühldorf).
Von Traunstein nach Waging am See.

Mit dem Flugzeug
Die nächsten Passagier-Flughäfen befinden sich in Salzburg und München.

Vorschläge für Kurzaufenthalte

Die Autobahn München – Salzburg führt, knapp vor der deutsch-österreichischen Grenze, mitten durch den Landkreis ›Berchtesgadener Land‹. Wer z. B. auf der Durchfahrt nach Österreich nur einen kurzen Abstecher machen will, wer einen Tagesausflug oder ein verlängertes Wochenende in der Berchtesgadener Region oder im Rupertiwinkel verbringen möchte, wer nur eine ›Schnupperfahrt‹ durch das beschriebene Gebiet plant, der findet im folgenden einige Anregungen.

So wie die Autobahn A 8 unseren Landkreis in der Mitte durchtrennt, wird sich auch der Besucher zunächst entscheiden müssen, ob bzw. in welcher Reihenfolge es ihn in die hochalpine Zone, d. h. nach Süden in die Berge, oder in das ›Land vor den Bergen‹, den nördlich der Autobahn gelegenen Rupertiwinkel zieht. Detaillierte Angaben zu nachfolgenden Empfehlungen sowie zusätzliche Anregungen sind unter dem entsprechenden Stichwort im Hauptkapitel zu finden.

Ausflüge und Besichtigungen rings um Berchtesgaden bei ein- bzw. mehrtägigem Aufenthalt

Selbst Amerikaner, die Europa in 14 Tagen durchreisen, haben ihn meist auf dem Programm: den **Königssee**. Eine Bootsfahrt vom Schönauer Ortsteil Königssee aus, mindestens bis *St. Bartholomä*, ist die eindrucksvollste Einführung ins Berchtesgadener ›Land'l‹. Sie bietet dem Besucher spektakulärstes Landschaftserlebnis zu Füßen des Watzmann und führt ihn zugleich ins Kerngebiet der alten Propstei. Wer keine großen Landgänge in seine Bootsfahrt einplant, schafft am selben Tag bei Rückkehr nach **Berchtesgaden** noch einen Bummel durch den stimmungsvollen und traditionsreichen Marktort. Nahe beieinander finden wir *Stiftskirche*, die alten *Kloster- bzw. Schloßgebäude*, den *Marktplatz* mit seinen pittoresken Hausfassaden und das *Kurzentrum*.

Wer interessiert ist an *Tradition und kultureller Vergangenheit* des Berchtesgadener Landes (oder wer aufgrund eines Regentages ›unter Dach‹ sein möchte), mag unter folgenden lohnenden Besichtigungsvorschlägen wählen:

Das *Salzbergwerk* in Berchtesgaden informiert über das ›weiße Gold‹, den Salzreichtum der Region; eine Führung in Bergmannskleidung, auf Grubenbahn, über Rutschbahnen und mit Floßfahrt über einen Salzsee ist (nicht nur für Kinder) ein originelles Erlebnis.

Das *Königliche Schloß* (ehem. fürstpröpstliche Residenz mit prächtigem romanischem Kreuzgang aus dem 13. Jh.) birgt ein sehenswertes Museum mit großartigen Kunstschätzen aus dem Besitz der Wittelsbacher.

Das *Heimatmuseum* in Berchtesgaden bietet auf sehr anschauliche Art einen Überblick über die Handwerkskunst und Kultur vergangener Jahrhunderte, Interessantes zu Geschichte, Land und Leuten.

Der Luftkurort **Ramsau** liegt nur wenige Kilometer von Berchtesgaden entfernt. Ein Spaziergang (bei Zeitmangel auch Weiterfahrt) von diesem malerischen Bergdorf durch den *Zauberwald* zum *Hintersee* präsentiert dem Besucher abwechslungsreiche und aus Bildbänden oder -kalendern vielleicht bereits bekannte Landschaftsmotive.

Steht ein besonders klarer Tag mit guter Fernsicht zur Verfügung, bietet sich eine Gipfeltour an, zu Fuß für den, der Zeit und Kondition hat, ›auf die schnelle‹ mit einer der Bergbahnen im Berchtesgadener Raum. Besonders lohnend: Vom Ortsteil Königssee in Schönau führt die *Jennerbahn* auf den gleichnamigen Gipfel mit phantastischem Ausblick über den Königssee und die Berchtesgadener Bergwelt.

Ein weiterer, sehr lohnender Programmpunkt für klare Tage ist eine Fahrt über die aussichtsreiche *Roßfeldstraße* am Obersalzberg (Mautstraße/mit Linienbus oder eigenem Pkw befahrbar) und/oder die *Kehlsteinstraße* (nur Busverkehr) mit anschließendem Besuch des *Kehlsteinhauses*. Zum großartigen Naturerlebnis kommt hier noch die Konfrontation mit der ›braunen Vergangenheit‹ Obersalzberg.

Bad Reichenhall, die berühmte Kurstadt, bietet allein Sehenswertes für einen oder mehrere Tage: großzügige, erholsame *Kuranlagen*, eine *verkehrsberuhigte Innenstadt* mit modernen und historischen Bauten, die alte *Salinenanlage, Kloster St. Zeno* etc.

Weitere lohnende Ausflugsziele in der Umgebung sind der über Seilbahn erreichbare Hausberg der Stadt, der *Predigtstuhl*, *Thumsee* und *Ruine Karlstein*, das Dörfchen *Nonn* oder auch das grenznahe *Marzoll*.

Fast ein ›Muß‹ im Besuchsprogramm von Bad Reichenhall ist der *Quellenbau* in der Alten Saline. Sehenswert auch das örtliche *Heimatmuseum*.

Bei längerem Aufenthalt sollte man auch **Marktschellenberg** und Umgebung einen Besuch abstatten; die nahe gelegene *Kugelmühle* am Eingang zur wildromantischen *Almbachklamm*, die *Wallfahrtskirche Maria Ettenberg* oder die *Schellenberger Eishöhle* sind beliebte Ausflugsziele.

Ausflüge und Besichtigungen im Rupertiwinkel bei ein- bzw. mehrtägigem Aufenthalt

Dramatisches Bergland finden wir auf der nördlichen Seite der Autobahn nicht mehr, dafür aber eine reizvolle Hügellandschaft, die – bis hinauf nach Tittmoning – immer wieder durchsetzt ist mit touristisch interessanten und lohnenden ›Schmankerln‹. Zuvorderst rangiert hier **Laufen**, die alte Salzhandels- und Schifferstadt in einer Flußschleife der Salzach mit ihrem in typischer Inn-Salzach-Bauweise erstellten Ortskern. Den gleichen Baustil finden wir auch im weiter nördlich gelegenen **Tittmoning**, dessen *Altstadt* beispielhaft renoviert wurde und das zudem noch mit einer mächtigen *Festung* hoch über der Stadt imponiert (sehenswert: das darin untergebrachte *Heimatmuseum*).

Der **Waginger See** bietet Freizeitfreuden: Baden, Angeln, Bootsfahrten. Hübsch gelegene Wallfahrtskirchen bzw. Schlösser (z. B. *Maria Mühlberg, St. Leonhard am Wonneberg, Gessenberg*) sind lohnende Ziele in der Umgebung. Kleiner und weniger erschlossen als der Waginger See, dafür vielleicht noch malerischer ist der **Abtsdorfer See**. Ideal für einen kurzen, stimmungsvollen Spaziergang ist das nahe gelegene *Schönramer Filz*.

In **Achthal** bei Oberteisendorf befindet sich ein sehenswertes *Bergbaumuseum*. Rings um **Teisendorf** und auch auf dem Bergzug des **Högl** läßt sich gemütlich wandern, immer mit Blick auf die nahe Alpenkulisse. **Anger** zählt zu den schönsten Dörfern Bayerns, und ein ganz beliebtes und malerisches Ausflugsziel ist das einstige Kloster **Höglwörth** am gleichnamigen See.

Kurzbesuchern des Rupertiwinkels mit eigenem Pkw sei – neben den herausgehobenen Sehenswürdigkeiten – empfohlen, anhand einer guten Straßenkarte einfach auf Nebenstraßen ›über Land‹ zu fahren. Es sind der stimmungsvolle Wechsel der Landschaft, die Seen und Moore, Wiesen und Wälder, Bäche, der Salzachfluß und seine Auen sowie die dazwischengesprenkelten Dörfer, Weiler und Höfe, die den Reiz dieser Gegend ausmachen. Ein hübscher Maibaum im einen, ein kunstvoller Bundwerkstadel im anderen Ort, da eine alte, wertvoll ausgestattete Kirche, dort ein idyllischer Dorfteich mit schnatternden Enten. Der Rupertiwinkel hat keinen Watzmann und keinen Königssee, aber er hat auch nicht den an schönen Sommertagen dazugehörigen Rummel und Kommerz, die Parkplatznot und die verstopften Straßen. Und wer sowieso die hohen Gipfel nicht unter die Beine nehmen will: *sehen* kann man die stolzen Berge der Berchtesgadener Alpen auch von hier aus, sogar ohne den Kopf zu tief in den Nacken legen zu müssen.

PRAKTISCHE REISEINFORMATIONEN

Kurzinformationen von A–Z

Bergführer

Aktuelle Informationen über autorisierte Führer und Tarife erhältlich bei den lokalen Fremdenverkehrsämtern.

Berghütten und Berggasthäuser (Auswahl)

Die genannten Bewirtschaftungszeiten sind Richtwerte. Mit wetterabhängigen Änderungen muß gerechnet werden.

Blaueishütte
Am Hochkalter, 1 680 m.
Von ca. Mitte Mai bis Mitte Okt. bewirtschaftet; Übernachtungsmöglichkeit; ∅ 0 86 57/2 71 oder 5 46. Aufstieg von Ramsau oder Hintersee ca. 2½ bis 3 Std.

Gotzenalm
1 685 m.
Von Pfingsten bis Anf. Okt. bewirtschaftet; Übernachtungsmöglichkeit; ∅ 0 86 52/36 42. Aufstieg von Kessel (Königssee) ca. 3 Std.; von Jennerseilbahn-Mittelstation ca. 3–3½ Std.

Grünsteinhütte
1 304 m.
Geöffnet von Mitte Mai bis Okt. Keine Übernachtungsmöglichkeit; ∅ 0 86 52/44 31. Aufstieg von Hinterschönau ca. 1 Std. oder über Rodelbahn Königssee 1¼ Std.

Bergheim Hirschbichl
Österreich, 1 153 m.
Von Pfingsten bis Anf. Okt. geöffnet (nur für Selbstversorger); Übernachtungsmöglichkeit; ∅ 00 43/(0)65 82/83 54. Aufstieg von Ramsau/Hintersee ca. 2 Std. Auffahrt ab Weißbach/Lofer (Österreich).

Hirschkaser
Am Toten Mann, 1 385 m.
Von Mitte Dez. bis Anf. Nov. bewirtschaftet; keine Übernachtungsmöglichkeit. Aufstieg von Ramsau/Hochschwarzeck in ca. 1¼ Std. o. Auffahrt mit Doppelsesselbahn.

Dr.-Hugo-Beck-Haus
Jenner, 1 260 m.
Ganzjährig (außer Nov.) bewirtschaftet; Übernachtungsmöglichkeit; ∅ 0 86 52/27 27. Ca. ¼ Std. ab Jennerseilbahn-Mittelstation.

Ingolstädter Haus
In der Dießbachscharte, Steinernes Meer, Österreich, 2 119 m.

Von Mitte Juni bis Anf. Okt. bewirtschaftet; Übernachtungsmöglichkeit; ⌀ 0043/(0)6582/8353. Aufstieg von Wimbachbrükke in 6 bis 7 Std.

Kärlingerhaus
Am Funtensee im Steinernen Meer, 1630 m.
Von Pfingsten bis Mitte Okt. bewirtschaftet; Übernachtungsmöglichkeit; ⌀ 08652/2995. Aufstieg von St. Bartholomä durch Saugasse in ca. 4 Std., ab Saletalm über Sagereckwand und Grünsee in ca. 4 bis 4½ Std.

Karl-von-Stahl-Haus
Am Torrener Joch, 1731 m.
Ganzj. bewirtschaftet; Übernachtungsmöglichkeit; ⌀ 08652/2752. Aufstieg von Königssee in 3½ bis 4 Std., von Jennerseilbahn-Bergstation in ca. ½ Std.

Kehlsteinhaus
1820 m.
Etwa von Mitte Mai bis Mitte Okt. bewirtschaftet; keine Übernachtungsmöglichkeit; ⌀ 08652/2969. Aufstieg vom Ofnerboden (Roßfeldstraße) in 1½–2 Std., von Obersalzberg/Hintereck in ca. 2 Std. oder kombinierte Auffahrt mit RVO-Bus ab Obersalzberg/Hintereck und Lift.

Kneifelspitzhütte
1189 m.
Geöffnet von Weihnachten bis Mitte November; keine Übernachtungsmöglichkeit; ⌀ 08652/62338. Aufstieg ab Maria Gern in 1–1¼ Std.

Königsbachalm
Jenner, 1200 m.
Von Mai bis Okt. bewirtschaftet; keine Übernachtungsmöglichkeit; ⌀ 08652/5551. Aufstieg von Dorf Königsee in ca. 1½ Std., von Jennerseilbahn-Mittelstation in ca. ¾ Std.

Kührointhütte
Am Watzmannkar, 1420 m.
Von Juni bis ca. Anf. Okt. bewirtschaftet; Übernachtungsmöglichkeit; ⌀ 08652/7339. Aufstieg von Königssee in 2–2½ Std., von Ramsau/Wimbachbrücke in ca. 2½–3 Std.

Mitterkaseralm
Jenner, 1530 m.
Von Juni bis Ende Okt. und von Weihnachten bis ca. Mitte April bewirtschaftet; keine Übernachtungsmöglichkeit; ⌀ 08652/5100. Aufstieg von Jennerseilbahn-Mittelstation in ca. 1 Std.

Neue Traunsteiner Hütte
Auf der Reiter Alpe, 1570 m.
Von Mitte März bis Mitte Okt. bewirtschaftet; Übernachtungsmöglichkeit; ⌀ 08651/1752. Aufstieg von der Schwarzbachwacht über Wachterlsteig in 3½–4 Std., von Oberjettenberg in 3–3½ Std.

Predigtstuhlhotel
1585 m.
Bergstation der Predigtstuhl-Seilbahn. Ganzjährig bewirtschaftet; Übernachtungsmöglichkeit; ⌀ 08651/2127. Aufstieg von Bad Reichenhall über Rötelbachalm in 3½–4 Std.

Purtschellerhaus
Am Hohen Göll, 1692 m.
Von Mitte Mai bis Ende Okt. bewirtschaftet; Übernachtungsmöglichkeit; ⌀ 08652/

PRAKTISCHE REISEINFORMATIONEN

2420 oder 5371. Aufstieg von Berchtesgaden ca. 3 Std., vom Ofnerboden (Roßfeldstraße) ca. 1 Std.

Reichenhaller Haus
Hochstaufen, 1750 m.
Von Anf. Mai bis Mitte Okt. bewirtschaftet; Übernachtungsmöglichkeit; ∅ 08651/5566. Aufstieg von Bad Reichenhall/Padinger Alm in 3–3½ Std.

Riemannhaus
Steinernes Meer, Österreich, 2177 m.
Von Mitte Juni bis Anf. Okt. bewirtschaftet; Übernachtungsmöglichkeit; ∅ 0043/(0)6582/3300. Aufstieg von St. Bartholomä über Funtensee in ca. 6 Std.

Schneibsteinhaus
Am Torrener Joch, 1668 m.
Von Weihnachten bis Anf. Nov. bewirtschaftet; Übernachtungsmöglichkeit; ∅ 08652/2596 oder 63715. Aufstieg von Königssee in ca. 3 Std., von Jennerseilbahn-Bergstation in ca. ½ Std.

Stöhrhaus
Am Untersberg, 1894 m.
Von Anf. Juni bis Mitte Okt. bewirtschaftet; Übernachtungsmöglichkeit; ∅ 08652/7233. Aufstieg von Berchtesgaden über Stöhrweg in ca. 4 Std., von Bischofswiesen/Winkl in ca. 3½ Std.

Toni-Lenz-Hütte
Bei der Schellenberger Eishöhle am Untersberg, 1450 m.
Von Mitte Mai bis Ende Okt. bewirtschaftet; Übernachtungsmöglichkeit; ∅ 08650/866. Aufstieg von Marktschellenberg in 2–2½ Std.

Watzmannhaus
Münchner Haus, 1928 m.
Von Anf. Juni bis Anf. Okt. bewirtschaftet; Übernachtungsmöglichkeit; ∅ 08652/1310. Aufstieg von Ramsau/Wimbachbrücke in 3½–4 Std.

Wimbachgrieshütte
1327 m.
Von Anf. Mai bis Ende Okt. bewirtschaftet; Übernachtungsmöglichkeit; ∅ 08657/344 und 657. Aufstieg ab Ramsau/Wimbachbrücke in ca. 2½ Std.

Wimbachschloß
937 m.
Von Mitte Mai bis Ende Okt. bewirtschaftet; keine Übernachtungsmöglichkeit. Aufstieg ab Ramsau/Wimbachbrücke in ca. 1¼ Std.

Bergrettung s. ›Rettungsdienst‹

Brauchtum und Feste

Dem Brauchtum ist in diesem Buch – aufgrund seiner großen Bedeutung im Berchtesgadener Land – ein gesondertes, ausführliches Kapitel gewidmet (s. S. 62 ff.). Daneben enthalten die jeweiligen Ortsbeschreibungen Hinweise auf traditionelle Feste, spezielle Umritte, Umzüge oder sonstige regionale Bräuche wie z. B. das ›Bergknappenfest‹ (Berchtesgaden), den ›Georgiritt‹ (Tittmoning) oder die ›Piratenschlacht‹ (Laufen/Oberndorf). Über genaue Daten und Veranstaltungsprogramme informieren die örtlichen Fremdenverkehrsämter.

Campingplätze

8229 Ainring
Heurigen Stadl; ⌀ 08654/8487
Campingplatz Moos 2, ⌀ 08654/8124

8230 Bad Reichenhall s. Piding

8240 Berchtesgaden
Unterau, Allweglehen, Allweggasse 4,
⌀ 08652/2396

8242 Bischofswiesen
Winkl, Klaushäuslweg 7, ⌀ 08652/8164

8229 Laufen
Campingplatz am Abtsee, ⌀ 08682/369

8221 Petting (am Waginger See)
Hainz am See, Musbach, ⌀ 08686/287
Kühnhausen, Strandbadstr. 10, ⌀ 08686/8037
Kühnhausen, Strandbad, ⌀ 08686/8087

8235 Piding
Staufeneck, An der Staufenbrücke,
⌀ 08651/2134

8243 Ramsau
Simonhof, Am Taubensee 19, ⌀ 08657/284

8240 Schönau am Königssee
Grafenlehen, Königsseer Fußweg 71,
⌀ 08652/4140
Mühlleiten, Königsseer Str. 70, ⌀ 08652/4584

8221 Taching (am Waginger See)
Strandbad, ⌀ 08681/9548

8261 Tittmoning
›Seebauer‹ am Leitgeringer See, ⌀ 08683/541

8221 Waging am See
Strandcamping Lido, ⌀ 08681/552 oder 4666
Schwanenplatz, Gaden, ⌀ 08681/281
Campingplatz der Gemeinde Tettenhausen,
⌀ 08681/1622 oder 313
Gut Horn, Tettenhausen, ⌀ 08681/227

Weitere Auskünfte
Deutscher Campingclub e. V.
Mandlstr. 28
8000 München 40
⌀ 089/334021

Einkaufen/Souvenirs

Das Angebot an Souvenirs ist reichlich. Wo immer größere Touristenscharen zu erwarten sind, fehlt auch der entsprechende Kiosk nicht, und es ist garantiert für jeden Geschmack etwas dabei: die Watzmannsilhouette in eine Birkenholzscheibe geritzt, eine Anstecknadel Motiv ›Edelweiß‹, ›Röhrender Hirsch‹ oder ›St. Bartholomä‹ fürs Hütchen oder auch ganz einfach nur eine Holzscheibe, die nach Einstecken einer Münze von zwei Holzfällerpuppen vom Stamm gesägt wird und auf die man dann noch einen ›Gruß vom Königssee‹ (o. ä.) aufstempeln kann. Es ist verblüffend, in welch vielfältiger Form ›Alpenländisches‹ angeboten und – noch verblüffender – auch gekauft wird.

PRAKTISCHE REISEINFORMATIONEN

Auch solche Souvenirs finden ihren Käufer: Original Holzschneiderei – Brettchen zum Mitnehmen

Aber auch der anspruchsvollere Gast kann – spätestens bei einem Schaufensterbummel in den größeren Orten – manches entdecken, was sich als regionsbezogenes Mitbringsel eignet und eine liebe Erinnerung an das Berchtesgadener Land darstellt: die kunstvoll bemalten Spanschachteln oder das Holzspielzeug der ›Berchtesgadener War‹ z. B. (s. S. 45 f.) oder eine schöne Holzarbeit aus einer Schnitzerwerkstätte. Trachtenmoden werden in reicher Auswahl und guter Qualität angeboten, ebenso wie hübsche, bäuerliche Webwaren. Auch ein Bild eines guten Malers, ein Bildband oder Kalender erinnern seinen Käufer zu Hause noch an die prächtige Berglandschaft. Wer's süß und originell mag, dem wird in der Reberpassage in Bad Reichenhall beim Anblick all der Mozartkugelnberge und aufgetürmten Praliné-Köstlichkeiten die Wahl schwergemacht. Ein herzhafterer Genuß (und auch außerhalb Bayerns wirksam) ist das traditionelle, bayerische Magenelixier ›Enzian‹ (s. S. 102). Der Gesundheitsbewußte wählt ein Produkt aus Latschenkiefern heimischer Ernte: Öl, Badeextrakt oder Franzbranntwein, alles bewährte, lokale Kur- und Hausmittel, die neben ihrer medizinischen Wirkung auch noch jenen würzigharzigen Geruch liefern, der dem Wanderer – dezenter dosiert – von seinen Bergwanderungen durch die Latschenfelder der Berchtesgadener Alpen in Erinnerung ist.

Essen und Trinken

Keine Sorge: Der Gast im Berchtesgadener Land ist nicht gezwungen, sich überwiegend von Weißwürsten, Schweinsbraten und Knödeln zu ernähren. Neben den traditionellen bayerischen und einigen vom nahen Österreich beeinflußten Gerichten findet er natürlich auch die übliche, internationale Küche und – besonders in den größeren Orten – diverse ausländische Spezialitätenlokale. Die Kurdirektion Berchtesgaden veröffentlicht regelmäßig eine aktuelle ›Gastronomie-Information‹, in der die Hotels und Gaststätten Berchtesgadens und seiner

Berchtesgadener War

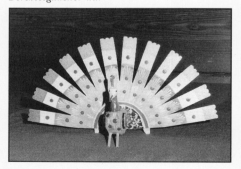

Nachbargemeinden mit detaillierten Angaben (Telefon, Ruhetag etc.) aufgelistet sind. Der Kurverein der Stadt Bad Reichenhall leistet diesen Service für die Stadt und die umliegenden Orte durch seinen noch ausführlicheren ›Gastronomischen Wegweiser‹, und im übrigen Berchtesgadener Land informieren die örtlichen Fremdenverkehrsämter über Gaststätten und deren Ruhetage. Verschiedene Lokale erfüllen auch Wünsche nach Diät-, Schon- oder vegetarischer Kost – ein Zugeständnis auch an die vielen Kurgäste.

Doch zurück zu den Weißwürsten und den sonstigen bayerischen Spezialitäten. Wer in einem der zahlreichen Landgasthöfe oder Biergärten einkehrt, darf sich einer traditionellen, bayerischen Speisekarte (fast) sicher sein. Den kleinen Hunger (ein Imbiß nennt sich hier ›Brotzeit‹) stillen z. B. ein Obatzter, Preßsack, Wurstsalat, Leberkäs (der weder Leber noch Käse enthält), Fleischpflanzl, Schweinswürstl, Milzwurst, ›Gschwoine‹ (Geschwollene) und natürlich Weißwürste (sie sind aus Kalbfleisch, werden mit viel süßem Senf serviert und dürfen, ja sollten, ohne Besteck gegessen, d. h. ›ausgezuzelt‹ werden – und das möglichst noch vor dem 12-Uhr-Läuten). Als häufige Beilage zu Würsten dient Sauerkraut. Letzteres entdeckt man auch bei den Hauptmahlzeiten wieder, z. B. zusammen mit Schweinshaxen, mit Wammerl oder mit heißer Blut- und Leberwurst. Als weitere Beilage, auch zum Schweinsbraten, Geselchten oder Lüngerl, bevorzugt der traditionsbewußte Bayer Knödel, Semmel- evtl. auch Kartoffelknödel. Natürlich bietet die Spezialitätenküche des südostbayerischen Raumes auch ›gehobenere‹ Speisen: dazu zählen vor allem – als traditionelles Jagdgebiet ist man sich das schuldig – Wildgerichte sowie Fische aus heimatlichen Gewässern (fangfrische Forellen z. B. oder Saiblinge) oder Schwammerl.

Leckere, gelegentlich etwas ›deftige‹ Schmankerl sind die bayerischen Süßspeisen: Apfelkiacherl oder -strudel, Kaiserschmarrn, Rohrnudeln, Germknödel, Dampfnudeln und Ausgezogene, bei einem Ausflug hinüber ins österreichische Salzburg auch Salzburger Nockerl.

Zu den Getränken ist nicht viel zu sagen. Es gibt alles, aber an vorderster Stelle rangiert natürlich das Bier, das die Bayern auch zu ihren ›Grundnahrungsmitteln‹ zählen. Zu einem bayerischen Essen paßt nun einmal ein gepflegtes Faßbier besser als die feinste französische Spätlese. Wer ›ein Bier‹, ›ein Helles‹, ›eine Halbe‹ bestellt, bekommt automatisch einen halben Liter (neuerdings auch gelegentlich eine ›Preußenhalbe‹ = 0,4 l). Wem das zuviel ist, der bestelle z. B. ›ein kleines Helles‹ (= ¼ l); eine ›Maß‹ ist 1 l Bier – gute Schankmoral vorausgesetzt. Liegt das Schweinerne etwas schwer im Magen: ein Stamperl Obstler oder ein ›Enzian‹ wirken Wunder. Bei Einkehr unterwegs in einem Berggasthof oder einer Alm empfiehlt sich frische Milch oder Buttermilch, die gegenüber Bier auch den Vorteil bietet, sich auf dem Weiterweg nicht so schwer in die Kniekehlen zu setzen.

PRAKTISCHE REISEINFORMATIONEN

Übersetzung einiger Bezeichnungen, die Sie auf einer lokalen Speisenkarte finden können:

Ausgezogene	Schmalznudeln	*Nockerl (z. B.*	Klößchen
Backhendl	Backhuhn	*Grießnockerl)*	
Blaukraut	Rotkohl, Rotkraut	*Obatzta*	mit Zwiebeln, Butter und Gewürzen angemachter Camembert
Brathendl	Brathuhn		
Fleischpflanzl	Frikadelle, Bulette		
Frittatensuppe	Pfannkuchensuppe		
gedörrte Zwetschge	Backpflaume	*Ochsenauge*	Spiegelei
gelbe Rüben	Möhren	*Pfannkuchen*	Eierkuchen, Omelette
Germ (z. B. Germknödel)	Hefe		
		Porree	Lauch
Geschwollene	dicke Kalbsbratwurst ohne Haut	*Preßsack*	Schwartenmagen
		Radi	Rettich
Geselchtes	Geräuchertes	*Rahm*	Sahne
Geselchtes Ripperl	Kasseler Rippenspeer	*Reherl*	Pfifferlinge
		Reiberdatschi	Kartoffelpuffer
gestockte (gestöckelte) Milch	Dickmilch, Buttermilch	*Rote Rüben*	Rote Bete
		Sauerkraut	Sauerkohl
Guglhupf	Napfkuchen	*...schlegel (z. B. Hirsch-, Hasen-)*	...keule
Hendl	Huhn		
Kaiserschmarrn	zerkleinerter Eierkuchen (mit Kompott serviert)	*Semmel*	Brötchen, Schrippe
		Semmelbrösel	geriebene Brötchen (zum Panieren)
Karfiol	Blumenkohl	*Stamperl*	Schnapsgläschen
Kletzenbrot	Früchtebrot	*Sulz*	Sülze
Knödel	Kloß	*Surfleisch*	gepökeltes Fleisch
Krapfen	Pfannkuchen	*Surhaxe*	Eisbein
Kraut	Kohl	*Topfen*	Quark
Krautwickerl	Kohlroulade	*Wammerl*	(geräucherter) Schweinebauch
Kren	Meerrettich		
Kuttelfleck	Gekröse	*Wollwurst*	s. Geschwollene
Kutteln	Kaldaunen	*Ziemer (Hasen-, Reh-)*	Rücken
Leberkäs	Fleischkäse		
Lüngerl	Lunge	*Zwetschge*	Pflaume
		Zwetschgendatschi	Pflaumenkuchen

Gemeinden

	PLZ	Tel.-Vorwahl	Einwohner*
Ainring	8229	08654	8600
Anger	8233	08656	3925
Bad Reichenhall	8230	08651	16660
Bayerisch Gmain	8230	08651	2700
Berchtesgaden	8240	08652	7730
Bischofswiesen	8242	08652	7460
Freilassing	8228	08654	14130
Laufen	8229	08682	5700
Marktschellenberg	8246	08650	1860
Piding	8235	08651	4460
Ramsau	8243	08657	1810
Saaldorf	8229	08654	4240
Schneizlreuth	8234	08651	1300
Schönau am Königssee	8240	08652	5500
Teisendorf	8221	08666	8260
Tittmoning	8261	08683	5000
Waging am See	8221	08681	5670

* des gesamten Gemeindegebiets

Jugendherbergen

Deutsche Jugendherberge
Gebirgsjägerstr. 52
8244 Berchtesgaden-Strub
∅ 08652/2190
Die Herberge ist vom 31.10. bis 27.12. geschlossen.

Die nächstgelegenen Jugendherbergen außerhalb des Berchtesgadener Landkreises befinden sich in *Bergen*, *Prien* und *Traunstein* sowie in *Salzburg* und *Hallein/Österreich*.

Klima

Berchtesgadener Region

Niederschlag: Jahresmittel zwischen 1450 mm in Tallagen und 2700 mm in Gipfelregionen. Die niederschlagsreichsten Monate sind Juni, Juli und August; auf diese drei Monate entfallen knapp 40% des Jahresniederschlags. Der niederschlagsärmste Monat ist der November mit einem Anteil von etwa 5% der Jahressumme. Im Mittel hat Berchtesgaden 196 Tage mit Niederschlag, davon 54 mit Schneefall bzw. Schneeregen und 31 mit Gewitter.

Temperatur: Jahresmittel für Berchtesgaden + 7,2° C, Bad Reichenhall + 8° C, Obersalzberg + 6,5° C. Das Januarmittel in Berchtesgaden liegt bei – 2,7° C, das Julimittel bei + 16,3° C.

Sonnenscheindauer: mittlere Jahressumme in Berchtesgaden 1472 Std. bei einer Schwankungsbreite von 49 Std. (Dez.) bis 179 Std. (Aug.).

Rupertiwinkel (Waging am See)

Niederschlag: Jahresmittel 1290 mm. Die niederschlagsärmsten Monate sind Nov. (59 mm), Okt. (66 mm) und Febr. (76 mm); die niederschlagsreichsten Juni (176 mm) und Juli (161 mm). Im Mittel hat Waging 180 Tage mit Niederschlag, davon 30 mit Schneefall bzw. Schneeregen und 25 mit Gewitter.

PRAKTISCHE REISEINFORMATIONEN

Temperatur: Jahresmittel + 7,3° C, Januarmittel – 2,7° C, Julimittel + 16,8° C.
Sonnenscheindauer: mittlere Jahressumme 1579 Std. bei einer Schwankungsbreite von 37 Std. (Dez.) bis ca. 190 Std. (Juni, Juli, Aug.).

Wettertelefon (Bergwetter): ✆ 08652/63080
Schneetelefon: ✆ 08652/63009
Pollenflugbericht: ✆ 08652/5011, (0)11601

Kurverwaltungen s. Fremdenverkehrsämter

Landkarten und Literatur s. S. 337 f.

›Strickl‹-Barometer für Amateur-Meteorologen

Museen, Schlösser, Schaubergwerke

Auf Besichtigungsstätten dieser Art wird in den jeweiligen Ortskapiteln detailliert und mit Angabe von Öffnungszeiten etc. eingegangen.

Achthal: Bergbaumuseum

Anger: Haustierpark Ramsauer Hof

Bad Dürrnberg: Salzbergwerk, Bergbaumuseum, Kelten-Freilichtschau

Bad Reichenhall: Alte Saline mit Quellenbau, Heimatmuseum, Faschingsordenmuseum

Berchtesgaden: Königliches Schloß mit Schloßmuseum, Heimatmuseum, Salzbergwerk, Nationalpark-Haus, Enzianbrennerei Grassl

Großgmain: Salzburger Freilichtmuseum

Hallein: Keltenmuseum

Hammerau: Museum im Stahlwerk Annahütte

Hof bei Kirchanschöring: Bauernhofmuseum

Allgemeine Hinweise

Das geeignetste *Bergwanderwetter* herrscht normalerweise in den Monaten Mai, September und Oktober. In den Sommermonaten können plötzliche Wetterumschwünge mit heftigen Gewittern zu unvorhersehbaren Temperaturstürzen führen.

Eine für Oberbayern typische Klimaerscheinung (an 40 bis 50 Tagen pro Jahr, auch im Winter) ist der *Föhn.* Dabei handelt es sich um eine kräftige Luftströmung von Süden, die beim Überströmen der Alpen an der Luvseite (= Norditalien) Feuchtigkeit abgibt und sich an der Leeseite beim Absinken um bis zu 1° C pro 100 Höhenmeter erwärmt. Folgen: strahlend blauer Himmel, hervorragende Fernsicht, windig, starke Erwärmung der trockenen Luft. Föhnempfindliche Personen leiden u. U. an Kopfschmerzen.

Marktschellenberg: Schellenberger Eishöhle

Oberndorf: Heimatmuseum (z. Zt. geschlossen)

Obersalzberg: Hitlerbunker beim Hotel ›Zum Türken‹, Adler- und Murmeltiergehege

Salzburg: komplette Auflistung s. S. 332f.

Schönau am Königssee: Mineralien- und Fossilienausstellung

Teisendorf: Geologischer Lehrgarten

Tittmoning: Burgmuseum ›Heimathaus Rupertiwinkel‹

Waging am See: Vogelmuseum (im Ortsteil Graben); Schloß Gessenberg (wechselnde Verkaufsausstellungen)

Naturschutzbestimmungen s. S. 61

Öffentlicher Nahverkehr

Omnibusse
RVO-Linienbusse (RVO = Regionalverkehr Oberbayern GmbH) verkehren zwischen den wichtigsten Orten des Berchtesgadener Landes und des Rupertiwinkels.

Fahrpläne und Auskünfte
Für die Region zwischen Bad Reichenhall, Salzburg und Berchtesgaden: RVO-Büro am Bahnhof Berchtesgaden, ⌀ 08652/5473 oder 5266, bzw. bei den örtlichen Fremdenverkehrsämtern; für die Region zwischen Traunstein, Waging am See, Tittmoning, Laufen, Freilassing und Bad Reichenhall: RVO-Büro Traunstein, ⌀ 0861/5236, bzw. bei den örtlichen Fremdenverkehrsämtern.

Eisenbahn
Vom zentralen Knotenpunkt Freilassing aus verkehren Bundesbahnzüge auf folgenden Routen:
nach Berchtesgaden über Ainring, Hammerau, Piding, Bad Reichenhall, Kirchberg, Bayerisch Gmain und Bischofswiesen im 1-Std.-Takt;
nach Teisendorf (Strecke Freilassing – Traunstein – Rosenheim);
nach Laufen und Tittmoning (Strecke Freilassing – Garching a. d. Alz – Mühldorf)

Reisezeit/Wetter s. ›Klima‹

Rettungsdienst

Rettungsleitstelle des Deutschen Roten Kreuzes (ärztlicher Notfalldienst, Bergwacht und Wasserwacht): ⌀ 19222.

Spielbanken

Bayerische Spielbank Bad Reichenhall, Wittelsbacher Str. 17, 8230 Bad Reichenhall; ⌀ 08651/4091. Tägl. ab 15 Uhr.
Casino Salzburg im Café Winkler (auf dem Mönchsberg); ⌀ 0043/(0)662/8456560. Tägl. ab 15 Uhr.

PRAKTISCHE REISEINFORMATIONEN

Sport

Aktivurlaub
Geführte Berg- und Hüttenwanderungen, Klettertouren, Rafting (Schlauchbootfahren), Mountainbiking und (im Winter) Skitouren und Lawinenkurse organisieren
Outdoor Club Berchtesgaden
Bahnhofstr. 11
8240 Berchtesgaden,
⌀ 08652/66066
Heizelmann-Reisen & Special-Mix-Tours
In der Artenreit 13
8240 Schönau am Königssee
⌀ 08652/2530 oder 63909.

Angeln
Möglich für Inhaber des staatlichen Fischereischeins bzw. gegen Lösen einer Tages- oder Wochen-Fischereikarte (Auskünfte bei den örtlichen Fremdenverkehrsämtern).

Gleitschirmfliegen
Bad Dürrnberg: vom *Zinkenkogel*
Bad Reichenhall: vom *Predigtstuhl*
Schönau am Königssee: vom *Jenner*

Golf
Golfplatz Berchtesgaden/Obersalzberg
(9 Löcher), ⌀ 08652/2100
(unter US-Verwaltung); geöffnet vom 1.5. bis 15.10.
Golfplatz Salzburg, Schloßpark Kleßheim,
⌀ 0043/(0)662/32625
Golfplatz Waging, Angerpoint, ⌀ 08666/7933

Radsport
Fahrradverleih
Auskünfte bei den örtlichen Fremdenverkehrsämtern sowie an den Bahnhöfen.
Mountainbiking
Eine spezielle Karte mit Forststraßen innerhalb des Berchtesgadener Nationalparks, die für Fahrräder freigegeben sind, ist im Nationalpark-Haus in Berchtesgaden und in der Nationalpark-Informationsstelle am Königssee erhältlich.

Reiten
Auskünfte erteilen die örtlichen Fremdenverkehrsämter.

Wandern und **Wintersport** s. am Ende der jeweiligen Orts- bzw. Gebietsbeschreibung

---

Alle in diesem Buch enthaltenen Angaben wurden von den Autoren nach bestem Wissen erstellt und von ihnen und dem Verlag mit größtmöglicher Sorgfalt überprüft. Gleichwohl sind – wie wir im Sinne des Produkthaftungsrechts betonen müssen – inhaltliche Fehler nicht vollständig auszuschließen. Daher erfolgen die Angaben ohne jegliche Verpflichtung oder Garantie des Verlags oder der Autoren. Beide übernehmen **keinerlei Verantwortung und Haftung** für etwaige inhaltliche Unstimmigkeiten. Wir bitten dafür um Verständnis und werden Korrekturhinweise gern aufgreifen (DuMont Buchverlag, Postfach 100468, 5000 Köln 1).

Register

Personenregister

Adalbert von Salzburg, Erzbischof 183
Adner, Anton **44, 92,** 96 (Abb. 3)
Agilolfinger 181, 234, 235, 308
Albert von Bayern, Herzog 20
Albrecht V., Herzog 217
Alexander III., Papst 16
Amerikaner 27, 28, 105, 106, 111, 130, 144
Angerer d. J., Walter Andreas 185
Anna, hl. 144
Arn, Erzbischof von Salzburg 235
Asam, Cosmas Damian 312
Auer von Winkel, Fam. 292
Augustiner-Chorherren **15 f.,** 89, 188, 256
Auzinger, Babette 171

Bajuwaren 181, 234, 308
Baldauf, Simon Thaddäus 246, 262, 317
Bartholomäus, hl. 123, 124
Bayern 19, 231, 288, 309, **314**
Berchtesgadener Pröpste 15 f.
Berengar von Sulzbach, Graf 15, 87
Bormann, Martin 26, 105, 109, 110

Brahms, Johannes 104
Breitbach, Karl 104

Christalnigg, Graf von 22
Christoph, Propst von Höglwörth 259

Degler, Johann 124
Demeter, Ludwig 133

Eberhard I., Erzbischof 129
Eberhard II., Erzbischof **308 f.**
Eberwin, Propst **15,** 101
Eder, Thomas 164
Ellanpurg 257, **258**
Essler, Alfred 131, 183

Ferdinand, Herzog und Fürstpropst (Kurfürst und Erzbischof von Köln) 19, 20, 87
Ferdinand von Toskana, Herzog 23
Florian, hl. 295
Franz I. von Österreich, Kaiser 23
Franziskaner 92
Franzosen 231, 236
Friedrich, Herzog von Bayern 142
Friedrich III., Kaiser 254
Friedrich I. Barbarossa, Kaiser 16, 32, 184, 189, 304
Frieß, Simeon 312

Fuchs, kaiserl. Kommissar 17
Fugger, Eberhard 163

Ganghofer, Ludwig **100 f.,** 104, 119 (Abb. 1)
Georg, hl. 254, 317
Gessenberg (Gozenperc), Fam. von 292
Goebbels, Joseph 26
Göring, Hermann 26, 27, 106, 127
Grasser, Erasmus 90, 192
Grassl, Fam. 102 f.
Gregor Rainer, Fürstpropst 32, 167
Grill (gen. Kederbacher), Johann 49, **167**
Gruber, Franz Xaver **305,** 326, 327
Guckh, Gordian 221, 291

Hagenauer, Wolfgang 286
Haunsberg, Franz von 255
Haunsberg, Hans von 254
Haunsberg, Martin von 254
Hausen, Freiherr von 22
Heinrich I., Propst, Erzbischof von Salzburg 16, 129
Hengge, Josef 89
Hindenburg, Paul von Beneckendorff und von 176
Hitler, Adolf **24 f.,** 26, 27, 107, 111, 136, 176, 261
Hofmannsthal, Hugo von 101

363

PERSONENREGISTER

Högl, Edle von 254
Höpp, Josef 144
Horburg, Chuno von 117
Huber, Franz 294
Huber, Wolfgang 97
Hugo, Dompropst von Salzburg 16
Humboldt, Alexander von 187

Illyrer 31, 181, 322
Irmengard, Gräfin 87
Itzlfeldner, Johann Georg 312, 313, 315, 317, 318

Jacob, Karl Theodor 27, 107
Jakob II. Pütrich, Fürstpropst 140
Jakobus, hl. 295
Joachim, Josef 104
Johannes von Nepomuk, hl. s. Nepomuk, hl.
Joseph Clemens, Fürstpropst 21

Karl der Große 52, 184, 235
Karolinger 285
Kaserer, Fam. 88
Katharina, hl. 124
Kelten 31, 32, 181, 234, 298, 322, 323, 325
Kerschbaumer, Fam. 88
Knaus, Ludwig 104
Knoblachin, Maria Euphrosia 144
Konrad, Propst 17, 139
Konrad I. von Salzburg, Erzbischof 188
Korbinian, hl. 258, 263
Köstler, G. 296
Krueger, Alois 141, 142

Labermair, Georg 87
Lang, Matthäus, Erzbischof von Salzburg 264

Laurentius, hl. 282
Lebenau, Grafen von 308
Lechner, Hans 315
Lehrl, Christoph 98
Lenbach, Franz von 104
Leonhard, hl. 243, 291
Leopold Anton, Erzbischof 323
Ludwig I., König von Bayern 184, 217, 257
Ludwig II., König von Bayern 93
Ludwig der Bayer, Kaiser 41
Ludwig der Kelheimer, Herzog 218
Luitpold, Prinzregent **93**, 126 (Abb. 10)
Luther, Martin 21

Malsen, Fam. von 222
Mann, Thomas 101
Marie, Königin 93
Markus Sittikus, Erzbischof 310
Max Emanuel, Kurfürst 21
Maximilian I., Herzog von Bayern 19, 35
Max(imilian) II., König von Bayern 23, 93, 136
Maximilian Heinrich, Herzog und Fürstpropst (Kurfürst und Erzbischof von Köln) 20, 87
Max(imilian) I. Joseph, König von Bayern 36, 44, 256
Mayer, Antonie 105
Mayer, Mauritia (›Moritz‹) 26, 92, **104 f.**, 106 (Abb. 9)
Mayer, Moritz 104, 105
Michael Balthasar, Fürstpropst 98
Mittner, Bartholomäus 132
Mohr, Joseph 305

Montgelas, Graf 137
Mörk, Alexander von 163
Mozart, Konstanze 331
Mozart, Leopold 331
Mozart, Wolfgang Amadeus **328**
Mussolini, Benito 111

Napoleon, Kaiser 23, 231, 236
Nepomuk, hl. 133, 242, 256
Neuchinger, Degenhardt 95
Neuhaus, Freiherr von 21
Nikolaus, hl. 141
Nothaft, Cajetan Anton von 21, 169

Ohlmüller, Johann Daniel 191
Olivier, Ferdinand 119
Otto I., König 93

Papendick, Georg 218
Paracelsus 331
Pfaffinger, Josef Anton 256, 306, 312
Pienzenauer, Peter II., Propst 17, 91 (Abb. 13)
Plain, Grafen von 283
Posselt-Czorich, A. von 163

Rehlingen, Julius Heinrich Freiherr von 21, 22, 143, 144
Reichenbach, Georg von 36, **37**, 39, 95, 98, 136, 228
Reifenstuel, Hans Simon 35
Richter, Hans 258
Richter, Ludwig 119
Riemenschneider, Tilman 90
Römer 32, 181, 234, 237, 250, 251, 298, 308, 323
Rosegger, Peter 104
Rott, Kuno von 87
Rottmann, Carl 119

Rottmayr, Johann Michael 285, 295, **302**, 304, 306, 315
Rupertus, hl., Bischof 15, 30, 91, 139, 181, 184, 191, 217, **234, 236**, 241, 258, 263
Ruprecht, König 17
Ruprecht von Bayern, Kronprinz 90

Salzburger Erzbischöfe **181**, 235, 283, 314, 323
Sandrock, Bürgermeister 27
Schedlinger, Hanns 241
Scheller, Fam. 304
Schinkel, Karl Friedrich 119
Schmidhuber (Michael Kohlhaas), Erwin 301 f.
Schmidt, Joseph 96
Schöllhorn, Christian 49
Schroffenberg, Joseph Conrad Freiherr von, Fürstpropst **22**, 175

Schumann, Clara 104
Schwaiger, Johann 223
Schwind, Moritz von 185, 217
Seebohm, Hans-Christoph 107
Spangenberg, Gustav 104
Stangassinger, Kaspar 135
Stifter, Adalbert 119
Stoß, Veit 90
Streicher, Nikolaus 256

Tassilo III., Herzog 235
Theodbert, Agilolfingerherzog 308
Theodo II., Herzog 15, 139, 181, **234**
Thoma, Ludwig 101
Tiroler 130, 231

Ulrich, hl. 262
Ulrich I., Propst 17, 142
Urban, hl. 295

Valentin, hl. 221
Valkenauer, Hans 304
Vanni, Francesco 256
Vinzenz, hl. 165, 167
Virgil, hl. 191
Voß, Richard 101, 104

Wallner, Holzwarenverleger 123
Waltenberger, Georg 104
Wenzel, König 17
Wilhelm V., Herzog 229
Wittelsbacher **24**, 87, 89
Wittelsbacher Pröpste 19 f.
Wolf Dietrich von Raitenau, Erzbischof 19, 331
Wolfgang II. Griesstätter, Fürstpropst 18

Zeno, hl. 188
Zöpf, Benedikt 221, 256

Orts- und Sachregister
Abtsdorf 294 f.
Abtsdorfer See 232, 287, **294**, 296 (Farbabb. 28)
Achthal 237 ff., 254
– Bergbaumuseum Achthal (Carolinenhütte) 238 f.
– Eisenwerk Achthal **237 f.**, 243, 264
Achthaler Schlacke 239
Ahornbüchsenkopf 109
Ahornkaser 108
Ainring 260 f.
– Mitterfelden 261
– St. Andreas und St. Rupertuskirche (Perach) 262 f.
– Pfarrkirche St. Laurentius 261

Ainringer Moos 264
Allmoning 321
Almabtrieb 127, **128** (Farbabb. 12)
Almbach 161 f.
Almbachklamm 143, **162 f.** (Abb. 32)
Alpen- und Nationalpark Berchtesgaden s. Nationalpark Berchtesgaden
Alphorn 131 (Abb. 5)
Alte Reichenhaller Straße 167
Altötting, Landkreis 232
Amrosenlehen 165
Anger 85, 246, 250, **257 ff.** (Farbabb. 26)
– Kirchweihmarkt 259

– Mariensäule 238, 257
– Pestkapelle 259 (Abb. 65)
– Pfarrkirche Mariä Himmelfahrt 257 f.
Anif (Wasserschloß) 331
Antenbichl 166
Anzenbach 100
Aschauer Bach 230
Aschauer Klamm 230
Aschauer Klause 230
Aschauerweiher 130, 136, 137, 138
Asten 232
Au (Berchtesgaden) 29
Au (Ramsau) 166
Auerdörfl 114
Auhögl 250

365

ORTS- UND SACHREGISTER

Bad Dürrnberg 20, 30, 31, 32, 33, 51, 139, 322, 323, **324 f.**
- Bergbaumuseum/Solestube Dürrnberg 325
- Dürrnberger Salzbergwerk 324
- Kelten-Freilichtschau Dürrnberg 325 (Abb. 78)

Bad Reichenhall 13, 14, 29, 30, **32 f.**, 35, 36, 38, 41, **181 ff.**, 224 f., 283 (Farbabb. 22–24; Abb. 44–51)
- Ägidikeller/Brunnen 185
- Alte Saline 189 ff.
- – Brunnhauskapelle 217
- – Hauptbrunnhaus 190, **191** (Farbabb. 22)
- – Quellenbau 32, 33, 182, **192**
- Beamtenstock 185
- Brodhaus 185
- Burg Gruttenstein 32, 33, 181, **218 f.**
- Café Mozart/Mozartdenkmal 183
- Faschings- und Karnevalsorden-Museum 218
- Florianibrunnen **185**, 238 (Abb. 48)
- Florianiplatz 185 (Farbabb. 23; Abb. 48)
- Florianiviertel 185
- ›Geisterhäusl‹ 186
- ›Glück im Winkel‹ 185 f.
- Gradierwerk 188 (Abb. 45)
- Kirchberg 52, **186**
- Kurgarten 187 f.
- Kurgastzentrum (neues) 188
- Kurmittelhaus 187
- Moltke-Eiche 219
- Neue Saline **34**, 42, 186, 192, **217**
- Peter-und-Paul-Turm 186
- Pfarrkirche St. Nikolaus 185
- Predigtstuhlbahn 186, **225**
- Pulverturm 186
- Rathausplatz 184
- Rupertusbad 183 (Abb. 49)
- Salzamtsschreiber 185
- Salzburger Straße 183
- Salzmaierhaus 185
- St. Ägidikirche 185
- St. Zeno 181, 183, **188 f.**, 221 (Abb. 51)
- Staatliches Kurhaus 187 (Farbabb. 24)
- Städtisches Heimatmuseum **217 f.**, 283
- Trinkhalle 188 (Abb. 50)
- Wittelsbacherbrunnen 184

Barmsteine 138

Bayerisch Gmain 13, **222 f.**, 226

Berchtesgaden 13 ff., 30 ff., 42 ff., 53 ff., 64, 82 f., **86 ff.** (Umschlagvorderseite, Farbabb. 2; Abb. 6–14)
- Alter Friedhof **92**, 98
- – Grab Anton Adner **44**, 92
- – Grab Mauritia Mayer **92**, 105 (Abb. 9)
- Arkadenbau (Kriegerdenkmal) 89
- Bahnhof 93 f., 98
- Berchtesgadener Bauerntheater 92, 101
- Berufsfachschule für Holzschnitzerei und Schreinerei 44
- Franziskanerkirche (Nationalpark-Haus) **92 f.**, 98
- Franziskanerkloster 92
- Ganghoferdenkmal 92, 101 (Abb. 1)
- ›Gasthaus zum Hirschen‹ 87 f. (Farbabb. 25; Abb. 7)
- Ehem. Getreidekasten 89
- Gletschertöpfe 98
- Heimatmuseum Berchtesgaden (Schloß Adelsheim) 44, 45, **95 ff.**
- Hirschenhaus s. ›Gasthaus zum Hirschen‹
- Kalvarienbergkapelle 98
- Kanzlerhaus 91
- Königliches Schloß (ehem. Augustiner-Chorherrenstift) 24, **89 f.**
- – Romanischer Kreuzgang 89 (Abb. 12)
- – Schloßmuseum 89 f. (Abb. 11)
- Königliche Villa (Max-Villa) **93**, 98
- Königsseer Fußweg 99
- Kurdirektion 86
- Kurgarten 92
- Kur- und Kongreßhaus **92**, 98
- Lockstein 98 f.
- Locksteinstraße 91, **92**
- Luitpolddenkmal (Luitpoldpark) 93 (Abb. 10)
- Marktbrunnen 87 (Abb. 7)
- Marktplatz 87 (Farbabb. 25; Abb. 8)
- Mundkochhaus 91
- Nationalpark-Haus 56, **57**, **92**
- Nonntalstraße 91
- Obersalzbergbahn 112, **113 f.**
- Rathausplatz und Brunnen 91
- Saline Frauenreuth 32, 38, 41, **93 f.**, 126, 172
- *Salzbergwerk Berchtesgaden* 33, 83, **94 f.**
- – Heilstollen 95
- St. Andreaskirche 91
- Schloß Adelsheim 95

- Schloß Fürstenstein 98
- Schloßplatz 89
- Soleleitungsweg 98
- Sonnenpromenade 98
- Stiftskirche St. Peter und Johannes 90f. (Abb. 13, 14)
- Triftplatz 94

Berchtesgadener Ache 13, 34, 94, 138, 141
Berchtesgadener Alpen 13, **47ff.**
Berchtesgadener Hochthron 52
Berchtesgadener Land (Landkreis) 13, 28f., 232
›Berchtesgadener War‹ 42ff. (Farbabb. 14)
Bergstüberl (Solehochbehälter) 229
Biering 315, **320**
Bindalm **172f.**, 179 (Abb. 39, 40)
Bischofswiesen 13, 29, **129ff.** (Abb. 5)
- Bischofsbrunnen 129 (Abb. 27)
- Gasthof Brenner Bräu 132
- Pfarrkirche 130
- Rathaus 130 (Abb. 26)
- Rechenmacherdenkmal 131, 132
- *Engedey* 130, **136**
-- Brunn- und Pumphaus Ilsank 136 (Abb. 2)
- *Loipl* 64, 130, 131, **133**, 137
-- Götschen 137
-- Kollerlehen 133, 137
- *Stanggaß* 26, 130, **133ff.**
-- Kälbersteinschanze 134, 135
-- Berchtesgadener Hof 135
- *Strub* 130, **135f.**
-- Böcklweiher **136**, 138 (Umschlagrückseite)

- *Winkl* 64, 130, **132**, 137
-- Kirche 133
-- ›Panoramapark‹ 133
Bischofswiesener Ache 13, 133, 136
Blaueisspitze (Blaueisgletscher) 51
Bösslsteig 51
Brauchtum 62ff.
Brentenwand 122
Bundwerk-Bauweise **319ff.** (Farbabb. 15, 16)
Burghausen 236, 308, 309, 319
Burgstall (Insel) 294
Burgstallwand 126
Buttnmanndl **64**, 81, 133

Chiemgau 13, 232, 291
Christlieger (Insel) 121

Deutsche Alpenstraße 107, 166, 176, 177, 226, 227, **231**
›Deutsches Eck‹ 231
Dreisesselberg 52, **137**, 225
Dürreckstraße 113, 114 (Farbabb. 18)
Dürrnberg s. Bad Dürrnberg

Echowand 122
Egg 291
Eisbach 123, 125
Eiskapelle 49, **125f.**
Emmering 321
Engedey s. Bischofswiesen
Engert-Holzstube 172, 179
Enzian (Brennerei Grassl) 102f.
Erharting (Vertrag von) 235
Ettenberg s. Maria Ettenberg
Etzerschlößchen 19

Falkensteinerwand 121
Faselsberg 115
Feldkirchen, Pfarrkirche Mariä Himmelfahrt 263f.

›Fensterln‹ 85
Feste 64f.
Feuerpalfen 114, 122
Fischunkelalm **127**, 128
Freilassing 29, **283ff.**
- ›Badylon‹ 284, 285
- *Salzburghofen* 285
-- Filialkirche St. Peter 285
-- Mirtlwirt 285
-- Pfarrkirche Mariä Himmelfahrt 285f.
Fridolfing 320
Funtenseetauern 51, 121
Fürstenbrunn (Österreich) 52

Gallersöd 320f. (Farbabb. 15)
Gartenau 138
Geiereck 52
Georgiritt 84, **317** (Farbabb. 9; Abb. 76, 77)
Gerner Tal 97
Gessenberg (Schloß) 292f.
Gletschergarten (Weißbach a. d. Alpenstraße) **226f.**, 229
Gletscherquellen **169**, 177
Gmain 222
Gmerk 114
›Goaßlschnalzen‹ (Aperschnalzen) 256
Gollenbach 32, 34, 129, 139
Göll s. Hoher Göll
Gosaugletscher 242
Götschen (›Gauzo‹) 15, 138, 139, 165
›Götschenalm‹ (Götschenkopf) 133, 137
Gotzenalm 114, 122
Gotzenthalalm 122
Graben, Vogelmuseum 291
Großer Hundstod 51
Großes Palfelhorn 51
Großes Teufelshorn 51
Großgmain 13, **222f.**
- Brunnenmadonna 223

367

ORTS- UND SACHREGISTER

- Marien-Wallfahrtskirche 223
- Grub 39
- Grundübelhörner 51, 172
- Grünseetauern 121
- Grünstein 116
- ›Güldene Salzstraße‹ **41**, 228, 229
- Gutratberg s. Tuval

- Hachelköpfe 123
- Hagengebirge 14, 47, **51**, 115, 129, 231
- Haiderhof 230
- Hainham 250, 252
- **Hallein** 30, 31, 32, 299, 322f., **326f.**
  - Gruberplatz 326 (Abb. 79)
  - Keltenmuseum 31, 305, 323, **326f.**
  - Saline 39, 326
- Hallstatt 31, 322
- Hallthurm s. Paß Hallthurm
- Hammer 237
- Hammerau (Saalach) 237, 250, **264f.**
  - Museum 281f.
  - Stahlwerk Annahütte 264f.
- Hammerstielwand 164
- Haselgebirge 31, 33, 323
- Haunsberg 254
- Heiratsstein 172
- Hellbrunn 331, 332
- Heilham 321
- Hennenköpfl 109
- Himmelsleiter 228 (Abb. 56)
- Hindenburglinde **176**, 177
- Hinterbrand 107, 114
- **Hintersee** 13, 51, 55, 165, 170f., 173, 177, 179, 180 (Farbabb. 4; Abb. 38)
  - – Gasthaus Auzinger 171
- Hirschbichl 40, 165, 170, **172f.**, 179
- Hirschbichlstraße 172

- Hirscheck 180 (Abb. 43)
- Hocheissspitze 51
- Hocheck 49, 174
- Hochkalter 14, 47, **51**, 99, 165, 166, 170, 171, 176, 178 (Abb. 42, 53)
- Hochkönig 47, 252
- Hochschlegel 52, 225
- Hochschwarzeck 133, 137, 180
- Hochstaufen 13, 220, 224, **225**, 257, 283
- Hof, Bauernhofmuseum **294**
- Hofschalling 321
- **Högl** 84, **250ff.** (Farbabb. 17, 21)
- Höglau 250
- Högler Sandstein 251f.
- **Höglwörth** 237, 250, 252, **255f.**, 259 (Farbabb. 27; Abb. 66)
- Höglwörther See 232, 255, 259
- Höglwörther Tal 246, 250
- Hoher Göll 14, 31, 47, 49f., 104, 109, 112, 113, 115, 135, 322 (Farbabb. 20; Abb. 22)
- Hohes Brett 49, 114
- Holzhausen 84, **243f.**, 245 (Farbabb. 7; Abb. 63)
- Hundstodgatterl 176

- Ilsank 37, 38, 39, **136**, 179 (Abb. 2)
- Ingolstädter Haus 176
- Inn-Salzach-Bauweise 301, **306f.**, 311
- Inzell 35, 41, 226, 227

- **Jenner** 51, 55, 114, 115, 116
- Jettenberg 59
- Jochberg 229
- Jochbergsattel 41
- Johannishögl 250
- – Gasthof Johannishögl 253

- St. Johann-Kirche 248/49, **253**, 262
- Juvavum (Salzburg) 234, 250

- Kälberstein 98, **133ff.**
  - Oberkälberstein (›Kälbersteinlehen‹) 135
- Karkopf 52, 137, 225
- Kärlinger Haus (Funtensee) 176
- Karlstein 15, 41, 59, 183, **219**, 225, 226
- Kastensteiner Wand 136
- Kaunerwand 126, 127
- **Kehlstein** 26, 51, **110ff.**
- Kehlsteinhaus (›D-Haus‹) **26**, 27, 51, 105, 109, **110f.**, 135 (Frontispiz S. 2)
- Kehlsteinstraße 107, **109f.** (Abb. 19)
- Kessel 121, 122
- Kesselbach 122
- Kiblinger Talsperre 186, 229
- Kirchberg s. Bad Reichenhall
- Kirchheim 84, **317f.**, 321
  - St. Georg-Kirche 318
  - Seierlhof 318 (Farbabb. 16)
- Klausbach 170, 172, 179
- Klausbachtal 51, **172**, 179
- Kleiner Watzmann (Watzmannfrau) 49
- Kleines Palfelhorn 51
- Klesheim (Schloß) 331
- Kneifelspitze 99f.
- Königsbach 121
- Königsbachalm 114
- Königssee (Ort) s. Schönau am Königssee
- **Königssee** 13, 49, 51, 53, 54, 55, 60, 100, 114, 115, 116, **117ff.** (Umschlagklappe vorn, Farbabb. 5)
  - Naturschutzgebiet 55
  - Schiffahrt 121f.

Königsseer Ache 13, 94, **99**, 115, 126
Königsseer Fußweg 99
Königsseer Tal 13, 117
Kressenberg 237, 239
– Pulverturm 238, **240**
Kugelmühle 47, **161f.**, 164 (Abb. 30, 31)

Ladusa (Larosbach) 15, 139, 234
Landschellenberg 29
Langhögl 250
Lattenbach 176, 178
Lattengebirge 13, 14, 47, **52**, 130, 137, 177, 223, **225**
Laufen 13, 14, 29, 39, 43, 64, 232, 234, **298ff.**, 309 (Farbabb. 32; Abb. 69–72)
– Dreifaltigkeitsbach 304
– Kapuziner-Klosterkirche 304
– Marienplatz **301**, 307
– Oberes Tor (Salzburger Tor) 304
– Obslaufen 304
– Pfarr- und Stiftskirche Mariä Himmelfahrt 302f. (Abb. 70, 71)
– Piratenschlacht 300f. (Abb. 69)
– Salzachbrücke 300, 304 (Abb. 72)
– Salzachhalle 304
– Schifferstechen 300
– Schiffmeister-Tettenpacher-Haus 301f.
– Schloß 304
– Steinerne Gasse 304
– Unteres Tor (›Tränktor‹) 300, 304
Laufen, Landkreis 14, 28, 232
Leonhardiritt 84, 243 (Farbabb. 7; Abb. 63)
Leopoldskron (Schloß) 331

Leopoldstal 222
Lofer 231
Loferer Steinberge 231 (Abb. 55)
Loipl s. Bischofswiesen

Maibaum 247f. (Farbabb. 10)
Malerwinkel **119**, 121
Mannlgrat 113
Maria Alm 84, 121
Maria Bühel s. Oberndorf
Maria Ettenberg 22, 85, 142f., 164, 165 (Farbabb. 6, 8, 20; Abb. 33, 34)
Maria Gern 22, 29, 64, **97f.**, 99 (Farbabb. 1; Abb. 15)
– Vordergern (Farbabb. 11; Abb. 16)
Maria Plain (Wallfahrtskirche) 264, 331
Markt Berchtesgaden s. Berchtesgaden
Marktschellenberg 13, 17, 19, 29, 30, 32, 35f., 40, 85, 130, **138ff.**, 165
– Achenbrücke mit Nepomukstandbild 140
– Höhenrundweg 142
– Kapelle St. Johannes Baptist (Friedensbergkapelle) 142 (Abb. 29)
– Pfarrkirche 141
– Rathaus 140
– Schellenberger Dult 142
– Wachtturm 142 (Abb. 28)
Marxenhöhe 99, 100 (Farbabb. 2)
Marxenklamm 169
Marzoll **221f.**, 226, 283
– St. Valentinkirche 221f.
– Schloß 221
Mauthausen s. Piding
Mauthäusl 41, 227, 228, **229**
Maximilians-Reitweg 136
Melleck 55, **231** (Abb. 55)

Mittagsscharte 165
Mittelspitze 49, 174
Mitterfelden s. Ainring
Mittersee 127
›Mittlere Salzstraße‹ 41
›Montgelasnase‹ 137
Moosen 320
Mühlberg 291
Mühldorf 19, 43
Mühldorf, Landkreis 319
Mühlsturzhörner 51, 172
München 41, 43, 91, 251, 281
Münchner Haus 174

Nagling 39
– Brunnhaus 228
Nationalpark Berchtesgaden 29, **55f.**, 59, **61f.**, 102, 114, 115, 172, 179
Naturschutz 53f.
Naturschutzbestimmungen 61f.
Neubichler Alm, Sporthotel 253
Neuhäusl 322
Neukirchen 13, 237, 238, 240, 246, 264
Neuötting 41
Nonn 32, **220f.**, 225
– St. Georg-Kirche 220f.
Nördliche Kalkalpen 47
Noricum, Königreich 234, 250
Notitia Arnonis s. Salzburger Güterverzeichnis
Nürnberg 22

Oberau 107, 114, 165
Oberbuch 321
Oberhögl 250
Oberjettenberg 52, 183
Obermühle 222
Oberndorf 64, 300, **304f.** (Farbabb. 32; Abb. 69)
– Altach 299, 300, 305, **306** (Farbabb. 31)

369

ORTS- UND SACHREGISTER

- Kalvarienberg 306
- Maria Bühel, Wallfahrtskirche 305, **306**
- Piratenschlacht 300 f. (Abb. 69)
- Schifferstechen 300
- Stille-Nacht-Kapelle 305

Obersalzberg 24 ff., 28, 104 ff., 113 f., 130, 136, 144, 261
- Adler- und Murmeltiergehege 60, **113**
- Berghof (›Haus Wachenfeld‹) 24 f., 27
- Buchenhöhe 26, 27, 114, 165
- Bunkeranlagen 105 f.
- Ehem. Garagengebäude 26, 106 (Abb. 18)
- ›Göringhügel‹ 106
- Hotel General Walker (ehem. ›Platterhof‹) 26, 106, 114
- Hotel ›Zum Türken‹ 105 (Abb. 20)
- Klaushöhe **26**, 27
- Ehem. NSDAP-Gästehaus ›Hoher Göll‹ 26, 106
- Obersalzberg-Rodelbahn 114
- Parkplatz Hintereck 105, **111**, 113
- ›Pension Moritz‹ 104 f.
- ›Skytop Lodge‹ (ehem. Gutshof Bormanns) 105

Obersee 13, 117, **12 f.**
Oberteisendorf 84, **242 f.** (Farbabb. 10)
- Burg Raschenberg 240, **243**
- St. Georg-Kirche 242 f.

Oberteisendorfer Ache 237
Ofner Boden 112
Österreich 17, 18, 21, 23, 24, 37, 51, 137, 221, 235, 236, 237, 281, 284, 288, 299, 300, 304, 305, 310, 324, 327

Padingeralm 225
Palfelhörner 51, 174, 176
Palling 320
Paß Hallthurm 37, 38, 41, 129, 130, 136, 137, 225
Passau 39, 251, 298
Perach s. Ainring
Peracher Moos 264
Pflanzenwelt 57 ff. (Farbabb. 34–41)
Piding 13, 232, 250, **282 f.**
- Kirche St. Laurentius (Mauthausen) 282
- Schloß Staufeneck 282, **283**

Pinzgau 172
Plainburg **223 f.**, 283
Predigtstuhl 13, 52, 177, 219, 224, **225** (Abb. 44)
Preißenklamm 167
Preßburg (Frieden von) 235
Priesbergalm 103, 114 (Abb. 17)
Protestantenvertreibung 21 f., 169, 323 f.

Rabenwand 119 f.
Ramsau 13, 15, 29, 54, 55, **165 ff.**, 245 (Farbabb. 3, 12; Abb. 4, 35, 36, 41)
- Bergkurgarten mit ›Kleingradierwerk‹ 167
- Gletscherquellen 169, 177
- Haus des Gastes 167
- Kalvarienbergkapelle **168**, 178
- Kederbacherdenkmal 167 (Abb. 4)
- Pfarrkirche St. Fabian und St. Sebastian 19, **167**, 168, 178 (Farbabb. 3; Abb. 35, 36)
- Wallfahrtskirche Maria am Kunterweg 22, **168 f.**, 171, 177 (Abb. 37)
- Wimbachbrücke 167, 174

- Zauberwald **169**, 177

Ramsauer Ache 13, 37, 94, 136, 165, 166, 167, **169**, 170, 174, 177
Ramsauer Hof, Haustierpark (bei Anger) 259 f.
Ramsauer Nagelfluh 178
Ramsauer Soleleitungsweg (Höhenweg) 39, **177 f.**
Ramsauer Tal 13, 166
Ramsauer Tal (bei Anger) 259
Raschenberg, Pfleggericht 240, 242, 243, 254
Reichenhall s. Bad Reichenhall
Reichenhaller Becken 13, **33**, 219
Reichenhaller Haus 225
Reinbrechtkapelle 253
Reiter Alpe (›Reiteralm‹) 14, 47, **51**, 165, 166, 177, 183, 231 (Farbabb. 3, 18; Abb. 43)
Röhrenbach 237, 254, 264
Rosenheim 33, 36, 38, 227, 242
Rosenheim, Landkreis 319
Roßfeld (Höhenstraße) 26, 28, 103, **107 ff.**, 114, 165
Röthbachfall 126, **127** (Farbabb. 19)
Röthwand 127
Rotofensattel 137
Rotofentürme 137, 225
Rupertiwinkel 13, 23, 29, 53, **232 f.**, 245, 308, 327

Saalach 13, 41, 47, 182, 186, 188, 227, 230, 231, 232, 236, 282, 284, 285
Saalachgletscher 178, 226, 232, 242, 246, 257, 287
Saalachsee 186
Saalachtal 130, 177, 189, 220
Sagereck 127

370

Säkularisation **23 f.**, 235
Salet 117, 121, **126 f.**
Salinenweg (Weißbach) 228
Salzach 13, 31, 39, 47, 52, 139, 178, 232, 235, 236, 284, 285, 298, 299, **300**, 301, 304, 305, 309, **319**, 326, 328
Salzachgletscher 226, 232, 242, 287
Salzberg 29, 51
Salzbergalm 114
Salzbergbahn 327
Salzburg 16, 17, 18, 55, 129, 140, 181, **234 f.**, 299, 308, **327 ff.** (Farbabb. 33; Abb. 80)
– Öffnungs- und Führungszeiten 332 f.
– Rundgang durch Salzburgs Altstadt 329 f.
– Weitere Ziele in und um Salzburg 331
Salzburgblick 100
Salzburghofen (s. auch Freilassing) 285 f.
Salzburger Alpen 232, 294, 296
Salzburger Freilichtmuseum 224
Salzburger Güterverzeichnis 221, **235**, 240, 260, 288, 318
Salzburger Hochthron 52, 165
Salzgewinnung 30, **31 f.**, 94 f., 138 f., 192 f., 322 f.
Salzhandel **39 f.**, 218
Salzstraßen **40 f.**, 172, 218, 229, 240, 242, 250, 288
Salztransport **39 f.**, 138, 218, 298 f.
St. Bartholomä 22, 84, 114, 115, 117, 121, **123 ff.**, 176 (Umschlagklappe vorn, Farbabb. 5; Abb. 25)
– Jagdschloß 124

– Wallfahrtskirche 123 f.
St. Leonhard (Österreich) 52, 165
St. Leonhard am Wonneberg 84, **291**
St. Pankraz 219
›Saugasse‹ 177
Schapbachtal 116
Scharitzkehl/Hinterbrand 113
Scharitzkehlalm 112, 114
Schärtenspitze 51
Scheffau 29
Schellenberg s. Marktschellenberg
Schellenberger Eishöhle 52, **163 f.**
Schelmberg 241
›Schlafende Hexe‹ 130, 131, **137**, 225
Schlegelmulde 225
Schneibstein 51, 114
Schneizlreuth 227, **230**
– Maria-Hilf-Kirche **230**
Schönau am Königssee 13, 15, 29, 99, **114 ff.** (Abb. 3, 21–24)
– Denkmal Adner 44 (Abb. 3)
– Haus des Gastes (Unterstein) 115 (Abb. 21)
– Hinterschönau 116
– Hotel ›Schiffmeister‹ 119
– Jenner-Seilbahn **115**, 121
– Kunsteis-Bob- und Rodelbahn 116 (Abb. 23)
– Nationalpark-Informationsstelle Königssee 57, 119
– Oberschönau 115, 116
– Seeländе 115, **119 f.** (Abb. 24)
– Vorderbrandstraße 116
Schönramer Filz 296 f. (Farbabb. 29)
Schrainbach 126
Schützenvereine 82, 83

Schwarzbach 177, 231
Schwarzbachwacht 37, 38, 165, **177**, 231
Schwarzeck 166
Schwarzeckbach 133
Schwarzenberg 237
Sechshögl 250
Seemösl 220 (Abb. 52)
Siegsdorf 35, 36, 227
Sillberg 138
Söldenköpfl 37, 38, 136, 179
Soleleitungen (Soleleitungswege) **34 ff.**, 98, 177, 227 f.
Sonneck 113
Stabach 228
Stanggaß s. Bischofswiesen
Steinbrünning 296
›Steinerne Agnes‹ 52, **137**, 225
›Steinerne Jäger‹ 225
Steinernes Meer 14, 47, 51, 59, 117, 118, 121, 129, 172
Steinhögl 250, **254**
– St. Georgskirche 254
Steinpaß (Melleck) 231
Stetten (Abb. 59)
Stoißer Alm **247**
Stroblalm (Stroblhof) 250 f.
Strub s. Bischofswiesen
Süd(Schönfeld)-Spitze 49
Sulzer Wasserfall 162
Sur 241
Surheim 296

Tachensee (Tachinger See) 287, 290
Taubensee 166, 167, **176 f.**, 180
Teisenberg 232, 237, 241, **246 f.**, 252, 255
Teisendorf 41, **240 f.**, 250, 288, 307 (Abb. 59, 61, 62)
– Brauerei Wieninger 241
– Geologischer Lehrgarten **242** (Abb. 62)
– Marktstraße 241 (Abb. 61)
– Pfarrkirche St. Andreas 241

371

- Pfleg 242
- Rupertusbrunnen 236, **241**
- Salzstraße 242
- Tengling 320, 321
- Tettelham 293
  - Friedenskapelle 293
  - Schloßberg 293
- Tettenhausen 287
- Teufelshörner 126
- Thalhausen (Abb. 58)
- Thannberg 294, **295 f.**
- Theresienklause **162**, 164
- Thomas-Eder-Steig 165
- Thumsee **219**, 226
- Thundorf (Abb. 57)
- Tierwelt **59 f.**, 113, 127, 173, 291
- **Tittmoning** 13, 64, 84, 232, 234, **308 ff.**, 319 (Farbabb. 9, 30; Abb. 74–77)
  - Allerheiligenkirche 313
  - Burg Tittmoning 310, **313 ff.** (Farbabb. 30)
    - Burgkapelle 315
    - Heimathaus Rupertiwinkel 308, **314 f.**, 320
  - Burghauser Tor 310
  - Florianibrunnen 312
  - Khuenburghaus 311
  - Laufener Tor 310
  - Mariensäule 312
  - Mühlbach 317
  - Nepomuk-Statue 312
  - Pfarrkirche St. Laurentius 312 f.
  - Rathaus 311
  - Stadtbach 312
  - Stadtplatz 307, **311** (Abb. 74, 75, 77)
  - Storchenbrunnen 311, **312**
  - Wägnersches Haus 311
  - Wallfahrtskapelle Maria Ponlach 316 f.
- Toni-Lenz-Hütte 164
- Torrener Joch 51

›Tor zur Ramsau‹ 167
Totenbretter 245 (Farbabb. 17)
Toter Mann 179, 180
Tourismus **53 f.**, 104 f., 234
Traunstein 35 f., 38, 41, 227, 228
Traunstein, Landkreis 13, 226, 232, 319
Traunsteiner Hütte 51
Trauntal 33
Triftklause (Weißbachtal) 228
Triftrechen 94, **161**, 182 (Abb. 30)
Trischübel 176
Tuval (Gutratberg) 32, 33, 138 f.
Tyrlbrunn 321

Ukrainer-Gräber 298
Ulrichshögl 85, 250, 263
- Filialkirche St. Ulrich 262
Unterau, Enzianbrennerei Grassl **102**, 103
›Untere Salzstraße‹ 41
Untersberg 13, 14, 47, **52**, 97, 109, 163, 165 (Farbabb. 21)
›Untersbergmanndl‹ 52
Untersberger Marmor 52, 162

Vachenlueg 85, **254 f.**

›Wachterlsteig‹ 177
Wagendrischlhorn 51
Waging am See 13, 41, 84, 232, 287, **288 f.** (Abb. 68)
- Maria Mühlberg, Wallfahrtskirche 290 f.
- Mariensäule 290
- Pfarrkirche St. Martin 290
Waginger See 13, 232, 234, **287**, **290** (Abb. 67)
Wallfahrten 84 f.
Wallner-Klause 123
Wartstein **171**, 177

- Magdalenenkapelle 171
Watzmann 47, **49**, 54, 114, 116, **123**, 130 (Umschlagvorderseite, Farbabb. 2, 5; Abb. 25, 53)
Watzmannhaus (Münchner Haus) 49
Watzmannkar 117
Weidsee 287
Weildorf 85, **244**
- Ögglhof **244**, 252
- Pfarr- u. Wallfahrtskirche Mariä Himmelfahrt 244
Weißbach a. d. Alpenstraße 35, 39, 226, 227, **229 f.**
Weißbach im Saalachtal (Österreich) 173
Weißbachfälle **226**, 229 (Abb. 54)
Weißbachschlucht 41, **227**, 229
Weißbachtal 226 ff.
Weilham 321
Wildfütterung 173 (Abb. 41)
Wildmoos 114
Wimbachbrücke 167, 174
Wimbachgrießhütte 176 (Abb. 42)
Wimbachklamm **174 f.**, 179
Wimbachschloß **175**, 179
Wimbachtal (Wimbachgrieß) 49, 51, 165, 167, **174 ff.**, 179
Winkl s. Bischofswiesen
Wolkersdorf 320 (Abb. 73)

Zauberwald **169**, 177
Zellberg, Kerschallerhof 252 (Abb. 64)
Zill (Scheffau) 165
Zillwirt 322
Zinkenkogel 322
Zipfhäusl 179
Zwiesel 224, 252, 257
›Zwing‹ 226

DuMont Kunst-Reiseführer

Ägypten und Sinai
Geschichte, Kunst und Kultur im Niltal. Vom Reich der Pharaonen bis zur Gegenwart

Albanien
Kunstreise durch das Land der Skipetaren

Algerien – Kunst, Kultur und Landschaft
Von den Stätten der Römer zu den Tuareg der zentralen Sahara

Belgien

Belgien – Spiegelbild Europas
Eine Einladung nach Brüssel, Gent, Brügge, Antwerpen, Lüttich und zu anderen Kunststätten

Die Ardennen
Eine alte Kulturlandschaft im Herzen Europas

Bhutan
Kunst und Kultur im Reich des Drachen

Brasilien
Völker und Kulturen zwischen Amazonas und Atlantik

Bulgarien
Kunstdenkmäler aus vier Jahrtausenden von den Thrakern bis zur Gegenwart

Volksrepublik China
Kunstreisen durch das Reich der Mitte

Dänemark
Land zwischen den Meeren. Kunst – Kultur – Geschichte

Bundesrepublik Deutschland

Das Allgäu
Städte, Klöster und Wallfahrtskirchen zwischen Bodensee und Lech

Das Altmühltal
Kultur und Landschaft zwischen Ansbach und Kelheim

Bayerisch Schwaben
Kultur, Geschichte und Landschaft zwischen Ries und Lechfeld

Das Berchtesgadener Land
Vom Watzmann zum Rupertiwinkel

Das Bergische Land
Kultur, Geschichte, Landschaft zwischen Ruhr und Sieg

Bodensee und Oberschwaben
Zwischen Donau und Alpen: Wege und Wunder im ›Himmelreich des Barock‹

Bonn
Von der römischen Garnison zur Bundeshauptstadt. Kunst und Kultur zwischen Voreifel und Siebengebirge

Bremen, Bremerhaven und das nördliche Niedersachsen
Kultur, Geschichte und Landschaft zwischen Unterweser und Elbe

Düsseldorf
Eine moderne Landeshauptstadt mit 700jähriger Geschichte und Kultur

Die Eifel
Entdeckungsreisen von Aachen bis zur Mosel

Franken – Kunst, Geschichte und Landschaft
Entdeckungsfahrten in einem schönen Land – Würzburg, Rothenburg, Bamberg, Nürnberg und die Kunststätten der Umgebung

Freie und Hansestadt Hamburg
Geschichte, Kultur und Stadtbaukunst an Elbe und Alster

Hannover und das südliche Niedersachsen
Geschichte, Kunst und Landschaft zwischen Harz und Weser, Braunschweig und Göttingen

Hessen
Vom Edersee zur Bergstraße. Die Vielfalt von Kunst und Landschaft zwischen Kassel und Darmstadt

Nördliches Hessen
Zwischen Lahn und Werra, Reinhardswald und Rhön – Rundfahrten im Land des Fachwerkbaues

Hunsrück und Naheland
Entdeckungsfahrten zwischen Mosel, Nahe, Saar und Rhein

Köln
Zwei Jahrtausende Kunst, Geschichte und Kultur

Kölns romanische Kirchen
Architektur, Ausstattung, Geschichte

Die Mosel
Von der Mündung bei Koblenz bis zur Quelle in den Vogesen. Landschaft, Kultur, Geschichte

München
Von der welfischen Gründung Heinrichs des Löwen bis zur Gegenwart: Kunst, Kultur, Geschichte

Münster und das Münsterland
Geschichte und Kultur. Ein Reisebegleiter in das Herz Westfalens

Zwischen Neckar und Donau
Kunst, Kultur und Landschaft von Heidelberg bis Heilbronn, im Hohenloher Land, Ries, Altmühltal und an der oberen Donau

Der Niederrhein
Landschaft, Geschichte und Kultur am unteren Rhein

Oberbayern
Kultur, Geschichte, Landschaft zwischen Donau und Alpen, Lech und Salzach

Oberpfalz, Bayerischer Wald, Niederbayern
Regensburg und das nordöstliche Bayern. Kunst, Kultur und Landschaft

Osnabrück, Oldenburg und das westliche Niedersachsen
Kultur, Geschichte, Landschaft zwischen Weser und Ems

Ostfriesland mit Jever- und Wangerland
Über Moor, Geest und Marsch zum Wattenmeer und zu den Inseln

Der Rhein von Mainz bis Köln
Eine Reise durch das Rheintal – Geschichte, Kunst und Landschaft

Das Ruhrgebiet
Kultur und Geschichte im ›Revier‹ zwischen Ruhr und Lippe

Das Saarland
Kunst und Kultur im Dreiländereck zwischen Blies, Saar und Mosel

Sachsen
Kultur und Landschaft zwischen Dresden, Leipzig und Chemnitz

Sachsen-Anhalt
Kultur, Geschichte und Landschaft an Elbe und Saale

Sauerland mit Siegerland und Wittgensteiner Land
Kultur und Landschaft im gebirgigen Süden Westfalens

Schleswig-Holstein
Zwischen Nordsee und Ostsee: Kultur – Geschichte – Landschaft

Der Schwarzwald und das Oberrheinland
Wege zur Kunst zwischen Karlsruhe und Waldshut: Ortenau, Breisgau, Kaiserstuhl und Markgräflerland

Sylt, Amrum, Föhr, Helgoland, Pellworm, Nordstrand und Halligen
Natur und Kultur auf Helgoland und den Nordfriesischen Inseln. Entdeckungsreisen durch eine Landschaft zwischen Meer und Festlandküste

Thüringen
Reisen durch eine große deutsche Kulturlandschaft

Der Westerwald
Vom Siebengebirge zum Hessischen Hinterland. Kultur und Landschaft zwischen Rhein, Lahn und Sieg

Östliches Westfalen
Vom Hellweg zur Weser. Kunst und Kultur zwischen Soest und Paderborn, Minden und Warburg

Württemberg-Hohenzollern
Kunst und Kultur zwischen Schwarzwald, Donautal und Hohenloher Land: Stuttgart, Heilbronn, Schwäbisch Gmünd, Tübingen, Rottweil, Sigmaringen

Die Färöer
Inselwelt im Nordatlantik

Frankreich

Auvergne und Zentralmassiv
Entdeckungsreisen von Clermont-Ferrand über die Vulkane und Schluchten des Zentralmassivs zum Cevennen-Nationalpark

Die Bretagne
Im Land der Dolmen, Menhire und Calvaires

Burgund
Kunst, Geschichte, Landschaft. Burgen, Klöster und Kathedralen im Herzen Frankreichs

Côte d'Azur
Frankreichs Mittelmeerküste von Marseille bis Menton

Dauphiné und Haute Provence
Entdeckungsfahrten zwischen Rhône und Alpen, von Lyon bis zur Verdon-Schlucht

Das Elsaß
Wegzeichen europäischer Kultur und Geschichte zwischen Oberrhein und Vogesen

Frankreich für Pferdefreunde
Kulturgeschichte des Pferdes von der Höhlenmalerei bis zur Gegenwart. Camargue, Pyrenäen-Vorland, Périgord, Burgund, Loiretal, Bretagne, Normandie, Lothringen

Frankreichs gotische Kathedralen
Eine Reise zu den Höhepunkten mittelalterlicher Architektur in Frankreich

Korsika
Natur und Kultur auf der ›Insel der Schönheit‹. Menhirstatuen, pisanische Kirchen und genuesische Zitadellen

Languedoc – Roussillon
Von der Rhône zu den Pyrenäen

Das Limousin
Im Herzen Frankreichs – Entdeckungsfahrten zwischen Zentralmassiv und Poitou, Périgord und Bourbonnais

Das Tal der Loire
Schlösser, Kirchen und Städte im ›Garten Frankreichs‹

Lothringen
Ein alter europäischer Kulturraum: Kunst, Geschichte, Landschaft

Die Normandie
Vom Seine-Tal zum Mont St. Michel

Paris und die Ile de France
Die Metropole und das Herzland Frankreichs. Von der antiken Lutetia bis zur Millionenstadt

Périgord und Atlantikküste
Kunst und Natur im Lande der Dordogne und an der Côte d'Argent von Bordeaux bis Biarritz

Das Poitou
Westfrankreich zwischen Poitiers, La Rochelle und Angoulême – die Atlantikküste von der Loiremündung bis zur Gironde

Die Provence
Ein Begleiter zu den Kunststätten und Naturschönheiten im Sonnenland Frankreichs

Romanische Kunst in Frankreich
Ein Reisebegleiter zu allen bedeutenden romanischen Kirchen und Klöstern

Savoyen
Vom Genfer See zum Montblanc – Natur und Kunst in den französischen Alpen

Griechenland

Athen
Geschichte, Kunst und Leben der ältesten europäischen Großstadt von der Antike bis zur Gegenwart

Die griechischen Inseln
Ein Reisebegleiter zu den Inseln des Lichts. Kultur und Geschichte

Korfu
Das antike Kerkyra im Ionischen Meer. Geschichte, Kultur, Landschaft

Kreta – Kunst aus fünf Jahrtausenden
Von den Anfängen Europas bis zur kreto-venezianischen Kunst

Rhodos
Eine der sonnenreichsten Inseln im Mittelmeer – ihre Geschichte, Kultur und Landschaft

Tempel und Stätten der Götter Griechenlands
Ein Reisebegleiter zu den antiken Kultzentren der Griechen

Grönland
Kultur und Landschaft am Polarkreis

Großbritannien

Englische Kathedralen
Eine Reise zu den Höhepunkten englischer Architektur von 1066 bis heute

Die Kanalinseln und die Insel Wight
Kunst, Geschichte und Landschaft. Die britischen Inseln zwischen Normandie und Süd-England

London
Biographie einer Weltstadt

Die Orkney- und Shetland-Inseln
Landschaft und Kultur im Nordatlantik

Ostengland
Suffolk, Norfolk und Essex
Von Künstlern und Bauern, Kirchen und Palästen der Countryside

Schottland
Geschichte und Literatur. Architektur und Landschaft

Süd-England
Von Kent bis Cornwall. Architektur und Landschaft, Literatur und Geschichte

Wales
Literatur und Politik – Industrie und Landschaft

Guatemala
Honduras – Belize. Die versunkene Welt der Maja

Holland
Kunst, Kultur und Landschaft. Ein Reisebegleiter durch Städte und Provinzen der Niederlande

Indien
Von den Klöstern im Himalaya zu den Tempelstätten Südindiens

Ladakh und Zanskar
Lamaistische Klosterkultur im Land zwischen Indien und Tibet

Indonesien
Ein Reisebegleiter nach Java, Sumatra, Bali und Sulawesi (Celebes)
Bali
Tempel, Mythen und Volkskunst auf der tropischen Insel zwischen Indischem und Pazifischem Ozean
Irland – Kunst, Kultur und Landschaft
Entdeckungsfahrten zu den Kunststätten der ›Grünen Insel‹
Island
Vulkaninsel zwischen Europa und Amerika
Israel
Das Heilige Land
Historische und religiöse Stätten von Judentum, Christentum und Islam in dem zehntausend Jahre alten Kulturland zwischen Mittelmeer, Rotem Meer und Jordan
Italien
Die Abruzzen
Das Bergland im Herzen Italiens
Kunst, Kultur und Geschichte
Apulien
7000 Jahre Geschichte und Kunst im Land der Kathedralen, Kastelle und Trulli
Elba
Ferieninsel im Tyrrhenischen Meer. Macchienwildnis, Mineralienfunde, Kulturstätten
Emilia-Romagna
Oberitalienische Kunststädte zwischen Po, Apennin und Adria
Das etruskische Italien
Entdeckungsfahrten zu den Kunststätten und Nekropolen der Etrusker
Florenz
Ein europäisches Zentrum der Kunst. Geschichte, Denkmäler, Sammlungen
Gardasee, Verona, Trentino
Der See und seine Stadt – Landschaft und Geschichte, Literatur und Kunst
Latium – Das Land um Rom
Klöster und Villen, Kirchen und Gräberstädte, mittelalterliche Orte und arkadische Landschaften
Lombardei und Oberitalienische Seen
Kunst und Landschaft zwischen Adda und Po
Die Marken
Die adriatische Kulturlandschaft zwischen Urbino, Loreto und Ascoli Piceno
Der Golf von Neapel
Das Traumziel der klassischen Italienreise
Geschichte, Kunst, Geographie
Piemont und Aosta-Tal
Begegnungen italienischer und französischer Kunst im Königreich der Savoyer. Kultur, Geschichte und Landschaft im Bogen der Westalpen
Die italienische Riviera
Ligurien – die Region und ihre Küste von San Remo über Genua bis La Spezia
Rom – Ein Reisebegleiter
Zweieinhalb Jahrtausende Kunst und Kultur der Ewigen Stadt
Rom in 1000 Bildern
Kunst und Kultur der ›Ewigen Stadt‹ in mehr als 1000 Bildern
Das antike Rom
Die Stadt der sieben Hügel: Plätze, Monumente und Kunstwerke. Geschichte und Leben im alten Rom
Sardinien
Geschichte, Kultur und Landschaft – Entdeckungsreisen auf einer der schönsten Inseln im Mittelmeer
Sizilien
Insel zwischen Orient und Okzident

Südtirol
Begegnungen nördlicher und südlicher Kulturtradition in der Landschaft zwischen Brenner und Salurner Klause
Toscana
Das Hügelland und die historischen Stadtzentren. Pisa · Lucca · Pistoia · Prato · Arezzo · Siena · San Gimignano · Volterra
Die ländliche Toscana
Entdeckungsreisen abseits der bekannten Routen
Die Villen der Toscana und ihre Gärten
Kunst- und kulturgeschichtliche Reisen durch die Landschaften um Florenz, Pistoia, Lucca und Siena
Umbrien
Eine Landschaft im Herzen Italiens
Venedig
Die Stadt in der Lagune – Kirchen und Paläste, Gondeln und Karneval
Das Veneto
Verona, Vicenza, Padua
Städte und Villen, Kultur und Landschaft Venetiens
Die Villen im Veneto
Eine kunst- und kulturgeschichtliche Reise in das Land zwischen Alpenrand und Adriabogen
Japan – Tempel, Gärten und Paläste
Einführung in Geschichte und Kultur und Begleiter zu den Kunststätten Japans
Der Jemen
Nord- und Südjemen. Antikes und islamisches Südarabien
Geschichte, Kultur und Kunst zwischen Rotem Meer und Arabischer Wüste
Jordanien
Völker und Kulturen zwischen Jordan und Rotem Meer
Jugoslawien
Kunst, Geschichte und Landschaft zwischen Adria und Donau
Karibische Inseln
Westindien. Von Cuba bis Aruba
Kenya
Kunst, Kultur und Geschichte am Eingangstor zu Innerafrika
Luxemburg
Entdeckungsfahrten zu den Burgen, Schlössern, Kirchen und Städten des Großherzogtums
Malaysia und Singapur
Dschungelvölker, Moscheen, Hindutempel, chinesische Heiligtümer und moderne Stadtkulturen im Herzen Südostasiens
Malta und Gozo
Die goldenen Felseninseln – Urzeittempel und Malteserburgen
Marokko – Berberburgen und Königsstädte des Islam
Ein Reisebegleiter zur Kunst Marokkos
Mexiko
Ein Reisebegleiter zu den Götterburgen und Kolonialbauten Mexikos
Mexico auf neuen Wegen
Ein Reisebegleiter zu präkolumbischen Kultstätten und Kunstschätzen
Namibia und Botswana
Kultur und Landschaft im südlichen Afrika
Nepal – Königreich im Himalaya
Geschichte, Kunst und Kultur im Kathmandu-Tal

Norwegen
Natur- und Kulturlandschaft vom Skagerrak bis nach Finnmark

Österreich

Das Burgenland
Land der Störche und der Burgen: Kultur, Landschaft und Geschichte zwischen Ostalpen und Pußta

Kärnten und Steiermark
Vom Großglockner zum steirischen Weinland. Geschichte, Kultur und Landschaft ›Innerösterreichs‹

Salzburg, Salzkammergut, Oberösterreich
Kunst und Kultur auf einer Alpenreise vom Dachstein bis zum Böhmerwald

Tirol
Nordtirol und Osttirol. Kunstlandschaft und Urlaubsland an Inn und Isel

Vorarlberg und Liechtenstein
Landschaft, Geschichte und Kultur im ›Ländle‹ und im Fürstentum

Wien und Umgebung
Kunst, Kultur und Geschichte der Donaumetropole

Pakistan
Drei Hochkulturen am Indus. Harappa – Gandhara – Die Moguln

Papua-Neuguinea
Niugini – Steinzeit-Kulturen auf dem Weg ins 20. Jh.

Polen
Geschichte, Kunst und Landschaft einer alten europäischen Kulturnation

Portugal
Vom Algarve zum Minho

Madeira
Kultur und Landschaft auf Portugals ›Blumeninsel‹ im Atlantik. Mit 20 Wanderungen und 6 Autotouren

Rumänien
Schwarzmeerküste – Donaudelta – Moldau – Walachei – Siebenbürgen: Kultur und Geschichte

Die Sahara
Mensch und Natur in der größten Wüste der Erde

Sahel   Senegal, Mauretanien, Mali, Niger
Islamische und traditionelle schwarzafrikanische Kultur zwischen Atlantik und Tschadsee

Schweden
Vielfalt von Kunst und Landschaft im Herzen Skandinaviens

Gotland – die größte Insel der Ostsee
Eine schwedische Provinz von besonderem Reiz – Kultur, Geschichte, Landschaft

Die Schweiz
Zwischen Basel und Bodensee · Französische Schweiz · Das Tessin · Graubünden · Vierwaldstätter See · Berner Land · Die großen Städte

Tessin
Kunst, Landschaft und Natur zwischen Gotthard und Campagna Adorna

Das Wallis
Der Südwesten der Schweiz: Kunst und Kultur im Schatten der Viertausender

Skandinavien – Dänemark, Norwegen, Schweden, Finnland
Kultur, Geschichte, Landschaft

Sowjetunion (ehemals)

Georgien und Armenien
Zwei christliche Kulturlandschaften im Süden der Sowjetunion

Moskau und Leningrad
Kunst, Kultur und Geschichte der beiden Metropolen, des ›Goldenen Ringes‹ und Nowgorods

Sowjetischer Orient
Kunst und Kultur, Geschichte und Gegenwart der Völker Mittelasiens

Spanien

Die Kanarischen Inseln
Inseln des ewigen Frühlings: Teneriffa, Gomera, Hierro, La Palma; Gran Canaria, Fuerteventura, Lanzarote

Katalonien und Andorra
Von den Pyrenäen zum Ebro. Costa Brava – Barcelona – Tarragona – Die Königsklöster

Der Prado in Madrid
Ein Führer durch eine der schönsten Gemäldesammlungen Europas (Frühjahr '92)

Mallorca – Menorca
Ein Begleiter zu den kulturellen Stätten und landschaftlichen Schönheiten der großen Balearen-Inseln

Nordwestspanien
Landschaft, Geschichte und Kunst auf dem Weg nach Santiago de Compostela

Spaniens Südosten – Die Levante
Die Mittelmeerküste von Amposta über Valencia und Alicante bis Cartagena

Sudan
Steinerne Gräber und lebendige Kulturen am Nil

Südamerika: Präkolumbische Hochkulturen – Kunst der Kolonialzeit
Ein Reisebegleiter zu den indianischen Kunststätten in Peru, Bolivien und Kolumbien

Südkorea
Kunst und Kultur im Land der ›Hohen Schönheit‹

Syrien
Hochkulturen zwischen Mittelmeer und Arabischer Wüste – 5000 Jahre Geschichte im Spannungsfeld von Orient und Okzident

Thailand und Burma
Tempelanlagen und Königsstädte zwischen Mekong und Indischem Ozean

Tschechoslowakei
Kunst, Kultur und Geschichte im Herzen Europas

Prag
Kunst, Kultur und Geschichte der ›Goldenen Stadt‹

Türkei

Istanbul
Bursa und Edirne · Byzanz – Konstantinopel – Stambul Historische Hauptstadt zwischen Abend- und Morgenland

Ost-Türkei
Völker und Kulturen zwischen Taurus und Ararat

Ungarn
Kultur und Kunst im Land der Magyaren

USA – Der Südwesten
Indianerkulturen und Naturwunder zwischen Colorado und Rio Grande

Vietnam
Pagoden und Tempel im Reisfeld – im Fokus chinesischer und indischer Kultur

Zimbabwe
Das afrikanische Hochland zwischen den Flüssen Sambesi und Limpopo

Zypern
8000 Jahre Geschichte: Archäologische Schätze – Byzantinische Kirchen – Gotische Kathedralen